Die Realität der unsichtbaren Welt

Himmlische Bereiche entdecken und das Prophetische erleben

Todd Bentley

Die Bibelstellen sind soweit nicht anders angegeben aus der Einheitsübersetzung 1980 zitiert.

Übersetzung aus dem Amerikanischen: Rolf Volkmann

Titel der Originalausgabe:
The Reality of the Supernatural World

Herausgeber der Originalausgabe:
Destiny Image, Publishers Inc.
167 Walnut Bottom Road, P.O.Box 310
Shippensburg, PA 17257-0310, USA
www.destinyimage.com

Die Realität der unsichtbaren Welt

Aufbruch-Verlag
der Gemeinde auf dem Weg e.V.
Waidmannsluster Damm 7 c-e, 13507 Berlin
Tel: +49 (0)30-85 79 19 65
Fax: +49 (0)30-85 79 19 80
E-Mail: info@aufbruch-verlag.de
http://www.aufbruch-verlag.de

1. Auflage 2008, (3.000)
ISBN 978-3-926395-41-2
Druck: freiburger graphische betriebe
Cover: Jonathan Margies, Berlin

Inhaltsverzeichnis

Vorwort der deutschen Ausgabe

Seit fast zwei Monaten (2. April 2008) finden in Lakeland, Florida täglich Versammlungen mit Todd Bentley statt. Kranke werden geheilt, Menschen entscheiden sich für Jesus und die Toten werden auferweckt. Bis zu diesem Zeitpunkt wurden bereits sechzehn Menschen vom Tod auferweckt und täglich werden es mehr.

Durch God TV und das Internet ist diese Erweckung in der Zwischenzeit weltweit bekannt und an vielen Orten der Welt sind ähnliche Erweckungsversammlungen entstanden und breiten sich aus. Viele verfolgen diese Erweckung täglich auch im deutschsprachigen Raum und haben eine Sehnsucht danach, dass Gott auch in ihren Gemeinden in solch mächtiger Weise wirkt. Das Volk Gottes hat einen Hunger nach Gottes Gegenwart und wünscht sich, dass auch hier bei uns der Wind der Veränderung weht und seine Herrlichkeit kommt!

Dieses Buch wird uns helfen, dass wir uns persönlich auf ein neues Wirken des Geistes vorbereiten und einen neuen oder erstmaligen Zugang in den übernatürlichen Bereich Gottes erhalten, so dass wir sehen, was der Vater tut. Und wenn wir es gesehen haben, werden auch wir den Kranken die Hände auflegen und sie werden genesen, auch wir werden für Tote beten und sie werden auferweckt und auch durch unser Gebet werden Menschen frei von Zwängen und Ängsten.

Todd Bentley ist nicht nur ein von Gott bestätigter Evangelist und Erweckungsprediger, er ist auch ein ausgezeichneter Lehrer, der in beeindruckender Weise die Dinge, die er im Übernatürlichen erlebt, durch das Wort Gottes belegt. Und genau das ist es, was dieses Buch auszeichnet. So wird der Leser in doppelter Weise ermutigt: durch das lebendige Zeugnis des Autors und die Bestätigung dieser Erlebnisse durch das Wort Gottes.

Rolf Volkmann (Aufbruch-Verlag)

Widmung

Dieses Buch ist Gott, dem Vater, gewidmet, der alt an Tagen ist und auf dem Thron sitzt, sowie Jesus, unserem obersten Apostel und Propheten, und dem Heiligen Geist Gottes, der mein Partner im Dienst und die Quelle jeder echten Offenbarung ist. Er ist der, der sich selbst offenbart als die „Sieben Geister Gottes“ (Jesaja 11,2).

Danksagung

Ein spezieller Dank gilt Bob Jones, der für mich wie ein Großvater des Glaubens ist. Sein beispielhaftes, tägliches Leben im Geist hat mir geholfen, ein Verständnis dafür zu entwickeln, dass ich nicht einfach nur diene, sondern ein geistliches Wesen bin. Bob hat mich ermutigt, mich nicht zurückzunehmen oder damit aufzuhören, meine Erlebnisse mitzuteilen aus Angst davor, dass man mir nicht glauben würde. Anfänglich dachte ich, ich wäre der einzige, der so seltsame Erfahrungen machen würde. Bob half mir dabei, Dinge in meinem Herzen zu ordnen und zu wissen, dass es in Ordnung war, wenn ich Erfahrungen mit der geistlichen Welt machte.

Ich danke auch an Patricia King, die mich über die Jahre beraten und betreut hat. Ich danke ihr für ihre Liebe zu einem schlichten Evangelium und ihren Eifer einfach alles zu geben! Sie ist eine großartige Inspiration für mich. Patricia gab mir den Hinweis darauf zu achten, für jede übernatürliche Erfahrung einen biblischen Rahmen zu bilden. Nicht allein, um meine geistlichen Erlebnisse zu bestätigen, sondern auch deshalb, damit andere in diese Erfahrungen hineinkommen.

Bill Johnson ist ein außergewöhnlicher prophetischer Lehrer, den Gott berufen hat. Ich bin dankbar für seine Weisheit und Inspiration. Er ist so gegründet im Wort, und er liebt das Wort. Aus Liebe zu Jesus öffnet er sich für die Realität der geistlichen Welt und macht dabei Erfahrungen, die man als außergewöhnlich bezeichnen kann.

Ich bin den vielen Propheten dankbar, die mir vorangegangen sind und fortwährend den Preis für das Kreuz und den prophetischen Dienst bezahlen. Außerdem danke ich Menschen wie Sundar Singh, der bereits heimgegangen ist. Ihr Leben ist ein Beispiel dafür, wie man im Bereich des Geistes leben kann.

Danke für Kenneth Hagin, der so verwurzelt war im Wort und darüber hinaus für Visionen, Offenbarungen und Heimsuchungen des Heiligen Geistes offen war. Viele Menschen wissen nicht, dass er in den früheren Jahren seines Dienstes viele Heimsuchungen erlebt und Erfahrungen mit dem dritten Himmel gemacht hat. Seine frühen Schriften haben mich beeinflusst, in denen er schrieb, dass er an Visionen glaubt.

Ich bin sehr dankbar für Jackie Macgirvin, Kevin Paterson und Shae Cook, die meine vielen Worte wieder und wieder bearbeitet haben, sie geschliffen und in logische, lesbare Form brachten – keine leichte Aufgabe!

Janelle Mierau danke ich sowohl für die Arbeit des Sammelns, Nachforschens und Bearbeitens der kraftvollen, übernatürlichen Zeugnisse als auch für ihre Hilfe beim Korrekturlesen dieses Buches.

Dank an Katherine Martin für ihren Blick für das Detail und ihren Liebesdienst des Korrekturlesens. Steve Stanczyk danke ich für die inspirierte Gestaltung des Buchcovers (der englischen Ausgabe). Gott hat ihn wirklich mit der Kreativität des Himmels begabt.

Danke für Darcia Bentley, dass sie sich um die verlegerischen Einzelheiten gekümmert hat und diesem Buch zum Druck verhalf.

Vorwort

Authentisches apostolisches Christentum bewirkt, dass der Himmel auf die Erde kommt. Jesus hat uns nicht nur beten gelehrt: „Dein Reich komme wie im Himmel so auf Erden", sondern er zeigte auch, wie das durch sein Leben, seine Taten und seinen Dienst geschehen ist. Können wir das auch tun? Darin liegt die Herausforderung dieses Buches.

Durch die Gnade Gottes glaubt Todd Bentley nicht nur an die Realität der übernatürlichen Welt, sondern er zeigt es in allem, was er sagt und tut. Todd glaubt und handelt so, als ob das Gebet Jesu durch sein Leben in Erfüllung geht und gehen wird! Er möchte dich mit dem gleichen Glauben anstecken.

Vor einigen Jahren flüsterte der Heilige Geist mir zu: „Da gibt es einen neuen Champion, den ich hervorbringen werde, und sein Name ist Todd. Du wirst seinen frischen Glauben benötigen und er deine Weisheit." Dabei war es sehr interessant, wie der Heilige Geist den Namen aussprach. Es war ein bestimmter Tonfall enthalten, der nicht so „Englisch" klang, wie ich es gewohnt war! Also hielt ich meine Augen und Ohren offen nach diesem neuen Champion.

In den folgenden drei Jahren fragte ich mich, wer dieser Todd sein könnte, wo er steckte und wie ich ihn treffen würde. Dann kam der Tag, als ich bei der „Schule des Übernatürlichen" einen jungen leidenschaftlichen Kanadier kennen lernte. Er handelte in spürbarer Kraft und offenbarender Genauigkeit. „Wer ist dieser kräftige junge Mann?", dachte ich. Der Heilige Geist sagte: „Erinnere dich an diesen Todd!" Ich sah ihn mir noch einmal an und war sicher: Die Beschreibung passte, jemand der im frischen Glauben lebte.

Es war für mich eine Freude mit diesem mutigen Kämpfer in Christus in den vergangenen Jahren bei verschiedenen Anlässen zusammen zu dienen. Ich wurde herausgefordert und bin erstaunt, denn durch Todd Bentley und seinen Dienst Fresh Fire Ministries wird das Leben Jesu offenbart und das hat auch mich beeinflusst. Glaubst du an das Übernatürliche? Todd lebt im Übernatürlichen. Es ist so normal für ihn wie die Luft, die er atmet.

Die folgenden Seiten sind gefüllt mit Erlebnissen und biblischen Berichten über die Realität der übernatürlichen Welt. Willst du, dass der Himmel auf die Erde kommt? Dann verschlinge dieses Buch! Es wird deine Welt so sehr auf den Kopf stellen, dass du nie wieder ein langweiliges christliches Leben haben wirst.

Ich warne dich! Wenn du den Inhalt der folgenden Seiten glaubst und danach handelst, wirst auch du authentisches apostolisches Christsein auf dieser Erde demonstrieren. Begib dich mit Gott auf eine Reise ins Übernatürliche und sieh, wie das Unmögliche möglich wird.

James W. Goll, Mitbegründer von „Encounters Network"

Bücher von Jim Goll: „Der Seher", „Die verlorene Kunst der Fürbitte", „Gebet für die Bestimmung Israels".

Darüber hinaus sind zwei Bücher im Aufbruch-Verlag erschienen: „Gott in tiefer Weise begegnen" und „Prophetische Fürbitte".

Einführung

Kolosser 3,2
Richtet euren Sinn auf das Himmlische und nicht auf das Irdische!

Im Dezember 2001 hatte ich in Fairfield, Iowa, ein prophetisches Erlebnis. Ich befand mich in einem Ozean, der größer war, als mein Blick es fassen konnte. Ich spürte die Strömung der Gezeiten und es zog mich tiefer in dieses riesige Meer, es war wie eine Einladung. Ich widerstand für einen Augenblick, weil ich Angst vor dem Unbekannten hatte. Als ich mich ein wenig tiefer wagte, ging das Wasser über meinen Kopf hinweg und es war überwältigend.

„Gott, was bedeutet das?", fragte ich und er antwortete: „Todd, das ist das gläserne Meer. Die Erkenntnis und die Herrlichkeit des Herrn wird die Erde bedecken wie das Wasser die Meere. Du befindest dich in den Wassern der Erkenntnis, in den Wassern der Offenbarung. Du bist in den Wassern der Erkenntnis der Herrlichkeit des Herrn, die durch den Heiligen Geist offenbart wird".

„Und vor dem Thron war etwas wie ein gläsernes Meer, gleich Kristall" (Offenbarung 4,6). Dieses gläserne Meer befindet sich vor dem Thron Gottes, es ist durchsichtig. Dies ist ein prophetisches Bild dafür, dass Gotte alle Dinge sieht und weiß. Alles ist vor den Augen Gottes sichtbar, nichts ist seiner Erkenntnis verborgen.

Nach diesem Erlebnis dachte ich: „Großartig! Das war ein wie eine Explosion." Wenige Wochen später begann ich die Bedeutung dieser Vision zu verstehen. Während eines Gottesdienstes in Salt Lake City sah ich Engel vom Himmel herab- und hinaufsteigen. Ich dachte sofort an die Jakobsleiter (1.Mose 28,12). Diese Engel kamen herunter und brachten Offenbarungserkenntnis.

Dann sagte der Herr: „Sieh, was sie in der Hand halten." Ich sah Augen und Flügel. Der Herr sagte: „Augen und Flügen repräsentieren die Salbung der Seher und die Salbung der Zeichen-Propheten. Die Flügel sind ein Bild für die Zunahme des Prophetischen. Es sind Flügel, mit denen du höher fliegen kannst als je zuvor. Ich werde in diesem Jahr die Salbung für die Seher und die Zeichen freisetzen (Ich werde darauf später in diesem Buch eingehen).

Nach diesen Visionen in Salt Lake City und Fairfield sagte der Herr, dass er uns einlädt, in eine neue Dimension von Offenbarung, Erkenntnis und Prophetie einzutreten, die nicht nur für einige wenige Propheten, sondern für die gesamte Gemeinde gedacht ist. Es ist Zeit, dass wir unsere Ansprüche und Erwartungen daran, wie viel wir jetzt von Gott haben und sehen können, erweitern.

In der gleichen Weise wie wir Menschen lehren können, in das Prophetische hineinzugehen und die Stimme Gottes durch Eindrücke und Gedanken zu unterscheiden, können wir den Leib auch lehren, seine geistlichen Sinne zu trainieren (Hebräer 5,14) und sich bereit zu halten, Visionen, Verzückungen, Sehen im Geist und sogar Erfahrungen im dritten Himmel zu empfangen.

Ich habe genug von der Welt, dem Teufel, Medien, Zauberern, Transzendentaler Meditation und der New-Age-Bewegung, die unser ursprüngliches Erbe – im Geist der Weisheit und Offenbarung zu wandeln – gestohlen und verfälscht haben. Es wird Zeit, die Realität des Übernatürlichen zu erfassen. Wir sollten es aktiv in unserem Leben suchen und erfahren. Gottes Fähigkeit, uns zu bewahren, ist viel größer als die Fähigkeit des Teufels, uns zu betrügen, sofern du in richtiger Weise mit dem Herrn gehst. Ich glaube, dass das Wort des Herrn für diese Generation lautet: „Komm hier herauf!"

Todd Bentley
Heilungsevangelist und Erweckungsprediger
Fresh Fire Ministries

Kapitel 1

Die Realität des Übernatürlichen

Möchtest du engere Gemeinschaft mit dem Herrn haben? Sehnst du dich danach, ihn näher zu kennen und regelmäßig seine Stimme zu hören? Auch wenn es in diesem Buch um die übernatürliche Welt geht, steht dahinter das Thema *der engeren Gemeinschaft mit dem Herrn.* Je besser du ihn kennst, je mehr wirst du ihn lieben, das ist unvermeidbar. Die gute Nachricht dabei ist, dass du nicht der einzige bist, der sich nach mehr Gemeinschaft sehnt, auch Gott hat ein Verlangen danach näher bei dir zu sein! Er möchte die Menschen durch Offenbarung über die geistliche Welt und übernatürliche Erfahrungen näher zu sich ziehen.

Kurz nachdem ich meinen geistlichen Dienst begonnen hatte, sprach der Herr zu mir: „Todd, ich möchte, dass du über die Realität des Übernatürlichen sprichst. Ich möchte, dass du es jedem verfügbar machst. Nimm diesem Thema das Mysteriöse. Schaffe eine Glaubensgrundlage und wecke Erwartung, so dass mich jeder in größerer Weise erleben kann."

Vielleicht hast du dieses Buch angstvoll und zitternd geöffnet und dich dabei wie ein Häretiker (im Widerspruch zur kirchlichen Lehre) gefühlt, weil du dich mit diesen Dingen beschäftigst. Vielleicht denkst du, dass die Zeit der Zeichen und Wunder vorbei ist oder dass diese ganzen übernatürlichen Dinge mysteriös sind. Oder vielleicht fragst du dich, ob die übernatürlichen Ereignisse, von denen du in der Bibel liest, auch heute noch gelten, oder du bist einfach hungrig, mehr über diese Dinge zu lernen.

Ich möchte zunächst eine biblische Grundlage vermitteln, damit du siehst, dass die übernatürliche Welt realer ist als die physische Welt, und dass sie für alle Gläubigen heute Teil ihres normalen christlichen Alltags sein sollte. Ich möchte, dass du Offenbarung und die Befähigung zum übernatürlichen Leben empfängst. Außerdem wünsche ich mir, dass du im Glauben wächst und der Herr dir die Augen des Herzens öffnet.

Es kommt manchmal vor, wenn ich über Träume und Visionen rede oder davon erzähle, wie ich in die geistliche Welt versetzt werde, dass die Menschen denken: „Ach so, er redet von Astralreisen, Zauberei und New Age!" Sie denken automatisch, dass es sich um okkulte und vom Teufel inspirierte Dinge handelt. Doch wenn es eine Fälschung gibt, kannst du sicher sein, dass es auch das Echte gibt. Der Teufel hat diese geistlichen Erfahrungen gefälscht und nun fürchten sich die Christen davor. Wir wurden unserer geistlichen Erbschaft beraubt, weil wir Angst hatten und erlaubten dem Teufel, dass er uns den Segen vor der Nase wegschnappte.

Von der Schöpfungsgeschichte bis zur Offenbarung begegnen wir in der Bibel einer großen Schar von Männern und Frauen, die Erfahrungen mit Trancen, Visionen, Träumen, Engelsbegegnungen, Prophetien, Heimsuchungen Gottes und sogar der hörbaren Stimme Gottes hatten. Jedes Kind Gottes sollte heute echte Erfahrungen im Geist der Wahrheit machen. Es ist der Heilige Geist, der alle Wahrheit und alle wahren übernatürlichen Erfahrungen anregt, egal in welcher Form sie auftreten. In diesem Kapitel werden wir diese übernatürlichen Ereignisse definieren und eine sorgfältige biblische Richtlinie aufstellen, die uns in eine tiefere Gemeinschaft mit dem Herrn und zu mehr Fruchtbarkeit führen wird.

Übernatürliche Erfahrungen führen in die Intimität

Bei jeder geistlichen Begegnung geht es um enge Gemeinschaft mit Jesus. Es sollte dir niemals darum gehen, eine „coole" Erfahrung zu machen. Nach dem Motto: „Ich will ein geistliches Gänsehauterlebnis, deshalb, Gott, sende einen Engel in mein Haus." Unser Verlangen nach geistlichen Erfahrungen muss davon geprägt sein, dass wir uns danach sehnen, Ihn zu kennen, zu erleben und zu sehen. Es geht um *„den Geist der Weisheit und Offenbarung in der Erkenntnis seiner selbst"* (Epheser 1,17). Gott möchte, dass unsere Vorstellung über die geistliche Welt und geistliche Begegnungen vom Gespenstischen befreit wird. Er möchte uns dabei helfen, dass wir erkennen, wie natürlich es ist, mit Ihm, den wir lieben, zu kommunizieren. Ich glaube, dass die Gemeinde heute sich in diese Richtung bewegt.

Jemand sagte einmal zu mir: „Todd, ich sah Jesus, wie er auf mich zu kam, sich hinkniete und mich auf die Stirn küsste." Sie war tief bewegt, als sie ihre Vision erzählte. Diese Erfahrung mag keine Nation erschüttern und nicht dazu führen, dass ganze Städte für den Herrn gewonnen werden, aber es hatte mit Sicherheit eine Bedeutung für diese Person. Sie war durch diese Begegnung mit Jesus tief berührt worden.

Gott möchte uns nur aus einem einzigen Grund, die Augen öffnen, dass wir ihn sehen und kennen lernen und die Dinge im Himmel so schmecken, ertasten und riechen, wie sie jetzt sind: damit wir uns näher mit Ihm verbunden fühlen und ich möchte es auch. Paulus redet über diese Dimension und betet für uns in Epheser 1,17, dass Gott uns *„den Geist der Weisheit und Offenbarung in der Erkenntnis seiner selbst"* gebe. Es ist eine Sache zu sagen: „Gott liebt mich" und eine andere, zu spüren, wie seine ausgegossene Liebe meinen Körper für eine Stunde durchströmt. Das ist für mich ausreichend.

Ich glaube, dass ich Dinge sehe und erfahre, während ich mit Gott intensiv Gemeinschaft habe, weil wir einander lieben. Ich kann dir sagen, dass diese Erfahrungen mich dazu bringen, dass mein Glaube an Gott und sein Wort wachsen. Sie führen dazu, dass ich ihn mehr liebe und ihm mehr vertraue. Je mehr ich ihn und sein Reich sehe und erfahre, je mehr möchte ich ihm alles, was ich habe, geben. In jeder Liebesbeziehung ist es wichtig, dass wir die Welt des Geliebten verstehen. Wie viel wichtiger ist es deshalb, dass wir die übernatürliche Welt unseres Gottes verstehen, die gleiche Welt, zu der er uns berufen hat, damit wir sie kennen und erleben? Wir müssen einfach nur einen Lebensstil des Suchens nach und des Lebens in der Gegenwart des Einen, den wir lieben, entwickeln. Oft hat Gott einen zweiten Grund, warum er uns geistliche Erfahrungen machen lässt, die wir noch nicht kennen. Doch bis ich das herausfinde, reicht mir die Intimität mit dem Herrn!

Der Himmel ist jetzt unser Erbe

Wenn ich über das Übernatürliche lehre, so weiß ich, dass viele Menschen denken: „Junge, ich bin seit über zwanzig Jahren Christ und habe nur eine Vision gehabt." Sie glauben, dass Gott uns nur in Notsituationen Visionen gibt. Ich gebe zu, es gibt einen Grund für das, was Gott uns gibt. Gott möchte, dass wir mit Glauben, Hunger und Erwartung zum ihm kommen und ihn einfach bitten: „Gott, ich möchte all die Dinge des Himmels und möchte nicht solange warten, bis ich gestorben bin. Wenn ich also wirklich geistliche Augen habe, könntest du mir bitte jetzt einen kurzen Blick in den Himmel gestatten? Ist es in Ordnung, ein paar Visionen zu haben?" Die Schrift berichtet uns von Gläubigen, die Zugang zu der Gnade erhalten, in der sie stehen (siehe Römer 5,2). Ich glaube, dass sich dieser Vers nicht allein auf Errettung bezieht, sondern auf den Zugang in den übernatürlichen Bereich, dem Reich, deren Bürger wir durch unsere Bekehrung werden. Wir müssen uns selbst einfach nur im Glauben diesem Bereich zur Verfügung stellen.

Ich glaube wirklich, dass das kein Problem ist! Der Himmel ist mein Erbe! Warum kann ich davon nicht jetzt schon etwas genießen? Manche sagen: „Wir leben im Glauben, nicht im Schauen." Das stimmt und so glaube ich im Glauben, dass es einen unbemerkten, unsichtbaren Bereich gibt. Ich glaube außerdem im Glauben, dass mir dieser Bereich zur Verfügung steht und ich ihn durch die Anwendung biblischer Prinzipien betreten kann. Deshalb lebe ich im Glauben und nicht im Schauen, wenn ich mich in einem geistlichen Bereich bewege, zu dem mich der Herr eingeladen hat, damit ich ihn erlebe. Ich möchte verfügbar sein, wenn Gott mir geistliches Sehvermögen gibt, und ich kann wirklich keinen Grund finden, warum er es nicht tun sollte. Niemand hat mir jemals in der Bibel zeigen können, warum dieser Bereich nicht zu jeder Zeit für jeden Christen erreichbar ist.

Ich möchte lernen, wie ich diese unsichtbare Welt täglich berühren, erfahren und dazu Zugang haben kann. Du magst denken: „Warte einen Augenblick, Todd. Was ist, wenn Gott nicht möchte, dass du siehst?" Erstens, wenn Gott nicht möchte, dass ich sehe, sehe ich nicht. Mach hier keinen Fehler. Doch ich weiß, dass ich einen himmlischen Vater habe, der sich Papa nennt – Abba, Vater – und der mich wirklich liebt. Wenn meine Tochter mir eine Frage stellt, antworte ich ihr. Auch Gott antwortet uns, wenn wir ihn etwas fragen. Doch wenn wir ihn, der ein geistliches Wesen ist, etwas fragen, so antwortet er nicht auf natürliche Weise, sondern auf übernatürliche Weise. *„Rufe mich an, dann will ich dir antworten und will dir Großes und Unfassbares mitteilen, das du nicht kennst"* (Jeremia 33,3). Gott antwortet uns auf sehr kreative Weise. In der Bibel lesen wir, dass Gott *„vielfältig und auf vielerlei Weise"* geredet hat (Hebräer 1,1).

Ich bitte Gott nicht um bestimmte Erfahrungen. Ich stelle mich ihm einfach zur Verfügung und sage: „Gott, was immer du mir geben oder zeigen möchtest, wo immer du mich hinbringen möchtest, es ist in Ordnung." Dann tut Gott etwas und ich arbeite mit ihm zusammen. Du kannst nicht bestimmen, was du sehen, wohin du gehen oder welche Art der Offenbarung du empfangen wirst, aber du kannst darum bitten, täglich bitten, dass du himmlische Offenbarung empfängst:

> Kolosser 3
> 1 Ihr seid mit Christus auferweckt; darum strebt nach dem, was im Himmel ist, wo Christus zur Rechten Gottes sitzt. 2 Richtet euren Sinn auf das Himmlische und nicht auf das Irdische! 3 Denn ihr seid gestorben, und euer Leben ist mit Christus verborgen in Gott.

Gott befiehlt dir, das zu suchen, was im Himmel ist, wo der Christus ist. Wo ist Christus? An himmlischen Orten. Also fordert Gott uns auf, himmlische Orte zu suchen. Das ist eine biblische Einladung – eigentlich ist es ein Befehl – geistliche Erfahrungen zu suchen. Dieser Vers befiehlt uns, dass wir uns nach dem ausrichten, was droben ist, nicht auf das, was auf der Erde ist. Wenn du dich auf die Erde konzentrierst, wirst du keinen Zugang zu den Dingen des Geistes haben.

Biblische Beispiele
Nun, du wirst herausfinden, dass es vom Anfang bis zum Ende der Bibel normal und üblich war, dass Gläubige übernatürliche Heimsuchungen Gottes hatten. Ich ermutige dich, dir die folgenden Aussagen anzusehen:

- Der Herr erschien Abraham, um einen Bund mit ihm zu schließen (1.Mose 17,1). Danach besuchten zwei Engel Lot und verbrachten eine Nacht in seinem Haus (1.Mose 19,1).

- Jakob hatte eine Vision von einer Leiter, auf der die Engel Gottes auf- und niederstiegen (1.Mose 28,12).

- Ein Engel erschien Gideon in der Weinpresse (Richter 6,11).

- Gott erschien Mose durch einen brennenden Busch (2.Mose 3,2).

- Gehasis geistliche Augen wurden aufgetan, damit er die Engel und Wagen sehen konnte (2.Könige 6,16-17).

- Daniels Visionen (Daniel 7,1-12 und 8,1-14), Gabriel erschien ihm (Daniel 9,21).

- Hesekiel wurde empor gehoben (Hesekiel 3,12).

- Über Petrus kam eine Verzückung (Apostelgeschichte 10,9-23).

- Paulus wurde ein Dorn für das Fleisch gegeben, wegen der einzigartigen Offenbarungen, die er empfangen hatte (2.Korinther 12,7).

- Johannes hatte mehrere Visionen, als er am Tag des Herrn im Geist war, die im Buch der Offenbarung zu finden sind (Offenbarung 1,12-18).

- Maria und Josef wurden durch Engel geleitet, die in Träumen erschienen (Matthäus 1,20-21 und 2,13).

- Philippus und Elia wurden im Geist entrückt und Elia fuhr im Sturmwind in den Himmel (Apostelgeschichte 8,39; 1.Könige 18,11-15 und 2.Könige 2,11).

Die Bibel beschreibt viele unterschiedliche Arten, wie Gott zu seinem Volk redete, und es geschah nicht ausschließlich durch die Propheten. Wir werden uns später diese biblischen Geschichten ausführlich ansehen. Jetzt wollen wir uns einer sehr bekannten Geschichte zuwenden. Während du liest, stell dir die folgende Frage: „Warum passiert mir das nicht? Sind solche Ereignisse nur für die Menschen, die gelebt haben, als die Bibel geschrieben wurde? Ist es nicht biblisch, mehr von Gott zu wissen?"

Gehasis geistliche Augen werden geöffnet
Der König von Israel hatte eine große Armee entsendet, die die Stadt umstellt hatte. Ihr Auftrag war es, den Propheten Elisa zu töten. Gehasi, der Diener Elisas, hatte Angst, weil er nur mit seinen natürlichen Augen sah. Elisa sah mit seinen geistlichen Augen in den geistlichen Bereich hinein. Er sah die wirkliche Situation:

> 2.Könige 6
> 16 Doch dieser sagte: Fürchte dich nicht! Bei uns sind mehr als bei ihnen. 17 Dann betete Elisa: Herr, öffne ihm die Augen, damit er sieht. Und der Herr öffnete dem Diener die Augen: Er sah den Berg rings um Elisa voll von feurigen Pferden und Wagen.

Es ist der Wille des Herrn, dass deine geistlichen Augen geöffnet werden wie bei Gehasi. Nicht nur der Prophet sollte sehen, sondern auch sein Diener!

Nur, weil du noch nie in die geistliche Welt gesehen hast, bedeutet dies nicht, dass sie nicht genau vor deiner Nase ist. Sie war die ganze Zeit da, genau vor Gehasi. Er sah aus dem Fenster und konnte nur das Zeitliche sehen – Israels Wagen und die Armee. Er konnte nicht in den geistlichen Bereich sehen und deshalb fürchtete er sich.

Elisa war ruhig. Er war mehr von dem bewegt, was im geistlichen Bereich vor sich ging, als davon, was sich im Natürlichen abspielte. Er wusste, dass alles im Natürlichen abhängig ist von der geistlichen Welt, weil alles zuerst im geistlichen

Bereich entstanden ist. Erinnerst du dich, als Gott sagte: „Es werde Licht?“ Das Licht kam aus dem Unsichtbaren. Der Prophet betete, dass die Augen Gehasis sich öffnen sollten, und was geschah? Plötzlich konnte er in die geistliche Welt sehen. Und was ist heute? Dieselbe geistliche Welt besteht noch immer. Du magst sie nicht sehen, aber sie ist jetzt da. Engel sind jetzt da. Dämonen sind überall in der Stadt. Himmlische Herrlichkeit ist überall. Das Reich der Himmel ist nahe (Matthäus 4,17).

Manchmal können wir mit unseren natürlichen Augen einen Blick in das Reich hineinwerfen, wenn wir Wunder, Errettung, Heilung und Befreiung sehen. Doch ich möchte öfter in den geistlichen Bereich sehen können. Wäre das nicht viel besser für die Fürbitte oder den Befreiungsdienst, wenn du in die geistliche Welt sehen könntest? Es wäre viel effektiver, wenn wir in den geistlichen Bereich sehen und spezifisch beten könnten, als blind herumzusuchen und zu sagen: „Wer immer du bist und wie immer dein Name ist, wenn du da draußen bist (und ich denke, dass du da bist, obwohl ich dich nicht sehe), ich widerstehe dir jedenfalls in der Fürbitte.“

Wir schießen einfach nur in die Dunkelheit, wenn wir nicht in der Lage sind zu sehen oder die Geister zu unterscheiden, gegen die wir kämpfen (Epheser 6,12). Wir müssen als Gemeinde mehr als je zuvor beten: „Gott, erleuchte die Augen meines Herzens, öffne meine geistlichen Augen, gib mir Ohren, damit ich höre, gib mir den Geist der Unterscheidung!“ Ich möchte, dass es genauso einfach ist, im Übernatürlichen zu kommunizieren, wie zu atmen.

Zwei Welten

Ich möchte über diese zwei Welten reden – die natürliche und die geistliche – die uns so deutlich in der Geschichte mit Elisa und Gehasi gezeigt wurden. In 1.Mose 1,1 heißt es: *„Im Anfang schuf Gott die Himmel und die Erde.“* Gott machte den Menschen aus zwei verschiedenen Stoffen. Er nahm vom Staub der Erde, den natürlichen Anteil, und dann blies er in ihn den Atem des Lebens hinein, den geistlichen Anteil, und schuf so ein natürlich/geistliches Wesen. Obwohl wir zu beiden Welten gehören, kommt unser Geist erst dann zum Leben, wenn wir von neuem geboren werden. Die Bibel beschreibt diese beiden Welten deutlich:

> 2.Korinther 4
> 16 Darum werden wir nicht müde; wenn auch unser *äußerer Mensch* aufgerieben wird, der *innere* wird Tag für Tag erneuert. 17 Denn die kleine Last unserer gegenwärtigen Not schafft uns in maßlosem Übermaß ein ewiges Gewicht an Herrlichkeit, 18 uns, die wir nicht auf das Sichtbare starren, sondern nach dem Unsichtbaren ausblicken; denn das Sichtbare ist vergänglich, das Unsichtbare ist ewig.

Paulus fordert uns auf, die Dinge anzusehen, die unsichtbar sind. Gott schaut diese Dinge an, denn er lebt in diesem Bereich. Es ist biblisch, ein Verlangen danach zu haben, in den geistlichen Bereich zu sehen. Jesus bereitete den Weg für uns, als er in die himmlischen Bereiche hineinging: *„Nicht mit Blut von Böcken und Kälbern, sondern mit seinem eigenen Blut (ist er) ein für allemal in das Heiligtum hineingegangen und hat uns eine ewige Erlösung erworben“* (Hebräer 9,12). Jesus erwarb durch sein Blut ein für allemal ewige Erlösung, als er in das Allerheiligste hineinging. Wir können deshalb mit Kühnheit zum Thron der Gnade kommen. Glaubst du das?

Es wird noch spannender! Die Bibel sagt, dass wir jetzt Bürger des Himmels sind: *„Er hat uns mit Christus Jesus auferweckt und uns zusammen mit ihm einen Platz im Himmel gegeben“* (Epheser 2,6).

Natürlich übernatürlich

Wir sind sowohl geistliche Wesen mit geistlichen Sinnen als auch natürliche Wesen mit natürlichen Sinnen. Denk einmal darüber nach: Wir leben wahrscheinlich siebzig Jahre in diesem natürlichen Körper, aber unser geistliches Wesen ist ewig. Was mich angeht, so möchte ich diese geistlichen Sinne gebrauchen, um zu berühren, zu schmecken, zu riechen, zu hören und zu fühlen. Ich möchte diesen Bereich erleben, der Himmel genannt wird und jetzt zur Verfügung steht. Deshalb ist *„das Reich der Himmel nahe gekommen“* (Matthäus 4,17). Deshalb ist das *„Reich Gottes mitten unter euch“* (Lukas 17,21). Deshalb lädt Jesus uns ein, kühn zum Thron der Gnade zu kommen. Sei kühn! Diese Einladung gilt JETZT!

Hebräer 4
16 Lasst uns also voll Zuversicht hingehen zum Thron der Gnade, damit wir Erbarmen und Gnade finden und so Hilfe erlangen zur rechten Zeit.

Fang an, indem du sagst: „Ich komme im Glauben und ich glaube, dass ich vor dem Thron bin, weil du mir gesagt hast, dass ich kommen darf. Ich glaube einfach, dass ich jetzt dort bin.“ Solch ein Glaube ist ein guter Start. Fahre fort und sehr bald wirst du Gewissheit haben, dass du dich im himmlischen Bereich befindest, weil du wirklich dort bist. Deine Sinne werden zum Leben erweckt. Du wist das Grollen des Donners spüren, blinzeln, wenn die Blitze zucken und du wirst staunen, wenn du zum ersten Mal die lebendigen Wesen siehst. Du wirst ehrfurchtsvoll dastehen, wenn du den herrlichen Regenbogen über dem Thron erblickst und in Demut die vierundzwanzig Ältesten beobachten, wie sie sich vor dem Thron niederwerfen.

Der Thronbereich

Ich nenne es den „Thronbereich“. Ich hatte bereits Erlebnisse vor dem Thron Gottes. Ich habe ihn gesehen, berührt und dort zugehört. Ich muss nicht vierzig, fünfzig oder sechzig Jahre warten, bis ich mein natürliches Fleisch ablege und sterbe. Die Bibel ermutigt uns, dass wir uns mit Erwartung danach ausstrecken, in den Himmel hineinzugehen, um das zu bekommen, was bereits jetzt im Himmel für uns bereitliegt. Gott erwartet regelrecht von dir, dass du den freien Zugang zu seinen Vorhöfen nutzt, den er dir anbietet.

Wenn meine Kinder vom Spielen hereinkommen, um bei Papa zu sein, hat Papa dann Zeit für sie? Natürlich habe ich Zeit. So ist auch unser himmlischer Vater, wenn wir zu ihm kommen und sagen: „Ich möchte dich einfach mehr kennen. Ich möchte etwas mit dir auf der Grundlage der Bibel erleben." Wenn die Bibel also davon redet, dass Er *„seinen Engeln über dir befehlen wird, damit sie dich bewahren"* (Lukas 4,10) und es sogar dem Diener Elias ermöglichte, Engel zu sehen, gibt mir das genug Zuversicht, Gott darum zu bitten, mir die Augen zu öffnen, damit ich Engel sehe.

Ich suche keine Engelsbegegnungen oder bete zu ihnen. Ich strecke mich nicht danach aus, in Verzückung zu geraten und lege mich nicht fest, welche himmlischen Erfahrungen ich machen möchte. Ich stelle mich einfach im Glauben zur Verfügung, mit dem Wissen, dass die geistliche Welt existiert.

Natürliche und geistliche Sinne

Wir sind mit fünf natürlichen Sinnen geschaffen worden: Fühlen, Schmecken, Riechen, Hören und Sehen. Johannes bezieht sich in der folgenden Bibelstelle auf die natürlichen Sinne, wenn er beschreibt, dass er Jesus gehört, gesehen und berührt hat.

> Johannes 1
> 1 Was von Anfang an war, was wir gehört haben, was wir mit unseren Augen gesehen, was wir geschaut und was unsere Hände angefasst haben, das verkünden wir: das Wort des Lebens. 2 Denn das Leben wurde offenbart; wir haben gesehen und bezeugen und verkünden euch das ewige Leben, das beim Vater war und uns offenbart wurde.

In der gleichen Weise, wie wir natürliche Sinne haben, wurden wir auch mit geistlichen Sinnen geschaffen, um im geistlichen Bereich zu berühren, zu schmecken, zu sehen, zu riechen und zu hören. Musst du dir morgens nach dem Aufwachen erst einmal gut zu reden, damit du atmest? Musst du dich auffordern zu riechen, oder dich daran erinnern, dass deine Augen funktionieren? Du musst nichts tun, damit deine Geschmacksknospen den Kaffee schmecken. Du konzentrierst dich selten auf deine natürlichen Sinne. Doch bei deinen geistlichen Sinnen sieht das anders aus, wir müssen sie trainieren, damit sie funktionieren. Der Apostel Paulus beschreibt die reifen Christen, *„deren Sinne durch Gewöhnung geübt sind, Gut und Böse zu unterscheiden"* (Hebräer 5,14b). Paulus sagt auch, dass wir geistliche Augen des Verständnisses (oder des Herzens) haben:

> Epheser 1
> 8 Er erleuchte die Augen eures Herzens, damit ihr versteht, zu welcher Hoffnung ihr durch ihn berufen seid, welchen Reichtum die Herrlichkeit seines

Erbes den Heiligen schenkt 19 und wie überragend groß seine Macht sich an uns, den Gläubigen.

Sobald wir sterben, werden wir sofort in Gottes Gegenwart kommen und den Thron im Himmel sehen. Gemäß Offenbarung, Kapitel 4, werden wir vier lebendige Wesen vor dem Thron sehen, einen Regenbogen und ein gläsernes Meer. Wir werden die Herrlichkeit sehen, wie Hesekiel sie beschrieben hat. Wir werden Gott als den verherrlichten Menschensohn sehen, wie Daniel es aufgezeichnet hat. Und das ist nur der Anfang. Wie sieht es aus mit dem Hochbetagten und den goldenen Straßen und mit den Häusern? Hast du dich jemals gefragt, wie viele Engel dort sein werden? Dort oben wird es ziemlich himmlisch und sehr herrlich zugehen. Im Himmel wird es Dinge geben, die kaum zu glauben sind.

Jetzt und hier hast du fünf geistliche Sinne, einschließlich der geistlichen Augen. Gottes Wort sagt uns, dass das Reich der Himmel nahe ist, dass es in dir ist und dass du gerade jetzt ein Bürger des Himmels bist. Du bist eingeladen mit Freimut zum Thron der Gnade zu kommen. Wie könnte es da möglich sein, dass du *nicht* fühlst, schmeckst, riechst, hörst und erlebst, was gerade *jetzt* im Himmel angeboten wird? Gott ermöglicht es, dass wir jetzt die geistliche Welt genießen können. Wir Christen müssen uns an den Gedanken gewöhnen, dass wir im Königreich leben.

Gebrauche Weisheit! Achte darauf, dass alle deine Erfahrungen auf dem Wort Gottes basieren. Glaube daran, dass die Fähigkeit Gottes, dich zu bewahren, größer ist als die Fähigkeit des Teufels, dich zu betrügen, wenn du richtig lebst. Wenn du um den Heiligen Geist bittest, werden dich diese kleinen Betrugsgeister nicht belästigen können, es sei denn, dass du ihnen eine Tür öffnest. Ja, wir müssen uns prüfen, aber wenn wir durch das Blut rein gewaschen sind, wenn wir Gott lieben, wenn wir im Wort sind, eingebunden in eine Gemeinde und bereit sind, uns Gott mehr zur Verfügung zu stellen – dann, wenn wir fortfahren, um den Heiligen Geist zu bitten, werden wir den Heiligen Geist bekommen. *„Wenn nun schon ihr, die ihr böse seid, euren Kindern gebt, was gut ist, wie viel mehr wird euer Vater im Himmel denen Gutes geben, die ihn bitten"* (Matthäus 7,11). Vertraue einem liebenden, guten, himmlischen Vater, der seinen Kindern, die ihn bitten, gute Dinge gibt. Gott betrügt uns nicht. Wir sind seine Kinder und Erben.

Wenn nicht du, wer dann?

Obwohl wir überall in der Schrift übernatürlichen Erfahrungen begegnen, sagen trotzdem viele Christen: „Nun, das galt Daniel, Paulus und Johannes. Die waren Heilige." Vergiss diese gedanklichen Stolpersteine. Diese Menschen waren genauso wie wir!

Hebräer 11

13 Voll Glauben sind diese alle gestorben, ohne das Verheißene erlangt zu haben; nur von fern haben sie es geschaut und gegrüßt und haben bekannt, dass

sie Fremde und Gäste auf Erden sind. 14 Mit diesen Worten geben sie zu erkennen, dass sie eine Heimat suchen. 15 Hätten sie dabei an die Heimat gedacht, aus der sie weggezogen waren, so wäre ihnen Zeit geblieben zurückzukehren; 16 nun aber streben sie nach einer besseren Heimat, nämlich der himmlischen. Darum schämt sich Gott ihrer nicht, er schämt sich nicht, ihr Gott genannt zu werden; denn er hat für sie eine Stadt vorbereitet.

Die große Wolke der Zeugen im Himmel sieht auf unsere Generation, weil sie nicht mehr unter uns sind. Sie sind bereits gegangen, haben ihren Lauf vollendet. Denk mal darüber nach: Wenn die Verheißung nicht für mich ist und auch nicht für dich, und wenn die Wolke der Zeugen schon gegangen ist – wer soll es dann heute in Anspruch nehmen? Wenn sie alle die Verheißung hatten, so sollten wir sie heute ebenfalls haben. Sie hatten nicht ab und zu eine Offenbarung, sie hatten sie in Fülle. Als ich das begriffen hatte, sagte ich: „Gott, dann möchte ich es auch haben!“ Ich stellte mich im Glauben auf diese Verheißung und dann rang ich darum und hungerte nach übernatürlichen Erfahrungen.

Wenn ein Erlebnis in der Bibel aufgezeichnet ist, so glaube ich, dass ich es im Glauben ergreifen kann. Steht es in der Schrift, so ist es eine Einladung dort anzufangen und weiter zu gehen. Wenn also Mose mit Gott von Angesicht zu Angesicht reden konnte, dann bemühe ich mich darum, auch eine solche Erfahrung zu machen. Bei der weiteren Lektüre dieses Buches magst du denken: „Davon hatte ich keine Ahnung. Ich weiß, dass Abraham Besuch von Engeln hatte, aber Todd, kamen sie wirklich auch in dein Haus?“ Nun, warum nicht? Warum wird unser Verstand so vom vernunftgemäßen Denken beeinflusst, dass wir übernatürliche Erlebnisse für uns heute ausschließen?

Einer der Gründe, warum ich damit begann über die verschiedenen Ebenen von Offenbarungen und die offenen Himmel zu lehren, war ein einzigartiges prophetisches Erlebnis, das ich in Iowa hatte. Der Heilige Geist sprach zu mir über die Salbung, die auf Maria Woodworth-Etter lag, einer Frau, die in der Christenheit Geschichte schrieb. In ihren Versammlungen geschahen nicht nur Wunder, Zeichen, Heilungen und Evangelisation. Der Heilige Geist erinnerte mich daran, dass viele Menschen, die Marias Versammlungen besucht hatten, über eine bestimmte Dimension von offenbarenden Heimsuchungen, Träumen, Engeln, Entrückung in den Himmel und Verzückungen berichteten, die manchmal drei Tage andauerten. Es war sehr üblich, dass Kinder Engel sahen. Der Herr sprach zu mir: „Ich möchte, dass du für solche Dinge Glauben hast.“

Während einer der Gottesdienste, dort in Iowa, begegneten wir einer solchen Intensität der Gegenwart Gottes, dass es schien, als ob jeder in die Ruhe Gottes eingekehrt war. Niemand bewegte sich und ich konnte nicht predigen. Tatsächlich stand ich völlig gelähmt auf dieser Bühne, nur meine Lippen bewegten sich. Ich konnte nur dort stehen und für eine halbe Stunde teilte ich Worte der Erkenntnis aus und Menschen wurden geheilt. Dann wurde der gesamte Gottesdienst zu einem prophetischen Ereignis und viele Anwesende sahen dieselben Dinge zur gleichen Zeit. Es dauerte bis 23.00 Uhr. Dann fuhr ein heller Blitz über die gesamte Versammlung und schlug im Altarraum ein. Ich schrie: „Hat das hier noch jemand außer mir gesehen?“ Fast alle Anwesenden hatten es gesehen.

Ich stand wie erstarrt und dachte: „So war es auch bei Maria Woodworth-Etter.“ Eines Tages kam niemand zu ihrer Heilungsversammlung und deshalb beschloss sie, hinzugehen und die Menschen hineinzuholen. Sie stand auf einer Kiste, um zu predigen, und erstarrte wie eine Skulptur. Dies hielt eine lange Zeit an und die Menschen versammelten sich um sie, um zu sehen, was passierte. Dann erlangte sie ihre Beweglichkeit wieder und sagte: „Folgen Sie mir!“ Wie du dir vorstellen kannst , folgten die Leute ihr ins Zelt und es fand eine Erweckungsveranstaltung mit Heilungen statt. So etwas brauchen wir auch heute.

Sieh dir 2.Korinther 12,1 an: „Ich muss mich ja rühmen; zwar nützt es nichts, trotzdem will ich jetzt von Erscheinungen und Offenbarungen sprechen, die mir der Herr geschenkt hat“. Paulus weiß, wovon er redet. Sieh dir an, was er einige Verse später sagt: *„Damit ich mich wegen der einzigartigen Offenbarungen nicht überhebe, wurde mir ein Stachel ins Fleisch gestoßen: ein Bote Satans, der mich mit Fäusten schlagen soll, damit ich mich nicht überhebe“* (2. Korinther 12,7). „Wegen der einzigartigen Offenbarungen..“, erzähle mir nicht, Paulus hätte selten Offenbarungen gehabt.

Ich begegne ständig Menschen, die glauben, dass Gott schweigt und nur dann redet, wenn er zornig ist. „Er redet nur dann, wenn er deine Sünde aufdecken will“, sagen sie. „Gott redet nur zu dir, wenn du eine tiefe Offenbarungen brauchst“ oder: „Gott möchte nicht nur auf intime Weise zu dir reden“ und sogar: „Vergiss es, erwarte bloß nicht, dass du etwas von Gott hörst.“ Nun, ich glaube, dass Gott noch viel persönlicher ist als soeben geschildert. Jeden Morgen, wenn ich aufwache, erwarte ich, dass ich ein Wort vom Herrn hören werde. Diese Worte drehen sich nicht immer um Führung oder die Zukunft. Und natürlich erwarte ich auch nicht, dass ich jeden Tag in den dritten Himmel genommen werde. Aber ich will von Gott hören und erwarte es in gewisser Weise jeden Tag. Ich hoffe, dass dies auch deine Erwartung und Erfahrung sein wird, wenn du das Buch zu Ende gelesen hast.

Kapitel 2

Ebenen der prophetischen Offenbarung

Eines Tages hörte ich, wie mein Freund, Bobby Connors, erzählte, dass er den Herrn gebeten hatte, ihm bei der Vorbereitung eines Seminars zum Thema „Wie Gott heute redet" zu helfen. „Gott, kannst du mir sagen, auf welche verschiedene Weise du mit uns kommunizierst?", fragte er. „Sage der Gemeinde, dass ich so rede, wie ich es will" rief der Herr zurück.

Wie dieser überraschte Prophet (mal wieder) feststellen musste, antwortet Gott in einer nicht erwarteten Weise – wir können ihn einfach in keine Schublade stecken. Wie dem auch sei, in der Bibel finden wir eine ganze Anzahl von Beispielen, wie Gott redet und so können wir Stück für Stück seine vielfältigen Wege verstehen. In diesem Kapitel beschreibe ich einige dieser Wege, wie Gott redet. Wie auch immer, meine Liste ist nicht abschließend, sie beschreibt die üblichsten Formen, wie Gott in der Bibel redet.

Die Schrift beschreibt viele Möglichkeiten, wie Gott zu seinem Volk redet, und dies nicht allein durch die Propheten. Gott redet wirklich *„viele Male und auf vielerlei Weise"* (Hebräer 1,1). Wie wir in der Bibel sehen können, sollten wir alle unsere geistlichen Sinne gebrauchen und prophetische, visionäre Erlebnisse und Offenbarungen von Jesus haben, glaube ich. „Nun, die hatten alle diese Begegnungen, weil sie die Heiligen waren", mag jemand einwenden. Ja, aber wer sind heute die Heiligen? In Jakobus 5,17 heißt es, dass Elia ein Mensch wie wir war. So ist es mit allen anderen Personen der Bibel, wenn du einmal innehältst und darüber nachdenkst.

Da gibt es einen sehr dünnen Vorhang, der den natürlichen vom geistlichen Bereich trennt. Weißt du, wie nahe du der übernatürlichen Welt in diesem Augenblick bist? Nur weil du sie bisher niemals gesehen hast, bedeutet dies nicht, dass sie nicht da ist. Du bist ihr sehr nahe. William Branham, ein Heilungsevangelist während der Erweckung in den fünfziger Jahren, die sich „Stimme der Heilung" nannte, hätte gebetet: „Gott, zieh einfach den Vorhang weg." Gott gab ihm sehr genaue Worte der Erkenntnis (siehe 1.Korinther 12,8) über das Leben der Menschen und die Umstände. Manchmal habe ich Probleme hinter den Vorhang zu sehen und ein anderes Mal sehe ich sofort hindurch.

Manchmal wird dich Gott kurz hinter den Vorhang sehen lassen und du wirst ein Bild oder einen Blick erhalten, von dem du denkst, es sei ein Engel und dann ist es verschwunden. Jemand erzählte mir: „Todd, es war so, als ob ich hineingerutscht bin durch den Vorhang, er wurde kurz zurückgezogen. Ich sah ein Licht und dann war es verschwunden." Andere erzählten: „Ich fühlte mich, als ob ich weggehen sollte, doch dann stieß ich mit meinem Kopf an etwas." Der Teufel wird alles tun, damit du nicht in den übernatürlichen Bereich gelangst.

Gott wird dort zu dir reden, wo du bist. Er wird zu jeder Person unterschiedlich reden. Der Rest des Kapitels beschäftigt sich mit der Frage, auf welche Weise sich der Herr offenbart. Ich beginne mit dem Einfachsten und werde dann einige tiefere Weisen aufzeigen, durch die er spricht.

Eindrücke

Gott gebraucht häufig Eindrücke, um seinem Volk prophetische Offenbarung zu geben. Manche würden das den „sechsten Sinn" oder ein „Déjà vu" nennen, doch das ist es nicht wirklich. Es geht tatsächlich um Wissen vom Heiligen Geist. Du weißt einfach etwas, du nimmst etwas wahr. Wie weißt du es? Du weißt es einfach. Du weißt, dass du weißt. Du hast Erkenntnis, so wie es häufig bei Jesus war: *„Jesus erkannte sofort, was sie dachten, und sagte zu ihnen: Was für Gedanken habt ihr im Herzen?"* (Markus 2,8).

Manchmal erhalten wir Eindrücke durch ein Bauchgefühl: „Das fühlt sich nicht gut an, mir wird übel. Ich weiß nicht, warum, aber irgendetwas stimmt nicht." Diese Empfindung ist normalerweise ein Zeugnis des Geistes. Wir müssen solche Eindrücke beachten. Die meisten von uns kennen solche Erfahrungen. Manchmal hat du vielleicht eine Gefahr gespürt oder gedacht, dass du für jemanden beten solltest. Du wusstest zu dieser Zeit nicht, warum, aber der Heilige Geist warnte dich.

Menschen empfangen auch Eindrücke über ihren Körper. Es kann sein, dass ich während einer Predigt einen Schmerz in der linken Körperhälfte spüre, direkt unterhalb der Rippen. Ich weiß, das hat nichts mit mir zu tun, sondern betrifft jemanden, der sich im Raum befindet. „Ist hier jemand mit einer gebrochenen Rippe?" frage ich dann. Darauf meldet sich eine Person und wird geheilt. Wie du siehst, ist nicht jedes Erlebnis eine Erfahrung des dritten Himmels, sondern es sind sanfte Eindrücke, die trotz allem den Willen Gottes in und durch uns kraftvoll ausdrücken.

Die Stimmen Gottes

Obwohl wir uns wünschen, die hörbare Stimme Gottes zu hören, ist es meist die *sanfte, leise Stimme*, die wir hören. Meistens redet Gott durch unsere Gedanken:

> 1.Könige 19
> 11 Der Herr antwortete: Komm heraus, und stell dich auf den Berg vor den Herrn! Da zog der Herr vorüber: Ein starker, heftiger Sturm, der die Berge zerriss und die Felsen zerbrach, ging dem Herrn voraus. Doch der Herr war nicht im Sturm. Nach dem Sturm kam ein Erdbeben. Doch der Herr war nicht im Erdbeben. 12 Nach dem Beben kam ein Feuer. Doch der Herr war nicht im Feuer. Nach dem Feuer kam ein sanftes, leises Säuseln. 13 Als Elija es hörte, hüllte er sein Gesicht in den Mantel…

Bei Elia sprach Gott nicht auf laute dramatische Weise im Sturm, im Feuer oder im Erdbeben, sondern er sprach mit einer saften, leisen Stimme. Wenn wir es lernen, unsere Herzen und Gedanken zur Ruhe zu bringen und auf diese leise Stimme zu hören, werden wir viel mehr als je zuvor von Gott hören. Er möchte uns lehren, dass wir uns auf die leise Stimme des Geistes einstellen.

Wenn der Herr auf diese Weise mit uns redet, fragen sich viele Menschen: „War das jetzt ein Gedanke von mir oder vom Herrn?" Hier ist der Schlüssel zur Unterscheidung, ob es sich um deine oder Gottes Gedanken handelt: Wenn du an etwas denkst und dir plötzlich etwas ganz anderes in den Sinn kommt, handelt es sich wahrscheinlich um einen Gedanken Gottes. Manchmal dringt Gott in unsere Gedankenwelt hinein und verändert das Thema, das uns gerade beschäftigt. Das kann verwirrend sein und du magst denken: „Ich dachte gerade daran, was ich nach der Versammlung tun werde, und plötzlich denke ich an Krebs. Warum denke ich jetzt auf einmal an Krebs? Wahrscheinlich hat Gott dir gerade einen seiner Gedanken gegeben und möchte, dass du für jemanden betest, der Heilung braucht. Seine Gedanken kommen häufig aus dem Nichts. Oft haben sie nichts mit dem zu tun, woran du gerade denkst.

Um herauszubekommen, ob es deine oder Gottes Gedanken sind, stelle dir die Frage: „Fühlte ich die Gegenwart Gottes? Waren die Worte mit starken Gefühlen verbunden? Wurde ich währenddessen berührt? Berührt es mich immer noch, wenn ich an dieses Ereignis denke?“ Häufig hinterlassen Gottes Stimme und seine Botschaften eine starke geistliche Erinnerung, einen Eindruck oder etwas Bleibendes. Wenn du dich an das Erlebte erinnerst, fallen dir Lachen, Tränen oder starke Gefühle ein. Achte auf alle deine Sinne!

Wenn der Herr durch eine *innere, hörbare Stimme* redet, klingt es wie eine klare Stimme, die wie es scheint, aus deinem Innern kommt und tatsächlich nicht hörbar durch deine Ohren wahrgenommen wird. Jeder Teil deines Seins klingt mit und die Stimme scheint so laut, als ob sie von außen kommt. Doch die Worte kommen aus deinem Bauch. Dein ganzes Wesen scheint zu explodieren oder zu vibrieren, alles in dir ist wachsam und fragt sich: „Was war das?“ Das ist die innere hörbare Stimme Gottes. Es kann sein, dass dir dieses Erlebnis Stunden nachgeht, meistens wird es einen ewigen Eindruck auf dich hinterlassen.

Das erste Mal, dass ich die innere Stimme Gottes hörte, war am Tag meiner Errettung. Es war im Wohnwagen meines Drogenhändlers, und ein Freund, der vor kurzem zu Christus gekommen war, erzählte mir sein Zeugnis. Als die Stimme Gottes in meinem Innern sprach, klang es, als ob Gott schreien würde – es war so, als ob es aus meinem Bauchbereich kommen und dann donnernd durch meinen ganzen Körper gehen würde. Es war so wie ein Gefühl, das man erlebt, wenn man mitten in der Nacht davon geweckt wird, dass jemand die Tür aufreißt, deinen Namen in den Raum hinein schreit und du aus dem tiefsten Schlaf gerissen wirst. Gott sprach nur einige Worte: „Höre jetzt zu, höre jetzt zu!“ Doch sie klangen so kraftvoll in mir, dass sie ausreichten, um meinen schlafenden Geist aufzuwecken.

Gott spricht auch so, dass wir es mit unseren Ohren hören können. Die *äußere, hörbare Stimme* Gottes, wie etwa: „Hey, Peter, was machst du da?“ Du hörst Gott, so wie du auch jede andere Person hörst. Die Stimme gelangt von außen an dein Ohr. Wie die Propheten im Alten Testament sagen: *„Deine Ohren werden es hören, wenn er dir nachruft: Hier ist der Weg, auf ihm müsst ihr gehen, auch wenn ihr selbst rechts oder links gehen wolltet“* (Jesaja 30,21).

Mitunter sprach Gott durch eine hörbare Stimme zu seinem Volk. Samuel hörte die Stimme Gottes, als er noch ein Kind war, so deutlich, dass er dachte, Eli hätte ihn gerufen. Mose hörte die Stimme Gottes aus dem brennenden Dornbusch und zu anderen Gelegenheiten. Jesus und die Jünger hörten die hörbare Stimme Gottes auf dem Berg der Verklärung. Der Apostel Johannes hörte Gottes Stimme wiederholt, als er seine Offenbarung über die Dinge empfing, die noch geschehen sollen.

Manchmal habe ich die hörbare Stimme Gottes gehört, wie es in Psalm 29,3 beschrieben ist, als ein Donnern oder ein Schall über den Wassern. Ich hatte mehrere Erlebnisse im dritten Himmel, als die Stimme Gottes donnerte oder laut erklang wie eine Posaune (Offenbarung 1,10). Diese kraftvolle Stimme kann einen Raum tatsächlich erschüttern. Manchmal klingt es so, als ob jemand versucht, mir etwas unter Wasser zu sagen. Es ist ein gedämpfter, lärmender Klang, doch ich verstehe die Worte durch die fließenden Gedanken, die mich erreichen.

Wie auch immer, wenn ich die Stimme Gottes außerhalb des dritten Himmels höre, redet Gott ganz normal mit mir im Plauderton, so wie ein Freund zu seinem Freund redet. Gewöhnlich redet Gott auf diese Weise mit mir, wenn ich eine intime Gebetszeit habe. Als der Herr mich am Muttertag 1998 heimsuchte, sprach er vier Stunden lang durch seine innere und äußere Stimme zu mir. Manchmal hörte ich Gedanken, die durch eine innere Stimme zu mir kamen, dann wieder stand der Herr hinter mir und sprach in mein Ohr. Seine Stimme erreichte mich von außen.

Gerüche

Gott möchte nicht nur zu uns reden, er teilt sich auch durch Gerüche mit. Klingt das komisch? Eines der ersten Dinge des himmlischen Bereichs, die Gott mir zeigte, offenbarte er mir durch Geruch. Mein Drogenhändler Aaron und ich waren erst kurze Zeit errettet. Danach bekehrte sich durch uns ein stadtbekannter Trinker. Wir brachten ihn nach Hause und halfen ihm beim Aufräumen. Er war seit fünfundzwanzig Jahren Alkoholiker und nach drei Tagen Nüchternheit wollte er wieder anfangen mit dem Trinken.

Plötzlich stank es wie in einem Abwasserkanal, es war grauenhaft! Ich dachte, dass die Toilette übergelaufen oder ein Abwasserrohr geplatzt sei. Es war ein dreckiger und modriger Gestank. Ich spürte, wie der Herr zu mir sagte: „Es ist der Geist des Todes.“ Sofort wurden meine geistlichen Augen geöffnet und das Gesicht dieses Mannes schmolz hinweg, dann wurde es wieder normal. Sein Gesicht sah aus wie in einem bösen Horrorfilm. Ich sah einen Schädel und dann Haut, wieder einen Schädel und wieder Haut. Ich sah ihn abwechselnd mit meinen geistlichen Augen und dann mit meinen physischen Augen. Doch diese Offenbarung begann mit dem Geruch und wurde dann durch die Vision bestätigt. Wenige Tage nach dieser Offenbarung starb der Mann und ging zum Herrn.

Mit den Jahren achtete ich auf meinen Geruchssinn. Ich kenne jetzt den Geruch von Krebs, es ist ein stinkender, modriger Geruch. Eines Tages traf ich eine Frau und nahm einen Geruch wahr. Ich wandte mich um und fragte: „Krebs?“ Sie begann zu weinen.

Ich betete einmal für eine Frau, die früher in einem indischen Tempel angebetet hatte. Jetzt war sie Christin geworden. Als ich ihr die Hände auflegte, stank es auf einmal im ganzen Raum nach verfaulten Eiern und Abwasserkanal. Nicht nur ich, sondern auch viele andere rochen es. Sie hatte einen Dämon in ihrem Magen und als er sie verließ, konnten wir es immer noch riechen.

Ich kann dir versprechen, dass die Gerüche des Herrn viel besser sind! Möchtest du gerne den Duft des Herrn oder den Geruch seines Parfums riechen? Das sind gute Gerüche: *„Von Myrrhe, Aloe und Kassia duften all deine Gewänder“* (Psalm 45,9). Ich war in Versammlungen, in den sich der Herr durch den Geruch von Vanille, Rosen, Zimt und Weihrauch offenbart hat. Manchmal bekomme ich durch einen leichten Luftzug seines Duftes eine Offenbarung darüber, in welche Richtung sich der Gottesdienst entwickeln soll. So macht der Herr mich auf sich aufmerksam und ich weiß, wir schalten einen Gang höher. Einmal betete ich für eine Person und als ich dabei den Duft von Rosen wahrnahm, wusste ich, dass Gott mich leitete, prophetisch über die Rose von Scharon zu reden und während des Redens bekam ich mehr Offenbarung zu diesem Thema von ihm.

Öffne deine Nase für das, was Gott dir sagen will, denn er möchte durch alle geistlichen Sinne zu dir reden.

Visionen

> Apostelgeschichte 16
> 9 Dort hatte Paulus in der Nacht eine Vision. Ein Mazedonier stand da und bat ihn: Komm herüber nach Mazedonien, und hilf uns! 10 Auf diese Vision hin wollten wir sofort nach Mazedonien abfahren; denn wir waren überzeugt, dass uns Gott dazu berufen hatte, dort das Evangelium zu verkünden.

Der Herr möchte durch eine weitere Ebene der Offenbarung zu uns sprechen, durch Visionen. Mitunter passiert es, dass ich mitten in meiner Predigt in meinen Gedanken Bilder davon empfange, wie Wunder geschehen. Dann unterbreche ich meine Predigt, schalte in den nächsten Gang und lass die Heilungssalbung fallen. Manche Menschen haben Visionen, die wie Filme ablaufen, mit lebendigen, sich bewegenden Bildern. Andere empfangen unbewegte Bilder. Beides sind Visionen. Sie können mit offenen oder geschlossenen Augen empfangen werden. Das bedeutet, dass du entweder äußerlich oder innerlich in deinem Verstand etwas siehst.

Wir wollen uns diese Visionen jetzt genauer ansehen und beginnen mit der offenen *Vision.* Bei einer offenen Vision beobachten wir eine Szene, die sich direkt vor unseren Augen öffnet. Wenn der Herr mir eine offene Vision gibt, sind meine Augen geöffnet. Es mag sein, dass ich gerade den Pastor ansehe, aber gleichzeitig sehe ich eine Vision. Es ist so, als ob die Vision alles um mich her überlagert oder eintrübt und ich die natürliche Umgebung weiterhin wahrnehme.

Diese Visionen können aus beweglichen oder unbeweglichen Bildern bestehen. Als ich den Geist des Todes bei dem Alkoholiker sah, war das eine offene Vision.

Ich nahm meine Umgebung wahr, obwohl ich abwechselnd den Schädel und sein richtiges Gesicht sah.

Manchmal sehe in die Menge und entdecke eine Person, die auf den zweiten Blick aussieht wie jemand, den ich kenne. Dann weiß ich, dass ich für diese Person in der Versammlung eine geistliche Gabe (Römer 1,11), eine Salbung oder einen „Mantel" (ähnlich der Person, die ich kenne) freisetzen soll. Ich sah zum Beispiel eine Person, bei der ich für einen Augenblick dachte, sie sei Bill Johnson, ein prophetischer Lehrer. Ich wusste sofort, der Herr wollte, dass ich für diese Person beten soll, damit sie den Mantel des Lehrens und der Prophetie empfängt.

Als ich noch Single war, erzählte ich Shonnahs bester Freundin, dass ich den Eindruck hatte, Shonnah und ich würden heiraten. Ich fühlte, wie die Gegenwart Gottes den Raum erfüllte. Ich sah, wie über meinem Kamin etwas wie eine große Leinwand erschien und hatte eine offene Vision mit bewegten Bildern. Wir liefen aufeinander zu und ich trug einen Smoking, dann fielen wir uns in die Arme. Dann sah ich in Bildern, wie wir getraut wurden. Es waren keine starren Bilder, sondern es war wie im Film. Das nennt man eine *Panoramavision*. Es ist genauso, als ob man im Kino sitzt und einen Film ansieht. Die Vision von Shonnah wurde Teil meiner natürlichen Umgebung (Gott erfüllte diese Vision schnell. Wir sind jetzt verheiratet und haben drei wundervolle Kinder).

Als nächstes kommen wir zur *geschlossenen Vision*. Sie ist einfach zu erklären. Deine Augen sind geschlossen oder offen und du hast in deinem Innern, in deiner Phantasie ein Bild. Wusstest du, dass eine Vision wie ein Foto, ein unbewegliches Bild sein kann? Dies ist tatsächlich die Art von Vision, die die meisten Menschen erleben. Sie sagen: „Ich sah ein Bild von…" Das ist ihre Vision. Das sind *bildhafte Visionen*.

Wenn jemand erzählt: „Letzte Nacht sah ich einen Engel", fragen sich die meisten: „Hat er den Engel so gesehen, wie er mich sieht, oder sah er den Engel im Geist?" Viele von uns sehen nicht sehr viel mehr in diesem Bereich, weil wir die Sprache der prophetisch begabten Menschen nicht verstehen. Wenn wir hören: „Ich sah einen Engel" suchen wir nach einer sichtbaren göttlichen Erscheinung, nach einer offenen Vision, die man sehen kann. Viele Menschen denken, dass „sehen" sich auf die natürlichen Augen bezieht und schauen sich deshalb im Raum um und fragen: „Wo ist denn der Engel? Ich kann ihn nicht sehen, kannst du ihn sehen?" Viele Menschen strengen sich so sehr an mit den falschen Augen zu sehen, anstatt ihrem Geist zu folgen und in ihrer Vorstellung zu sehen. Das ist der Bereich, wo die meisten prophetischen Erfahrungen tatsächlich gemacht werden. Ich werde später in einem anderen Kapitel darauf zurückkommen.

Göttliche Offenbarungen

Eine göttliche Offenbarung ist wie ein momentaner Eindruck, fast wie ein Blitzlicht, durch den wir augenblicklich Erkenntnis über Schriftstellen und ihre Bedeutung erhalten. Es ist wie eine Erleuchtung. Plötzlich wirst du von Licht erfüllt, Bibelverse fallen dir ein und du weißt sofort, was sie bedeuten und wie sie in

Verbindung stehen. Das griechische Wort für Offenbarung ist *apokalypse* und bedeutet enthüllen, offenbaren oder aufdecken. Gott macht etwas bekannt, das bis dahin unbekannt war.

Die beiden Jünger auf der Straße nach Emmaus wussten, dass etwas geschehen war, dass Jesus, ein großer „Prophet", der mächtig in Wort und Tat war, gekreuzigt worden war, aber sie wussten nicht, warum dies alles geschehen war. Dann erklärte Jesus ihnen die Ereignisse seines Lebens, Sterbens und Auferstehens anhand der Schrift und *„da gingen ihnen die Augen auf, und sie erkannten ihn; dann sahen sie ihn nicht mehr"* (Lukas 24,31). Im Lichte der Worte Jesu bekamen plötzlich Schriftstellen, die sie nie zuvor verstanden hatten, einen völlig neuen Sinn, und sie erkannten, dass er Gott war.

Das ist der Traum eines jeden Predigers – offenbarende Begegnungen mit Gott, die ein übernatürliches Verständnis der Schrift zur Folge haben. Göttliche Offenbarungen können uns das jahrelange Lesen irgendwelcher Kommentare ersetzen, um daraus bestimmte Einsichten für unsere Predigten zu bekommen. Eine der ersten Botschaften, über die ich gepredigt habe, heißt „Das Haus des Vaters". Sie war das Ergebnis einer Anzahl von Visionen, die ich hatte. Der Herr gab mir durch diese geistlichen Begegnungen Offenbarung über Gebet und Intimität. Ich hatte augenblicklich Erkenntnis über die verschiedenen Arten und Orte des Gebets und darüber, wie Gebet funktioniert. Gott führte mich in seinem Haus in neun verschiedene Räume des Gebets und der Intimität und gab mir göttliche Einsichten und Verständnis über jeden einzelnen Raum. Aus dieser einen göttlichen Offenbarung des *Vaterhauses* entstand dann die Serie *Zufluchtsort* und die Grundlage meines gesamten Dienstes.

Träume

Wusstest du, dass Traum *fest verbunden* bedeutet? Das kommt daher, weil ein Traum vom Herrn einen bleibenden Einfluss auf dich haben wird. Träume sind Visionen, die du im Schlaf empfängst. Manchmal, wenn Gott dich nicht dazu bringen kann, deinen Verstand zur Ruhe zu bringen oder ihm zu glauben, dass er versucht, dir etwas zu sagen, während du wach bist, kann er durch Träume zu dir reden. Der Schlaf ist eine strategisch wichtige Zeit, in der Gott ohne Unterbrechung zu dir reden kann. Manchmal, wenn Gott mich mit seiner schweren Gegenwart heimsucht, falle ich in einen tiefen Schlaf. Dann frage ich mich: „Warum schlafe ich immer ein, wenn ich mich in seiner Gegenwart aufhalte?"

Manchmal werden wir Visionen empfangen, die Farben, Zeichen, Symbole oder Zahlen enthalten – diese müssen ausgelegt werden. Solche symbolischen Offenbarungen kommen häufiger in Träumen vor. Christliche Autoren haben viele Bücher über die Auslegung von Träumen geschrieben. (Ich empfehle hierzu sehr die Bücher von einem befreundeten Propheten namens John Paul Jackson). Im Folgenden einige Verse, die von Träumen handeln:

- Einst hatte Josef einen Traum. Als er ihn seinen Brüdern erzählte, hassten sie ihn noch mehr (1.Mose 37,5).

- Während Pilatus auf dem Richterstuhl saß, ließ ihm seine Frau sagen: Lass die Hände von diesem Mann, er ist unschuldig. Ich hatte seinetwegen heute Nacht einen schrecklichen Traum (Matthäus 27,19).

- Als die Sterndeuter wieder gegangen waren, erschien dem Josef im Traum ein Engel des Herrn und sagte: Steh auf, nimm das Kind und seine Mutter, und flieh nach Ägypten; dort bleibe, bis ich dir etwas anderes auftrage; denn Herodes wird das Kind suchen, um es zu töten (Matthäus 2,13).

Charlie Robinson ist ein Prophet und gehört zu unserem apostolischen Team von *Fresh Fire Ministries* (FFM). Bevor er Teil unserer Arbeit wurde, hatte er zwei Träume über Adler. Er träumte, dass er zu meinem Haus kam und einen Weißkopfseeadler über das Haus fliegen sah, der auf einem Baum landete. In der folgenden Nacht befand er sich in meinem Haus und sah aus dem Fenster. Dort sah er eine goldene Adlerfamilie und Weißkopfseeadler auf dem Baum.

Der erste Traum bedeutete, dass Gott ihn dazu berief, Teil des prophetischen Dienstes (symbolisiert durch den Adler) von FFM zu sein. Im zweiten Traum wurde Charlie Teil der Adlerfamilie und der Herr zeigte ihm, dass dies sowohl das apostolische als auch das prophetische Team betraf sowie die verschiedenen Gastprediger, die mit FFM zusammenarbeiten.

Am nächsten Morgen, als Charlie mein Haus betrat, sah er ein großes Bild mit einem Adler an der Wand. Ich spürte, dass ich ihn fragen sollte, ob er als Gastprediger in unserem Dienst mitarbeiten wolle. Dann eineinhalb Jahre später fragte ich ihn, ob er Teil des apostolischen Teams von Fresh Fire Ministries werden wolle. Charlie gestattete es Gott, dass er ihn durch prophetische Träume leiten durfte, und heute ist er ein wesentlicher Bestandteil unseres Dienstes als Seher und Prophet. Er reist regelmäßig in andere Länder und verkündet eine kraftvolle Botschaft über die Herrlichkeit Gottes in der Endzeit.

Verzückungen

Eine Verzückung ist keine Erfahrung, sondern ein Zustand, in den man gerät, um eine Erfahrung zu machen. Es ist vergleichbar mit einer Betäubung, die du beim Zahnarzt erhältst. Eine Verzückung ist eine übernatürliche Betäubung. Du kommst in einen traumähnlichen Zustand, bist aber während der Vision definitiv wach. Es ist so, als ob du ein Beruhigungsmittel genommen hast und eine Erfahrung im Unterbewusstsein machst. Du beginnst Bilder zu sehen, als ob du schläfst, weißt aber, dass du wach bist. Apostelgeschichte 10,9-16 ist ein Beispiel solch einer Verzückung. Es wird beschrieben, wie Petrus auf dem Dach war, um zu beten, dabei in eine Verzückung geriet und eine Vision hatte. Der Himmel öffnete sich und ein Tuch mit unreinen Tieren kam herunter. In Apostelgeschichte 22,17 lesen wir davon, dass Paulus in eine Verzückung gerät. *„Als ich später nach Jerusalem zurückgekehrt war und im Tempel betete, da geriet ich in eine Verzückung“.*

Ich habe es oft erlebt, dass während einer Verzückung Menschen zu mir kamen und sagten: „Hallo, mein Name ist Judith und ich habe Krebs. Ich werde heute Abend im Gottesdienst sein und in der vierten Reihe links sitzen. Kannst du mich herausrufen und für mich beten?" Später im Gottesdienst habe ich dann diese Frau gesehen und ich wusste genau, wie ich für sie beten musste.

Vor einigen Jahren tat der Herr ein Wunder als Folge einer kraftvollen Verzückung, die er mir gab. Während ich eines Abends betete, fiel ich in eine Trance und eine Frau besuchte mich. Sie schüttelte mich heftig und sagte dreimal: „Schlagzeile: Junge erwacht aus dem Koma!" Als ich den Herrn fragte, was ich tun solle, sagte er mir: „Heute Abend wird ein Mann in die Versammlung kommen, um eine Salbung für diesen Jungen zu empfangen, der in einer anderen Stadt im Koma liegt."

Als ich am Abend von der Verzückung erzählte, lief ein Mann den Gang nach vorne und sagte: „Sie werden es nicht glauben, doch ich komme gerade aus dem Krankenhaus von der Mutter dieses Kindes, das im Koma liegt. Sie bat mich, heute Abend in den Riss zu treten und eine Salbung für ihren kranken Sohn zu empfangen." Später wurde mir berichtet, dass das Kind geheilt wurde und aufstehen konnte. Die lokalen Zeitungen erschienen dann mit der Schlagzeile, die ich in meiner Vision gesehen hatte.

Während ich einmal in Australien predigte, fühlte ich, wie die Atmosphäre im Raum sich veränderte und ich wusste, dass etwas passieren würde. Ich sagte sogar: „Ich werde gleich ein Erlebnis haben." Dann, plötzlich, geriet ich in eine Verzückung, fiel unter der Kraft auf die Bühne und blieb fünfundzwanzig Minuten in diesem Zustand. Danach rief ich für eine Stunde Menschen aus der Menge und gab ihnen exakte prophetische Worte. Später konnte ich mich nicht erinnern, was ich gesagt hatte. Mein Pastor, Ken Greter, erzählte mir, dass er das Gleiche einmal mit Kenneth Hagin erlebt hatte, der, während er predigte, plötzlich in Verzückung geriet. Ken sagte, dass er während meines Erlebnisses und des Prophezeiens einen riesigen Engel gesehen hatte, der ungefähr drei Etagen hoch war und über dem Gebäude schwebte. Er sah auch eine Anzahl von Engeln, die aus dem Gemeindegebäude auf- und niederstiegen, um die Gebete der Heiligen aus der Versammlung zu beantworten. Als ich begann zu prophezeien, redete ich über spezifische Jahre, die bestimmte Veränderungen der Gemeinde betrafen. Sie beinhalteten auch Einzelheiten von Plänen, Blaupausen und Gebäuden, die zwanzig Jahre zuvor gefertigt wurden. Der Herr offenbarte die Geheimnisse der Herzen der Menschen.

Später nahm der Pastor uns mit in sein Büro und zeigte uns Pläne mit genau den Jahreszahlen, die ich in meiner Prophetie genannt hatte. Durch Offenbarung während der Verzückung sprach der Herr zu vielen Herzen und gab dem Pastor eine kraftvolle Ermutigung und Bestätigung, die zwanzig Jahre alten Träume und Pläne für die Gemeinde wieder zu beleben.

Bei einer anderen Begebenheit in Iowa erstarrte ich während der Versammlung auf der Bühne. Ich war wach, doch mein Körper war wie eingefroren. Ich konnte nur meine Lippen bewegen. Ich hatte Worte der Erkenntnis für die Menschen und sie wurden geheilt. Wenn jemand neu in die Versammlung kam, konnte ich ihn nicht sehen, aber spüren, und war in der Lage, seine körperliche Verfassung zu beschreiben. Ich blieb für fünfundvierzig Minuten in diesem Zustand. In dieser Zeit wirkte der Heilige Geist kraftvoll und viele Menschen wurden errettet und geheilt.

Besuch von Engeln

Es ist biblisch, dass Engel Botschaften an Menschen überbringen: *„Vergesst die Gastfreundschaft nicht; denn durch sie haben einige, ohne es zu ahnen, Engel beherbergt"* (Hebräer 13,2). Warum bringt Gott durch Engel Offenbarung? Gott überbrachte durch Engel Botschaften an Abraham, Gideon, Elia, Maria, Johannes und viele andere. Sie sind dienstbare Geister, gesandt um sein Wort zu erfüllen (Hebräer 1,14). Als Jesus aus der Wüste kam, nachdem der Teufel ihn vierzig Tage und Nächte versucht hatte, kamen Engel, um ihm zu dienen (Matthäus 4,11). Auch als Jesus im Garten Gethsemane war, diente ihm ein Engel (Lukas 22,43).

Ich hatte mehrere Male Begegnungen mit Engeln. Ich habe einen Engel des finanziellen Segens gesehen, kämpfende Engel und einen Engel mit Namen Erweckung. Ich habe Engel der Heilung gesehen, wie den aus Johannes 5, dessen Aufgabe es war, Heilung an einem bestimmten Ort freizusetzen. Ich habe auch die Engel gesehen, die beim Einholen der Ernte helfen. In einem späteren Kapitel werde ich das Thema Engel weiter vertiefen.

„Flashbacks" des Heiligen Geistes

Manchmal erinnert dich der Herr an Offenbarungen, die er dir früher gegeben hat und zeigt dir, wie du sie in der aktuellen Situation anwenden sollst. In der Bibel finden wir solche göttlichen Erinnerungen: *„Ich denke an die Taten des Herrn, ich will denken an deine früheren Wunder"* (Psalm 77,12). Diese Art der Offenbarung liebe ich besonders, dadurch kann Gott an etwas erinnern, das er uns vor kurzem gesagt hat und uns so neue Führung geben. Einige von uns, die zur Zeit der Hippiebewegung errettet wurden oder eine zeitlang in der Welt gelebt haben, werden solche Erinnerungen wahrscheinlich kennen. Ich kann mich gut daran erinnern, weil ich, bevor ich errettet wurde, Drogen genommen habe. Nun habe ich etwas Besseres. Ich nenne solche Erlebnisse „Flashbacks" des Heiligen Geistes.

Ich bin dann also in einer Versammlung und sehe mir die Menschen an, dann erinnert Gott mich durch einen Flashback daran, dass ich jemandem erzählt habe, wie ein rechtes Ohr geheilt wurde. Daraufhin frage ich: „Wer hat ein taubes Ohr? Dein rechtes Ohr wird geheilt." Sobald ich das Wort ausspreche, wird die Kraft Gottes das Ohr dieser Person heilen. Bei einer anderen Gelegenheit bete ich für jemanden und frage: „Heiliger Geist, was möchtest du tun?" Dann erinnere ich mich und sehe, dass jemand, den ich kenne, sich Sorgen über eine Menge unbezahlter Rechnungen macht. Dadurch weiß ich, dass es ein finanzielles Problem im Leben dieser Person gibt.

Manchmal geschieht es, dass ich eine Person ansehe und mich an bestimmte Ereignisse in meiner Vergangenheit erinnere, und dann weiß ich, worin die Person verwickelt ist. Während wir mit einer Person reden, müssen wir also aufpassen, ob wir uns an etwas aus unserem Leben oder an ein prophetisches Wort, das uns gegeben wurde oder das wir jemandem weitergaben, erinnern. Gott möchte dann in dieser Situation das Gleiche tun. Erinnerungen sind Gottes Weg, seine Werke in einer anderen Situation zu erneuern.

Heimsuchungen des Herrn

Manchmal möchte der Herr seine Offenbarungen persönlich überbringen, wie er es bei Johannes getan hat:

> Offenbarung 1
> 12 Da wandte ich mich um, weil ich sehen wollte, wer zu mir sprach. Als ich mich umwandte, sah ich sieben goldene Leuchter 13 und mitten unter den Leuchtern einen, der wie ein Mensch aussah; er war bekleidet mit einem Gewand, das bis auf die Füße reichte, und um die Brust trug er einen Gürtel aus Gold. 14 Sein Haupt und seine Haare waren weiß wie weiße Wolle, leuchtend weiß wie Schnee, und seine Augen wie Feuerflammen; 15 seine Beine glänzten wie Golderz, das im Schmelzofen glüht, und seine Stimme war wie das Rauschen von Wassermassen. 16 In seiner Rechten hielt er sieben Sterne, und aus seinem Mund kam ein scharfes, zweischneidiges Schwert, und sein Gesicht leuchtete wie die machtvoll strahlende Sonne. 17 Als ich ihn sah, fiel ich wie tot vor seinen Füßen nieder. Er aber legte seine rechte Hand auf mich und sagte: Fürchte dich nicht! Ich bin der Erste und der Letzte 18 und der Lebendige. Ich war tot, doch nun lebe ich in alle Ewigkeit, und ich habe die Schlüssel zum Tod und zur Unterwelt.

Diese Stelle gibt uns eine überwältigende Beschreibung des verherrlichten Christus. Kein Wunder, dass Johannes sich fürchtete und Aufmunterung brauchte.

Das wünschen wir uns – Heimsuchungen des Herrn, wie Johannes sie erlebte. Mitunter wird uns die Offenbarung überwältigen. Die Gegenwart des Herrn hat mich schon so stark berührt, dass ich weinen musste. Manchmal sehe ich ihn nicht, aber ich kann seine Gegenwart spüren und weiß, dass er da ist.

Als ich in den Dienst berufen wurde, hatte ich eine Heimsuchung des Herrn. Ich spürte seine Gestalt und Gegenwart bei mir. Er sprach eine längere Zeit hörbar zu mir über den Dienst, den er mir anvertrauen würde, und dann beschrieb er, dass Patricia King mich in einer Versammlung aufrufen und prophetisch in den vollzeitlichen Dienst senden würde. Ich hatte noch viele andere Heimsuchungen seit damals. Es scheint so, als ob diese Heimsuchungen des Herrn, wie ich sie erlebt habe, in diesen letzten Tagen zunehmen.

Zu Beginn meines Dienstes hatte ich meine erste Heimsuchung des Herrn in der Stadt St. John. Es war um 3.00 Uhr in der Nacht und ich hatte gerade für jeden Anwesenden in der Versammlung prophezeit. Ich kehrte erschöpft in mein Hotelzimmer zurück, entschied mich jedoch, noch eine zeitlang auf meinem Bett zu liegen und auf den Herrn zu warten. Gerade, als ich fühlte, dass er sich mir näherte, öffnete sich die Tür des Schlafzimmers, jemand kam herein und die Tür wurde zugeschlagen. Ich sah zur Tür, konnte aber niemanden entdecken. Ich wurde von Furcht überwältigt, konnte aber immer noch die Gegenwart des Herrn im Raum spüren. Dann trat Jesus aus der Dunkelheit heraus. Als er näher kam, sah ich nur ein Kaleidoskop von Farben – verschiedene Arten von Blau, Rot und Gelb und einige, die ich nicht beschreiben kann. Er war wie ein lebendiger Regenbogen. Der Herr setzte sich auf meine Bettkante. Die Matratze senkte sich und das Laken bewegte sich. Dann fütterte er mich – zumindest fühlte es sich so an. Er hielt seine Hand vor meine Nase und ich atmete ein Aroma ein, das wie Vanille, Zimt, Rose und süßer Weihrauch roch. Es war eine mächtige und wundervolle Heimsuchung des Herrn.

Wenn du deine Bibel liest, achte darauf, dass manchmal vom *Engel des Herrn* die Rede ist. In vielen Fällen ist es ein Hinweis darauf, dass es der Herr selbst ist, der jemanden besucht. In 1.Mose 18 ist es tatsächlich der Herr, der Abraham in der Gestalt eines Menschen besucht.

Kapitel 3

Berührung mit dem Übernatürlichen

Ich stand auf dem gläsernen Meer – es war kristallklar (siehe Offenbarung 4,6). „Das ist der dritte Himmel", dachte ich. Das Meer veränderte seine Farbe. „Warum verändert das gläserne Meer seine Farbe und wird goldfarben?" fragte ich den Herrn. Ich beobachtete wie es sich veränderte und erinnerte mich daran, dass Hesekiel die Herrlichkeit Gottes als goldfarben und wie ein Regenbogen (Hesekiel 1,27-28 und 8,2) beschrieben hat und verstand. Plötzlich stand ich vor einer Feuersäule und mir fiel ein, dass auch Hesekiel die Gegenwart Gottes als Feuersäule erlebte. Die Wärme seiner Herrlichkeit umgab mich und ich fühlte seine Herrlichkeit auf meinem Gesicht – es war wie ein warmer Sonnenschein im Sommer. Es gibt nichts, was man auf dieser Welt mit der Herrlichkeit Gottes vergleichen könnte! Dann sprach der Herr diese Worte zu mir (die später durch verschiedene prophetische Menschen bestätigt wurden): „Der Leib Christi ist bereit die Art der Salbung zu erleben, die du in der Verborgenheit berührt und gesehen hast. Nicht nur einzelne sollen es erleben, sondern viele in der Gemeinde."

Dieses und andere Erlebnisse waren so lebensverändernd für mich. Heutzutage werden einige wenige Gläubige hier und da in den dritten Himmel entrückt oder haben Besuch von Engeln, Träume, Verzückungen und all die übernatürlichen Begebenheiten, von denen wir in der Bibel lesen. Doch jetzt ist die Zeit gekommen, dass ALLE Kinder Gottes dort hineinkommen. Während du dieses Buch liest, möchte ich, dass du mehr erwartest von dem, was du von Gott empfangen kannst. Lasst uns im Glauben wachsen, damit wir Gott in einer Weise begegnen und erleben wie noch nie zuvor.

Strebt nach dem, was im Himmel ist

Ich werde es immer und immer wieder sagen, denn es ist wirklich wichtig, dass du dieses Thema in deinem Geist erfasst. Die Bibel fordert uns auf, nach dem zu streben oder das zu suchen, was im Himmel ist, wo Christus sitzt. Denke darüber nach, wie real der Himmel ist – höre zu, er ist realer als die Welt, in der du lebst. Weißt du, es geschieht so schnell, dass wir in der zeitlichen Welt gefangen sind. Doch die Bibel sagt, dass wir nach dem Ewigen streben sollen. Es ist einfach, sich nach dem auszurichten, was wir im Natürlichen sehen – was der Arzt uns sagt, was wir fühlen und wie eine bestimmte Situation sich darstellt. *„Ihr seid mit Christus auferweckt; darum strebt nach dem, was im Himmel ist, wo Christus zur Rechten Gottes sitzt"* (Kolosser 3,1).

Denn wir kämpfen nicht gegen Fleisch und Blut, sondern gegen dämonische Kräfte und Gewalten, erinnere dich daran (siehe Epheser 6,12). Der Teufel ist Wirklichkeit und er will dich wirklich berauben, zerstören und töten. Nein, du musst nicht hinter jedem Busch einen Dämon sehen, aber du musst in der Erwartung des Übernatürlichen leben, sowohl in Bezug auf die Dämonen als auch auf die Engel.

Wenn ich morgens aufwache, danke ich Gott bewusst für die Realität von Engeln. Weil ich dieser Wirklichkeit jeden Tag in meinem Alltag Raum gebe, haben die Engel die Freiheit, in meinem Dienst aktiv zu werden. Ich bete etwa so: „Danke Gott für die Engel, die mit mir sind. Danke für die Engel, denn sie sind dienstbare Geister, die bei deiner Arbeit mitwirken. Danke für Heilungsengel und danke für Ernteengel. Danke für die Engel, die dort sind, wo Menschen dich fürchten. Sie heben mich empor, sie erheben mich über den Kampf."

Wenn ich dann unter der Dusche stehe, sage ich: „Ich danke dir, Jesus, dass die Blinden sehen und die Tauben hören können. Ich danke dir, dass die Lahmen gehen können. Ich danke dir einfach für Wunder und Heilungen." Ich gebe dem übernatürlichen Bereich andauernd Raum in meinem Leben, beziehe ihn ein. Ich erweitere das Maß meines Glaubens, indem ich Wunder erwarte, und erinnere mich daran, dass Jesus sie leicht tun kann. Ich bete wie folgt: „Gott, ich danke dir für den Himmel. Danke, Herr, dass ich im Geist sehen kann. Ich möchte im Geist reisen, Herr. Ich kann mit meiner Frau nach Hawaii reisen, warum kann ich nicht genauso irgendwohin in den Himmel reisen? Heiliger Geist, nimm mich mit dort hin! Danke für Verzückungen, Visionen und Träume. Danke, dass ich deine Stimme höre, Gott. Du hast gesagt: ‚Meine Schafe hören meine Stimme.' Ja, ich kann deine Stimme hören."

Ich sehe dann vielleicht nicht sofort einen Engel, oder dass jemand geheilt wird, und es kann sein, dass ich gerade kein Wunder brauche, aber ich rechne mit dem übernatürlichen Bereich. Ich suche andauernd das, was im Himmel ist, und danke Gott dafür.

Ich halte immer Ausschau nach dämonischen Kräften und geistlichen Strategien: „Gott, was passiert gerade während des Gottesdienstes in der geistlichen Welt? Was macht der Feind? Welche Hindernisse gibt es an diesem Ort?" Das Reich Gottes besteht nicht allein in Worten, sondern in der Demonstration der Kraft des Heiligen Geistes (siehe 1.Korinther 2,4). Ich strecke mich regelmäßig nach diesem göttlichen Bereich aus, beziehe ihn ein und die Himmel öffnen sich für mich.

Glaube nur

Ich möchte in der Kraft Gottes leben und wandeln. Ich möchte, dass du die Realität des übernatürlichen und geistlichen Bereichs erlebst und erfährst. Ich habe gelernt, dass diese Erfahrungen, wie alles im Leben eines Christen, durch Glauben empfangen werden. *„Jesus aber sprach zu ihm: Wenn du das kannst? Dem Glaubenden ist alles möglich"* (Markus 9,23). Im Neuen Testament wird der Glaube eines Nichtjuden an den übernatürlichen Bereich eindrücklich beschrieben:

Matthäus 8
7 Jesus sagte zu ihm: Ich will kommen und ihn gesund machen. 8 Da
antwortete der Hauptmann: Herr, ich bin es nicht wert, dass du mein Haus betrittst; sprich nur ein Wort, dann wird mein Diener gesund. 9 Auch ich muss

Befehlen gehorchen, und ich habe selber Soldaten unter mir; sage ich nun zu einem: Geh!, so geht er, und zu einem andern: Komm!, so kommt er, und zu meinem Diener: Tu das!, so tut er es. 10 Jesus war erstaunt, als er das hörte, und sagte zu denen, die ihm nachfolgten: Amen, das sage ich euch: Einen solchen Glauben habe ich in Israel noch bei niemand gefunden.

Der Herr sagte einmal zu mir, dass er von uns den gleichen Glauben erwarte, wie ihn der römische Hauptmann hatte.

„Todd, wenn du es schaffst, dass die Menschen an die Realität des übernatürlichen Bereichs glauben (dass der Himmel die Erde berührt – durch Prophetien, Engel, Träume und Menschen, die geheilt und frei werden), dann werde ich mehr von meiner Kraft freisetzen."

„Was meinst du damit, Gott, wenn du sagst, dass ich sie dazu bringen soll an Engel zu glauben? Was ist mit dem Glauben an dich?" fragte ich ihn.

„Mein Volk hat kein Problem damit an mich zu glauben, doch wenn man Engelserscheinungen erwähnt, werden sie schnell ungläubig", antwortete er.

Das ist logisch, denn wenn ich dir sage, dass Paulus, Elia und Daniel einen Engel gesehen haben, sagst du: „Amen, das glaube ich." Wir erwarten einfach, dass die Propheten solche Erlebnisse haben, aber wenn ich sage, dass ich einen Engel gesehen habe, wird jeder skeptisch. Was früher einmal Daniel, Elia und Paulus waren, sind wir heute. Wenn wir nicht in die unsichtbare Welt sehen, wer soll es dann tun?

Wir brauchen den einfachen Glauben eines Kindes. Heute hören wir immer wieder Berichte von Kindern, die Engel gesehen haben. Manchmal zeigen sich Engel von ihrer spielerischen Seite. Bei einem Treffen in Edmonton hörte ich, dass der Engel Gabriel einen siebenjährigen Jungen besucht hatte. Der Engel hob tatsächlich sein Gewand, um dem Jungen zu zeigen, dass er Joggingschuhe trug!

„Glaube *nur*" (Lukas 8,50). Das ist die Tür, die den Bereich ins Unsichtbare öffnet und uns den Himmel bringt. So kommt es zu Wundern, Zeichen und Heilungen.

Gott hinterfragt dein Glaubenssystem, er möchte, dass das Maß deines Glaubens sich erweitert, dass dein Denken sich verändert, damit das Übernatürliche normal und üblich wird. Er möchte, dass wir so glauben wie die Heiligen im Alten Testament, und er möchte, dass Wunder geschehen, so wie wir sie vom Anfang bis zum Ende in der Bibel finden. Das ist das Erbe seiner Söhne und Töchter.

Endzeitliche Zeichen und Wunder

Apostelgeschichte 2
17 Und es wird geschehen in den letzten Tagen, spricht Gott, dass ich von meinem Geist ausgießen werde auf alles Fleisch, und eure Söhne und eure Töchter werden weissagen, und eure jungen Männer werden Gesichte sehen, und eure Ältesten werden Traumgesichte haben; 18 und sogar auf meine Knechte und auf meine Mägde werde ich in jenen Tagen von meinem Geist

ausgießen, und sie werden weissagen. 19 Und ich werde Wunder tun oben am Himmel und Zeichen unten auf der Erde: Blut und Feuer und Rauchdampf; 20 die Sonne wird verwandelt werden in Finsternis und der Mond in Blut, ehe der große und herrliche Tag des Herrn kommt. 21 Und es wird geschehen: jeder, der den Namen des Herrn anrufen wird, wird errettet werden.

Beziehen sich die Worte „jeder, der den Namen des Herrn anruft, wird gerettet" auf einen Tag, der noch kommen wird, oder auf einen Tag, der bereits hier ist? Ich glaube, dass wir gerade jetzt in der Zeit der Ausgießung des Heiligen Geistes sind. Er gibt seinem Volk heute Prophetien, Visionen und Träume. „Ich werde von meinem Geist ausgießen auf *alles Fleisch*", Söhne und Töchter werden weissagen, junge Männer werden Visionen und alte Männer werden Träume haben in unserer Generation.

Gott hat beschlossen, dass wir alle weissagen und Träume und Visionen haben. Was wir jetzt sehen ist wachstümlich, es ist ein Prozess. Ich glaube, dass dieses göttliche Versprechen für jeden gilt, der bereit ist, es zu empfangen. Es wird der Tag kommen, an dem alles Fleisch in der Gemeinde in die Dimension von Visionen, Träumen, Heilungen und Wundern hinkommen wird. Die Berufung geht weit über die üblichen prophetischen Worte hinaus, wie die innere Stimme, Eindrücke, Worte der Erkenntnis, prophetische Ermahnung oder gar Worte, die mit „so spricht der Herr" eingeleitet werden und zu uns in der ersten Person (als ob Gott selbst diese Worte sprechen würde) gesprochen werden. Alle Gläubigen sollten tief greifende, detaillierte und genaue Worte der Erkenntnis für Menschen haben, denen sie begegnen. Jeder Gläubige sollte Visionen und Träume haben und Heilungen und Wunder erleben.

Diese Dinge stehen jedem von uns heute zur Verfügung.

Ich weiß nicht, ob die letzten Tage fünfhundert oder tausend Jahre entfernt sind, doch ich weiß, dass wir ihnen mit Sicherheit näher sind, als die Jünger, auf die der Heilige Geist erstmalig zu Pfingsten ausgegossen wurde. Ich weiß auch, dass dies die letzten Tage für jeden sind, der dieses Buch liest. Vielleicht sind ein oder sogar zwei Drittel deines Lebens bereits vergangen. Es sind die letzten Tage, die einzigen Tage, die verbleiben und an denen jeder von uns dem Herrn dienen sollte.

Jeder Heilige hat die Gelegenheit, an der Ausgießung dieser prophetischen Dimension, die mit Zeichen und Wundern verbunden sein wird, Teil zu haben. Wir sind dazu bestimmt, in dieser übernatürlichen Salbung und in der Realität des Geistes der Weisheit und Offenbarung zu wandeln. Unsere Augen des Herzens sollen geöffnet sein, damit wir in den himmlischen Bereich hineinsehen können. Das ist unsere Erbschaft. Nach der Schrift bestätigt Gott den Dienst durch Zeichen und Wunder. *„Israeliten, hört diese Worte: Jesus, den Nazoräer, den Gott vor euch beglaubigt hat durch machtvolle Taten, Wunder und Zeichen, die er durch ihn in eurer Mitte getan hat, wie ihr selbst wisst" (*Apostelgeschichte 2,22).

Diese Stelle spricht davon, dass Gott den Dienst Jesu mit Zeichen und Wundern bestätigt und beglaubigt hat. Gemäß Johannes 17 liebt der Vater uns in der gleichen Weise, wie er Jesus liebt. Wir sind in gleicher Weise Kinder und Miterben wie Jesus. Jesus hat den Vater gebeten, dass *„sie in eins vollendet seien, damit die Welt erkenne, dass du mich gesandt und sie geliebt hast, wie du mich geliebt hast"* (Johannes 17,23b).

Jesus sitzt zur Rechten des Vaters in himmlischen Orten und als Teil seines Leibes sind wir dazu geschaffen, mit ihm an himmlischen Orten zu sitzen (Epheser 1,20-23).

Der Vater möchte geistliche Dienste in Nordamerika durch Wunder, Zeichen und übernatürliche Heilungen bestätigen – er möchte, dass wir uns nach unserem Erbe ausstrecken. Wir müssen beten: „Danke, Herr, das Erbe gehört mir." Das Übernatürliche muss zu einem Teil unsres Bewusstseins werden, es muss Teil unseres Alltags werden. Wir müssen uns mit offenen Himmeln, Engeln, Visionen und Träumen beschäftigen. Wir müssen über Wunder, Kraftwirkungen und Heilungen reden. Wir müssen Gott für seine Engel und das Prophetische danken.

Wir leben in aufregenden Zeiten! Gott möchte dich mit prophetischen Visionen salben und dir geistliche Augen geben. Wenn der Herr die Augen deines Herzens öffnet, wirst du in die Realität des geistlichen Bereichs hineinkommen. Gott möchte, dass du übernatürlich natürlich wirst. Es wird Zeit, dass du in den neuen Bereich des Geistes hineingehst.

Geschaffen für Zeichen und Wunder

Ich hoffe, dass du jetzt verstanden hast, dass wir nicht nur dazu berufen sind, das Evangelium zu predigen, sondern als Teil dieses Evangeliums auch Zeichen und Wunder zu tun. Doch wusstest du, dass es Teil deiner Berufung ist *selbst* ein Zeichen und Wunder zu sein? Wir sind dazu geschaffen, sie zu sehen und selbst zu sein. Wir wollen ein wenig tiefer in diese Aussage eintauchen: *„Siehe, ich und die Kinder, die der Herr mir gegeben hat, wir sind zu Zeichen und zu Wundern in Israel geworden vom Herrn der Heerscharen, der auf dem Berg Zion wohnt"* (Jesaja 8,18, Elberfelder Bibel).

Wir leben ein prophetisches Leben, eine prophetische Botschaft. Das Volk Gottes ruft nach Offenbarung: „Gib uns Erleuchtung. Ich möchte das Übernatürliche erleben. Ich sehe die Zeichen und Wunder in der Gemeinde nicht, deshalb suche ich Hilfe in der Psychologie." Wenn wir keine Zeichen und Wunder erleben, sucht die Welt danach wo anders und sieht sich im New Age, im Okkulten oder bei anderen verfälschten Praktiken der echten Offenbarung um. Gott möchte, dass wir das Echte haben, damit die Welt erkennt, dass es Offenbarung und Verständnis in der Gemeinde gibt.

Die Welt sollte sagen: „Ich kenne diese Menschen nicht, doch sie wissen etwas aus meiner Vergangenheit und über die Krankheit, die ich habe. Sie konnten auch etwas zu meinem jüngeren Bruder sagen und er wurde geheilt. Ich schließe daraus, dass es einen Gott geben muss." Wenn solche übernatürlichen Dinge geschehen, brauchst du nicht einmal mehr das Evangelium zu predigen, weil die Ungläubigen erkennen werden, dass es einen lebendigen Gott im Himmel gibt.

Nun sieh dir an, was geschieht, wenn wir uns nicht nach Zeichen und Wundern ausstrecken: *„Wenn man euch sagt: Befragt die Totengeister und Zauberkundigen, die flüstern und murmeln, dann erwidert: Soll ein Volk nicht lieber seinen Gott befragen? Warum soll man für die Lebenden die Toten befragen?“* (Jesaja 8,19).

Wenn wir keine Zeichen und Wunder haben, gehen die Menschen zu Zauberern, Wahrsagern und befragen tote Götter. Sie befragen die Toten für die Lebenden, anstatt den lebendigen Gott zu fragen. Zerbricht dieser Vers nicht dein Herz? So viele Menschen wenden sich der Fälschung zu, weil wir geistlich betrachtet nicht dort sind, wo wir sein sollten. Wir müssen unsere geistliche Erbschaft ausleben und zu Zeichen und Wundern werden, dann wird die Welt sich an die Gemeinde wenden, um Offenbarung zu empfangen.

Wir müssen die Realität des Übernatürlichen – die offenen Himmel und die himmlische Herrlichkeit – verstehen. Wir sollten uns nach diesen Bereichen im Geist ausstrecken, wo die übernatürlichen Zeichen und Wunder stattfinden. Diese Salbung möchte Gott ausgießen. Bist du bereit, sie zu empfangen?

Zeichen und Wunder bestätigen das Reich Gottes

Was fällt dir als Erstes ein, wenn du an Apostelgeschichte 2 oder Pfingsten denkst? Nach Apostelgeschichte 1,18 ging es an Pfingsten darum, Kraft (*dynamis*) zu empfangen. Wahrscheinlich stellst du dir vor, dass dort in Jerusalem im Obergemach eine Gruppe versammelt war, die erlebte, wie ein heftiger Sturm wehte und Feuerzungen auf sie kamen. Danach redeten dann alle Anwesenden in Sprachen. Doch tatsächlich ging es bei der Pfingsterfahrung nicht in erster Linie um das Reden in Sprachen, sondern vielmehr um Zeichen, Wunder, prophetische Erlebnisse, Kraft und darum, dass Gott den Himmel öffnete, um seinen Geist auszugießen. Denk darüber nach, das Reden in Sprachen war nur ein Beweis oder eine Auswirkung der Ausgießung des Heiligen Geistes.

Wenn Gott seinen Geist ausgießt, können viele Dinge geschehen und es sind bereits viele Dinge geschehen. Es passierte, dass Menschen tagelang prophezeit haben oder Visionen und Träume hatten. Wir haben heute solche Erlebnisse nicht in dem Maße in der Gemeinde, wie es sein sollte, weil wir Schwierigkeiten haben zu glauben, dass Gott für sein Volk Begegnungen mit der übernatürlichen Welt bereithält.

Ich werde eine Aussage treffen, die du vielleicht nicht glauben wirst, die dich eventuell sogar ärgern wird. Glücklicherweise ist es nicht meine Meinung, sondern ich habe sie vom Apostel Paulus, der sie von Jesus übernommen hat – also rege dich nicht über mich auf! Hier kommt die Behauptung: „Du hast das Evangelium des Christus nicht völlig verkündigt, wenn es nicht mit Zeichen, Wundern und Kraftwirkungen verbunden war.“

Römer 15 (Elberfelder Bibel)
7 Ich habe also in Christus Jesus etwas zum Rühmen in den Dingen vor Gott.
18 Denn ich werde nicht wagen, etwas von dem zu reden, was Christus nicht
durch mich gewirkt hat zum Gehorsam der Nationen durch Wort und Werk, 19
in der Kraft der Zeichen und Wunder, in der Kraft des Geistes, so dass ich von
Jerusalem und ringsumher bis nach Illyrien das Evangelium des Christus völlig
verkündigt habe.

Paulus behauptet, dass er das Evangelium völlig verkündigt hat, weil seine Verkündigung verbunden war mit Zeichen und Wundern in der Kraft Gottes. Denke darüber ein wenig nach.

Im Zusammenhang mit der Verkündigung des Evangeliums, sollten wir immer nach der Manifestation der Kraft Gottes Ausschau halten. *„Jesus zog durch alle Städte und Dörfer, lehrte in ihren Synagogen, verkündete das Evangelium vom Reich und heilte alle Krankheiten und Leiden"* (Matthäus 9,35). Achte darauf, dass Jesus das Evangelium predigte *und* alle Kranken und Leiden heilte. Jedes Mal, wenn darüber berichtet wird, dass Jesus das Evangelium verkündigte, wird auch das Reich Gottes in Kraft vorgestellt. Jesus brachte die Botschaft niemals, ohne auch das Reich zu offenbaren. *„Er zog in ganz Galiläa umher, lehrte in den Synagogen, verkündete das Evangelium vom Reich und heilte im Volk alle Krankheiten und Leiden"* (Matthäus 4,23).

In meinem Dienst lehre ich meine Mitarbeiter: „Zuerst die Kraft und dann das Wort. Geht hin und prophezeit zuerst oder zeigt die Kraft Gottes in irgendeiner Weise." Es gibt in der Gemeinde solch einen Mangel an der Demonstration der Kraft Gottes. Unsere Predigt ist heutzutage in den Gemeinden deshalb nicht sehr wirksam, weil viele der Meinung sind, dass es ausreicht einfach nur *da zu sein und alles richtig zu machen.* Viele schalten bereits fünf Minuten nach Beginn der Predigt ihren Verstand ab und machen ihr Herz zu.

Hebräer 2
3 … wie sollen dann wir entrinnen, wenn wir uns um ein so erhabenes Heil
nicht kümmern, das zuerst durch den Herrn verkündet und uns von den Ohren-
zeugen bestätigt wurde? 4 Auch Gott selbst hat dies bezeugt durch Zeichen und
Wunder, durch machtvolle Taten aller Art und Gaben des Heiligen Geistes,
nach seinem Willen.

Hier sehen wir es wiederum. Gott unterstützt die Botschaft der Errettung mit Zeichen, Wundern und verschiedenen Kraftwirkungen. Das ist die Botschaft des Evangeliums. Lasst uns noch einmal anschauen, was die Schrift sagt:

2.Korinther 12
11 Jetzt bin ich wirklich ein Narr geworden; ihr habt mich dazu gezwungen.
Eigentlich sollte ich von euch gerühmt werden; denn in nichts bin ich hinter
den Überaposteln zurückgeblieben, obgleich ich nichts bin. 12 Das, woran man

den Apostel erkennt, wurde mit großer Ausdauer unter euch vollbracht: Zeichen, Wunder und machtvolle Taten.

Hebräer 6
4 Denn es ist unmöglich, diejenigen, die einmal erleuchtet worden sind und die himmlische Gabe geschmeckt haben und des Heiligen Geistes teilhaftig geworden sind 5 und das gute Wort Gottes und die Kräfte des zukünftigen Zeitalters geschmeckt haben 6 und doch abgefallen sind, wieder zur Buße zu erneuern.

Anhand der letzten Bibelstelle können wir sehen, wenn wir durch das Wort Gottes erleuchtet wurden, sollten wir auch die Kräfte des zukünftigen Zeitalters schmecken. Wir sollten sie jetzt schmecken, denk darüber nach. Bitte den Herrn, dass du jetzt den Himmel schmeckst. Um Engel zu sehen oder den Himmel zu erleben, müssen wir nicht warten, bis wir gestorben sind.

Als Johannes der Täufer im Gefängnis war, sandte er seine Jünger zu Jesus. Sie sollten ihn fragen, ob er es sei oder sie auf einen andern warten sollten. Ich liebe die Antworten des Herrn. Niemals antwortet er einfach mit „Ja“. Er beschreibt einfach seine Taten und lässt Johannes selbst den Schluss daraus ziehen. Jesus hätte sagen können: „Natürlich bin ich es, Johannes. Ich wurde von einer Jungfrau geboren, kennst du die Schrift nicht?“ Er hätte auf viele Tatsachen seiner Göttlichkeit hinweisen können, doch sieh dir an, wie er sich beschrieben hat, um zu zeigen, dass er der Messias ist:

Matthäus 11
2 Johannes hörte im Gefängnis von den Taten Christi. Da schickte er seine
Jünger zu ihm 3 und ließ ihn fragen: Bist du der, der kommen soll, oder müssen
wir auf einen andern warten? 4 Jesus antwortete ihnen: Geht und berichtet
Johannes, was ihr hört und seht: 5 Blinde sehen wieder, und Lahme gehen; Aus-
sätzige werden rein, und Taube hören; Tote stehen auf, und den Armen wird
das Evangelium verkündet. 6 Selig ist, wer an mir keinen Anstoß nimmt.

Jesus begnügte sich nicht damit zu sagen, dass den Armen das Evangelium verkündet wird, er war ein Beispiel dafür, was wir tun sollten. Wir sind die Generation, die größere Dinge tun sollte als diese (Johannes 14,12). Wir haben heute das Evangelium in den Gemeinden auf die Predigt reduziert, doch es sollte nicht getrennt werden von den anderen sichtbaren Zeichen des Reiches Gottes. Nach Jesus und Paulus ist Predigen, Heilen und Wunder tun ein Gesamtpaket.

Wenn du wissen willst, ob das Reich Gottes in deinem Leben oder deiner Gemeinde angekommen ist, stell dir bitte folgende Frage: „Laufen die Lahmen, sehen die Blinden, werden die HIV-Kranken geheilt und die Toten auferweckt und wird den Armen das Evangelium verkündet?“ Strecke dich aus nach Zeichen und Wundern, die Sein Reich sichtbar machen.

Die Ernte durch übernatürliche Zeichen einholen

Gott wird die große Endzeiternte einholen. *„Schick deine Sichel aus, und ernte! Denn die Zeit zu ernten ist gekommen: Die Frucht der Erde ist reif geworden“* (Offenbarung 14,15b). Ich glaube, dass Gott durch Heilungen und Wunder seine große endzeitliche Ernte einholen wird. Die Welt ist hungrig nach dem Übernatürlichen. Unglücklicherweise hat die Gemeinde keine Kraft. Deshalb herrscht bei den Wahrsagern so ein Andrang und darum hat die New-Age-Bewegung solch einen dramatischen Zulauf in unseren Tagen. Es sieht so aus, als ob die Gemeinde gegenüber den Werken der Finsternis zu schwach ist. Gott hat zu mir durch eine Schriftstelle gesprochen. Darin heißt es, dass durch seine große Kraft die falschen Zeichen und Wunder des Teufels verschlungen werden.

> 2. Mose 7
> 8 Der Herr sprach zu Mose und Aaron: 9 Wenn der Pharao zu euch sagt: Tut doch ein Wunder zu eurer Beglaubigung!, dann sag zu Aaron: Nimm deinen Stab, und wirf ihn vor den Pharao hin! Er wird zu einer Schlange werden. 10 Als Mose und Aaron zum Pharao kamen, taten sie, was ihnen der Herr aufgetragen hatte: Aaron warf seinen Stab vor den Pharao und seine Diener hin, und er wurde zu einer Schlange. 11 Da rief auch der Pharao Weise und Beschwörungspriester, und sie, die Wahrsager der Ägypter, taten mit Hilfe ihrer Zauberkunst das gleiche: 12 Jeder warf seinen Stab hin, und die Stäbe wurden zu Schlangen. Doch Aarons Stab verschlang die Stäbe der Wahrsager.

Die Welt heute orientiert sich an falschen Religionen, Sektenführern und ungöttlichen Lehren. Doch der wahre Gott wird seine Schlangen in die Welt senden und sie werden die Fälschungen verschlingen. Es wird eine solche Ausgießung göttlicher Heilungskraft und prophetischer Worte geben, dass die Fälschungen durch die wahren Zeichen und Wunder einer siegreichen Gemeinde verschlungen werden. Die Welt wird wissen, dass sie körperliche Heilung in der Gemeinde bekommen kann. An manchen Orten wird man Krankenhäuser und Kliniken schließen. Wir werden sehen, dass der Geist der Wahrheit den Geist des Irrtums überwinden wird (1.Johannes 4,6), und die Welt wird schließlich erkennen, was wahr und was falsch ist.

Ich sehe, dass Leiter von okkulten Bewegungen sich der Wahrheit Jesu Christi zuwenden werden, weil sie Zeichen und Wunder in der Gemeinde sehen werden. Sie werden wie Simon der Zauberer (Apostelgeschichte 8,17-19) sehen, dass wir über wahre Kräfte verfügen. Die Ausgießung der Kraft Gottes wird so groß sein, dass die „Baalspropheten“ unserer Zeit auftauchen werden, um die echten Wunder in der Gemeinde zu sehen, wie es bei Elia auf dem Berg Karmel war. Wir wollen nicht vergessen, dass die Kraft Gottes deshalb kam, weil das inständige Gebet eines Gerechten viel zu tun vermag. Lasst uns ernsthaft beten, dass dieselbe große Salbung von Kühnheit und Kraft heute auf dem Volk Gottes ruhen wird.

Die Zeichen eines Propheten

Propheten, die Zeichen tun, sind solche, die zwei Dimensionen verkörpern: Erstens, sie drücken mit ihrem ganzen Leben die Botschaft aus, die sie gemäß Gottes Berufung der Gemeinde bringen sollen. Hosea zum Beispiel heiratete eine Prostituierte, um damit die Beziehung Gottes zu seinem untreuen Volk zu zeigen. Hesekiel sollte die Belagerung Jerusalems als Wahrzeichen bauen und anschließend 390 Tage auf der rechten und 40 Tage auf der linken Seite liegend die Sünde des Hauses Israel und Juda tragen (Hesekiel 4,1-7).

Zweitens verfügen diese Propheten über Zeichen, Wunder und Kraftwirkungen – dies betrifft sowohl die damaligen Propheten in der Bibel als auch deren heutige Vertreter. Schau dir die Nachrichten an. Wenn ein Prophet, der über solche Zeichen verfügt, in eine Stadt kommt, ist häufig eine Wetteränderung zu beobachten – plötzliche Stürme, Überflutungen, Erdbeben, Seuchen oder andere Zeichen und Wunder. Dies ist mehreren meiner prophetischen Freude passiert. Heute gibt es wieder solche Propheten, die mit Gott zusammenarbeiten und diese Verheißung zur Erfüllung bringen: *„Ich werde Wunder erscheinen lassen droben am Himmel und Zeichen unten auf der Erde: Blut und Feuer und qualmenden Rauch"* (Apostelgeschichte 2,19).

Ich glaube, dass Gott diese Art von Zeichen und Wundern heute auf der Welt geschehen lässt, damit die Visionen und Träume der Propheten anerkannt werden. Er verstärkt die Autorität der wahren prophetischen Worte inmitten der vielen nichts sagenden weichen Prophetien und er gibt Zeichen durch den echten Heilungsdienst. Ich sagte zu einer Frau in Seattle: „Sie haben Hepatitis C. Als ein Zeichen dafür, dass Gott Sie heute Abend heilen wird, nenne ich Ihnen den Namen Ihres Ehemanns, sein Name ist Danny." Sie war einfach fassungslos und die Menge tobte. Dann sagte ich zu ihr: „Lassen Sie sich nicht davon beeindrucken, sondern empfangen Sie Ihre Heilung." Es kommt eine völlig neue Art des Heilungsdienstes auf uns zu, wo wir nicht nur die Krankheiten benennen, sondern als Zeichen des Herrn, dass er jemanden heilen möchte, werden wir auch andere Informationen, die er uns gibt, mitteilen.

Der Dienst mit Zeichen und Wundern wird sogar über diese prophetische Dimension hinausgehen. Es könnte sein, dass du folgende Prophetie hörst: „Es wird eine Erweckung in deiner Stadt sein und als Bestätigung wird ein Komet am 14. Dezember über dein Haus hinweg ziehen." Zuhause angekommen, wirst du aus dem Fenster sehen und erstaunt feststellen: „Ah, da ist der Komet!"

Im April 2005 war ich bei einer Konferenz in Birmingham, Alabama, und während des ersten Abends wurde ich im Geist hinweg genommen und sah drei große Autostraßen, die in die Stadt hineinführten. Ich sah eine Erweckung von Norden kommen. Ich hatte ein genaues prophetisches Wort über diese Gegend und teilte es mit. Der Herr sagte mir, ich solle den Menschen sagen, dass sie erkennen würden, dass meine Worte wahr sind, wenn es in Birmingham Tornados und Überflutungen geben würde. Zwei Tage, nachdem wir die Stadt verlassen hatten, geschah es.

Im Juli 2004 hatte ich bei einem Treffen in Vacaville, Kalifornien eine offene Vision. Ich sah einen mächtigen Erzengel (der für einen Kontinent zuständig war). Er stand mit dem einen Fuß auf Indonesien und mit dem anderen auf Malaysia. Als nächstes sah ich, wie eine Tsunamiwelle auf dem Meer entstand und auf dem Kamm der Welle las ich das Wort „ERWECKUNG“. Dann sah ich, wie die Welle Indonesien, Malaysia und Südostasien erreichte. Nachdem ich das Wort mitgeteilt hatte, fragte ich, ob sich jemand aus Malaysia oder Indonesien unter den Teilnehmern befinde. Vier christliche Leiter aus Malaysia und einer der führenden Leiter aus Südostasien standen auf.

Diese fünf Männer nahmen die Prophetie mit zurück nach Indonesien und Malaysia und veröffentlichten sie dort. Viele Christen und Leiter lasen das Wort. Als Charlie Robinson (ein Mitarbeiter und Prophet bzw. Seher von FFM) im Dezember nach Indonesien und Malaysia reiste, sagten sie ihm, dass sie jedes Wort dieser Prophetie glauben würden, das ich über die kommende Erweckung in Indonesien, Malaysia und Ostafrika gesagt hatte, außer einem Teil: „Naturkatastrophen passieren nicht in Malaysia.“ Sie teilten Charlie mit, dass sie nicht glauben würden, dass ihre Region in Asien von einem Tsunami betroffen sein würde. Charlie antwortete: „Gott wird das Meer richten“, denn er hatte eine Offenbarung von Gott über die sieben Donner empfangen und darüber, dass Gott die sieben Meere richten würde (Offenbarung 10).

Dann, am 4. Dezember 2004 zeigte der Herr Charlie in Jakarta, dass Gott den dämonischen Fürsten über dieser Gegend richten würde und dass dadurch eine gewaltige Katastrophe für die indonesische Meeresküste ausgelöst würde. Er teilte seine Offenbarung einem der christlichen Leiter vor Ort mit und sagte ihm, dass diese Katastrophe ganz Südostasien betreffen würde. Dann in einer weiteren Versammlung in Indonesien hatte Charlie den Eindruck, dass alle Anwesenden brüllen sollten. Sie brüllten eine halbe Stunde lang.

Manchmal ruft der Herr uns dazu auf, dass wir so brüllen sollen wie er (Joel 3,16 und Hosea 11,10). Wenn Gott uns so führt, können wir im Glauben brüllen, so wie wir auch einen Siegesruf erschallen lassen (Josua 6,5). Ein solches Brüllen löst häufig eine heilige Entrüstung in unserem Geist aus und ist eine Deklaration gegenüber dem Feind, die besagt: „Genug ist genug!“ Das Brüllen löst nicht nur Verheißungen aus, die gebunden waren, sondern es zerstört auch Fürstentümer. Wenn wir brüllen wie ein Löwe, geschieht etwas im unsichtbaren Bereich. Jesus ist der Löwe vom Stamm Juda und manchmal bringt er seinen Geist dazu, in unseren Herzen aufzustehen und ein Gericht über Fürstentümer auszusprechen, indem wir stöhnen oder brüllen.

Der Herr sprach zu Charlie, dass es ein Erdbeben geben würde, nachdem er Indonesien verlassen haben würde. Sechs Tage nach seiner Abreise, am 26. Dezember 2004, geschah dieses Erdbeben und löste den Tsunami aus. Gott richtete das Meer! Sie riefen Charlie an und sagten: „Es ist wahr, jedes Wort der Prophetie ist wahr!“ Als die Tsunamikatastrophe geschah, sagte die gesamte Welt: „Warum, o Gott, konnte diese Zerstörung geschehen? Warum hat Gott das zugelassen? Dreihunderttausend Menschen haben ihr Leben verloren.“ Doch höre mir zu! Auf dem Kamm dieser Welle stand „ERWECKUNG“. Wer würde denken, dass Erweckung die Folge eines Tsunamis und Erdbebens ist?

Zunächst müssen wir festhalten, dass Gott keine Naturkatastrophen auslöst. Wie auch immer, wenn Gott Veränderung oder eine Erweckung bringen will, wird es immer einen geistlichen Kampf in den Himmeln geben, weil die dämonischen Kräfte im zweiten Himmel den Plänen und Absichten Gottes entgegenstehen. Wo es Krieg gibt, da gibt es auch Verluste. Wir verstehen nicht immer, warum Menschen verletzt werden. Als Jesus den Dämon aus dem Kind in Lukas 9,42 austrieb, *„warf der Dämon ihn zu Boden und zerrte ihn hin und her.“* Genauso ist es, wenn Gott sich mit dämonischen Kräften in den Himmeln beschäftigt. Es findet ein Kampf im geistlichen Bereich statt, der sich manchmal auf zerstörerische Weise auf die Erde auswirkt. Der Teufel will Zerstörung bringen und die Pläne Gottes für Erweckung verhindern. Wie auch immer, ungeachtet des Kampfes werden die Pläne Gottes zustande kommen.

Heute gibt es in Indonesien und Malaysia eine ungeheure Erwartung in den Gemeinden, dass Gott etwas Kraftvolles tun wird. Gott sendet Zeichen der Erweckung in Form von Goldstaub, Diamanten und Federn in die christlichen Versammlungen und die Menschen entwickeln eine wachsende Leidenschaft für den Herrn und Glauben für eine Welle der Erweckung, die kommen wird.

Als Charlie im Februar 2005 dorthin zurückkehrte, sagte er: „Es wird noch einmal geschehen.“ Als er die Gegend verließ und ungefähr eine Stunde in der Luft war, gab es ein zweites Erdbeben. Vor nicht langer Zeit war ich in Long Island, New York, und prophezeite öffentlich: „Ein drittes Erdbeben wird sich im Pazifik ereignen.“ Zwei Tage später erschütterte ein Erdbeben der Stärke 6,2 die Insel Sumatra. Kürzlich in Toronto traf ich mich mit etwa zwölf Personen und weissagte: „Achtet auf meine Worte: Japan wird von einem Erdbeben heimgesucht werden. Es ist das vierte Erdbeben im pazifischen Raum.“ Wenige Tage später gab es dieses Beben in Japan mit der Stärke 5,6.

Was hat das alles zu bedeuten? Wir müssen verstehen, dass die Gerichte Gottes durch Gebete ausgelöst werden, die am Ende Segen und die Erfüllung seiner Verheißungen bringen. Gott kündigt seinen Freunden und Propheten zukünftige Ereignisse (Geheimnisse) an (Amos 3,7). Als Folge von Umkehr und anhaltendem Gebet durch das Volk Gottes wird der Herr die dämonischen Fürstentümer über Regionen richten. Häufig werden durch solche übernatürlichen Gerichte Naturkatastrophen ausgelöst.

Wir wollen uns daran erinnern, dass Gott durch die Erschütterung – beim Erdbeben in Japan und bei der Katastrophe in Indonesien – von „ERWECKUNG“ gesprochen hat. Der Herr macht seinen Feinden seinen Namen bekannt und segnet sein Volk in diesen Gegenden. Er möchte, dass wir begreifen, was er tut, und gibt uns deshalb Zeichen auf der Erde, damit wir erkennen, was im geistlichen Bereich geschieht.

Wir gewinnen die Welt durch Begegnungen in Kraft und indem wir im Bereich der Offenbarung seine verborgenen Pläne erkennen und verkünden. Ja, es stimmt, alle Kinder Gottes wurden dazu geschaffen, Zeichen und Wunder zu sein und zu tun, nicht nur die Propheten, die heute besondere Zeichen tun. Es mag sein, dass diese Propheten in einer größeren Kraft wandeln als die restlichen Gläubigen, aber wir sind alle dazu berufen, in diesen letzten Tagen im übernatürlichen Bereich zu leben.

Wir sollen ein Zeichen, ein lebendiger Brief und ein prophetisches Bild auf dieser Erde sein. Wir sollen den übernatürlichen Bereich sichtbar machen, indem wir überfließen. Dies soll überall in der natürlichen Welt geschehen: in der Wirtschaft, am Arbeitsplatz, im Geschäftsleben, in der Schule, beim Einkaufen oder im Krankenhaus. Wir sollen Zeichen und Wunder haben, weil wir die Realität des Himmelreichs in uns tragen (Lukas 17,21). Obwohl ich auf dieser Erde bin, bin ich mit meinen Gedanken im Himmel. Ich handle in diesem Bereich in der Salbung des Geistes der Weisheit und Offenbarung. Gott möchte uns die Salbung des Übernatürlichen geben. Später werde ich noch ein wenig mehr über die Propheten und ihre Zeichen lehren, sowie über die prophetischen Seher und die Propheten des Jetzt.

William Branham und die Stimme der Heilungserweckung

Ja, es gab Heilungserweckungen in der Gemeinde seit den Tagen der Apostelgeschichte. Doch die Fülle von Heilungen, Wundern, Zeichen und Kraftwirkungen wird noch kommen. „Die Stimme der Heilung" war eine Erweckung, die in den 50er und 60er Jahren in Amerika durch Menschen wie Oral Roberts, Jack Coe, A.A. Allen, R.T. Ritchie und Gordon Lindsay bekannt gewesen ist. Sie brachten damals auch eine Zeitung mit dem Namen „Stimme der Heilung" heraus. Zehntausende strömten in die Zelte überall in Amerika. William Branham war ein Vorläufer des Dienstes von Zeichen und Wundern in diesen Tagen. Im Jahre 1946 wurde dieser arme, ungebildete, stotternde Mann von einem Engel heimgesucht und mit einer Heilungssalbung ausgestattet. Doch es war nicht nur eine Heilungssalbung, sie nannten William Branham einen Propheten mit beachtenswerten Zeichen und Wundern.

Es ist weitgehend bekannt, dass es am Ende des Dienstes von William Branham zu unrühmlichen Dingen gekommen ist. Ich glaube, dass er aus der Gnade Gottes herausgetreten ist, aus dem Bereich des Einflusses Gottes, zu dem Er ihn berufen hatte (Es geht nur darum zu zeigen, wie wichtig es ist, Charakter zu haben, Verantwortung zu übernehmen und in der eigenen speziellen Berufung zu bleiben). Doch während seines Heilungsdienstes war er im Bereich der prophetischen Offenbarung jemand, der genauer war als jeder andere zu dieser Zeit. Einige sagen, dass seine Gabe hundert Prozent genau war.

Bei den Versammlungen Branhams war es üblich, dass die Menschen eine Nummer zogen und stundenlang warteten, um Heilung zu empfangen. Branham wartete auf einen Engel, der kam und sich hinter ihn stellte. Er tat nichts, bevor dieser Engel erschien. Wenn es soweit war, schrie er: „Der Engel ist da!" Es war so, als ob das Erscheinen des Engels den Glauben der Menschen aufbaute und die Heilungswasser Gottes in Bewegung brachte, so wie es mit dem Engel am Teich von Betesda in den Tagen Jesu war (Johannes 5,4). Dann stellten sich die

Menschen der Reihe nach an und Branham ging in eine Vision und nannte den Menschen viele Einzelheiten aus ihrem Leben. Er gab diese Worte der Erkenntnis nur deshalb weiter, um den Menschen ein Zeichen zu geben, dass der Herr sie heilen würde. Viele Male war es so, dass Branham nicht einmal mehr für diese Menschen beten musste, weil sie einfach so geheilt wurden.

Bei einer Gelegenheit hatte Branham eine Vision von einem Jungen, der nach einem Autounfall von den Toten auferweckt werden sollte. Er beschrieb sogar das Aussehen des Jungen, einschließlich seiner Kleidung und des Haarschnitts. Gordon Lindsay schrieb diese Vision in das Deckblatt seiner Bibel (Lindsay und Branham reisten zusammen und er war der Mitbegründer der Zeitung „Stimme der Heilung“). Zwei Jahre später waren die beiden in Finnland unterwegs und vor ihren Augen wurden zwei Jungen von einem Auto erfasst. Ein Junge wurde mit einem anderen Auto ins Krankenhaus gebracht, das andere Kind brachte man zu Branham. Es schien, als ob der Junge tot war, kein Puls, keine Herzaktivität, kein Anzeichen der Atmung und dies, nach Angabe Branhams, für eine halbe Stunde. Branham erinnerte sich an die Vision und Lindsay sah sich den Eintrag an, den er in seiner Bibel gemacht hatte. Die Beschreibung der Vision Branhams passte genau auf diesen finnischen Jungen, der in Branhams Armen lag. Branham kniete im Auto nieder und bat den Herrn um Gnade und andere beteten mit ihm. Minuten später öffnete der Junge die Augen. Als die Männer ihn dann ins Krankenhaus brachten, weinte er und die Männer begriffen, dass sie ein mächtiges Wunder erlebt hatten.[1]

Diese Heilungen, Zeichen und Wunder im Dienst Branhams, die durch Visionen zustande kamen, bestätigten seinen Dienst und viele Menschen erlebten dramatische körperliche Heilungen. Ich glaube, dass der Heilige Geist anfängt, Menschen heute auf dieselbe übernatürliche Weise auszurüsten.

Prophetische Namen von Gott

Während Gott sein Volk zunehmend in den übernatürlichen Dienst hineinführt, wird er den Gläubigen auch prophetische Namen zeigen, um zu bestätigen, dass sie ein Zeichen und Wunder auf dieser Erde sind. Jesajas Kinder hatten Namen, die für Israels Bestimmung von prophetischer Bedeutung waren (sie waren Zeichen und Wunder). In gleicher Weise hat Gott für jeden in seinem Volk einen Namen, der von prophetischer Bedeutung ist. In der Bibel hat Gott Menschen häufiger einen neuen Namen gegeben, der ihre Bestimmung widerspiegelte. Er änderte Abram in Abraham, das bedeutet *Vater vieler Völker,* und Sarai nannte er Sarah, die *Prinzessin* oder *Königin*, weil sie die „Mutter von Völkern“ werden würde (1.Mose 17,4-5 u. 15-16). Der Herr hat auch für dich einen prophetischen Namen und dein Name hat in der unsichtbaren Welt eine Bedeutung. Dieser Name weist dir deinen Charakter zu.

Im Garten Eden gab Adam den Tieren ihren Namen. Als ein enger Freund Gottes durfte Adam sie so nennen, wie er es wollte. Gott gab ihm diese Autorität. Wie immer er sie nannte, so wurden sie in Ewigkeit genannt. Jeder Kreatur gab Adam einen Namen, der ihren Charakter zeigte. Jedes Tier lebt noch heute in dem prophetischen Charakter, den Adam ihm vor tausenden von Jahren gab. Er legte fest, dass der Löwe der König der Tiere war, und heute ist der Löwe immer noch der König der Tiere, weil dies die Bedeutung seines Namens im Garten Eden war. Mit dem Namen wurden diesem Tier auch der Charakter und seine Autorität verliehen.

Auch wir haben einen prophetischen Namen. In der Offenbarung lesen wir, dass den Überwindern ein prophetischer Name gegeben wird, den Gott auf einen weißen Stein schreiben wird: *„Wer überwindet, dem werde ich von dem verborgenen Manna geben; und ich werde ihm einen weißen Stein geben und, auf den Stein geschrieben, einen neuen Namen, den niemand kennt, als wer ihn empfängt"* (Offenbarung 2,17b).

Ich glaube, dass der Herr jedem von uns, wie den Überwindern, einen prophetischen Namen geben wird. Dieser Name wird wahrscheinlich nicht mit dem Namen übereinstimmen, den dir deine Eltern gegeben haben (wie Melanie oder Theodor). Gott hat für dich einen Namen im geistlichen Bereich, der dich freisetzt für deine geistliche Bestimmung. Wenn der Herr dich direkt oder durch eine prophetische Person mit deinem prophetischen Namen anspricht, dann wirst du tatsächlich hinein versetzt in den Bereich der Zeichen und Wunder und erhältst deine eigentliche Natur. Deshalb ist es so wichtig, deinen Namen herauszufinden, damit du vollkommen eintreten kannst in dieses Leben. Wenn du weiter in diesem Buch liest, glaube ich, dass der Heilige Geist deine prophetische Natur freisetzen wird. Warum fragst du den Herrn nicht einfach nach deinem prophetischen Namen?

Eine feurige Engelserscheinung

Nun möchte ich die Art der Offenbarungen, Zeichen und Wunder ein wenig näher erläutern, die Gott uns heute geben möchte. Ich nahm kürzlich an einer Heilungskonferenz in Seattle teil. Während dieser Konferenz hatte ich eine tief greifende Heimsuchung. Es war um zehn Uhr abends, während einer Predigt von Bill Johnson. Inmitten der Botschaft erschien ein Engel vor mir. Niemand sonst sah ihn. Seine Füße waren wie Säulen aus Feuer. Mit meinen geistlichen Augen sah ich ein Fenster, das der Engel im geistlichen Bereich geöffnet hatte, es war 1,20 breit und 1,20 hoch. Die Öffnung sah aus wie ein schwarzes Loch im Himmel.

Eine Rauch- und eine Feuersäule erschienen und ich konnte die Energie im Raum fühlen. Ich streckte meine Hand aus, um sie zu berühren und es fühlte sich an, als ob meine Hand in ein elektrisches Kraftfeld geraten sei. Ich begann zu zittern und fragte den Herrn: „Was soll ich tun?" und er antwortete: „Geh hinein, geh hinein, nimm es auf."

Genau das machte ich. Ich lag einfach vor dem Altar und der Herr nahm mich hinauf in eine Vision. Zunächst befand ich mich in einer Zeit des antiken Roms. Ich sah sieben riesige Säulen, die mich umgaben. „Das sind die sieben Offenbarungssäulen" sagte der Herr. In Offenbarung 10,1-2a wird die gleiche Situation geschildert: *„Und ich sah: Ein anderer gewaltiger Engel kam aus dem Himmel* *herab; er war von einer Wolke umhüllt, und der Regenbogen stand über seinem Haupt. Sein Gesicht war wie die Sonne, und seine Beine waren wie Feuersäulen. In der Hand hielt er ein kleines, aufgeschlagenes Buch.“* Später fordert der Engel Johannes auf, dieses kleine Buch zu essen. Das Buch war süß in seinem Mund und bitter im Bauch.

Der Herr gab mir dann eine andere Schriftstelle: *„Die Weisheit hat ihr Haus gebaut, ihre sieben Säulen behauen“* (Sprüche 9,1). Durch diesen Vers wurde mir klar, dass es sich um die Säulen der Weisheit handelte. „Es gibt auch noch die sieben Säulen in Jesaja 11,2, die sieben Geister, die auf Jesus ruhen“, sagte der Herr. *„Und auf ihm wird ruhen der Geist des Herrn, der Geist der Weisheit und des Verstandes, der Geist des Rates und der Kraft, der Geist der Erkenntnis und Furcht des Herrn.“* Mir wurde klar, dass dieses Erlebnis ein Zeichen dafür war, dass Gott sich in einer neuen Weise offenbaren und diese Offenbarung in der Gemeinde freisetzen will.

Am Ende dieser Erfahrung sagte der Herr zu mir: „Geh zurück in dein Hotelzimmer. Ich werde dich für eine Stunde in kraftvoller Weise heimsuchen.“ Ich rief einige Mitglieder meines Teams zusammen und wir eilten zurück in unser Hotel. Wir erreichten unser Zimmer um eine Minute vor Elf. Jeder lag um Punkt Elf flach auf dem Teppich. Die Kraft Gottes fiel und wir schrieen, zitterten und vibrierten, als der Engel mit den feurigen Beinen erneut erschien. Gemeinsam hatten wir eine Vision. Ich sah Feuer und rief: „Mein Gott ist ein verzehrendes Feuer! Mein Gott ist ein verzehrendes Feuer!“ Als ich sah, wie das Feuer herunterkam, schrie ich: „Das Feuer, das Feuer! Verbrenne mein Fleisch! Ich möchte das Feuer spüren!“

Heiliger Rauch und Duft

Im Natürlichen wurde der gesamte Raum mit Rauch erfüllt und jeder konnte es riechen. „Todd, ich bin gerade in einem Raum im Himmel und dort befinden sich überall Aktenschränke“, sagte mein Vater. „Der Herr öffnete einen Schrank und er brachte ein kleines Buch.“ Während mein Vater sprach, war ich in meiner Vision bereits dabei, eine Seite aus dem Buch herauszureißen und aufzuessen. Dann rief ich aus: „Ich befinde mich in einem Raum, der voller Gewürze ist.“ Ich sah kleine Fässer mit Gewürzen, wie Zimt, Knoblauch und Oregano. Der Raum reichte, soweit ich sehen konnte und an den Wänden standen überall diese Gewürzfässer. „Die Gewürze…, die duftenden Gewürze….., o, dieser Duft!“, rief ich. Dann wurde der Raum mit dem Duft des Herrn erfüllt und jeder konnte im Natürlichen den Duft von verbranntem Zimt riechen.

Denkst du: „Das ist mir zu heftig. Ich habe ja schon gehört, dass es Leute gibt, die Visionen haben, Todd, aber dass alle zusammen eine Vision haben?“ Ich teile hier nur eine tiefgreifende, ungewöhnliche, prophetische Begegnung mit, die uns zeigt, dass Gott uns in einer völlig neuen Art der Offenbarung und Weisheit heimsuchen wird. Gott überrascht jeden, wenn er auftaucht, speziell die Theologen.

Nun zurück zu unserem Erlebnis in diesem Hotelzimmer. „Was bedeutet dieses Feuer, der Rauch und der Duft? Was heißt das für die Gemeinde heute, Gott?“ Der Herr führte mich zum Hohelied, wo die Braut fragt:

Hohelied 3 (Schlachter Bibel)
6 Wer kommt da von der Wüste herauf? Es sieht aus wie Rauchsäulen von brennendem Weihrauch und Myrrhen, von allerlei Gewürzpulver der Krämer. 9
Eine Sänfte hat sich der König Salomo gemacht aus Libanonholz. 10 Ihre
Säulen machte er von Silber, ihre Lehne von Gold, ihren Sitz von Purpur, das Innere mit Liebe gestickt von den Töchtern Jerusalems.

Ich stelle die gleiche Frage: „Wer ist in diesem Hotelzimmer, einer Rauchsäule gleich?“ Ich erkannte, wie Salomo, dass unser königlicher Bräutigam uns mit seiner Nähe und all seinem Duft besucht hatte. Es war eine prophetische Einladung an die Gemeinde, in eine völlig neue Dimension der Intimität mit Jesus einzutreten.

Zeichen führen zu Intimität

Um Mitternacht verließ die Gegenwart des Herrn den Raum und jeder kehrte zurück aus seiner prophetischen Begegnung. Ich glaube, dass unser Erlebnis etwas damit zu tun hat, dass Gott die Gemeinde auf eine neue Ebene der Erfahrung von Zeichen im Himmel und Wunder auf der Erde bringen wird (Apostelgeschichte 2,18-19). Diese Erfahrungen sind nicht nur verbunden mit Evangelisation, sondern sie haben auch sehr viel damit zu tun, dass wir eine intime Freundschaft mit Gott haben.

Am nächsten Tag brach in den Räumen, die direkt über dem Zimmer lagen, in dem wir dieses Erlebnis hatten, Feuer aus. Es war wie eine Bestätigung unserer Vision. Ich glaube, dass der Herr Gericht über einen Fürsten dieser Gegend brachte, der das Wirken des Heiligen Geistes aufhalten wollte. In der Zeit von elf bis zwölf Uhr mittags brannte es in diesen Hotelräumen. Als wir ins Hotel zurückkamen, roch es überall nach Rauch.

Das gesamte Hotelpersonal stand herum und sie wollten wissen, was in der Nacht zuvor mit uns geschehen war. Unsere Geschichte erstaunte sie und wir hörten, dass in der Nacht, als wir in meinem Zimmer beteten und das „Feuer“ Gottes kam (ungefähr um 23.20 Uhr), eine Frau, die das Zimmer über uns bewohnte, bei der Rezeption anrief und sagte: „Es knackt in den Wänden. Ich glaube das ist ein Feuer, ich höre es brennen.“ Es wurde nachgesehen und kein Feuer zu diesem Zeitpunkt entdeckt. Doch in der gesamten Gegend, in dem sich das Hotel befand, gab es einen Stromausfall, außer in unserem Zimmer! Zwölf Stunden später brach in den Räumen über unserem Zimmer, wo Gott uns heimgesucht hatte, Feuer aus.

Ich glaube, dass der Herr mit diesem Erlebnis zeigen wollte, dass er die prophetischen Worte und die Visionen und Träume der Propheten durch Zeichen in den Himmeln und Wundern auf der Erde bestätigen wird. Solche

Dinge werden in der Gemeinde heute normal werden. Ich glaube wirklich, dass der Herr dir frische Begegnungen schenken und eine völlig neue Salbung für Offenbarungen geben möchte, während du dieses Buch liest und der Geist des Herrn in neuer Weise auf deinem Leben ruht.
Die Beschreibung der beiden endzeitlichen Zeugen, Mose und Elia in Offenbarung 11 ist ein Bild für zwei Dinge: Autorität und Kraft. Gott möchte seinem Volk die gleiche Salbung geben, die auf diesen Propheten lag, damit die Gemeinde über die gleichen Zeichen und Wunder verfügt. Sieh dir diese Zeugen an: *„...so geht Feuer aus ihrem Mund und verzehrt ihre Feinde; und wenn jemand ihnen schaden will, muss er ebenso getötet werden. Diese haben die Macht, den Himmel zu verschließen, damit während der Tage ihrer Weissagung kein Regen falle; und sie haben Gewalt über die Wasser, sie in Blut zu verwandeln, und die Erde zu schlagen mit jeder Plage, sooft sie nur wollen"* (Offenbarung 11,5-6, Elberfelder Bibel). Das sind außergewöhnliche Zeichen und Wunder und achte darauf, sie können es tun, „sooft sie nur wollen."

Wenn ich diese Verse lese, stelle ich mir ein paar ernsthafte Fragen: „Also, Gott, wirst du die Gemeinde wirklich mit solch einer Kraft ausstatten, sooft sie nur will? Du kannst uns doch nicht diese Macht geben, nur weil wir es wollen, oder? Es gibt Menschen in der Gemeinde, die das missbrauchen werden, denen können wir nicht einmal die Kraft anvertrauen, die Kranken zu heilen. Bei der letzten Heilungserweckung wetteiferten die Evangelisten darum, wer das weltgrößte Versammlungszelt hatte. Sie waren in Eifersucht, Neid und Konkurrenz gefangen. Gott, du wirst uns die Kraft nicht geben, sooft wir es wollen! Wie kann das funktionieren?"

Freundschaft mit Gott

Der Herr zeigt mir, dass er seine Geheimnisse und Kraft denen offenbart, die in angenehmer, erfüllender Gemeinschaft mit ihm leben. *„Die sind Vertraute des Herrn, die ihn fürchten; er weiht sie ein in seinen Bund"* (Psalm 25,14). Er wird diese Zeichen und Wunder nur seinen Freunden anvertrauen. *„Ich nenne euch nicht mehr Knechte; denn der Knecht weiß nicht, was sein Herr tut. Vielmehr habe ich euch Freunde genannt; denn ich habe euch alles mitgeteilt, was ich von meinem Vater gehört habe"* (Johannes 15,15).

Gott kam und besuchte Mose. Er sprach mit Mose wie mit einem Freund, von Angesicht zu Angesicht. Ich glaube, dass Gott heute sein Volk ruft, intime Freundschaft mit ihm zu haben. Dort redet er mit ihnen im Vertrauen von Angesicht zu Angesicht. Neulich ging ich auf der Straße entlang und plötzlich wusste ich Dinge von Menschen, die ich nie zuvor gesehen hatte. Ich wusste, dass ein Mann homosexuell war. Ich sah die Kellnerin an und konnte die Art ihrer Erkrankung in ihrem Leib fühlen. Als ich später an Bord des Flugzeugs ging, empfing meine geistliche *Antenne* Signale und ich hörte die Gedanken der Menschen. Ich betete: „Was soll ich tun, Herr? Sag mir, wozu das gut ist, und ich erzähle jedem in diesem Flugzeug von seiner Bestimmung und leite alle zu dir."

Der Herr antwortete mir: „Nein, Todd, du bist mein Freund, und ich wollte nur einige Dinge mit einem Freund teilen. Ich möchte nicht, dass du irgendjemandem etwas von dem erzählst, was ich dir zeige. Du musst gar nichts tun. Wir haben eine angenehme, erfüllende Zeit miteinander und deshalb teile ich dir Geheimnisse mit, von dem, was mein Herz bewegt, behalte es einfach für dich. Meinen wirklichen Freunden vertraue ich und ich gebe ihnen Einsicht in das, was ich heute auf der Erde tun werde. Ich werde meinen Freunden auf der Erde die Kraftwirkungen der Endzeit anvertrauen. Es geschieht auf der Grundlage von Intimität und Freundschaft."

Der Vater möchte, dass wir eine Freundschaft mit ihm eingehen, damit er zu uns sagen kann: „Ich lasse dich wissen, was ich gerade im Süden tun will. Dort wird morgen ein Erdbeben stattfinden. Ich teile dir das mit, weil du mein Freund bist und ich dir vertraue." Alles wird aus Freundschaft entstehen: Zeichen, Wunder und prophetische Einsichten. Doch es geht nicht nur um Zeichen und Wunder, es geht um Intimität mit Gott. Das Erlebnis im Hotelzimmer war eine tiefgreifende übernatürliche Begegnung, doch der Höhepunkt war die Botschaft des Vaters für mich, dass er mein bester Freund sein will. Ich glaube, wenn wir alle diese Freundschaft mit ihm suchen, dann wird der Vater uns auch die Fülle unserer Bestimmung geben. Wenn das Lesen dieses Kapitels in dir ein Verlangen geweckt hat, das Übernatürliche zu tun, und du dich danach sehnst, eine intimere Beziehung zu Gott zu haben, wird das nächste Kapitel dir helfen, dein geistliches Erbe in Christus zu ergreifen.

Kapitel 4

Entwickle eine Denkweise des Reiches Gottes

Vor kurzem war ich mit einem Team in Mexiko. Wir teilten uns auf und dienten am Sonntag in mehreren Gemeinden in Monterrey. Der Herr heilte nicht nur Menschen in den Gottesdiensten, sondern es wurde berichtet, dass auch Patienten in Krankenhäusern aufwachten und gesund waren. Die Heilungen fanden zur gleichen Zeit statt, als wir in den Gemeinden predigten. Wir hatten Gott unter den Fürstentümern und Gewalten der Lüfte bekannt gemacht. Das Reich Gottes kam auf die Erde, wie es im Himmel ist, und das geistliche Klima der Stadt war verändert.

Die meisten Christen haben weder ein Verständnis vom geistlichen Bereich, noch hören, sehen oder erfahren sie Gott in der Weise, wie es im letzten Kapitel beschrieben wurde. Das Problem ist, dass die meisten Gläubigen kein Verständnis über das Reich haben, von dem Jesus redet. Ich werde oft gefragt: „Was ist das Reich der Himmel?" Ich antworte: „Das Reich der Himmel besteht darin: *Wie im Himmel, so auf Erden, und zwar jetzt.*" Jesus lehrte seine Jünger dieses Gebet: *„Unser Vater im Himmel, dein Name werde geheiligt, dein Reich komme, dein Wille geschehe wie im Himmel, so auf der Erde"* (Matthäus 6,9-10).

Ich glaube, dass Jesus hier zwei Dinge lehrt: Erstens, so wie im Himmel ist es nicht auf der Erde. Zweitens, er möchte, dass es *jetzt* auf der Erde so ist, wie im Himmel. Er sagte ihnen: „Ich möchte, dass ihr betet und den Bereich des Himmels in eure Welt holt. Ich möchte, dass meine Welt zu euch kommt, damit es in eurem Leben so aussieht, wie es jetzt im Himmel ist."

Wenn du betest: „Dein Reich komme", heißt du tatsächlich den Himmel willkommen. Wie ist es jetzt gerade im Himmel? Wenn du heute sterben und beim Herrn sein würdest, wäre es dann nicht normal, Engel und Seraphim zu sehen, auf goldenen Straßen zu laufen und mit den Heiligen und Aposteln zu reden? Wir wissen, dass es dort keine Krankheit gibt, also können wir sicher sein, dass Gott jetzt die Kranken heilen will. Erinnere dich daran, dass Jesus gesagt hat, bete, wie im Himmel so auf Erden. Das war seine Mission hier auf der Erde. Jesus zog umher, tat Gutes und heilte jede Krankheit und jedes Gebrechen (Apostelgeschichte 10,38 und Matthäus 9,35), weil es der Wille des Vaters (Himmels) war. Bete, dass es jetzt wie im Himmel so auf Erden sei.

Wir denken, dass das Königreich später kommen wird, doch wir müssen denken, dass es jetzt kommen soll, weil Jesus gesagt hat, das Himmelreich ist nahe! Ich bete: „Lass Gottes Reich JETZT eindringen in das gegenwärtige böse Zeitalter." Die Erde hat heutzutage nicht viel Ähnlichkeit mit dem Himmel.

Als Christen ist es unsere Aufgabe, das Reich Gottes, Herrschaft und Autorität aufzurichten, damit das, was bereits im Himmel ist, auf die Erde kommt. Der Herr sitzt auf dem Thron und die Erde ist sein Schemel – wir sind die Verbindung dazu. Wenn wir das Reich Gottes auf der Erde nicht ausbreiten, werden wir weiterhin durch das Reich des Teufels gequält werden. Ich weiß nicht, wie es dir geht, aber ich habe Krankheit, Kämpfe, Tod und Zerstörung, die durch das Reich des Teufels verursacht werden, wirklich satt.

Wenn das Reich Gottes kommt, hat der Teufel kein Anrecht mehr in unserem Leben. Das erlebte Brian, ein Anbetungsleiter, der mit seinen Freunden in einem Einkaufszentrum in Redding, Kalifornien, den Herrn anbetete. Bill Johnson erzählte mir, dass sein Sohn, Brian, mit einigen Sängern und Tänzern dort einige Zeit den Herrn preiste und dann eine Pause machte. Kurz danach kam ein Mann vorbei. Als er den Platz erreicht hatte, wo sie angebetet und getanzt hatten, griff er in seine Hosentasche, holte einige Drogen heraus, warf sie auf den Fußboden und ging weiter. Warum? Eine Tür im Himmel hatte sich geöffnet und der Mann kam im Hier und Jetzt mit dem Himmel in Berührung. Weil es im Himmel keine Drogen gibt, musste der Feind den Mann, der gerade vorbeiging, loslassen. Das ist Reich Gottes in Aktion!

Das Reich Gottes sehen, hineinkommen und es erben

Es sieht so aus, als ob es ein Unterschied ist, das Reich Gottes zu sehen und hineinzukommen.

> Johannes 3
> 3 Jesus antwortete ihm: Amen, amen, ich sage dir: Wenn jemand nicht von neuem geboren wird, kann er das *Reich Gottes nicht sehen.* 4 Nikodemus entgegnete ihm: Wie kann ein Mensch, der schon alt ist, geboren werden? Er kann doch nicht in den Schoß seiner Mutter zurückkehren und ein zweites Mal geboren werden. 5 Jesus antwortete: Amen, amen, ich sage dir: Wenn jemand nicht aus Wasser und Geist geboren wird, kann er nicht *in das Reich Gottes kommen.* 6 Was aus dem Fleisch geboren ist, das ist Fleisch; was aber aus dem Geist geboren ist, das ist Geist (Kursiv durch den Autor).

Ich glaube, dass es beim Hineinkommen in das Reich Gottes in erster Linie um unsere ewige himmlische Wohnung geht. Es ist ein Ort, wo wir einmal leben werden, wenn wir von neuem geboren sind. Wenn wir sterben, *kommen* wir in das Reich Gottes. Doch Jesus sagt, dass wir von neuem geboren sein müssen, um das Reich Gottes zu *sehen.* Wenn wir hineinkommen und Bürger des geistlichen Reichs im Himmel werden, erhalten wir kraftvolle Autorität, ein reiches Erbe und neue geistliche Sicht. Bist du aus dem Geist geboren? *„Was aus dem Fleisch geboren ist, das ist Fleisch; was aber aus dem Geist geboren ist, das ist Geist“* (Johannes 3,6).

Diese Verse machen einen Unterschied zwischen dem Sehen und Hineinkommen in das Reich Gottes. Die Strong‘s Konkordanz macht diesen Unterschied wie folgt deutlich:

> 1492 (sehen) Eido, ειδω: hauptsächlich ein Verb, das nur in einer bestimmten Vergangenheitsform gebraucht wird, die anderen Formen werden bei dem gleichwertigen Verb οπτανομαι ((optanomai) 3700 und οραω (horao) 3708

ausgeliehen, richtig zu sehen (wörtlich oder bildlich), durch Implikation (nur im Perfekt) zu wissen: sich bewusst sein, bedenken, Wissen haben, ansehen, wahrnehmen, sehen, sicher sein, erzählen, verstehen, wünschen, kennen. Vergleiche οπτανομαι ((optanomai) 3700.

1525 (hereinkommen) eiserchomai, εισερχηομαι, von eis (eis)1519 und ερχηομ αι (erchomai) 2064, hereinkommen (wörtlich oder bildlich), sich erheben, kommen (hinein), hereinkommen (in), hineingehen (durch).[2]

Obwohl die Definitionen dieser beiden Wörter eindeutig verschieden sind, ist die Voraussetzung sowohl für das Sehen als auch für das Hineinkommen die neue Geburt oder die Geburt durch den Geist, was, so glaube ich, dasselbe ist. Der Unterschied besteht darin, dass wir als Gläubige nach unserem Tod in das Reich Gottes hineinkommen, jedoch nicht darauf warten müssen, es zu sehen. Es ist uns erlaubt, das Himmelreich, die geistliche Welt JETZT zu sehen.

Als ich erkannt hatte, dass ich kein menschliches Wesen bin, das versucht, geistlich stark zu werden, musste ich mein Denken verändern. Ich fing an, mich selbst so zu sehen, wie es die Schrift lehrt: als ein geistliches Wesen in einem menschlichen Körper und nicht als körperliches Wesen, das versucht seinen Geist zu ertüchtigen. Ich stellte fest, dass ich zuerst Geist bin und in zweiter Linie ein natürliches Wesen. Die Wahrheit ist, dass ich jetzt in diesem Augenblick Geist bin und nicht eines Tages, wenn ich gestorben bin, Geist werde. Wenn wir sterben, erhalten wir einen neuen Körper. Wir haben bereits unseren ewigen Geist oder unseren neu geschaffenen Geist, der es uns erlaubt, das Reich jetzt zu sehen.

Gott hat uns für zwei verschiedene Welten geschaffen. Dennoch leben und handeln wir in den siebzig oder mehr Jahren, die wir auf der Erde sind, überwiegend in der sichtbaren Welt und gehen später in die geistliche Welt. Trotzdem haben wir bereits jetzt die Möglichkeit, den Himmel zu sehen. Ich möchte die unsichtbare, geistliche Welt berühren, schmecken, hören und sehen. Warum hat Gott den unsichtbaren Bereich erschaffen? Damit du es lernst, mit deinen geistlichen Augen zu sehen, und so im Glauben lebst.

Der Ausdruck „Reich Gottes“ ist auswechselbar mit dem Begriff Himmelreich, es ist dasselbe. Alles, was im Himmel angeboten wird, ist jetzt für die verfügbar, die es haben wollen. Ich glaube, dass die Begriffe *hineinkommen* und *erben* zwei verschiedene Dinge meinen. Der Galaterbrief redet von der Erbschaft des Reiches: *„Die Werke des Fleisches sind deutlich erkennbar: Unzucht, Unsittlichkeit, ausschweifendes Leben, Götzendienst, Zauberei… Wer so etwas tut, wird das Reich Gottes nicht erben“* (Galater 5,19-21, Hervorhebung durch den Autor).

Ich dachte früher, dass die Menschen, die hier beschrieben werden und nicht das Reich erben, tatsächlich ihre Errettung verlieren würden. Jetzt habe ich ein anderes Verständnis. Ich glaube, diese und andere Aussagen weisen darauf hin, dass einige zwar in das Reich Gottes *hineinkommen*, es jedoch nicht *erben* werden. Das Reich zu erben bedeutet, dass Gott eine bestimmte Erbschaft für uns bereithält, auf die wir zum Zeitpunkt unserer Errettung ein Recht haben.

Die Schrift sagt, dass wir Miterben Christi sind, und das heißt, dass wir mit ihm herrschen und regieren werden. *„So bezeugt der Geist selber unserem Geist, dass wir Kinder Gottes sind. Sind wir aber Kinder, dann auch Erben; wir sind Erben Gottes und sind Miterben Christi, wenn wir mit ihm leiden, um mit ihm auch verherrlicht zu werden“* (Römer 8,16-17). Im Himmel werden einige herrschen und regieren und Teil der Verwaltung seiner Gerechtigkeit, seines Friedens und seines Gerichts sein – das ist eine Erbschaft! Wir können in das Reich hineinkommen und doch nichts erben oder wir haben die Möglichkeit, zusammen mit Jesus zu herrschen und zu regieren. Ich möchte das Reich Gottes sehen, hineinkommen und erben (Offenbarung 20,6).

Manche Christen gehen davon aus, dass wir alle für uns allein unsere Errettung und Reife erlangen müssen und dann mit individuellen Graden der persönlichen Reife in die Ewigkeit gelangen. Andere meinen, dass wir alle mit dem gleichen Stand in den Himmel kommen und unsere verschiedenen Reifegrade, die wir auf der Erde erlangt haben, hinter uns lassen. Einige Theologen glauben tatsächlich, dass wir im Himmel immer noch lernen werden. Wenn du dir die Gemeinden heute ansiehst, kannst du sehen, dass es einige Gläubige zugelassen haben, dass Christus völlig Gestalt in ihnen annimmt, und andere damit gerade erst angefangen haben. Ich glaube, dass wir im Himmelreich alle verschiedene Aufgaben und Stellungen haben werden. Wir werden nicht alle denselben Stand geistlicher Erkenntnis haben. Einige werden ein großes Verständnis vom Himmel haben, weil sie regelmäßig in den Himmel gesehen haben, als sie noch auf der Erde waren. Andere werden in ihrer Erkenntnis Gottes wachsen müssen. Die Erlebnisse des Apostel Johannes lassen vermuten, dass einige einen bevorzugten Platz im Himmel haben werden: *„Wer überwindet, dem werde ich geben, mit mir auf meinem Thron zu sitzen...“* (Offenbarung 3,21). Dieser Vers vermittelt den Eindruck, dass einige tatsächlich mit dem Herrn auf seinem Thron sitzen werden und andere nicht. Später lesen wir in der Offenbarung, nachdem Johannes eine große Menschenmenge vor dem Thron gesehen hat: *„Da fragte mich einer der Ältesten: Wer sind* ***diese****, die weiße Gewänder tragen, und woher sind sie gekommen?“* (Offenbarung 7,13, Hervorhebung durch den Autor). Die Ältesten sind eine Gruppe, die vor dem Thron ist – sie sind dem Thron nahe und dienen dem Herrn Tag und Nacht. Auch diese Aussage lässt vermuten, dass es andere gibt, die nicht vor dem Thron sind.

In seinem Buch „The Final Quest“ erzählt Rick Joyner (ein weltweit anerkannter Lehrer, Prophet und Autor) über die verschiedenen Ränge im Himmel. Er schreibt, wie er in einer Vision eine Begegnung mit jemanden im Himmel hatte, der von sich selbst sagte, dass er „der Geringste von denen hier“ sei. Diese Person beschreibt die verschiedenen Plätze und Positionen im Himmel:

> „Es gibt eine Art Aristokratie hier. Die Belohnung für unser Leben auf der Erde besteht in ewigen Positionen, die wir für immer haben werden. Diese große Menge sind die, welche der Herr die „törichten Jungfrauen“ nennt. Wir kannten den Herrn und vertrauten dem Kreuz der Errettung, aber wir haben

> nicht wirklich für ihn, sondern eher für uns selbst gelebt. Wir haben nicht darauf geachtet, dass unsere Gefäße mit dem Öl des Heiligen Geistes gefüllt waren. Wir haben ewiges Leben, doch unser irdisches Leben haben wir vergeudet."[3]

Er fuhr fort und erzählte Joyner, wie der Herr jede Traurigkeit und Kummer von ihnen genommen hatte.

> „Nur hier kannst du dich an diese Dinge erinnern, ohne fortwährend den Schmerz zu fühlen. Ein Moment im niedrigsten Teil des Himmels ist viel besser als tausend Jahre des höchsten Lebensstils auf der Erde. Nun wurde meine Trauer über meine Torheit in Freude verwandelt…"

Dann beschrieb der Gefährte Joyners die verschiedenen Ränge im Himmel:

> „Der nächste Rang hier im Himmel ist viel größer als der unsere. Jeder weitere Rang ist um so viel höher als der vorherige. Es ist nicht nur so, dass der geistliche Leib viel herrlicher ist, sondern jeder Rang ist näher beim Thron, von dem die Herrlichkeit ausgeht."

Ich glaube, wenn wir ins Himmelreich hineingekommen sind, dann werden einige das Vorrecht haben, vor den Thron zu kommen, und andere werden in einem anderen Teil des Himmels leben. Einige werden im neuen Jerusalem leben, der Hauptstadt des Himmels, und wieder andere werden an anderen Orten dieser neuen Welt leben, die Himmelreich heißt. Auch ohne an die verschiedenen Ränge im Himmel zu denken, sollte der biblische Gedanke der Belohnung allein eine große Motivation bei uns auslösen, jeden Tag so zu leben, dass es in Gottes Reich zählt. Auch wenn es im Himmel verschiedene Ränge gibt, werden wir alle fortwährend in der Erkenntnis des Himmels wachsen. Wir werden die Tiefen Gottes und seine Herrlichkeit in Ewigkeit ergründen. Ist das nicht ein aufregendes Abenteuer, für immer in der Erkenntnis Gottes zu wachsen?

Hinauf- und Herabsteigen

In Johannes 3,13 heißt es: *„Und niemand ist in den Himmel hinaufgestiegen außer dem, der vom Himmel herabgestiegen ist: der Menschensohn."* Wo war Jesus, als er das sagte? Er war auf der Erde und sprach zu Menschen. Obwohl er also physikalisch auf der Erde war und zu ihnen redete, war er trotzdem im Himmel. Wie konnte er im Himmel sein, obwohl er auf der Erde war? Kann jemand buchstäblich an zwei Orten sein? Ja, ich glaube, dass Jesus über einen Ort im Geist redete, von dem aus es auf der Erde möglich ist, in den Himmel hinaufzusteigen und Offenbarung zu empfangen, um sie dann auf die Erde zurückzubringen. Jesus sprach davon auf einer geistlichen Jakobsleiter in den Himmel hinauf- und herabzusteigen.

Jesus hatte einen offenen Himmel – freien Zugang in den geistlichen Bereich. Wenn du hinaufsteigst, arbeitest du mit dem Vater im Himmel zusammen. Ich nenne das die Synchronisierung von Himmel und Erde. Wenn es zu der Verbindung dieser beiden Orte kommt, fängst du an, in das Unsichtbare zu sehen:

> Johannes 5
> 19 Jesus aber sagte zu ihnen: Amen, amen, ich sage euch: Der Sohn kann nichts von sich aus tun, sondern nur, wenn er den Vater etwas tun *sieht*. Was nämlich der Vater tut, das tut in gleicher Weise der Sohn. 20 Denn der Vater liebt den Sohn und zeigt ihm alles, was er tut, und noch größere Werke wird er ihm zeigen, so dass ihr staunen werdet (Hervorhebung durch den Autor).

Jesus tat nur, was er den Vater tun sah. Gibt es einen Bereich, wo es möglich ist, zu sehen, was der Vater tut, bevor es passiert? Ja, im Himmel. Ich glaube, dass meine nächste Evangelisationsveranstaltung in der ewigen Vorherbestimmung Gottes bereits geschehen ist. Es gibt für uns die Möglichkeit, in den himmlischen Bereich zu gelangen, obwohl wir noch auf der Erde sind. Ich habe vor Jahren gelernt, dass es das Beste für mich ist, auf den Herrn zu warten und ihn zu bitten, den Vorhang zurückzuziehen, um in der Kraft des Himmels zu dienen. Ich bat ihn, dass er mir die Menschen und ihren Schmerz zeigen möge, die in meine Versammlung kommen würden. Gott möchte uns im Voraus die Pläne des Himmels zeigen.

Zuviel von dem, was wir jetzt tun, beruht auf dem, was jemand anderes gesehen hat oder was wir selbst vor zwanzig Jahren gesehen haben. Wir müssen täglich sehen und hören. Die meisten Gottesdienste ähneln sich sehr, der Ablauf ist jeden Sonntag gleich. Ich weiß nie, was in meinen Versammlungen geschehen wird, weil ich immer auf den Herrn warte und zuvor im Himmel sehe, wie der Gottesdienst aussehen wird. Viele Male zieht der Herr den Vorhang beiseite und gestattet mir vier oder fünf Stunden vor Beginn einen Blick in die Versammlung. Und Gott ist sehr kreativ.

Stell dir vor, du bekommst eine Einladung in diesen Bereich von Johannes 5,20: *„Der Vater liebt den Sohn und zeigt im alle Dinge."* Was geschieht, wenn du wirklich diese Offenbarung empfängst: „Ich bin ein geliebter Sohn" oder „ich bin eine geliebte Tochter"? Stell dir vor, dass du „alle Dinge siehst", anstatt einmal im Monat oder in der Woche etwas zu hören. Durch den Propheten Jesaja wissen wir, dass wir die Stimme des Herrn oft hören können: *„Jeden Morgen weckt er mein Ohr, damit ich auf ihn höre wie ein Jünger"* (Jesaja 50,4b). Obwohl dies eine messianische Prophetie ist, wissen wir, dass wir als Gottes Kinder dasselbe Erbe haben, unseren Vater genau so zu hören, wie Jesus es tat. Wir sind auch seine Schafe, die seine Stimme hören.

Ich möchte hier unterbrechen und auf etwas aufmerksam machen, bevor es weiter geht. Es geht mir nicht um Begegnungen, die um der Begegnungen willen geschehen. Ich möchte Begegnungen, weil sie mich näher zum Herrn bringen und weil sie mir göttliche Strategien geben, um das Reich des Feindes zu besiegen und mehr vom Reich Gottes auf die Erde zu bringen. Ich treffe viele Menschen, die eine Menge von Begegnungen haben, sie sind einfach übersensibel für den geistlichen Bereich und nehmen alles wahr, was passiert. Doch ich frage mich, warum sie keine Seelen in das Reich hineinbringen und warum die völlig Gelähmten nicht geheilt werden. Ich möchte die Frucht dieser Begegnungen sehen. Ich möchte sehen, wie der Himmel die Erde berührt. Eine Begegnung um der Begegnung willen nützt niemandem.

Das Königreich jetzt

Wir denken nur an den zukünftigen Himmel, aber wir müssen jetzt an das Himmelreich glauben, Jesus tat es:

> Lukas 17
> 20 Als Jesus von den Pharisäern gefragt wurde, wann das Reich Gottes komme, antwortete er: Das Reich Gottes kommt nicht so, dass man es an äußeren Zeichen erkennen könnte. 21 Man kann auch nicht sagen: Seht, hier ist es! oder: Dort ist es! Denn: Das Reich Gottes ist schon mitten unter euch.

Wir machen es genauso wie die Pharisäer. Sie hielten Ausschau nach einem zukünftigen Tag. „Unser Terminkalender ist startklar, Jesus, wann kommt dein Königreich?" Jesus antwortet: „Nein, es ist in dir." Warte nicht darauf, später in das Himmelreich hineinzugehen. Das Reich Gottes ist nahe (Matthäus 10,7) und das Reich Gottes ist JETZT in dir. Gott möchte, dass wir jetzt handeln.

Wie weit dürfen wir gehen? Ich bin dabei, die Erde mit soviel Himmel wie möglich zu füllen. Ich bin sein geliebter Sohn und ich gehe soweit, wie es geht, bis der Herr sagt: „Nicht weiter." Das Komische ist, dass ich es in all den Versammlungen, die ich hielt, noch nie erlebt habe, dass der Herr gesagt hat: „Stopp, Todd, ich denke, dass heute Abend einfach viel zu viele Menschen ins Himmelreich kommen. Fasse dich kurz beim Aufruf" oder „Tritt ein wenig kürzer, mein Sohn, ich möchte nicht, dass heute Abend noch mehr Schwerkranke geheilt werden, du hast die Grenze erreicht." Das Königreich ist hier! Geh hinein und bewirke etwas! *„... bis heute wird dem Himmelreich Gewalt angetan; die Gewalttätigen reißen es an sich"* (Matthäus 11,12).

Im Himmel auf der Erde zu leben, das ist mein Dienst. Ich gehe hinauf, weil eine Einladung vorliegt. In 1.Mose 28,12 wird die Geschichte von Jakobs Traum erzählt: *„Und er träumte: und siehe, eine Leiter war auf die Erde gestellt, und ihre Spitze berührte den Himmel; und siehe, Engel Gottes stiegen darauf auf und nieder."* Diese Himmelsleiter Jakobs steht auch den Gläubigen heute zur Verfügung, wir finden sie im Neuen Testament im Johannesevangelium: *„Und er sprach zu ihm: Amen, amen, ich sage euch: Ihr werdet den Himmel geöffnet und die Engel Gottes auf- und niedersteigen sehen über dem Menschensohn"* (Johannes 1,51). Wir sehen, dass diese Leiter in Jakobs Traum auf der Erde steht und in den Himmel reicht. Der Herr lädt uns ein von der Erde hier herauf zu kommen (siehe Offenbarung 4,1).

Jesus ist die Leiter, die bis in die Himmel reicht, und wir haben freien Zugang, genau wie die Engel. Das ist unsere Erbschaft im Neuen Bund. Die Engel Gottes steigen über Jesus auf und nieder. Durch ihn haben wir Zugang. Vom Himmel ergeht eine Einladung an uns, kühn vor den Thron Gottes zu treten (Hebräer 4,16) und in den Himmel hinaufzusteigen. Wir dürfen sooft kommen, wie wir wollen, durch das Blut Christi haben wir freien Zugang. Wir haben unbeschränkten Zutritt, es gibt keine zeitliche Einschränkung, wie sie unter dem Gesetz bestanden hat. Im Neuen Bund muss der Hohepriester nicht mehr einmal im Jahr ins Allerheiligste eintreten, sondern wir alle sind geistliche Priester und können jederzeit eintreten, wann immer wir wollen.

Weißt du, wie du jede geistliche Segnung in der Himmelswelt in Christus (Epheser 1,3) einfordern kannst? Wir wissen von unserem Verstand, dass die Schrift uns diese Segnungen verspricht, doch wie erfahren wir die Fülle dieser Verheißung? Wenn wir mit Jesus Christus in himmlischen Orten sind. Du kannst die himmlische Erbschaft nicht im natürlichen Bereich auf der Erde empfangen. Nur im himmlischen Bereich kannst du die übernatürlichen Segnungen erleben und die Erbschaft antreten. Im himmlischen Bereich werden so außergewöhnliche Reichtümer aufbewahrt, und Gott möchte diese übernatürliche Schatzkammer für uns öffnen. Ich bete, dass deine geistlichen Augen und Ohren geöffnet werden, damit du die himmlischen Dinge sehen und hören kannst.

> Johannes 3
> 8 Der Wind weht, wo er will; du hörst sein Brausen, weißt aber nicht, woher er
> kommt und wohin er geht. So ist es mit jedem, der aus dem Geist geboren ist. 9
> Nikodemus erwiderte ihm: Wie kann das geschehen? 10 Jesus antwortete: Du
> bist der Lehrer Israels und verstehst das nicht? 11 Amen, amen, ich sage dir: Was
> wir wissen, davon reden wir, und was wir gesehen haben, das bezeugen wir,
> und doch nehmt ihr unser Zeugnis nicht an. 12 Wenn ich zu euch über irdische
> Dinge gesprochen habe und ihr nicht glaubt, wie werdet ihr glauben, wenn ich
> zu euch über himmlische Dinge spreche?

Jesus lehrte Nikodemus, dass er jetzt die geistlichen Dinge verstehen müsse. Von neuem geboren zu sein bedeutet, himmlische Dinge zu sehen und zu hören, sie zu verstehen und jetzt auf der Erde himmlisch gesinnt zu sein. Wenn wir gestorben sind und in den Himmel kommen, werden uns keine Punkte dafür gutgeschrieben, dass wir sein Reich ignoriert haben, während wir hier auf der Erde waren.

Das Himmelreich ist in uns

Unsere Vorstellung vom Himmel ist ein wenig durcheinander geraten. Der Himmel ist ein realer, fassbarer Ort, in den wir hineinkommen, wenn wir gestorben sind. Doch das ist nicht alles. Bei der neuen Geburt geht es darum, jetzt im Reich Gottes zu leben – es zu sehen, himmlische Dinge zu hören und hinauf- und hinabzusteigen, damit wir Anteil haben an himmlischen Dingen und jetzt auf der Erde dienen können. Es geht darum, den Himmel mit der Erde gleichzuschalten.

Immer, wenn es um die ersten Kapitel von 1.Mose geht, denken wir an die Schöpfung der Erde und des Menschen. Doch ich glaube, dass Gott auch den Himmel oder viele Himmel geschaffen hat, als er alles andere erschuf. *„Am Anfang schuf Gott die Himmel und die Erde"* (1. Mose 1,1, Elberfelder Bibel). Der Schöpfungsbericht redet über „die Himmel" und das bedeutet, dass der Himmel aus mehreren Himmeln oder himmlischen Orten besteht, wie den dritten Himmel (welcher nur einer der Orte im Himmel ist). Zu den himmlischen Orten gehören der erste, zweite und dritte Himmel, der Abgrund, himmlische Höfe, der Hades und die Hölle (zu den Einzelheiten kommen wir im nächsten Kapitel).

Wie sieht es mit den Bewohnern dieser himmlischen Orte aus? Als Gott die Schöpfung beendet hatte, heißt es in der Schrift: *„So wurden die Himmel und die Erde und all ihr Heer vollendet"* (1.Mose 2,1, Elberfelder). Auch Paulus schreibt: *„Denn in ihm wurde alles erschaffen im Himmel und auf Erden, das Sichtbare und das Unsichtbare, Throne und Herrschaften, Mächte und Gewalten; alles ist durch ihn und auf ihn hin geschaffen"* (Kolosser 1,16). Es scheint so, dass Gott auch die Himmel und die Engel erschaffen hat, als er den Menschen schuf. Wo hat Gott gewohnt, bevor er den Himmel geschaffen hatte? Es ist nicht sicher, aber wir wissen, dass die Bibel sagt, dass die Himmel der Himmel Gott nicht fassen können (2.Chronik 2,5). So ist also der Himmel in Wahrheit nicht für Gott, sondern für uns.

Warum hat Gott einen unsichtbaren Bereich geschaffen? Damit wir es lernen, mit unseren geistlichen Augen zu sehen. Normalerweise nehmen wir die Bibel nicht wörtlich, wenn es darum geht, mit Kühnheit vor den Thron Gottes zu treten. Sollte es dich wirklich überraschen, wenn Gott deine geistlichen Augen öffnen würde und du das gläserne Meer oder Engel sehen könntest?

Würdest du gerne eine solche Begegnung haben, in der du vor den Thron Gottes kommst oder wo der Himmel auf dich herabkommt? Manchmal passieren solche Dinge, doch hier kommt der Schlüssel, der den übernatürlichen Bereich für dich öffnet: Du bist der Tempel des Heiligen Geistes! Wo befindet sich also der Thron Gottes? Kann es sein, dass du himmlische Orte in dir trägst? Ich kann diesen Bereich nicht mit meinem Körper oder mit meiner Seele erreichen. Ich komme durch den geistlichen Menschen und die geistlichen Augen in diesen Bereich. Ich stelle mich dem Heiligen Geist durch Glauben zur Verfügung, damit er mich in diese Bereiche hineinbringt. Ich muss mich darin üben, nicht nach meinem eigenen Verständnis zu handeln, sondern mit den Augen des Geistes zu sehen.

Ich glaube, Gott möchte, dass wir ruhig und leise werden, auf unser Herz hören und unsere geistlichen Augen gebrauchen. Weil das Reich Gottes inwendig ist, kann jeder Gläubige sein Herz, so schnell es geht, dem Herrn zuwenden und ihm im Glauben gestatten, zu ihm durch die Stimme des Herzens, Eindrücke, Visionen, Träume, geistliche Erlebnisse und geheiligte Bilder zu sprechen und so in den geistlichen Bereich hineinzukommen. Wir sind Gottes Kinder und er möchte zu uns reden, das ist sein Wille. Er wird uns himmlische Begegnungen schenken, wenn wir hineingehen und sie im Glauben empfangen.

Wo wohnt Jesus? Paulus schrieb den Kolossern, dass Christus in dir wohnt. „... *das Geheimnis, das von den Weltzeiten und von den Geschlechtern her verborgen war, jetzt aber seinen Heiligen geoffenbart worden ist. ...Christus in euch, die Hoffnung der Herrlichkeit*" (Kolosser 1,26-27). Das Reich Gottes ist in dir. Wie nahe ist das Reich Gottes? Jesus sagte: „Tut Buße, denn es ist nahe." Wo sitzt Jesus? In himmlischen Orten. Wo wohnt Christus? Christus in dir, die Hoffnung der Herrlichkeit. Wo ist der Himmel? Er ist in dir, denke darüber nach.

Möchtest du zum Thron kommen? Schließe deine Augen und gehe zum Thron der Gnade. Bevor du dich bemühst, dass Gott dich nach oben holt oder der Himmel nach unten kommt, entwickle ein Bewusstsein des Himmels in dir. Verändere deine Weltsicht. Denke so: „Ich trage den Himmel in mir, wenn ich in ein Restaurant gehe. Ich trage den Himmel auch im Flugzeug in mir. Ich bin jetzt an himmlischen Orten, Halleluja."

Hast du jemals erlebt, dass du in der Gegenwart Gottes warst, plötzlich dein Telefon geklingelt hat und die Gegenwart augenblicklich verschwunden war? Aber hat Gott sich wirklich so schnell verabschiedet? Nein, du bist herausgegangen. Die Tür zu seiner *Gegenwart* sind deine Gedanken und die Tür aus seiner *Gegenwart* heraus ist ebenfalls dein Verstand. Bist du bereit, die Leiter Jakobs hinaufzusteigen? Jesus ist diese Leiter und er lädt dich ein, kühn zu sein und heraufzukommen. Schließe einmal deine Augen und richte dich aus zu ihm... da ist er, er lebt in dir. Es wird Zeit, wie ein geistliches Wesen zu denken: „Der Himmel ist in mir. Dort bin ich vor dem Thron. Ich trage himmlische Orte in mir und herrsche und regiere von dort. Ich kann von dort über jeden geistlichen Segen verfügen."

Gottes Reich besteht aus Kraft

Wenn also der Himmel oder Gottes Reich in uns ist, sollten wir uns die Beschaffenheit dieses Reiches näher ansehen. Die Schrift beschreibt unsere Erbschaft in diesem Reich klar: *„Wenn ich aber die Dämonen durch den Finger Gottes austreibe, dann ist doch das Reich Gottes schon zu euch gekommen"* (Lukas 11,20). Gemäß dieser Verse besteht das Reich Gottes darin, Dämonen auszutreiben und Gefangene frei zu setzen. Wo immer Jesus hinging, erzählte er den Menschen, dass das Himmelreich nahe ist. Wo Jesus hinging, kam die Erde mit der Herrschaft des Reiches Gottes in Berührung. Wie sah das aus? Das Reich Gottes verwandelte durch Jesus Sünde in Heiligkeit, Armut in Reichtum, Krankheit in Gesundheit und Finsternis in Licht. In gleicher Weise soll sich durch Christus in uns das Reich in Kraft erweisen.

Doch sein Reich ist nicht von dieser Welt. *„Jesus antwortete (Pilatus): Mein Reich ist nicht von dieser Welt; wenn mein Reich von dieser Welt wäre, so hätten meine Diener gekämpft, damit ich den Juden nicht überliefert würde, jetzt aber ist mein Reich nicht von hier"* (Johannes 18,36, Elberfelder Bibel). Als Christ bin ich jetzt ebenfalls ein Bewohner des Himmels und nicht immer den Naturgesetzen und Begrenzungen der Welt, in der ich lebe, unterworfen. Obwohl ich in meinem Körper lebe, bin ich in Wahrheit ein Außerirdischer. Ich bin vom Planeten Himmel und lebe nach anderen Gesetzen und Ordnungen. Die Begrenzungen eines natürlichen Körpers schränken mich nicht ein. Gott hat mich zu einem Repräsentanten seiner Herrschaft und seiner Welt gemacht. Das Himmelreich ist in mir und es ist nahe. Denke daran, das Reich Gottes besteht nicht allein in Worten, sondern in Kraft. Weil das wahr ist, kann ich die Kraft der kommenden Welt schmecken.

Endnoten:

1. James Strong, Strong's Concordance of the Bible, Iowa Falls, Iowa, Abington Press, 1986, Greek Dictionary 31.

2. James Strong, Strong's Concordance of the Bible, Iowa Falls, Iowa, Abington Press, 1986, Greek Dictionary 32.

3. Rick Joyner, The Final Quest, Charlotte, North Carolina, Morningstar Publications, Second Edition, 1996, 89-90).

Kapitel 5

Bereiche des Übernatürlichen

Als ich während einer Reise im Bundesstaat Georgia Zeit mit dem Herrn verbrachte, wurde ich plötzlich in den geistlichen Bereich versetzt. Es war so, als würde ich gerade den zweiten Himmel durchqueren, als ich ein Geräusch wie das Zerschmettern von Glas hörte. Vor mir schwebte ein tibetanischer Mönch mit gekreuzten Beinen und widerstand mir. Alles um mich herum war dunkel, soweit das Auge sehen konnte, doch ich war umgeben von einem Lichtstrahl. Angst überkam mich und seine Anwesenheit hinderte mich daran, in den dritten Himmel zu gelangen.

Dieses Erlebnis erinnerte mich an die Geschichte von Gabriel, der schließlich zu Daniel gelangte, nachdem er einundzwanzig Tage vom Fürsten über Persien aufgehalten worden war (Daniel 10). Manchmal kommt es zu einem geistlichen Kampf, bevor wir in die übernatürliche Welt gelangen. Der Teufel und seine Dämonen wollen nicht, dass jeder Visionen, Träume oder irgendwelche übernatürliche Erlebnisse hat. Sie wollen nicht einmal, dass du Gottes Stimme hörst. Sie tun alles, was in ihrer Macht steht, um dich davon abzuhalten im Übernatürlichen zu leben.

Ich erzählte Bob Jones, einem erfahrenen befreundeten Propheten, von meinem Erlebnis. Er fragte mich: „Weißt du, wer dieser alte tibetanische Mönch ist? Das ist der Geist des Dalai Lama. Er stellt sich den Menschen dauernd in den Weg."

Ich fragte Bob, was ich tun sollte, und er antwortete: „Bevor du dich Gott zur Verfügung stellst, nimm Autorität über jede dämonische Kraft, die gegen dich und das, was Gott dir geben möchte, kommen will."

Jetzt nehme ich Autorität über dämonische Hindernisse, bevor ich auf den Herrn warte und in das hineingehe, was er für mich hat. Wenn sich mir ein Geist in den Weg stellt, widerstehe ich ihm im Namen Jesu.

Ich hatte viele solcher Erlebnisse im zweiten Himmel, als der Herr mich lehrte, wie ich als übernatürliches Wesen leben sollte. Die Bibel beschreibt, dass Josua ein ähnliches Erlebnis hatte – der Teufel widerstand ihm, als er im dritten Himmel vor den Herrn kam. *„Und er ließ mich den Hohenpriester Joschua sehen, der vor dem Engel des Herrn stand; und der Satan stand zu seiner Rechten, um ihn anzuklagen. Und der Herr sprach zum Satan: Der Herr wird dich bedrohen, Satan! Ja, der Herr, der Jerusalem erwählt hat, bedroht dich! Ist dieser nicht ein Holzscheit, das aus dem Feuer herausgerissen ist?"* (Sacharja 3,1-2b, Elberfelder Bibel). Joschua, ein Mensch wie wir, erscheint im himmlischen Gerichtshof vor Gott, dem Richter und wird vom Teufel angeklagt. Ich glaube, dass auch wir kühn zum Thron der Gnade kommen können (Hebräer 4,16a). Wir können Anteil haben an dem, was im Himmel geschieht. Wir haben als Freunde Gottes freien Zugang zu Gottes Ratsversammlung.

In diesem Kapitel werden wir uns die übernatürliche Welt mit ihren verschiedenen Bereichen und Orten ansehen, damit sie realer für uns werden. Ich glaube, dass Gott dir sowohl ein größeres Verlangen nach Intimität mit ihm geben will als auch größeres Erbarmen für die Verlorenen. Mach dich bereit, immer mehr als ein übernatürliches Wesen in einem natürlichen Körper zu leben.

Im ersten Kapitel der Bibel geht es darum, dass Gott die Erde, die Tiere und den Menschen erschuf. Ich habe mich gefragt, wann der Himmel geschaffen wurde. In 1.Mose 1,7-8 macht Gott das Firmament. Ich glaube, dass er in diesem Augenblick auch die Himmel und die Erde schuf. *„Gott machte also das Gewölbe und schied das Wasser unterhalb des Gewölbes vom Wasser oberhalb des Gewölbes. So geschah es, und Gott nannte das Gewölbe Himmel. Es wurde Abend, und es wurde Morgen: zweiter Tag."* Hast du bemerkt, dass die Himmel und die Erde zur gleichen Zeit gemacht wurden?

„So wurden die Himmel und die Erde und all ihr Heer vollendet" (1.Mose 2,1, Elberfelder Bibel). Lies den Vers noch einmal! Gott schuf die Himmel und die Erde und gleichzeitig machte er auch noch alle himmlischen Heere. Er schuf Engel im gleichen Augenblick als er die Erde, Tiere und Menschen machte.

Weißt du, warum Gott den Himmel erschuf? War es um seinetwillen? Denke daran, die Himmel der Himmel können ihn nicht fassen. *„Wer aber besitzt die Kraft, ihm ein Haus zu bauen? Der Himmel und die Himmel der Himmel fassen ihn nicht"* (2.Chronik 2, 5a). (Achte darauf, dass dieser Vers einen Unterschied macht zwischen dem Himmel und den Himmeln der Himmel, die wir uns später ansehen werden). Die Erde war ursprünglich das Paradies, das für uns gemacht wurde. Gott kam herunter und hatte mit Adam und Eva von Angesicht zu Angesicht Gemeinschaft. Er sprach nicht in Gleichnissen und war nicht weit weg. Als Adam und Eva sündigten, veränderte sich alles. Der Tod trat ein und verunreinigte die Erde, so dass sie nicht länger das Paradies war. Der Himmel wurde zum Aufenthaltsort für die Gläubigen nach ihrem Tod.

Die Himmel sind übernatürliche Bereiche

Der Himmel ist viel mehr als der ewige Wohnort, zu dem wir einst gehen werden. Die Himmel sind auch übernatürliche Bereiche. Die Bibel erwähnt himmlische Orte. Achte darauf, dass es mehr als einer ist. *„Am Anfang schuf Gott die Himmel und die Erde"* (1.Mose 1,1). Häufig denkt man, dass mit „die Himmel" der zweite Himmel, der Aufenthaltsort der Dämonen, gemeint ist. Das kann gemeint sein, doch es ist mehr als das, weil die Schrift uns lehrt, dass Jesus an himmlischen Orten sitzt (Epheser 1,20), und er hält sich nicht bei den Dämonen auf.

Ich glaube, dass Gott den Himmel und die Atmosphäre des Universums (den sichtbaren Bereich), den zweiten Himmel, wo die Dämonen und Engel wohnen, (der unsichtbare Bereich) und den dritten Himmel, wo Gott auf dem Thron sitzt und herrscht (ebenfalls ein unsichtbarer Bereich), geschaffen hat. Der Apostel Paulus sagt: *„Denn in ihm wurde alles erschaffen im Himmel und auf Erden, **das Sichtbare und das Unsichtbare,** Throne und Herrschaften, Mächte und Gewalten; alles ist durch ihn und auf ihn hin geschaffen"* (Kolosser 1,16, Hervorhebung durch den Autor). Paulus spricht auch von den unsichtbaren Bereichen im Himmel in Epheser 6,12: *„Denn wir haben nicht gegen Menschen aus Fleisch und Blut zu kämpfen, sondern gegen die Fürsten und Gewalten, gegen die Beherrscher dieser finsteren Welt, gegen die bösen Geister des* ***himmlischen*** ***Bereichs.*** *"* Obwohl mit den himmlischen Bereichen hier der zweite Himmel gemeint ist, kann dieser Begriff nicht immer so definiert werden. In Epheser 2,6 lesen wir: *„Er hat uns mit Christus Jesus auferweckt und uns zusammen mit ihm* ***einen Platz im himmlischen Bereich*** *gegeben."* In diesem Falle ist der dritte Himmel gemeint. Es scheint, dass die Schrift mit himmlischen Bereichen viele unsichtbare Bereiche meint, die sowohl den zweiten und dritten Himmel als auch den Abgrund, den Hades und das Paradies einschließen. Wir untersuchen diese verschiedenen Bereiche in diesem Kapitel.

Gottes Reich ist außerhalb und in uns

Viele in der Gemeinde denken, dass der Himmel ein wirklich nettes Grundstück von der Größe Nordamerikas ist. Sie leben auf den Tag hin, an dem sie sterben werden und für immer dort leben können. Der Himmel ist in einer Weise ein Ort, aber er ist mehr als das. Bis zu dem Zeitpunkt, wo wir verstanden haben, was der Himmel ist und wo er ist, werden wir niemals Zugang im Jetzt haben. Dieses „Eines-Tages-Denken" ist der Grund, warum wir heute keine prophetischen Visionen haben. Wir warten, bis wir gestorben sind.

Es gibt zwei Dinge, die dich jetzt vom Himmel trennen: dein Körper und ungefähr zwanzig Jahre. Wenn du jetzt sterben würdest, wo würdest du sein? Im Himmel. Und was würdest du dort machen? Du würdest Engel sehen, mit dem Apostel Paulus sprechen und dich in der Herrlichkeit sonnen. Warum wirst du also nervös, wenn jemand kommt, der noch immer seinen irdischen Leib hat und jetzt einen Blick davon erhascht?

Es ist biblisch

Ist es biblisch vor den Thron Gottes zu kommen? Es gibt keinen Ort in der Bibel von dem aus der Himmel nicht erreichbar ist. Ich sage dir, was den Himmel jetzt unerreichbar macht, ist dein Fleisch und dein irdisches Denken. Dazu kommen noch Cessationismus (die Lehre davon, dass Gott heute nicht mehr redet oder Wunder tut, weil die Bibel abgeschlossen ist), Traditionen und Angst, die uns davon abhalten in den geistlichen Bereich zu gelangen. In Hebräer 4,16 werden wir eingeladen oder vielmehr wird uns befohlen *„mit Kühnheit zum Thron Gottes zu kommen."* Die meisten von uns stimmen mit diesem Vers überein, solange bis jemand tatsächlich den Thron sieht oder eine Begegnung dort hat und beschreibt, wie es dort aussieht. Dann geht die Debatte los. Wir finden es in Ordnung, wenn Paulus, Johannes und Hesekiel den Thron sehen, doch der Gedanke, dass unsere Augen geöffnet sind und wir den Thron sehen, scheint uns doch ein wenig weit her geholt. Doch es gibt diese Einladung, ja den Befehl in Hebräer 4!

Für mich ist es in Ordnung, wenn ich sage: „Heiliger Geist, komm jetzt und lass mich die Dinge des Himmels mit meinen geistlichen Sinnen berühren." Das ist meine Erwartung. Danach sehnt sich mein Herz. Dort werde ich in Ewigkeit wohnen. Ich stelle mich Gott zur Verfügung, damit er auf der Grundlage der geistlichen Wahrheiten reden kann, die ich dir gerade mitteile. Vielleicht treffe ich dich eines Tages dort!

Nicht jeder wird diese Art von Erfahrungen machen, doch ich glaube, dass jetzt noch vielen die Augen geöffnet werden. Viele haben ihren Glauben eingeschränkt auf das, was sie gesehen oder noch nicht gesehen haben. Wir haben uns künstliche, selbst auferlegte Grenzen gesetzt durch Angst, religiöse Standpunkte und Traditionen.

Sieh in dich

Wir schalten einen Gang hoch, damit wir in uns sehen können. Christus sitzt an himmlischen Orten und ich sitze an himmlischen Orten, aber das Reich Gottes ist ebenfalls nahe und lebt in mir. Das Wort Reich bedeutet Herrschaftsbereich des Königs. Christus lebt in mir und deshalb ist das Reich in mir. Weißt du, dass du der Tempel des Heiligen Geistes bist? Die Bundeslade ist verschwunden und der Vorhang im Tempel von oben bis unten zerrissen, als Jesus starb. Du bist heute das Allerheiligste. Wir erwarten immer, dass wir auffahren in den Himmel und manchmal geschieht es auch, aber du kannst eine himmlische Begegnung haben, indem du in dich siehst. Der Thron und der König sind in deinem Herzen. Ist dir klar, wie nahe du dem Himmel bist? Sieh in dich hinein und du wirst Begegnungen haben.

Himmlische Bereiche

Ich glaube, dass es im Himmel verschiedene geografische Plätze gibt, die alle ihr eigenes Klima haben. Der Himmel ist eine Welt, die unserer Erde sehr ähnlich ist, jedoch ohne Sünde, Krankheit, Leiden, Tod oder Armut. Er besteht nicht allein aus vierundzwanzigstündiger Anbetung, sieben Tage die Woche. Johannes ging zum Thron, doch gleichzeitig wurde er an einen Ort versetzt, der sich Tempel nannte. *„Der Tempel Gottes im Himmel wurde geöffnet, und in seinem Tempel wurde die Lade seines Bundes sichtbar"* (Offenbarung 11, 19a). Im Himmel können wir verschiedene geografische Plätze aufsuchen. Bei meinen Besuchen war ich überall im Himmel. Der Himmel ist riesig, wie ein Planet oder eine Welt. So wie die Erde sieben Kontinente hat, viele Länder und unzählige Städte, glaube ich, dass es auch im Himmel eine Hauptstadt – das neue Jerusalem – und viele andere Städte gibt. Wird jeder im neuen Jerusalem leben oder werden die Menschen auch in anderen Teilen des Himmels leben? Stoff zum Nachdenken.

Charlie Robinson, ein Prophet und Seher in unserem Dienst hatte ein Gespräch mit Dr. Percy Collett, der dreißig Jahre als Arzt und Missionar in Südamerika tätig war. Dr. Collett war im Himmel. Dort sah er verschiedene Gegenden, so erzählte er Charlie, die sich außerhalb des Thronbereichs befanden. Dort besuchte er Dörfer, Städte und andere Bereiche des Himmels. Wie auf der Erde hatte jede Gegend ihr eigenes Gepräge, jedoch war alles viel schöner als auf der Erde. Er sah im Himmel Gebirge, Täler und sogar Wasserfälle.

Die meisten Menschen denken, dass der Himmel hauptsächlich aus dem Thronraum besteht, in dem es ewige Anbetung gibt. Doch sieh dir an, wie unterschiedlich Gott die Erde gemacht hat, auf der wir jetzt leben, mit den Bergen, Flüssen, Schluchten und vielen Ländern, die alle ihr eigenes Klima haben. Könnte es sein, dass wir im Himmel die gleiche verschiedenartige Schönheit erleben werden, nur noch viel herrlicher und prachtvoller? Denk an all die schönen Dinge, die du heute tun kannst: Reiten, Bergsteigen oder Urlaub auf Hawaii. Ist es nicht möglich, sich dieser Dinge auch im Himmel zu erfreuen?

William Booth (1829-1912), der Gründer der Heilsarmee, hatte eine Vision im Himmel, die ihn zu seinem Dienst inspirierte und in ihm eine flammende Leidenschaft für die Verlorenen entfachte. Dadurch wurden Millionen ins Königreich gebracht. Hier ist seine Beschreibung des Himmels:

> Niemals hat ein Mensch solch eine Perfektion angeschaut, solch eine Schönheit. Kein Ohr hat jemals solch eine Musik gehört. Keines Menschen Herz war jemals so begeistert, wie ich es war, als ich das Vorrecht hatte, dieses himmlische Land zu sehen, zu hören und zu fühlen.
> Über mir war der schönste blaue Himmel. Es umgab mich eine Atmosphäre, die so heilend war, dass mein Körper vor Genuss vibrierte. Ich lag auf einem Deich, der mit Rosen bepflanzt war, und daran vorbei floss ein reiner und klarer Fluss und das Wasser tanzte zum Gemurmel. Die Bäume, die ebenfalls auf dem Deich wuchsen, hatten ein wunderbares Grün und waren mit kostbaren Früchten beladen, die süßer waren als alles Irdische. Ich brauchte nur meine Hand auszustrecken und konnte sie pflücken und essen.
> Wohin ich auch sah, die Luft war erfüllt von den süßesten Düften, die von den schönsten Blumen ausgingen. Vor mir schwebten wunderschöne Wesen und ich wusste instinktiv, dass es Engel waren, Erzengel, Seraphim, Cherubim, zusammen mit den vollkommenen, blutgewaschenen Heiligen, die aus unserer Welt kamen. Sie waren manchmal weiter entfernt und kamen dann wieder näher.
> Der ganze Himmel schien zeitweise gefüllt mit weiß geflügelten, glücklichen, anbetenden, freudigen Wesen. Das ganze Land, das offenbar grenzenlos weit war, wurde erfüllt von glückseliger Verzückung. Man kann es nicht beschreiben, sondern muss es selbst erlebt haben.

Die Bibel gibt uns Hinweise auf verschiedene himmlische Bereiche... *„dass dieser bis in den dritten Himmel entrückt wurde“* (2.Korinther 2,12b). Es ist offensichtlich, dass es einen zweiten Himmel geben muss, wenn ein dritter Himmel existiert.

Es gibt auch einen Vorhof des Himmels, einen äußeren Bereich, und Booth stellte fest, nachdem er einen Blick in den Himmel erhalten hatte, dass er sich dort befand, wo sein Leben beurteilt wurde:

Trotzdem, ein weiterer Blick auf meinen Bericht erschreckte mich, denn dort war jeder Tag meines Lebens exakt aufgeschrieben, außer, wie bereits gesagt, die Tatsünden! Tatsächlich ging es sogar noch weiter, weil darin bis in alle Einzelheit beschrieben wurde, wofür ich gelebt hatte. Der Bericht enthielt meine Gedanken, Gefühle und Taten und wie und wofür ich meine Zeit, mein Geld, meinen Einfluss und all die anderen Talente und Geschenke eingesetzt hatte, die ich von Gott bekommen hatte, um ihn zu verherrlichen und die Verlorenen zu retten.

Meine Seele wurde von Sorgen und Selbstvorwürfen gequält, weil ich durch den „Erinnerungsbericht" erkannte, von welchen Dingen ich mich vereinnahmen ließ, in den wenigen Jahren, in denen es mir erlaubt war, inmitten all dieser Nöte zu leben, nachdem Jesus Christus mich als seinen Soldaten berufen hatte. Es wurde mir klar, dass ich, anstatt für ihn zu kämpfen und Seelen zu retten, indem ich sie zu seinen Füßen brachte, mich mit dem Gegenteil beschäftigt hatte und irdischen Dingen nachging, selbstsüchtig das Meine suchte, mein Leben im praktischen Unglauben verlebte und unloyal und ungehorsam war.

Ich wusste nicht, wo ich hinsehen sollte. Immer und immer wieder erinnerte ich mich an mein behagliches und bequemes Leben. Was konnte ich sagen? Wie konnte ich mit diesem Lebensbericht diesen Wartenden gegenübertreten? Es war nichts anderes als eine Ansammlung von Selbstbelohnungen. Ich konnte keine Märtyrergeschichte erzählen. Ich hatte nichts für Gott geopfert, was auf der Erde erwähnenswert wäre, geschweige denn im Himmel. (Zu diesem Zeitpunkt trifft Booth ein himmlisches Wesen, das ihm erklärt, was gerade geschieht).

„Du befindest dich jetzt nicht im Himmel", sagte er, „es ist nur der Vorhof, ein äußerer Bereich. In Kürze wird der Herr zusammen mit einem großen Festzug seiner Auserwählten kommen, um dich in die himmlische Stadt zu führen. Dort wirst du wohnen, wenn er dich als würdig erachtet. Dies ist der Fall, wenn du dich auf dem Schlachtfeld dort unten so verhalten hast, dass es ihm gefallen hat." (Später traf er eine Witwe im Himmel, die ihm unter Tränen eine Frage stellte). Sie sagte: „Meine Tochter hat in deiner Nähe gelebt, du kanntest sie. Hast du sie gerettet?" Ich wusste nicht viel über sie, aber ich weiß, dass ein ernsthaftes, entschiedenes Bemühen sie gerettet und für Christus gewonnen hätte.

Dann fragte sie mich erneut: „Hast du mein Kind gerettet?" Kein Herz oder Verstand kann beschreiben, was ich unter dem Eindruck dieses Blickes und dieser Worte gefühlt habe. Es waren gemischte Gefühle. Zuerst fühlte ich eine unaussprechliche Qual, als ich erkannte, dass ich mein Leben verschwendet hatte mit schäbigen Bestrebungen und unbedeutenden Vergnügungen dieser Welt. Dabei sollte es doch erfüllt und besät sein mit Taten, die eine nie endende Ernte von himmlischen Früchten hervorgebracht hätten. Ich hätte durch mein Leben die Anerkennung meines himmlischen Königs erhalten und für würdig erachtet werden können, ein Gefährte dieser glorreichen Helden zu sein.[1]

Diese Erfahrung hat Booth bis ins Mark erschüttert und er gründete die Heilsarmee, die sich über die ganze Welt ausbreitete. Es ist interessant, dass dieses Erlebnis in einem speziellen Bereich des Himmels stattfand, dem äußeren Bereich. Ich wiederhole mich, es ist offensichtlich, dass wir unser Denken verändern müssen und verschiedene Bereiche und himmlische Orte einschließen müssen, wenn wir über den Himmel nachdenken.

Der erste Himmel

Der erste Himmel ist der Bereich, in dem wir gerade jetzt leben. Er umfasst den Himmel, die Sterne, den Mond, die Planeten und das Universum. Dieser Bereich wird bereits in der Schöpfungsgeschichte genannt: *„Dann sprach Gott: Das Wasser unterhalb des Himmels sammle sich an einem Ort, damit das Trockene sichtbar werde. So geschah es“* (1.Mose 1,9).

Der zweite Himmel

In Kolosser 3,16 heißt es, dass Gott das Sichtbare und das Unsichtbare schuf. *„Denn in ihm wurde alles erschaffen im Himmel und auf Erden, das Sichtbare und das Unsichtbare, Throne und Herrschaften…“*. Gott hat Dinge vor unseren Augen verborgen. Der zweite Himmel wird auch der unsichtbare Bereich genannt, er überlagert der ersten Himmel und du kannst ihn nur mit den geistlichen Augen sehen, aber er ist da. Wenn deine geistlichen Augen plötzlich geöffnet wären, würdest du Engel und wahrscheinlich auch einige Dämonen sehen.

Der zweite Himmel wird in Epheser 6,12 beschrieben: *„Denn unser Kampf richtet sich nicht wider Fleisch und Blut, sondern wider die Herrschaften, wider die Gewalten, wider die Weltbeherrscher dieser Finsternis, wider die geistlichen Mächte der Bosheit in den himmlischen Regionen“* (Schlachter Bibel). Beachte, dass in diesem Vers wieder von den *himmlischen Regionen* (Plural) die Rede ist. Der zweite Himmel ist der Bereich der Engel und Dämonen, es ist das Schlachtfeld, wo die Engel und Erzengel aktiv sind. Es ist eine riesige Welt in sich, mit Höhen und dämonischen Herrschaftsstrukturen.

Irgendwie denken wir, dass uns der erste und dem Teufel der zweite Himmel gehört und dass Gott im dritten Himmel wohnt oder im Paradies. Doch auch der zweite Himmel gehört tatsächlich Gott und er erlaubt dem Teufel dort zu wirken. Die Schrift sagt uns: *„Der Himmel ist der Himmel des Herrn, die Erde aber gab er den Menschen“* (Psalm 115,16). Es ist klar: Gott gab die Erde den Menschen, aber der zweite und dritte Himmel gehören ihm.

Der dritte Himmel

Der dritte Himmel ist der Wohnort oder Wohnsitz Gottes. Er wird auch Paradies genannt. Der dritte Himmel ist keine Erfahrung, sondern ein Ort oder Bereich, wie die anderen Himmel auch, wo du einen Traum oder eine Vision empfangen kannst, während du dorthin entrückt bist.

Die Erfahrung des Entrücktseins ist verbunden mit dem Aufenthalt im dritten Himmel. Es fühlte sich für mich an, als ob ich von einem riesigen Staubsauger durch das Dach hindurch nach oben gesaugt wurde, wenn ich solche Erfahrungen hatte. Wirklich, wie durch das Dach hindurch! Zuerst sah ich den blauen Himmel und dann den schwarzen Himmel mit den Sternen und Planeten. Da waren Blitze und ich fühlte die G-Kräfte, Vibrationen und eine große Geschwindigkeit. Am Ende landete ich auf dem Boden irgendeines Ortes. Das erste, was ich mich fragte, war: „Wo bin ich?"

Paulus war sich nicht sicher, ob auch sein Körper im himmlischen Bereich war. Ich glaube, dass unser Körper meistens auf der Erde bleibt. Wenn ich in den dritten Himmel gehe, habe ich den Eindruck, als ob mein Geist eine Reise macht.

Lasst uns noch einmal ansehen, wie Paulus seine Erfahrung der Entrückung in den dritten Himmel beschreibt:

> 2.Korinther 12
> 1 Gerühmt muss werden; zwar nützt es nichts, aber ich will auf Erscheinungen und Offenbarungen des Herrn kommen. 2 Ich weiß von einem Menschen in Christus, dass er vor vierzehn Jahren – ob im Leib, weiß ich nicht, oder außer dem Leib, weiß ich nicht; Gott weiß es – dass dieser bis in den dritten Himmel entrückt wurde. 3 Und ich weiß von dem betreffenden Menschen - ob im Leib oder außer dem Leib, weiß ich nicht; Gott weiß es – 4 dass er in das Paradies entrückt wurde und unaussprechliche Worte hörte, die auszusprechen einem Menschen nicht zusteht.

Oft sind die Erfahrungen im dritten Himmel so intim und privat, dass es ungebührlich ist, darüber zu sprechen, weil es dadurch zu einer billigen Erfahrung würde. Es wäre so, als wenn ein Ehepaar sein Intimleben offenbaren würde. Ich glaube, Paulus hätte etwas sagen können, aber er fand es nicht angemessen. Es ist mir passiert, dass ich von meinen Erlebnissen erzählte und hinterher dachte: „O, ich habe es einfach billig gemacht." Bei anderen Gelegenheiten stellte ich fest, dass die Zuhörer noch gar nicht so weit waren, solche Offenbarungen aufzunehmen und es war so, als ob man Perlen vor die Säue wirft (Matthäus 7,6).

Es kann auch passieren, dass die Menschen denken, dass du angibst. Frage dich selbst: „Wo stehen die Zuhörer gerade in ihrem Leben?" Vielleicht brauchen sie gerade jemanden, der sie einfach liebt und sie werden entmutigt, wenn sie solche unglaublichen Offenbarungen hören. Du musst nicht alles erzählen, was du erlebst. Einiges geht nur dich und den Herrn etwas an. Offensichtlich sind solche Erfahrungen mit dem dritten Himmel nichts Alltägliches für die meisten Menschen. Doch ein Besuch im dritten Himmel wird für immer einen göttlichen Eindruck bei dir hinterlassen.

Jedes geistliche Erlebnis entsteht im dritten Himmel, aber gewöhnlich erreicht es uns, während wir auf der Erde sind. Wir geraten dann in Verzückung oder haben eine Vision. Diese *irdischen Offenbarungen* sind genauso tiefgehend und wir müssen von einer angeblichen Hierarchie Abschied nehmen. Jede Offenbarung Gottes kommt aus dem dritten Himmel. Jede Erfahrung, egal welcher Art, wird auf die gleiche Weise geprüft. Es geht immer darum, den Charakter der Person, die eine solche Erfahrung mitteilt, kennen zu lernen und sicherzustellen, ob die Offenbarung mit der Schrift übereinstimmt.

Im nächsten Kapitel werde ich mich mit dem dritten Himmel noch näher beschäftigen.

Paradies

Paradies ist ein anderer Name für den dritten Himmel, es ist dasselbe. Es ist der Wohnort Gottes. Im Griechischen bedeutet Paradies Eden, Park, ein Ort zukünftigen Glücks, ein Zustand der Ekstase (Strong's Concordance #3857, Griechisch, paradeisos παραδεισοσ, orientalischen Ursprungs (vergleiche #6508), ein Park, d.h. (besonders), Eden (zukünftiger Ort des Glücks, „Paradies")[2.]

Der Garten Eden war das irdische Paradies.

Lukas 23

Jesus antwortete ihm: Amen, ich sage dir: Heute noch wirst du mit mir im Paradies sein.

2.Korinther 12

Und ich weiß, dass dieser Mensch in das Paradies entrückt wurde...

Offenbarung 2

7 Wer Ohren hat, der höre, was der Geist den Gemeinden sagt: Wer siegt, dem werde ich zu essen geben vom Baum des Lebens, der im Paradies Gottes steht.

Ein himmlisches Modell

Ich glaube, dass das Paradies Gottes ein himmlisches Modell ist. Gott schuf den Garten Eden als Modell, so wie die himmlischen Tempel als Vorlage für die irdischen Tempel im Alten Testament dienten.

Hebräer 8

5 Sie dienen einem Abbild und Schatten der himmlischen Dinge, nach der Anweisung, die Mose erhielt, als er daranging, das Zelt zu errichten: Sieh zu, heißt es, dass du alles nach dem Urbild ausführst, das dir auf dem Berg gezeigt wurde.

Ich glaube, es gibt einen echten himmlischen Garten Eden, nach dem der irdische Garten geschaffen wurde. Ich hatte tiefgreifende Erlebnisse im dritten Himmel, in denen ich ins Paradies genommen wurde und im Garten Eden war. Ich aß sogar die Frucht vom Baum des Lebens. Ich glaube, dass wir alle in einer Weise von dieser Frucht essen können. In Offenbarung 2,7 heißt es: *„Wer siegt, dem werde ich zu essen geben vom Baum des Lebens, der im Paradies Gottes steht."*

Der Bereich der Hölle

Die gesamte Erde und die Himmel gehören Gott. Der Teufel besitzt nicht den zweiten Himmel, ihm gehört nicht einmal die Hölle. Gott hat das gesamte Universum geschaffen und es ist unter seiner Kontrolle. Es folgen andere Bereiche unter der Erde, die wir in der Schrift finden.

Scheol

Der Scheol ist nach Aussage der Schrift der natürliche Tod oder das Grab. Von dort begeben sich die Seelen auf die Reise in den Himmel oder den Hades, abhängig davon, ob sie gerettet sind oder nicht. Das Wort Scheol wird definiert als *Grab, Grube, Totenwelt und unterirdischer Rückzug.* (Strong's Concordance #7585, Hebräisch).[3]
Es folgen einige Schriftstellen:

Jesaja 38 (Elberfelder Bibel)
10 Ich sagte: In der Mitte meiner Tage soll ich hingehen zu den Pforten des Scheols. Ich bin beraubt des Restes meiner Jahre.

Prediger 9 (Elberfelder Bibel)
10 Alles, was deine Hand zu tun findet, das tue in deiner Kraft! Denn es gibt weder Tun noch Berechnung, noch Kenntnis, noch Weisheit im Scheol, in den du gehst.

Hiob 24 (Elberfelder Bibel)
19 Dürre und Hitze raffen Schneewasser weg; so der Scheol alle, die gesündigt haben.

Psalm 139
8 Stiege ich zum Himmel hinauf, so bist du da. Bettete ich mich in dem Scheol, siehe, du bist da.

Hiob 17
13 Nichts hoffe ich mehr! Der Scheol ist mein Haus, in der Finsternis habe ich mein Lager ausgebreitet. 14 Zum Grab sage ich: Du bist mein Vater! Zur Made: Meine Mutter und meine Schwester! 15 Wo ist denn nun meine Hoffnung? Ja, meine Hoffnung, wer wird sie schauen? 16 Sie fährt mit mir hinab zum Scheol, wenn wir miteinander in den Staub sinken.

Hades/Abrahams Schoß

Hades bedeutet *Platz oder Zustand der dahingeschiedenen Seele, das Grab, das Unsichtbare.* Vor Jesu Tod und Auferstehung kamen alle Menschen nach ihrem Tod an einen Aufbewahrungsort. Die Gerechten landeten in Abrahams Schoß und die Ungerechten kamen an einen Ort namens Hades, was soviel bedeutet wie *Wohnort der Toten* (Strong's Concordance #86, Griechisch, *haides* ηαιδεσ).[4]

Sowohl der Hades als auch Abrahams Schoß befinden sich geografisch betrachtet in der gleichen Gegend. Sie werden durch eine große Schlucht von einander getrennt und die Seelen beider Seiten können sich sehen. Die Katholische Kirche leitet daraus die Lehre von Fegefeuer ab.

Lukas 16
19 Es war einmal ein reicher Mann, der sich in Purpur und feines Leinen kleidete und Tag für Tag herrlich und in Freuden lebte. 20 Vor der Tür des Reichen aber lag ein armer Mann namens Lazarus, dessen Leib voller Geschwüre war. 21 Er hätte gern seinen Hunger mit dem gestillt, was vom Tisch des Reichen herunterfiel. Stattdessen kamen die Hunde und leckten an seinen Geschwüren. 22 Als nun der Arme starb, wurde er von den Engeln in Abrahams Schoß getragen. Auch der Reiche starb und wurde begraben. 23 In der Unterwelt (Hades), wo er qualvolle Schmerzen litt, blickte er auf und sah von weitem Abraham, und Lazarus in seinem Schoß. 24 Da rief er: Vater Abraham, hab Erbarmen mit mir, und schick Lazarus zu mir; er soll wenigstens die Spitze seines Fingers ins Wasser tauchen und mir die Zunge kühlen, denn ich leide große Qual in diesem Feuer. 25 Abraham erwiderte: Mein Kind, denk daran, dass du schon zu Lebzeiten deinen Anteil am Guten erhalten hast, Lazarus aber nur Schlechtes. Jetzt wird er dafür getröstet, du aber musst leiden. 26 Außerdem ist zwischen uns und euch ein tiefer, unüberwindlicher Abgrund, so dass niemand von hier zu euch oder von dort zu uns kommen kann, selbst wenn er wollte (Zufügung durch den Übersetzer).

Durch das Kreuz entvölkert

Wir müssen wissen, dass Abraham vor der Kreuzigung Jesu nicht im Himmel war. Er war zusammen mit Lazarus und all den anderen, die in Gerechtigkeit starben und darauf warteten, dass Jesus sie erlösen würde. Abrahams Schoß wurde durch das Kreuz entvölkert. Durch das Blut Jesu wurde der Weg zum Himmel für sie und uns frei. *„Er stieg hinauf zur Höhe und erbeutete Gefangene, er gab den Menschen Geschenke“* (Epheser 4,8).

Die Menschen, die aus Abrahams Schoß kamen, verließen ihre Gräber und wurden nach der Auferstehung Jesu gesehen. Sie waren auf dem Weg zu ihm in den Himmel. *„Die Gräber öffneten sich, und die Leiber vieler Heiligen, die entschlafen waren, wurden auferweckt. Nach der Auferstehung Jesu verließen sie ihre Gräber, kamen in die Heilige Stadt und erschienen vielen“* (Matthäus 27,52-53). Kannst du dir das vorstellen? Es klopft an der Tür und draußen steht Onkel Amos, der seit zehn Jahren tot ist. „Hallo, ich war gerade in der Nähe und dachte, ich komme kurz vorbei. Ich bin auf dem Weg ins Paradies.“

Seit dem Kreuz sind die Toten in Christus nicht länger in Abrahams Schoß, sondern sie kommen in den Himmel. Wenn heute ein Christ stirbt, kommt er sofort in die Gegenwart Gottes. *„Weil wir aber zuversichtlich sind, ziehen wir es* *vor, aus dem Leib auszuwandern und daheim beim Herrn zu sein"* (2.Korinther 5,8). Das Kreuz beseitigte den Aufbewahrungsort für die Gerechten. Die Ungerechten kommen auch jetzt noch, wie vor dem Kreuz, in den Hades.

Der zweite Himmel – ein Aufbewahrungsort

Wir denken, dass die Hölle der jetzige Wohnort des Teufels und seiner Untergebenen sei. Doch diese Untergebenen wirken im zweiten Himmel. Der Teufel und seine dämonischen Geister sind jetzt nicht in der Hölle, sie sind bis zum Gericht im zweiten Himmel. Sie haben auch Zugang zum Hades und dürfen die quälen, dic dort warten, wie wir es im Gleichnis des reichen Mannes sehen. Die Dämonen sind dort die Gefängniswärter und Wächter. Unerrettete Menschen, die sterben, landen nicht direkt in der Hölle, sondern sie warten im Hades auf das Gericht vor dem großen weißen Thron. Dort werden sie verurteilt und kommen in die Hölle. Hitler ist jetzt nicht in der Hölle, sondern er wird im Hades gequält.

Hier noch einige Bibelverse, die vom Hades sprechen. Ich denke, sie werden jetzt im Lichte dessen, was du bereits gelernt hast, logischer. *„...denn du wirst meine Seele nicht im Hades zurücklassen noch zugeben, dass dein Frommer Verwesung sehe"* (Apostelgeschichte 2,27, Elberfelder Bibel). Das ist ein Zitat von König David, als er über den Messias weissagte. Obwohl Jesus getötet wurde, konnte der Hades ihn nicht halten, weil der Vater versprochen hatte, in aufzuerwecken. Sicherlich hat er als Vorbereitung auf seine Kreuzigung über diesen Vers meditiert und ist dadurch ermutigt worden.

Als Jesus gekreuzigt wurde, ging er in den Hades und nahm dem Teufel die Schlüssel ab, die dieser Adam und Eva gestohlen hatte. Es sind die Schlüssel der Unterwelt und des Todes. Hallelujah, er ist für immer der Sieger! So wie es Christus sagte: *„Ich bin das Alpha und das Omega, spricht Gott, der Herr, der ist und der war und der kommt, der Herrscher über die ganze Schöpfung"* (Offenbarung 1,18).

Der Abgrund

Oder: Wer wird in den Abgrund hinabsteigen? Das hieße: Christus von den Toten heraufführen (Römer 10,7).

Der Begriff Abgrund kommt einige Male vor in der Bibel. Im Griechischen bedeutet es *tiefe bodenlose Grube, unergründlich.* (Strong's Concordance #12, Griechisch, abyssos αβυσσοσ.[5] In Lukas 8,31 (Elberfelder Bibel) heißt es: *„Und sie baten ihn, dass er ihnen nicht gebieten möchte, in den Abgrund zu fahren."* Der Abgrund ist wie ein Gefängnis für ungehorsame Geister, ein Alcatraz für Dämonen.

Dämonen, die sich im zweiten Himmel aufhalten, können sich nach Körpern umsehen, in denen sie wohnen wollen. Das ist im Abgrund nicht möglich, dort haben sie keine Bewegungsfreiheit. Deshalb baten die Dämonen Jesus, dass er ihnen erlaube, in die Schweine und nicht in den Abgrund zu fahren. Dämonen wollen in Körpern wohnen, damit sie im irdischen Bereich bleiben können. Die Dämonen sagten eigentlich Folgendes: „Wir wissen, dass du gekommen bist, um Menschen zu befreien, doch wir bitten dich, dass wir in den Schweinen leben dürfen. Bitte, sende uns nicht zurück an diesen Ort! Der Abgrund ist fürchterlich und auch die Teufel leiden dort. Die Großen treten auf die Kleinen, sie hassen einander und nicht nur die Menschen. Sie arbeiten nur zusammen, wenn sie davon einen eigenen Vorteil haben. Es gibt keine Einheit unter den Dämonen.

Der Schacht des Abgrunds

Die Bibel redet auch vom Schacht des Abgrunds und es scheint, als ob es sich ebenfalls um den Abgrund handelt, den wir uns gerade angesehen haben.

Weißt du, dass nicht alle Dämonen hier auf der Erde frei sind? Ich glaube, dass die Dämonen aus den Tiefen des Abgrundes kommen. Dämonen brauchen einen Körper, in dem sie sich aufhalten und ihre böse Natur ausleben können. Als Jesus die Legion Dämonen aus dem Mann austreiben wollte, baten sie ihn, dass er sie nicht in den Abgrund schicken sollte (Lukas 8,31). Für sie war es besser, in den Schweinen zu leben, als in den Abgrund geschickt zu werden. Die Schrift sagt uns, dass einige Teufel im Abgrund in Ketten gebunden sind und auf ihr Urteil warten. *„Die Engel, die ihren hohen Rang missachtet und ihren Wohnsitz verlassen haben, hat er mit ewigen Fesseln in der Finsternis eingeschlossen, um sie am großen Tag zu richten“* (Judas 1,6).

Andere Dämonen warten darauf, dass sie in der großen Trübsal frei gelassen werden.

> Offenbarung 9
>
> 1 Der fünfte Engel blies seine Posaune. Da sah ich einen Stern, der vom Himmel auf die Erde gefallen war; ihm wurde der Schlüssel zu dem Schacht gegeben, der in den Abgrund führt. 2 Und er öffnete den *Schacht des Abgrunds.* Da stieg Rauch aus dem Schacht auf, wie aus einem großen Ofen, und Sonne und Luft wurden verfinstert durch den Rauch aus dem Schacht. 3 Aus dem Rauch kamen Heuschrecken über die Erde, und ihnen wurde Kraft gegeben, wie sie Skorpione auf der Erde haben. 4 Es wurde ihnen gesagt, sie sollten dem Gras auf der Erde, den grünen Pflanzen und den Bäumen keinen Schaden zufügen, sondern nur den Menschen, die das Siegel Gottes nicht auf der Stirn haben. 5 Es wurde ihnen befohlen, die Menschen nicht zu töten, sondern nur zu quälen, fünf Monate lang. Und der Schmerz, den sie zufügen, ist so stark, wie wenn ein Skorpion einen Menschen sticht (Hervorhebung durch den Autor).

Der Stern, der vom Himmel fiel, ist der Teufel. Der Abgrund ist der Bereich, in dem sich ekelhafte dämonische Kräfte aufhalten, die wir bis jetzt noch nicht gesehen haben. Manche legen diese Stelle so aus, dass die dämonischen Kräfte bis zur Zeit der großen Trübsal weggesperrt sind, um dann frei gelassen zu werden. Andere wiederum glauben, dass viele Dinge, die in der Offenbarung beschrieben sind, bereits in der Vergangenheit geschehen sind und diese Freilassung der dämonischen Heere aus dem Abgrund vor der Kreuzigung Jesu stattfand. Wie dem auch sein, es ist offensichtlich, dass Jesus dem Teufel zwar die Schlüssel des Hades und des Todes abgenommen hat, der Teufel aber immer noch im Besitz des Schlüssels für den Abgrund ist. Ich glaube, dass viele dieser Dämonen bereits losgelassen wurden, um die menschliche Rasse zu quälen, dass aber noch viel mehr von ihnen im Abgrund festgehalten werden und losgelassen werden, wenn die Welt dunkler wird. Doch das soll dich nicht erschrecken! Diese bösen Scharen werden nicht in der Lage sein, Christen, die sich in Christus bergen, zu schaden. Wir tragen das Siegel unseres Gottes auf unserer Stirn!

Ich glaube, dass bereits einige Dämonen losgelassen wurden, wie Perversion, Homosexualität, Lust, Krieg oder Alkohol. Nichts davon ist neu, aber wir stellen fest, dass diese sündhaften Festungen stärker geworden sind. Wie in den Tagen der Bibel (d.h. in den Tagen Noahs) scheint es heute so zu sein, dass es dem Teufel gestattet ist, mehr dämonische Horden des Abgrunds auf die Erde loszulassen, damit sie ihr finsteres Werk tun können, wenn in einer Generation die Lust des Fleisches und des Bösen zunimmt. Der Römerbrief sagt uns: Wenn die Ungerechtigkeit zunimmt, wird Gott die Menschen der Unreinheit und Lust überlassen (Römer 1,24). In unseren Tagen bilden sich Städte und Nationen von Schafen oder Böcken, je nach dem, wie in den verschiedensten Gegenden die Lust der Menschen nach Sünde oder Gerechtigkeit wächst.

Der Teufel wird während des tausendjährigen Reichs der Herrschaft Jesu in den Abgrund gesperrt und für eine kurze Zeit freigelassen, bevor er in die Hölle geworfen wird.

> Offenbarung 20
> 1 Dann sah ich einen Engel vom Himmel herabsteigen; auf seiner Hand trug er den Schlüssel zum Abgrund und eine schwere Kette. 2 Er überwältigte den Drachen, die alte Schlange – das ist der Teufel oder der Satan –, und er fesselte ihn für tausend Jahre. 3 Er warf ihn in den Abgrund, verschloss diesen und drückte ein Siegel darauf, damit der Drache die Völker nicht mehr verführen konnte, bis die tausend Jahre vollendet sind. Danach muss für kurze Zeit freigelassen werden.

Hölle

In der Antike war das Hinnomtal die Abfallgrube Jerusalems. Alle möglichen Abfälle und sogar tote Tiere und die Leichen der Hingerichteten wurden dort abgeladen und verbrannt. Das Feuer erlosch nie, und wenn der Wind aus der falschen Richtung kam, war der Gestank in der Stadt unerträglich. Hinnom wurde zum Symbol des Ortes ewiger Strafe. Die Griechen nannten das Hinnomtal *Gehenna* und das wurde mit *Hölle* übersetzt (Lukas 12,5). Jesus sprach elf Mal über die Hölle. Er führte den Menschen Gehenna vor Augen, damit sie eine Vorstellung der Qualen der Hölle bekommen konnten. Die Hölle ist der ewige Bestimmungsort für alles Böse. Sie wird auch der „Feuersee" oder der „Zweite Tod" genannt.

Kenneth Hagin (1917-2003) war Pastor der „Rhema Bible Church" und gilt als der Vater der modernen Glaubensbewegung. Er hatte eine Nahtoderfahrung, als er fünfzehn Jahre alt war. Er lag sterbenskrank in seinem Bett, weil er einen Herzfehler hatte. Hagin erlebte, dass er sich an einem Ort befand, den er als Hölle (wahrscheinlich der Abgrund?) beschreibt. Dieses Erlebnis führte zu einer dramatischen Bekehrung und der Gründung seines Dienstes, durch den Hunderte von Gemeinden und Bibelschulen gegründet wurden und der die Verbreitung kraftvoller Lehre über Heilung, Gebet und Glaube ermöglichte. Es folgen einige Auszüge seiner Erlebnisse, in denen er dreimal in den Abgrund hinabstieg.

> Ich begann hinabzusteigen, tiefer und tiefer hinein in den Abgrund, so wie man in einen Brunnen oder eine Höhle hinabsteigt. Es ging immer weiter, mit den Füßen voran. Ich konnte oben das Licht der Erde sehen, das aber schließlich verschwand. Dunkelheit umgab mich, eine Dunkelheit, die schwärzer war als die Nacht. Je tiefer ich kam, je dunkler wurde es – und auch heißer, bis ich schließlich tief unter mir ein Lichtspiel auf der Wand der Dunkelheit sah und ich kam auf den Grund der Grube.
>
> Dort sah ich, wie es zu dem Lichtspiel auf der Wand kam. Außerhalb der Tore oder des Eingangs zur Hölle sah ich riesige, orangefarbene Fackeln, die weiß glühten. Ich wurde von der Hölle angezogen wie ein Metall von einem Magnet. Ich wusste, dass ich nie wieder zurückkehren würde, wenn ich diese Tore hinter mich ließ.
>
> Mir wurde bewusst, dass irgendein Wesen auf dem Boden der Grube auf mich wartete. Ich sah es nicht an. Mein Blick war auf die Pforten gerichtet, doch ich wusste, dass sich ein Wesen direkt neben mir befand. Dann dachte ich: „Das ist das dritte Mal. Diesmal werde ich nicht zurückkommen! Diesmal wird es nicht gelingen! Dunkelheit umgab mich, dunkler als die Nacht.
>
> Ich schrie: „Gott! Ich gehöre zur Kirche! Ich wurde im Wasser getauft." Wiederum erreichte ich den Boden dieser Grube und konnte die Hitze fühlen, die mir ins Gesicht schlug. Ich näherte mich wieder dem Eingang der Hölle. Das Wesen fasste mich am Arm. Ich wollte mich wehren, um ihm zu entkommen. Doch ich schaffte es nur ein wenig und wurde wieder am Arm ergriffen. Gott sei Dank erklang eine Stimme. Ich weiß nicht, wer es war, ich sah niemanden, sondern hörte nur die Stimme. Ich weiß nicht, was er sagte, doch was es auch war, der Ort wurde erschüttert und bebte. Dann ließ das Wesen meinen Arm los.
>
> Es fühlte sich an, als würde ich empor gesaugt, weg von dem Eingang zur Hölle, bis ich im Schatten stand. Dann wurde ich mit dem Kopf voran nach oben gezogen.[6]

Nach diesem Erlebnis und dem Wissen, dass sein Leben gerettet und seine Seele vor der Hölle bewahrt wurde, traf Kenneth eine persönliche Entscheidung für

Christus, suchte in der Schrift und beanspruchte Markus 11,24 für sich. So wurde er vollständig geheilt und wurde schließlich zu einem Lehrer über dieses Thema.

Die Ungerechten sind gerichtet

Gläubige werden niemals vor dem großen weißen Thron stehen. Dieses Gericht gilt nur für die Ungläubigen, den Teufel und seine Dämonen.

> Offenbarung 20
> 11 Dann sah ich einen großen weißen Thron und den, der auf ihm saß; vor
> seinem Anblick flohen Erde und Himmel, und es gab keinen Platz mehr für sie.
> 12 Ich sah die Toten vor dem Thron stehen, die Großen und die Kleinen. Und
> Bücher wurden aufgeschlagen; auch das Buch des Lebens wurde aufgeschlagen.
> Die Toten wurden nach ihren Werken gerichtet, nach dem, was in den Büchern
> aufgeschrieben war. 13 Und das Meer gab die Toten heraus, die in ihm waren;
> und der Tod und die Unterwelt gaben ihre Toten heraus, die in ihnen waren.
> Sie wurden gerichtet, jeder nach seinen Werken. 14 Der Tod und die Unterwelt
> (Hades) aber wurden in den Feuersee geworfen. Das ist der zweite Tod: der
> Feuersee (Hölle). 15 Wer nicht im Buch des Lebens verzeichnet war, wurde in
> den Feuersee geworfen (Hinzufügung durch den Autor).

Die ungerechten Toten, die im Hades aufbewahrt werden, werden vor dem großen weißen Thron des Gerichts stehen. Beachte, dass mehr als ein Buch geöffnet wird. Die Namen der Ungläubigen werden nicht im Buch des Lebens gefunden werden, also werden ihre Taten durch andere Bücher beurteilt werden und natürlich verfehlt sein.

Neben seiner visionären Erfahrung im Himmel hatte Booth eine weitere Vision, die sein Bewusstsein dafür schärfte, dass die verlorenen Seelen sterben und in Ewigkeit ohne Christus sein werden, und er empfing Erbarmen für diese Menschen.

Während er über die Millionen von Menschen nachdachte, die gefangen waren durch Alkohol, Vergnügungen und Geschäfte und sich ihrer geistlichen Verfassung überhaupt nicht bewusst waren, gab Gott ihm eine Vision. Er sah eine riesige Menge, die im stürmischen Ozean schwamm und versuchte, zum rettenden Ufer zu gelangen, doch bevor sie den rettenden Felsen erreichten, kamen sie um. Viele von denen, die sich auf dem sicheren Felsen befanden, gingen weiter ihren Geschäften oder Vergnügungen nach und kümmerten sich nicht um die Ertrinkenden. Doch einige wenige taten alles, was sie konnten und riskierten dabei sogar ihr Leben, um die ertrinkenden Seelen zu retten. Die Vision bewegte Booth so sehr, dass er Tausende für die Heilsarmee gewann, damit sie die Verlorenen retteten. Er tat das mit Worten wie diesen:

> Du hast dich als Christ lange genug um dich selbst gekümmert. Du hattest angenehme Gefühle, schöne Lieder, wunderbare Versammlungen und

hübsche Aussichten. Du hast viel menschliches Glück, in die Hände klatschen und Hallelujarufe erlebt, es war fast wie im Himmel.

Also dann, geh hin und sage Gott, dass du so gut zugerüstet bist, um all das hinter dich zu lassen und bereit bist, den Rest deiner Tage damit zu verbringen, dich um die Menge zu kümmern, die zugrunde geht – was immer es kostet.

Du **musst** es tun! Wegen des Lichts, das deinen Verstand erleuchtet hat und des Rufs, den dein Ohr vernommen hat, und der ausgestreckten Hände, die vor deinen Augen sind, hast du keine Wahl. Es ist deine Pflicht, dieser zugrunde gehenden Menge zu helfen. Dein Glück wird von nun an darin bestehen, ihre Not zu teilen, dein Vergnügen darin, ihren Schmerz zu teilen, deine Krone darin, ihnen zu helfen, dass sie ihr Kreuz tragen, und dein Himmel darin, in den Schlund der Hölle zu gehen, um sie zu retten.[7]

William Booth hatte solch eine starke Offenbarung über die Hölle, dass er ein eifriger Seelengewinner wurde und seine Predigt stark davon beeinflusst wurde. Es folgt ein leidenschaftlicher Aufruf an seine Zuhörer:

Neige dein Ohr der Bibel zu und höre Sein Gebot, dass du hingehen und Sünder aus dem Feuer der Sünde ziehen sollst. Neige dein Ohr den Beladenen zu, den Qualen erleidenden Herzen der Menschen und höre das Mitleid erregende Jammern um Hilfe. Gehe hin und stelle dich an die Tore der Hölle, und höre das Flehen der Verdammten, die dich bitten, in ihr Vaterhaus zu gehen und ihren Brüdern, Schwestern, Dienern und Herren zu gebieten, es ihnen nicht gleich zu tun. Dann sieh in das Angesicht des Herrn Jesus Christus, dessen Barmherzigkeit du versprochen hast, zu gehorchen, und sage ihm, ob du bereit bist, Herz, Seele, Körper und Umstände in dem Marsch zu vereinen, seine Barmherzigkeit in der Welt bekannt zu machen.[8]

Obwohl die Menschen bereits jetzt die leichteren Qualen des Hades erleiden, werden sie erst nach dem Gericht vor dem großen weißen Thron in die Hölle kommen. Zu dieser Zeit werden der Teufel, seine Engel, die Ungläubigen und auch der Hades und der Tod in die Hölle geworfen, den Feuersee. In der Hölle werden die Menschen nicht nur körperlichen Qualen ausgesetzt sein, sondern sie werden andauernd von dem Gedanken gequält sein, dass sie das Geschenk der Errettung abgelehnt haben und deshalb in alle Ewigkeit von Gott und seiner Liebe getrennt sein werden.

Die Hölle wird nicht so sein, wie sie in Cartoons dargestellt wird. Der Teufel wird keine Menschen quälen, sondern er wird ebenfalls in der Hölle braten. Er wird vor Schmerz selbst schreien und nicht den Luxus haben, sich um andere zu kümmern.

Als Luzifer fiel, schuf Gott die Hölle für ihn und seine Dämonen. Gott hat uns das Geschenk des ewigen Lebens angeboten, doch unglücklicherweise haben viele Menschen seine Liebe zurückgewiesen und werden in der Hölle landen. Gott hat alles für eine kostenlose Errettung getan. Er sandte Propheten und Evangelisten und offenbarte seine Güte und Liebe in vielfacher Weise. Wenn sich eine Person entscheidet, sein Geschenk abzulehnen, liegt das nicht daran, dass Gott nicht einen Weg aufgezeigt hätte.

Sind die Menschen erst einmal in der Hölle, bleiben sie dort in Ewigkeit.

Offenbarung der Hölle und des Himmels

Das waren einige Bereiche, von denen die Bibel redet, wenn es um den Himmel oder die Höllenregionen der Dunkelheit unter der Erde geht. Etwas über diese Bereiche zu wissen, ist eine Grundlage dafür, die geistliche Welt zu verstehen. Wir müssen eine Offenbarung über den Himmel empfangen, damit wir in der Autorität Christi leben können und wir müssen fortlaufend Offenbarung des dritten Himmels haben, um die Werke der Finsternis im zweiten Himmel zu überwinden.

Bitte den Herrn immer wieder darum, dass dein Bewusstsein des übernatürlichen Bereichs wächst und du davon Visionen hast. Ich hoffe, dass durch das Lernen über diese Bereiche die „Decke" entfernt wird und du dich mehr nach dem Übernatürlichen ausstrecken kannst. Durch himmlische Begegnungen, wird unsere Gemeinschaft mit dem Vater intimer und wir werden mehr vom Himmel erleben. So werden wir mit seiner Gegenwart und Herrlichkeit erfüllt und danach mit himmlischen Reichtümern, die wir den Verlorenen geben können.

Wenn wir andererseits mehr Offenbarung über die schreckliche Realität der Hölle hätten, wie William Booth und Kenneth Hagin, dann würde unsere Leidenschaft für Evangelisation und Gottes Reich dramatisch wachsen. Lasst uns zu Gott rufen, damit uns die ernüchternde Wahrheit über die Bereiche der Finsternis bewusster werden. Lasst uns ihn bitten, dass er uns neu Erbarmen für die Verlorenen gibt und ein Verlangen danach, der Hölle Seelen zu entreißen und sie in das Reich seines himmlischen Lichts hineinzubringen.

Jonathan Edwards, ein Erweckungsprediger und Theologe, der von 1703 bis 1758 lebte, machte den Ernst unserer Gleichgültigkeit und die Größe Gottes durch seine Predigt „Sünder in der Hand eines zornigen Gottes" klar. Bevor er seine Botschaft verkündigte, betete er zuvor die ganze Nacht hindurch. Wenn er dann anfing zu predigen, wurde der Geist Gottes mächtig ausgegossen. Gott kam so mit seiner Heiligkeit und Majestät, dass die Ältesten die Säulen der Kirche umfassten und schrieen: „Herr, rette uns, wir gleiten in die Hölle."

Ich beende dieses Kapitel mit einem Zitat aus Nelsons neu bebildertem Bibellexikon:

> Wegen der symbolischen Sprache fragen sich die Menschen, ob es in der Hölle echtes Feuer gibt. Solche Überlegungen sollten den Verlorenen keinen Trost geben. Die Realität ist schlimmer als das Bild. Die Bibel erschöpft sich in menschlicher Sprache, um Himmel und Hölle zu beschreiben. Das Erstgenannte ist herrlicher und das Zweite schrecklicher, als es Sprache ausdrücken könnte.[9]

Endnoten:

1 General William Booth (1829-1912), „Is this your life?“ (Quelle: www.myfaith.com).

2-5 James Strong, Strong’s Exhaustive Concordance of the Bible (Iowa Falls, IA: AMG Publishers, 1986), Greek dictionary, 72, Hebrew dictionary, 147, Greek Dictionary, 6,5.

6. Kenneth Hagin, “Reverend Kenneth Hagin”, Auszug aus dem Buch “I believe in Visions” (Quelle: http://www.near-death.com/forum/nde/000/90.html).

7. William Booth, „A Vision of the Lost, (Quelle: Internet).

8. Howard Culbertson, “Missions Slogans and Quotes from Missionaries” (Quelle: http://home.snu.edu/~hculbert/slogans.htm).

9. R.F. Youngblood, Nelson’s New Illustrated Bible Dictionary, Revised edition, Nashville, TN: T.Nelson, in LaserD (CD-ROM).

Kapitel 6

Der dritte Himmel

Ich glaube, dass du viele Schriftstellen in einem völlig anderen Licht siehst, während du dieses Buch liest. Sie werden lebendig, weil du etwas vom Übernatürlichen erfährst, das außerhalb deines eingeschränkten Denkens liegt. Ja, einige der Gedanken, die ich mitteile, sind radikal für die heutige Gemeinde. Trotz allem sind es normale biblische Wahrheiten. Hoffentlich öffnet Gott deine Augen für diese neue, aufregende, übernatürliche Welt, in der er lebt und in der auch wir leben können, während ich diese kraftvollen Wahrheiten aus der Schrift entfalte.

Die Lektüre dieses Buches wird nicht nur dein Bewusstsein für das Übernatürliche erweitern und deine Bereitschaft für Begegnungen mit Gott fördern, sondern du wirst auch in eine intimere Beziehung mit dem Vater kommen. Außerdem werden dir die ewigen Bereiche vertrauter und du wirst mehr Erbarmen für die Verlorenen bekommen. Lies weiter und bitte den Heiligen Geist, dich in alle Wahrheit zu leiten – das ist Teil seiner Aufgabe und du kannst sicher sein, dass er seine Aufgabe erfüllt. Ich werde jetzt noch einen Zahn zulegen, wenn es um den dritten Himmel geht.

Entdecke Begegnungen im dritten Himmel

Als ich drei Monate lang intensiv den Herrn suchte, habe ich die kraftvolle und überwältigende Realität dieser Dimension entdeckt. Ich hatte mehrere Male dramatische Erlebnisse im dritten Himmel. Einmal erlebte ich während einer Gebetszeit, dass ich meinen Körper verließ, ich wurde regelrecht herausgezogen und ins All geworfen. Es war, als ob ich von einem riesigen Staubsauger verschluckt wurde, doch ich befand mich nach wie vor in meinem Wohnzimmer. Es war so, als ob man in einer Achterbahn sitzt. Mein Körper vibrierte und die G-Kräfte verzerrten mein Gesicht. Ich reiste durch die Sterne und war nicht einmal in einem Raumschiff!

Dann kam ich in einen Bereich, wo mein ganzes Sein in ein helles weißes Licht getaucht wurde. Plötzlich landete ich auf einem Berg. Noch immer lag ich auf meinem Teppich, aber ich konnte den Wind auf meinem Gesicht spüren. Ich flippte aus, das war mir noch nie passiert. Dunkle, dicke Wolken, Donner und Blitz erfüllten den Himmel. Meine Gefühle reagierten auf das, was ich sah, doch ich konnte immer noch den Teppich unter mir fühlen. Soweit ich sehen konnte, war Wüste um mich her und ein Fluss, der aus dem Fuß des Berges heraus floss.

In der Ferne sah ich vereinzelte Pferde mit Reitern, manchmal zwei oder drei von ihnen. Ich hatte den Eindruck, dass sie alle den Befehl hatten, zu diesem Berg zu kommen, doch jeder nahm an, dass er der Einzige war. Die Reiter tranken aus dem Fluss, um sich für die kommende Schlacht vorzubereiten. Ich spürte, dass der Herr seine Endzeitarmee sammelte, ihre Lenden gürtete und ihre Schilde salbte.

Die Szene änderte sich und ich lag mit dem Gesicht zur Erde vor dem König der Herrlichkeit, dem Herrn der Heerscharen. Ich spürte, dass ich eine Strategie für die kommende Zeit oder Stunde empfing, so wie Josua eine Begegnung mit dem Anführer der Armee des Herrn hatte (Josua 5,13-15). Während dieser Erfahrung war mir klar, dass die Gemeinde in dieser Schlacht geschützt war, sie saß an himmlischen Orten mit Christus, und dass Gottes mächtige Freisetzung der Endzeiternte für das Reich der Finsternis plötzlich und unerwartet kommen würde. Ich spürte, dass dieser Schlachtplan der Welt verborgen war. Es war Gottes Geheimwaffe. Die Ernte würde auf der Welt in einer solch großen Weise ausbrechen, dass es den Feind unvorbereitet wie ein Schlag treffen würde, als wäre er belagert und in einen nächtlichen Hinterhalt geraten. Gleichzeitig würden Geld, Ressourcen, Kraft und Arbeiter beauftragt und in die Ernte gesandt.

Ich spürte, wie der Herr mir in der Vision sagte, dass die Gemeinde von der Zeit der Zurüstung und Vorbereitung für den Kampf in eine Zeit käme, wo die treuen *Niemands*, die niemals ihr Knie vor den Götzen der Welt gebeugt hatten, zum Vorschein kämen. Diese treuen Diener Gottes würden Teil einer neuen Beauftragung des fünffältigen Dienstes sein mit einer Berufung zu Aposteln, Propheten, Evangelisten, Pastoren und Lehrern (Epheser 4,11).

Das höchste prophetische Erlebnis

Während der Leib Christi sich auf den endzeitlichen Kampf vorbereitet, werden Offenbarungen über den dritten Himmel, wie in meiner Vision, immer häufiger werden, sowohl für die in den fünffältigen Dienst Berufenen als auch für normale Gläubige. Um die Rolle zu spielen, zu der er uns berufen hat, müssen wir die Pläne unseres Anführers Jesus kennen. Einige dieser Pläne werden durch verschiedene Formen der göttlichen Kommunikation wie Visionen und Träume offenbart. Manchmal wird der Herr auch den dritten Himmel für uns öffnen.

Die Offenbarung des dritten Himmels ist das höchste prophetische Erlebnis. Es ist so, als ob du im geistlichen Bereich bist und im Himmel umhergehst. Auch wenn dein Körper auf der Erde bleibt, sagst du: „Hallo Henoch, hallo Mose, wie geht's Paulus?“ Du redest mit den Heiligen, die zur Wolke der Zeugen gehören, und befindest dich auf goldenen Straßen. Du siehst Jesus und den Thron. Es ist kein alltägliches Erlebnis, dass dich kalt lässt, es ist lebensverändernd!

Du magst dich fragen, ob mein Körper bei meinen geistlichen Reisen jemals im dritten Himmel war. Nicht dass ich wüsste. Gewöhnlich halte ich mich in meinem Haus oder in der Gemeinde auf, obwohl ich weiß, dass ich an einem anderen Ort bin. Sogar der Apostel Paulus konnte nicht genau sagen, ob sein Körper dort war oder nicht, also nehme ich an, dass es keine Rolle spielt (2.Korinther 12,2). Das Wichtigste ist das Geschehen selbst, es ist nicht entscheidend, sich an jedes Detail zu erinnern. Verpasse nicht die Absicht Gottes, weil du versuchst, jede Einzelheit herauszubekommen. Es ist ein geistliches Erlebnis, das vom Verstand nicht völlig erfasst werden kann (1.Korinther 2,14).

In diesem Kapitel werden wir uns ansehen, was die Bibel über den dritten Himmel sagt. Ich möchte den Vorstellungen über Besuche im dritten Himmel alles Gespenstische nehmen und dir einige Schlüssel in die Hand geben, die deine geistlichen Sinne aktivieren.

Biblische Beispiele
Wie bereits im letzten Kapitel gesagt, ist der dritte Himmel die direkte Gegenwart, der Wohnort oder Wohnsitz Gottes. Dazu gehört neben dem Thronraum, glaube ich, noch mehr. Ich glaube, der Himmel ist wesentlich größer, als wir es uns vorstellen. Wir beginnen mit einigen Erfahrungen im dritten Himmel aus der Bibel.

Paulus
Das einzige Mal, dass in der Bibel der Ausdruck „dritter Himmel" genannt wird, ist im zweiten Brief des Paulus an die Korinther. Verse, die du wahrscheinlich jetzt schon auswendig kennst!

> 2.Korinther 12
> 1 Ich muss mich ja rühmen; zwar nützt es nichts, trotzdem will ich jetzt von
> Erscheinungen und Offenbarungen sprechen, die mir der Herr geschenkt hat. 2
> Ich kenne jemand, einen Diener Christi, der vor vierzehn Jahren bis in den
> dritten Himmel entrückt wurde; ich weiß allerdings nicht, ob es mit dem Leib
> oder ohne den Leib geschah, nur Gott weiß es. 3 Und ich weiß, dass dieser
> Mensch in das Paradies entrückt wurde; ob es mit dem Leib oder ohne den Leib
> geschah, weiß ich nicht, nur Gott weiß es. 4 Er hörte unsagbare Worte, die ein
> Mensch nicht aussprechen kann.

Später in diesem Brief finden wir heraus, dass es sich bei dem Mann um Paulus selbst handelt. In Vers Sieben erzählt er von einem Dorn oder Stachel im Fleisch, der ihn davor bewahren soll, wegen seiner vielen Offenbarungen nicht stolz zu werden. Beachte, dass Paulus Visionen (Mehrzahl) und Offenbarungen (Mehrzahl) hatte.

Ich möchte ein paar andere biblische Beispiele geben, von denen ich glaube, dass sie ebenfalls den dritten Himmel betreffen. Es folgt ein Abschnitt aus dem Buch der Offenbarung.

Johannes

> Offenbarung 4
> 1 Danach sah ich: Eine Tür war geöffnet am Himmel; und die Stimme, die vorher zu mir gesprochen hatte und die wie eine Posaune klang, sagte: Komm
> herauf, und ich werde dir zeigen, was dann geschehen muss. 2 Sogleich wurde
> ich vom Geist ergriffen. Und ich sah: Ein Thron stand im Himmel; auf dem Thron saß einer.

Der Herr fordert Johannes auf, durch eine Tür im Himmel zu gehen und dort sieht er Gott, der auf dem Thron sitzt, und erhält göttliche Offenbarungen. Ich glaube, dass diese Tür der Offenbarung, die für Johannes geöffnet war, niemals geschlossen wurde. Sie steht noch immer offen für dich und für mich. Das ist das

Wort des Herrn für heute. Gott fordert auch uns auf, kühn vor den Thron der Gnade zu kommen. Als mit dem Blut erkaufte Söhne und Töchter haben wir freien Zugang zu den Dingen des Geistes.

Jesaja

Der Prophet Jesaja hatte ebenfalls eine Vision. Im dritten Himmel sah er den Herrn und den Thron.

> Jesaja 6
> 1 Im Todesjahr des Königs Usija sah ich den Herrn. Er saß auf einem hohen und erhabenen Thron. Der Saum seines Gewandes füllte den Tempel aus. 2 Seraphim standen über ihm. Jeder hatte sechs Flügel: Mit zwei Flügeln bedeckten sie ihr Gesicht, mit zwei bedeckten sie ihre Füße, und mit zwei flogen sie. 3 Sie riefen einander zu: Heilig, heilig, heilig ist der Herr der Heere. Von seiner Herrlichkeit ist die ganze Erde erfüllt. 4 Die Türschwellen bebten bei ihrem lauten Ruf, und der Tempel füllte sich mit Rauch.

Jesaja sah den Herrn auf seinem Thron, also musste er den Himmel gesehen haben. Dann erlebte er, wie ein Engel kam und seine Lippen mit einer Kohle berührte und in zum Propheten ernannte.

Du hast diese Geschichte wahrscheinlich schon viele Male gehört – vielleicht schon im Kindergottesdienst. Lass nicht zu, dass diese übernatürliche, biblische Erfahrung keinen Eindruck mehr auf dich macht, weil du die Geschichte schon so gut kennst. Stell dir noch einmal vor, was Jesaja erlebt hat, und versuche dir jede Einzelheit vor Augen zu führen. Wie würdest du dich fühlen, wenn ein Engel mit einer glühenden Kohle käme und sie direkt auf deine Lippen pressen wollte? Du musst die Bibel mit anderen Augen lesen, wenn du dir übernatürliche Ereignisse ansiehst. Stell dir vor, es passiert heute und in deinem Leben.

Jesus in die himmlischen Bereiche folgen

Lass uns eine Offenbarung in Johannes 20,17 ansehen. Jesus spricht nach seiner Auferstehung mit Maria, bevor er hinaufgeht zum Vater: *„Jesus sagte zu ihr: Halte mich nicht fest; denn ich bin noch nicht zum Vater hinaufgegangen. Geh aber zu meinen Brüdern…“*

Warum durfte Maria Jesus nicht berühren, bevor er aufgefahren war? Jesus hatte jetzt einen himmlischen Leib. Ich glaube, dass Maria einen illegalen Zugang zum himmlischen Bereich bekommen hätte, weil Gott die Einladung, kühn zum Thron zu kommen noch nicht ausgesprochen hatte. Außerdem musste Jesus das Werk der Erlösung noch vollenden und sein Blut ins Heiligtum zum Vater bringen. Marias Sündhaftigkeit hätte das heilige Opfer verunreinigen können. In Hebräer 9,2 wird das Erlösungswerk beschrieben, das Jesus vollenden musste. *„Nicht mit dem Blut von Böcken und jungen Stieren, sondern mit seinem eigenen Blut, und so hat er eine ewige Erlösung bewirkt.“*

Weiter heißt es über das Werk Jesu: *„Dieser aber hat ein Schlachtopfer für Sünden dargebracht und sich für immer gesetzt zur Rechten Gottes“* (Hebräer 10,12). Wann hat Jesus die Erlösung vollendet? Als er ins Heiligtum aufstieg, erwarb er ein für alle Mal ewige Erlösung. An diesem Ort setzte er sich für einen Augenblick zur Rechten Gottes und das war der Augenblick der Vollendung. Ich glaube, erst nachdem Jesus sein Werk im Himmel vollendet hatte, ging er zurück und blieb vierzig Tage bei seinen Jüngern. Erst dann konnten sie erstmalig seinen Leib berühren. In Johannes 20,19 und 26-27 lesen wir, dass er später an diesem Abend den Jüngern erschienen ist (nachdem er Maria getroffen, in den Himmel hinaufgestiegen und zurückgekehrt war) und sie ihn berührten.

Gott hat mir gezeigt, dass wir aufgrund des Werkes Jesu jetzt auch hinaufsteigen können. Wir können ihm in den himmlischen Bereich folgen, weil er uns vorausging und einen Weg bereitete. Nun können wir Jesus an diesen Platz der Offenbarung folgen. Ich erinnere mich an mehrere Begebenheiten, wo ich zusammen mit meinem Freund Bob Jones und einigen anderen auf den Herrn wartete. Bob sagte: „Ich nehme euch mit in den Himmel.“ Er berührte uns und durch die Salbung wurden wir irgendwie in einen anderen Bereich versetzt. Wir wurden mit ihm zusammen in den geistlichen Bereich gebracht und folgten ihm an die Orte, die er schon viele Male zuvor besucht hatte. Kürzlich wollte ich wissen, ob es möglich ist, diese Fähigkeit, in den geistlichen Bereich zu gehen, zu übertragen. „Ich will sehen, ob es funktioniert“, sagte ich. Nach dem ich für Jill Austin und einige meiner Teammitglieder gebetet hatte, ließ ich die Salbung fließen und sagte: „Lasst uns hinaufsteigen.“ Plötzlich begann eine Vision.

Bevor du dir darüber Sorgen machst, ob es möglich ist, eine prophetische Salbung weiterzugeben, möchte ich dich an eine Geschichte im Alten Testament erinnern, die es dir leichter machen wird, das zu verstehen. Erinnerst du dich an die beiden Begebenheiten wo König Saul weissagte als er eine Gruppe von Propheten traf und unter ihren Mantel der Salbung kam? (1.Samuel10,10-11 und 19,24). Er wollte noch nicht einmal weissagen, er musste es einfach tun. Es ist das gleiche Prinzip. Jill, das Team und ich stiegen unter dem gleichen Mantel der Salbung hinauf.

Begegnungen im Thronsaal

Ich erinnere mich an meine erste Erfahrung im dritten Himmel. Ich befand mich in meinem Wohnzimmer und betete zusammen mit ein paar Leuten den Herrn an. Plötzlich war ich im Geist. Mit offenen Augen sah ich einen Fluss, der aus der Küche kam. Ich sah, wie mein Teppich nass wurde. Ich begriff nicht, dass ich im Geist sah und deshalb schrie ich: „Wer hat das Wasser angelassen?“ Ich dachte, das Waschbecken lief über. Niemand sonst sah die Vision, also beschrieb ich sie. Als ich erzählte, dass der Fluss etwa einen halben Meter tief war, sprang jemand von der Couch auf den Boden, um in den Fluss zu gelangen. Ich sah, wie der Fluss über seinen Rücken hinwegfloss. Bald kamen Sandbänke hervor und ich konnte mein Wohnzimmer nicht mehr sehen.

Ich trug keine Socken und konnte fühlen, wie das Gras über meine Füße strich, wie Wellen der Gegenwart Gottes. Es war lebendig, alles war lebendig wegen der Herrlichkeit. Dann erinnerte ich mich daran, dass es im Himmel keine Sonne und keinen Mond gibt und alles lebendig und hell durch die Herrlichkeit wird . Das Gras bewegte sich im Wind des Geistes. Es war so viel Herrlichkeit Gottes dort, dass es schien, als hätte das Gras eine eigene Persönlichkeit. Ich wurde betrunken im Geist nur vom Ansehen des Grases. Ich nahm wahr, dass ich im Garten Eden war, und entdeckte den Baum des Lebens. Der Baum war riesig und mit Gold, Bronze und Silber überzogen, die Farben ineinander gewebt. Die Früchte waren so groß, dass sie die Äste unter ihrem Gewicht bis zum Boden bogen.

Ein Freund der nicht sah, was ich erlebte, lag während dessen auf dem Teppich meines Wohnzimmers und machte: „Mmm, jamm, jamm", es sah aus, als ob er etwas Köstliches von diesem Baum genoss. Im Geist sah ich, dass ein großes Stück Frucht vom Ast genau über seinem Mund hing. Er hatte keine Ahnung von dem, was ihm Geist vorging, und doch drückte er es in einer prophetischen Handlung aus. Tatsächlich verhielten sich alle Personen im Raum so, als ob sie mit mir in der Vision waren, obwohl keiner von ihnen etwas sah. Sie taten etwas und ich konnte sehen, warum sie es taten, weil ich in einer anderen Dimension war.

Als nächsten hörte ich, wie Gott, der Herr, durch den Garten ging, so wie bei Adam und Eva in der Kühle des Abends. Ich kann es dir nicht einmal beschreiben. Ich rannte in der Wohnung umher und rief: „Ich höre, wie der Herr durch seinen Garten geht." Ich hörte den Klang der Bewegung der Herrlichkeit. Ich erlebte alles so, als wäre ich dort. Ich fühlte den Hauch des Windes und roch das Gras. Alle meine Sinne waren in Funktion und doch wusste ich, dass ich immer noch in meiner Wohnung war. Diese Erfahrung veränderte mein Leben. Danach wusste ich ohne Zweifel, dass es einen unsichtbaren Bereich gibt, der realer ist als der natürliche Bereich, in dem wir leben.

Am Todestag meiner Mutter

Meine Mutter starb, als ich gerade einen Dienst in Albany, Oregon, hatte. Auf der Fahrt nach Hause zur Beerdigung fragte ich den Herrn, ob meine Mutter bei ihm sei. Sofort sah ich meine Mutter als kleines Mädchen mit dem Herrn tanzen, sie war so glücklich.

Zwei Jahre später in Lettland erinnerte ich mich an diese wunderschöne Vision und der Herr nahm mich in den Himmel. Aus einiger Entfernung sah ich den Sohn der Gerechtigkeit („Sonne der Gerechtigkeit", Wortspiel im Englischen „sun" und „son") . Er erschien wie die aufgehende Sonne. Lichtstrahlen trafen mich und mein ganzer Körper zitterte durch die Liebe, die er mir erwies. Ich wurde von Angst und Ablehnung befreit und verstand, dass Gott mich angenommen hat. Jeder Strahl brachte die heilende Offenbarung der Liebe des Vaters in meine Seele und die Dunkelheit wurde vertrieben.

Auf dem gläsernen Meer

Ich hatte eine ähnliche Vision, in der ich auf dem gläsernen Meer stand. Lichtstrahlen vom Sohn der Gerechtigkeit trafen auf das gläserne Meer und wurden reflektiert und gebrochen wie durch ein Prisma, ein Kaleidoskop von kraftvollen, glänzenden Farben: rot, blau, grün und mehr. Die Strahlen, die mit Lichtgeschwindigkeit auftrafen, erreichten das Meer zuerst und dann folgte der Klang des Himmels. Die heilenden Strahlen des Sohnes der Gerechtigkeit trafen mich und brachten körperliche Heilung.

Mein ganzes Sein erzitterte und wurde durch den Klang erschüttert. Es war, als ob fünfzigtausend Stimmen verschiedene Lieder zu gleichen Zeit sangen und doch in perfekter Einheit waren. Mit meinem Verstand konnte ich nicht ein einziges Lied erkennen, doch mein geistlicher Mensch verstand es und ich fühlte die Liebe und Annahme. Heilende Strahlen erreichten die zerbrochenen Bereiche meines Herzens. Jedes Mal, wenn einer dieser Strahlen mich traf, hörte ich die Stimme des himmlischen Chors, der über die Liebe des Vaters sang. „Ich liebe dich, du bist angenommen, du bist schön, du bist wertvoll." Ich hörte all die Dinge, die der Vater über seine Kinder singt. Ich wusste, dass der Vater mir versicherte, dass ich einen Platz in seinem liebenden Herzen habe, wenn er verkündete, dass ich würdig, angenommen, geliebt und schön bin.

Hindernisse für Offenbarungen

Erkennst du, dass Erfahrungen des dritten Himmels nicht nur in der Bibel stattfinden? Wie du im letzten Kapitel an den Beispielen Dr. Percy Collett und William Booth sehen konntest, haben auch andere Christen in der jüngeren Geschichte solche Erlebnisse gehabt. Und auch meine Erfahrungen im dritten Himmel und viele andere Zeugnisse, die du in diesem Buch gelesen hast, bringen mich zu der Überzeugung, dass du erkennst, dass solche Besuche des dritten Himmels heute jedem möglich sind. Sie sind für dich und für mich da – für alle Gläubigen. Du magst immer noch einwenden: „Na gut, Todd, ich stimme mit dir überein, aber ich höre und sehe immer noch nichts."

Du musst Folgendes begreifen: Verstehen, Sehen und Empfinden oder Wahrnehmen – alles ist eine Sache des Herzens. Wenn dein Herz hart ist, wirst du nicht sehen. Wenn du nicht siehst, wirst du nicht verstehen. Der Schlüssel zum Sehen und Verstehen liegt im Aufschließen des unsensiblen Herzens. Hebräer 5,11 beschreibt die heutigen Christen, die „schwerhörig geworden" sind. Es scheint klar zu sein, dass Schwerhörigkeit ein Prozess ist.

> Matthäus 13
> 14 An ihnen erfüllt sich die Weissagung Jesajas: Hören sollt ihr, hören, aber nicht verstehen; sehen sollt ihr, sehen, aber nicht erkennen. 15 Denn das Herz dieses Volkes ist hart geworden, und mit ihren Ohren hören sie nur schwer, und ihre Augen halten sie geschlossen, damit sie mit ihren Augen nicht sehen und mit ihren Ohren nicht hören, damit sie mit ihrem Herzen nicht zur Einsicht kommen, damit sie sich nicht bekehren und ich sie nicht heile.

Gemäß diesem Text ist es so, dass Menschen, die geistlich sehen und hören, anfangen mit dem Herzen zu verstehen und in die Lage versetzt werden, vom Herrn Heilung zu empfangen. Hören, Sehen und Verstehen sind Schlüssel für eine Heilungserweckung. Wie wurden die Herzen der Menschen hart? Wir wollen uns die Gründe für ein hartes Herz, ungeöffnete Augen und taube Ohren ansehen.

1. Gottes vergangene Treue vergessen

Gott hat uns zu einem Lebensstil der Dankbarkeit berufen. Wenn wir uns nicht an die guten Dinge erinnern, die er für uns getan hat, können unsere Herzen hart werden und der Feind gewinnt Oberhand.

> Psalm 78
> 9 Die Söhne Ephraims, Kämpfer mit Pfeil und Bogen, wandten den Rücken am Tag der Schlacht; 10 Gottes Bund hielten sie nicht, sie weigerten sich, seiner Weisung zu folgen. 11 Sie vergaßen die Taten des Herrn, die Wunder, die er sie sehen ließ.

Warum sollte jemand, der bewaffnet und bereit für den Kampf ist, wieder umkehren? An diesem Punkt stehen viele Christen, weil sie sich nicht erinnern und an das Vergangene denken.

Vielleicht warst du Zeuge, als jemand der blind war, geheilt wurde und du hast jede Menge anderer Heilungen gesehen, aber jetzt bist du derjenige, der Heilung braucht. Wenn wir all die Gelegenheiten vergessen, wo Gott in unserer Vergangenheit geheilt hat, werden unsere Herzen schwer und wir kehren am Tag des Kampfes um. Wenn wir uns aber an Gottes Güte und seine Verheißungen erinnern, kommt neuer Kampfeswille in unseren Geist und wir sagen: „Ich jage auf das Ziel zu, hin zu dem Kampfpreis der Berufung Gottes nach oben in Christus Jesus. Es ist mir egal, welcher Widerstand aus der Hölle mir entgegensteht! Gott hat sich als treu erwiesen in der Vergangenheit und er wird sich auf zukünftig als treu erweisen. Der Herr hat gesprochen! Ungeachtet dessen, was ich sehe, ich werde kämpfen und mich behaupten, ich werde bitten und sehen und ich werde mit der Salbung triumphieren!“

Manchmal, wenn ich mich auf meinen Dienst vorbereite, frage ich mich: „Was mache ich, wenn Gott heute Abend nichts tut?“ Dann ermutige ich mich im Herrn und erinnere mich an seine mächtigen Werke. Ich liege auf meinem Bett und träume von jedem Wunder, das Gott in Versammlungen getan hat, in denen ich dabei war. Wenn ich damit fertig bin, möchte ich am liebsten sofort in die Versammlung und anfangen.

Wenn du seine Kraft vergisst, schränkst du Gott in dem ein, was er in deinem Leben tun möchte. Genauso handelten die Israeliten: *„Immer wieder stellten sie ihn auf die Probe, sie reizten den heiligen Gott Israels. Sie dachten nicht mehr an seine mächtige Hand“* (Psalm 78,41-42a). Viele Christen fühlen sich in ihrem Leben eingeschränkt oder begrenzt, weil sie nicht davon träumen, was Gott in der Vergangenheit getan hat. Zeugnis geben und seine Taten verkündigen hält uns in einer frischen Salbung und unseren Glauben hoch.

Diese Geschichte aus dem Neuen Testament zeigt uns ebenfalls wie Sehen, Hören und Verstehen verhindert werden, wenn wir uns nicht erinnern.

Markus 8
14 Die Jünger hatten vergessen, bei der Abfahrt Brote mitzunehmen; nur ein
einziges hatten sie dabei. 15 Und er warnte sie: Gebt Acht, hütet euch vor dem
Sauerteig der Pharisäer und dem Sauerteig des Herodes! 16 Sie aber machten
sich Gedanken, weil sie kein Brot bei sich hatten. 17 Als er das merkte, sagte er
zu ihnen: Was macht ihr euch darüber Gedanken, dass ihr kein Brot habt?
Begreift und versteht ihr immer noch nicht? Ist denn euer Herz verstockt? 18
Habt ihr denn keine Augen, um zu sehen, und keine Ohren, um zu hören?
Erinnert ihr euch nicht: 19 Als ich die fünf Brote für die Fünftausend brach, wie
viele Körbe voll Brotstücke habt ihr da aufgesammelt? Sie antworteten ihm:
Zwölf. 20 Und als ich die sieben Brote für die Viertausend brach, wie viele
Körbe voll habt ihr da aufgesammelt? Sie antworteten: Sieben. 21 Da sagte er zu
ihnen: Versteht ihr immer noch nicht?

Jesus versuchte die Jünger über den Sauerteig der Pharisäer zu lehren und sie dachten: „Es ist, weil wir kein Brot bei uns haben.“ Dann sagt Jesus: „Ihr seht nicht! Ihr hört nicht die geoffenbarte Wahrheit, die ich euch bringe.“ Jesus fordert sie sogar heraus und fragt sie nach den übrig gebliebenen Broten bei der Speisung der Fünftausend und Viertausend. Sie hatten die Kraft verloren, um zu verstehen, und sie sahen mit den natürlichen und nicht mit ihren geistlichen Augen.

Einige von euch haben Gott im finanziellen Bereich eingeschränkt, weil ihr die Zeugnisse seiner Versorgung in der Schrift vergessen habt. Wenn dir kein Beispiel einfällt, wo Gott dir in finanzieller Hinsicht geholfen hat, dann erinnere dich an jemanden, den er aus einer Situation befreit hat, die viel schlimmer war als deine. Meditiere über eine passende Schriftstelle. Kannst du dir den entsetzten Blick der Jünger vorstellen, als zwölf Körbe Brot übrig waren? Ich stelle mir vor, wie Jesus jedem einen Korb gab und lachend sagte: „Jungs, da wo dieses Brot herkommt, gibt es noch mehr.“

Viele in der Gemeinde vergessen so schnell. Gott schafft einen wunderbaren Durchbruch bei den Finanzen oder durch eine Heilung und sie sagen: „Bitte vergib mir, Gott, dass ich immer gezweifelt habe, ich werde es nie wieder tun.“ Dann machen sie das Gleiche wieder und schmieden Pläne für den Fall, dass der Herr nicht durchkommt. Sie haben Ohren und hören nicht, weil sie sich nicht erinnern.

Manchmal kämpfe ich mit Unglauben, wenn ich für Taube bete. Weißt du, wen Gott dafür verantwortlich macht? Mich. Warum? Weil ich bereits tausendfach gesehen habe, dass Taube geheilt wurden. Gott erwartet ein wenig mehr von mir.

Wir alle müssen es lernen, in unseren Herzen darüber nachzudenken und zu meditieren, wie treu er in der Vergangenheit war. Wir müssen uns selbst ermutigen. Wir müssen nicht jedes Mal zu einer weiteren Prophetenkonferenz gehen, um ein neues Wort zu bekommen. Wir müssen uns einfach mit dem beschäftigen, was wir bereits haben! Manche von uns bekommen deshalb nichts weiter von Gott, weil sie niemals etwas mit dem gemacht haben, was sie bereits empfangen haben. Denke nicht, dass du mehr bekommst! Träume! Entfache die Worte, die du bereits bekommen hast! Erinnere dich an die Salbung, die da war, als die Propheten geweissagt haben. Wir müssen daran denken, wie wir uns zuvor darin bewegt haben. Wir müssen die Gabe entfachen – es fängt wieder neu an zu wirken, wenn wir uns an Gottes Güte erinnern, die er uns erwiesen hat.

Ich ging in eine Gemeinde und der Prediger sagte: „Todd, predige über Heilung, aber erzähle keine Zeugnisse von dem, was Gott getan hat. Ich möchte, dass sie nur an Jesus glauben. Wenn Heilung echt ist, wird sie aufgrund des Wortes geschehen." Ich antwortete: „Das ist nicht biblisch, Bruder. Wenn wir vergessen, verlieren wir die Kraft des Verständnisses und unsere Herzen werden hart." Ich sage dir, wie du Glauben und Kraft für den morgigen Kampf empfängst: „Denke an das, was Gott gestern getan hat."

2. Ungeübte geistliche Sinne

Wenn du es nicht gelernt hast, deine geistlichen Sinne zu aktivieren, bist du wahrscheinlich schwerhörig geworden und dein Herz ist verhärtet. Das macht es schwer, zu hören und zu sehen. In den meisten Fällen haben Christen keine Erfahrung damit, ihre geistlichen Augen zu gebrauchen, in den unsichtbaren Bereich zu sehen, prophetische Erlebnisse zu haben oder das leise Wehen der Stimme Gottes zu hören und den Impulsen des Heiligen Geistes zu folgen.

Jeder weiß, dass man es im Natürlichen nur zu etwas bringt, wenn man übt. Niemand erreicht etwas im Tennis- oder Klavierspielen, ohne dafür Zeit aufzuwenden. Wenn es aber um die Dinge des Geistes geht, verstehen die Menschen nicht, dass auch hier Zeit und Übung nötig ist.

Sensibilität erreichen wir dadurch, dass wir das gebrauchen, was Gott uns gibt. Nur durch Übung, oder wie es in Hebräer 5,14 heißt, „durch Gewöhnung", werden unsere Gaben entfaltet. Im Griechischen steht dort *Gewohnheit* oder *Übung*. Es gilt der alte Grundsatz: Gebrauche es oder du wirst es verlieren. Übe dich im Hören auf die Stimme Gottes, indem du beim Einkaufen oder in deinem Hauskreis prophetische Worte weitergibst, indem du Gottes Gegenwart auf dich einwirken lässt, himmlisch gesinnt bist und darauf wartest und erwartest, dass Gott dir zeigt, was er tun möchte.

3. Der Betrug der Sünde

Gibt es einen weiteren Grund für ein taubes Herz? Ja, Sünde in deinem Leben. „Ach, die eine kleine Sünde heute Abend wird mir schon nicht wehtun. Ich mache das ja nicht jeden Tag und kann später Buße tun." Das ist die Haltung eines harten Herzens. *„Sondern ermahnt einander jeden Tag, solange es noch* *heißt: Heute, damit niemand von euch durch den Betrug der Sünde verhärtet wird"* (Hebräer 3,13).

Wenn es Sünde in deinem Leben gibt, mit der du herumspielst, musst du diese Sünde ernst nehmen und Buße tun. Je länger du es auf die leichte Schulter nimmst, desto härter wird dein Herz werden. Schließlich wirst du davon gefangen genommen, wie die folgende Schriftstelle es zeigt:

Hesekiel 12
1 Das Wort des Herrn erging an mich: 2 Menschensohn, du wohnst mitten unter einem widerspenstigen Volk, das Augen hat, um zu sehen, und doch nicht sieht, das Ohren hat, um zu hören, und doch nicht hört; denn sie sind ein widerspenstiges Volk. 3 Du, Menschensohn, pack deine Sachen, als würdest du verschleppt, und geh am hellen Tag vor ihren Augen weg.

Vielleicht sind es bei dir keine Tatsünden, sondern eher Unterlassungssünden. Viele Menschen haben zum Beispiel nicht das getan, was ihnen durch das letzte prophetische Wort, das sie empfangen haben, gesagt wurde, und sie wollen ein anderes Wort haben. Vielleicht gibst du nicht in der Weise, wie es dir der Herr gesagt hat, oder es kann sein, dass der Herr zu dir gesagt hat, dass du eine Stunde am Tag beten sollst und du hast es nicht getan – dann fange wieder an. Jedes Mal, wenn du einem Wort, einer Salbung, einer Vision, Prophetie oder einem Traum nicht gehorchst, wird dein Herz hart. Wenn du den Offenbarungen, die der Herr dir bereits gegeben hat, nicht gehorsam bist, wird er dir keine neuen anvertrauen, weil du in Rebellion bist.

Manche von uns haben zu viele prophetische Worte erhalten, sie wissen nicht, was sie sind: Apostel, Prophet, Lehrer, Evangelist oder Jugendpastor. Du bist alles, aber nichts. Fange an, jemand zu sein! Du musst dich fragen, wo du Gott verpasst hast oder falsch gehandelt hast. Und dann musst du Buße tun und zurückkehren zu seinem Plan.

Der Herr hat mich ziemlich stark gedrängt, einige Dinge zu tun und ich hatte die Absicht sie zu tun, es aber nicht gemacht. Das ist ziemlich gefährlich. Ich wollte nicht einmal mehr eine Prophetie, es sei denn es wäre eine Bestätigung für das gewesen, was ich bereits empfangen hatte.

4. Das Versäumnis, im Wort zu bleiben

Wenn du nicht belehrbar bleibst durch das Hören des Wortes, wird dein Herz taub und vernarbt. Fange keinen Tag an, ohne dass du in der Bibel gelesen hast, sonst wird deine Quelle versiegen und eine trockene Quelle wird keine Offenbarung empfangen, und du wirst charakterlich nicht wachsen. *„Also ist der Glaube aus der Verkündigung, die Verkündigung aber durch das Wort Christi"* (Römer 10,17, Elberfelder Bibel). Wir müssen das Wort Gottes meditieren, darüber nachdenken und ihm gestatten, dass er Offenbarung in unser Herz gibt. Bleibe verbunden und ordne dich dem Wort und seiner Salbung unter.

5. Das Versäumnis, heute seine Stimme zu hören
Wenn wir nicht regelmäßig den Herrn hören, wird unser Herz hart.

> Hebräer 3
> 7 Deshalb, wie der Heilige Geist spricht: Heute, wenn ihr seine Stimme hört, 8
> verhärtet eure Herzen nicht wie in der Erbitterung an dem Tage der Ver-
> suchung in der Wüste, 9 wo eure Väter mich versuchten, indem sie mich auf die
> Probe stellten, und sie sahen meine Werke.

Wie oft sollte ich die Stimme Gottes hören? Ich erwarte, dass ich den Herrn jeden Tag höre. „Heute" bedeutet jeden Tag. Manchmal ist es nur ein kleiner Hinweis oder Eindruck aus der Schrift. Du solltest nicht erwarten, jeden Tag Begegnungen mit dem dritten Himmel zu haben, aber du solltest jeden Tag deinen Vater hören.

Es ist immer das Gleiche. Sicher hast du es schon erlebt, dass es einfach war, in die Gegenwart des Herrn zu kommen. Doch dann passierte es, dass du eine Woche nicht gebetet hast. Wenn du danach versuchst, die Gegenwart Gottes zu erleben, ist es so, als würdest du auf hartem Boden pflügen. Es ist immer einfacher in Kontakt zu bleiben, als den Kontakt wieder aufzunehmen.

Als mein Vater gerade errettet war und mich auf meinen Reisen begleitete, sagte er: „Wenn ich für vier Tage nach Hause gehe, dauert es ewig, wieder hineinzukommen." So geht es mir auch. Wenn ich das erste Mal nach einer zweiwöchigen Unterbrechung predige, ist es sehr, sehr schwierig. Doch wenn ich in die Gemeinde gehe und in diesem Monat bereits fünfzig Mal gepredigt habe, bin ich heiß!

6. Die Sorgen dieser Welt
Ich glaube, dass dies der Hauptgrund für taube Herzen ist. *„...aber die Sorgen der Welt, ... machen sich breit und ersticken es, und es bringt keine Frucht"* (Markus 4,19). Du kannst dich nicht für Offenbarungen öffnen, wenn dich die Dinge dieser Welt zu sehr im Griff haben. Wenn du dich zu sehr mit den irdischen Dingen beschäftigst, kannst du dich nicht auf den Bereich des Ewigen einlassen. Die Schrift sagt: *„Denn wo dein Schatz ist, da ist auch dein Herz"* (Matthäus 6,12). Wenn du in deinem Herzen die Dinge dieser Welt wertschätzt, wirst du ein hartes Herz bekommen. Wir sind töricht, wenn wir uns mit den vergänglichen Dingen beschäftigen und dabei das Reich vernachlässigen, das nach der Aussage Gottes für immer bestehen bleibt.

Heilige Verzweiflung führt zu Offenbarung
Bevor ich geistliche Begegnungen hatte, war mein Herz in einer solchen Verfassung, dass ich sagte: „Ich kann das auch haben!" Einige von euch glauben es bereits, andere sind sich noch nicht sicher, dass Gott es möchte, dass auch du Visionen und Offenbarungen hast oder die hörbare Stimme vom Himmel hörst. Ist es möglich, dass Gott dich hinweg nimmt oder versetzt? Einige Menschen

denken: „Das gilt für jeden anderen, doch nicht für mich." Gott veränderte mein Denken und jetzt denke ich: „Warum nicht ich?"

Gott allein legt fest, wann er uns heimsucht, aber ich glaube, dass wir die Verheißungen Gottes durch eine heilige Verzweiflung und Hunger ergreifen können. David hatte verstanden, welch eine Kraft in der Verzweiflung liegt.

> Psalm 84
> 2 Wie liebenswert ist deine Wohnung, Herr der Heerscharen! Meine Seele verzehrt sich in Sehnsucht nach dem Tempel des Herrn. Mein Herz und mein Leib jauchzen ihm zu, ihm, dem lebendigen Gott. 11 Denn ein einziger Tag in den Vorhöfen deines Heiligtums ist besser als tausend andere. Lieber an der Schwelle stehen im Haus meines Gottes als wohnen in den Zelten der Frevler. 12 Denn Gott der Herr ist Sonne und Schild. Er schenkt Gnade und Herrlichkeit; der Herr versagt denen, die rechtschaffen sind, keine Gabe.

Gott möchte, dass wir ihn zuerst suchen, aber er möchte auch, dass wir seine Gaben, die er für uns bereithält, suchen: *„Jagt der Liebe nach! Strebt aber auch nach den Geistesgaben, vor allem nach der prophetischen Rede!"* (1.Korinther 14,1). In diesem Vers steht im Originaltext statt „Geistesgaben" eigentlich nur „geistlich". Gott möchte, dass wir als geistliche Wesen leben, damit wir die Gaben, die er uns zur Verfügung stellt, auch gebrauchen und es lernen, seine Stimme zu hören. Zu Beginn meines Christseins betete ich: „Gott, ich möchte, dass du mit mir redest, so wie du mit Elia geredet hast." Wenn Johannes Offenbarungen hatte und Paulus in den dritten Himmel ging, kann ich es auch. Wenn es ihnen passierte, kann es auch mit mir geschehen. Wenn es ihnen passierte, *sollte* es auch mir widerfahren! Diese göttlichen Begegnungen sind allesamt biblisch. Ich sagte zum Herrn: „Wenn Engel zu Abraham gekommen sind, können sie auch zu mir kommen, Gott."

Ich kann nirgends in der Schrift erkennen, dass wir diese übernatürlichen Erfahrungen nicht machen könnten. Es heißt in der Bibel, dass Elia ein Mensch war so wie wir (Jakobus 5,17). Denke nicht, dass diese Menschen ja das Amt des Propheten hatten, sondern geh davon aus, dass sie treue Christen waren, die mit dem Herrn gingen. Wer ist heute wie Mose, Daniel, Gideon oder Paulus? Wer ist heute wie Smith-Wigglesworth, Maria Woodworth-Etter, Kathryn Kuhlman, Evan Roberts oder Charles Finney? Wir sind es, denn diese sind bereit gegangen. Wir sind heute die Heiligen! Wir müssen von ihnen lernen, aber ihre Zimmerdecke sollte unser Fußboden sein. Wir sollten erwarten, weiter zu kommen als sie.

Acht Schlüssel, um in Offenbarung hineinzukommen

Die Menschen fragen mich: „Todd, erlebst du deshalb so außergewöhnliche Dinge, weil du eine bestimmte Salbung für dein Leben empfangen hast?" Obwohl ich diese Erlebnisse vor allem deshalb habe, weil auf meinem Leben ein bestimmter Ruf ist, antworte ich meistens mit „nein". Du wirst vielleicht nicht vor hunderttausend Menschen sprechen oder für ein Staatsoberhaupt ein Wort haben. Mit dem Amt ist auch Gunst verbunden, doch das bedeutet nicht, dass Verzückungen, Visionen, Engelsbesuche und Träume nicht auch für dich da sind. Es heißt nicht, dass du nicht auch die Stimme des Herrn in der gleichen Weise wie ich hören kannst. Es folgen acht Schlüssel, die auch ich benutzt habe und die mir geholfen haben, in Offenbarung hineinzukommen.

1. Lerne mit den richtigen Augen zu sehen

Im Epheserbrief ist die Rede von unseren geistlichen Augen. Paulus betet, dass *„die Augen unseres Herzens erleuchtet werden, damit ihr versteht, zu welcher Hoffnung ihr durch ihn berufen seid, welchen Reichtum die Herrlichkeit seines Erbes den Heiligen schenkt"* (Epheser 1,18). Was sind die Augen deines Herzens? Im Griechischen ist von den Augen des *Verstandes und der Vorstellung* die Rede. Lasst uns lernen, im Geist zu sehen. Unser Vater möchte, dass wir es lernen, uns von unserem menschlichen Verstand zu lösen und anfangen, den Impulsen unseres inneren Menschen zu folgen und mit den inneren Augen zu sehen.

Ich habe bereits kurz erwähnt, was ich jetzt sagen möchte, doch ich glaube, dass es sich lohnt, es zu wiederholen. Manche von uns sehen nichts, weil sie mit den falschen Augen sehen. Wenn jemand sagt: „Ich habe einen Engel gesehen", siehst du dich dann mit deinen natürlichen Augen im Raum um? Wenn ein Prophet sagt: „Ich sah", beschreibt er meistens das, was er innerlich oder auf der inneren Leinwand wahrgenommen hat. Du solltest in dich hineinsehen, wenn du versuchst im Geist zu sehen. Der Heilige Geist wird Visionen, Offenbarungen und Erlebnisse häufig durch die Vorstellungskraft in Gang bringen. Hast du jemals in deinem Bett gelegen und einen Tagtraum gehabt und plötzlich bemerkt, dass in deinen Gedanken ein Film ablief? Diese gedankliche Vorstellung ist sehr eng verbunden mit dem, was die Bibel „Geist eurer Gesinnung" (Epheser 4,23, Elberfelder Bibel) oder „Augen unseres Herzens" (Epheser 1,18) nennt.

Es gibt Zeiten, da liefere ich mich dem Herrn aus und warte auf ihn. Dann kommt der Heilige Geist und gibt mir ein bestimmtes Gedankenmuster. Es folgt eine Bilderserie und ich sehe mich selbst in Afrika. Ich gebe mich dieser Szene hin und bin fest entschlossen, dabei zu bleiben und mitzumachen, anstatt es meinen eigenen Gedanken zuzuschreiben oder zu denken, ich hätte schlecht geträumt, weil ich zuviel Pizza gegessen habe. Wenn diese Gedanken vom Herrn kommen, dann entfalten sie sich zu einem prophetischen Erlebnis.

Gott möchte nicht, dass du geistlich blind bist. Er möchte, dass du Visionen und Offenbarung hast. Er möchte dich besuchen. Ich weiß nicht, ob du einen Eindruck empfangen oder von einem Engel besucht wirst, aber ich weiß, dass Gott zu dir kommen wird. Ich rede wiederum von den Augen des Herzens. Es ist wichtig, dass du dieses Prinzip verstehst, ansonsten wirst du immer wieder enttäuscht werden, wenn du versuchst etwas zu *sehen.*

2. Warte nicht auf ein souveränes Handeln

„Na gut, Todd, ich glaube an den übernatürlichen Bereich, doch es muss ein souveränes Handeln Gottes sein" Solchen Menschen sage ich, dass sie Römer 5 lesen sollen:

1 Da wir nun gerechtfertigt worden sind aus Glauben, so haben wir Frieden mit Gott durch unseren Herrn Jesus Christus, 2 durch den wir im Glauben auch Zugang erhalten haben zu dieser Gnade, in der wir stehen, und rühmen uns aufgrund der Hoffnung der Herrlichkeit Gottes (Elberfelder Bibel).

Wir haben Zugang durch Glauben. *Souveränität* besteht darin, dass Gott etwas beginnt und *Glaube* darin, dass wir etwas beginnen. Souveränes Handeln Gottes geschieht unabhängig davon, wer du bist oder was du tust. Die Frage lautet: „Kann ich eine Begegnung mit dem Offenbarungsbereich herbeiführen oder muss ich warten, bis Gott durch sein souveränes Handeln aktiv wird?"

Wie erlangst du andere Verheißungen der Bibel? Wenn du gestresst bist, denkst du dann: „Nun, ich denke, Gott möchte, dass ich Frieden habe. Er kann diesen Frieden also durch sein souveränes Handeln in meinen Schoß legen?" Wie bekommst du Heilung? Durch Glauben. Wie bekommst du jede Verheißung Gottes? Durch Glauben. Warum sollte es beim Empfangen von Offenbarung anders sein?

Es ist in Ordnung, zunächst Gott zu suchen und für ihn verfügbar zu sein, damit er dich besuchen kann. Ich kann nicht durch eine Willensentscheidung in eine prophetische Erfahrung hineinkommen oder bestimmen, welche Art von Begegnung ich haben möchte, aber ich kann mich zur Verfügung stellen, indem ich auf ihn warte, empfange und mich im Gebet auf ihn ausrichte. Jedes Mal, wenn ich das tue, erlaubt Gott mir, in diesen Bereich zu gelangen. Das mag nicht mit deinen Erfahrungen übereinstimmen und es mag sein, dass es bei dir nicht so ist, doch ich verbringe jeden Tag ein bis drei Stunden damit, vor dem Herrn zu warten, und empfange jedes Mal Offenbarung. Ich bin nicht immer im dritten Himmel, aber Gott spricht täglich zu mir.

3. Ein Verständnis vom offenen Himmel

Obwohl ich ein ganzes Kapitel dieses Buches dem Thema „2offener Himmel" widmen werde, lege ich hier ein paar Grundlagen. Ein wichtiger Schritt, um unsere geistlichen Sinne zu sensibilisieren, besteht darin zu wissen, was ein offener Himmel, ein eherner Himmel, eine offene Tür oder eine Pforte ist. Wenn wir keinen offenen Himmel, keine offene Tür oder Pforte haben, werden wir nicht in den Offenbarungsbereich gelangen, den Gott für uns vorbereitet hat. Wenn sich der Himmel öffnet, empfangen wir meistens Worte des Herrn und Offenbarung.

Hesekiel 1

1 Am fünften Tag des vierten Monats im dreißigsten Jahr, als ich unter den Verschleppten am Fluss Kebar lebte, öffnete sich der Himmel, und ich sah eine Erscheinung Gottes.

Erst nachdem sich der Himmel geöffnet hatte, wurde Hesekiel von Gott in eine Vision hinein genommen. Wir sehen das gleiche Geschehen in Offenbarung

19,11: *„Dann sah ich den Himmel offen, und siehe, da war ein weißes Pferd...“* Nachdem der Himmel geöffnet war, sah Johannes Jesus, der auf einem weißen Pferd ritt und die in weißes Leinen gekleideten Heiligen folgten ihm.

Jeder möchte prophetische Begegnungen und Erlebnisse haben, doch dies geschieht nur, wenn der Himmel geöffnet ist. Das gleiche passierte bei der Verzückung des Petrus in Apostelgeschichte 10,9-11. Es geschah, als der Himmel sich öffnete.

Ein eherner Himmel

So wie es einen offenen Himmel gibt, kennt die Bibel auch einen so genannten ehernen Himmel. Hast du jemals erlebt, dass Gott scheinbar Millionen Kilometer entfernt ist, dass deine Gebete an der Decke abprallen und alles tot und leblos ist. Ist die Bibel ein langweiliges Geschichtsbuch geworden? Hast du wie David gerufen: „Gott, wo bist du? Sei nicht fern von mir und verschließe dein Ohr nicht vor meinem Rufen?“ Manche Menschen leben permanent unter einem solchen Himmel.

Eine Sache möchte ich klar stellen: Auch ich glaube daran, dass es Zeiten gibt, in denen Gott es zulässt, dass wir in der Wüste sind und in denen er seine Gegenwart von uns fern hält, um zu sehen, ob wir ihn verzweifelt suchen. Doch das ist nicht der Normalzustand. Manchmal lebst du oder dein Dienst unter einem ehernen Himmel. Der Boden ist hart und du schaffst keinen Durchbruch. Die Erde unter dir ist wie aus Eisen. Wenn du auf einem solchen Boden etwas säst, ist das nicht produktiv. Du wirst auf einem Boden aus Eisen keine Frucht bringen. Auch wenn der Himmel nicht offen ist, wirst du keine Frucht bringen.

Die Schrift redet von einem ehernen Himmel im Zusammenhang mit dem Fluch des Ungehorsams: *„Der Himmel, der über deinem Haupt ist, wird ehern werden und die Erde unter dir eisern“* (5. Mose 28,23, Lutherbibel). Lass uns nun Offenbarung 4,1 ansehen.

Wir sehen, wie Johannes ein prophetisches Erlebnis hat und in den geistlichen Bereich vor den Thron gelangt. *„Danach sah ich: Eine Tür war geöffnet am Himmel.* Dann hörte er eine Stimme wie der Klang einer Posaune, die ihn aufforderte: „Komm hier herauf!“ Das wünschen wir uns alle heute in der Gemeinde – eine offene Tür im Himmel. Eine Tür, die in seinen Bereich führt. Ich möchte dort sein und ich möchte sehen und jetzt in den Bereich gelangen, wo es „wie im Himmel“ ist. Wie sieht es bei dir aus? Er schuf uns als geistliche Geschöpfe.

Im nächsten Kapitel gebe ich dir ein paar Schlüssel, um den Himmel zu öffnen. Wenn du es schaffst, dass der Himmel offen, eine Tür geöffnet oder eine Pforte offen ist, dann kommen Offenbarung und der geistliche Bereich in dein Leben.

4. Sieh das Übernatürliche durch die Augen anderer

Paulus schreibt in 2.Korinther 4,16-18 darüber, in den unsichtbaren Bereich zu sehen. Falls du es in deinem Leben nicht erlebst, dass unsichtbare Dinge geschehen, dann sieh dir die Vision eines anderen Menschen an. Suche nach jeder biblischen Begegnung mit der unsichtbaren Welt, die du finden kannst, und lies sie immer wieder, bis sie für dich real und fast zu deiner eigenen Vision werden. Sättige dich mit dem Übernatürlichen und stelle dich zur Verfügung, durch das was ein anderer gesehen hat. Es ist eine gute Möglichkeit, seine geistlichen Sinne zu trainieren.

Jakob hatte eine Begegnung mit Gott (1.Mose 28), doch dies geschah nicht durch seine eigene Gerechtigkeit oder Treue. Er hatte diese Begegnung, weil Abraham und Isaak vor ihm Gott erlebt hatten. Isaak segnete Jakob mit dem Segen Abrahams. Es war dieser prophetische Segen, der es Jakob ermöglichte, seine eigene Begegnung mit Gott zu haben. Jedes Zeugnis enthält eine prophetische Einladung. Auch durch das Erzählen prophetischer Begegnungen ist es möglich, dass der Hörende in diese Bereiche hineinkommen kann und dieselben Dinge erlebt. Dadurch wird der geistliche Bereich geöffnet.

Manchmal geschieht es, dass Menschen, denen ich von meinen himmlischen Erfahrungen erzähle, dieselbe Erfahrung machen. Das geschieht deshalb, weil mein Erlebnis eine offene Tür für sie ist, durch die sie gehen und mir in den himmlischen Bereich folgen. Wenn du Probleme hast, Erlebnisse im geistlichen Bereich zu machen, erinnere dich an Erfahrungen, die du bereits gemacht hast, und gebrauche sie als Sprungbrett. Denke daran, dass selbst der kleinste Blick in die Herrlichkeit dein Leben für immer beeinflussen wird. Solch ein Erlebnis prägt sich in deinen Geist ein, damit du dich daran erinnern kannst. Das nennt sich „von Herrlichkeit zu Herrlichkeit". Gott gebraucht manchmal solche Begegnungen als Zugang, um dich von Herrlichkeit zu Herrlichkeit zu bringen.

Viele in der heutigen Gemeinde haben keine prophetischen Erlebnisse, weil sie dafür keine Sprache besitzen. Suche dir solche, die bereits dort waren, gebrauche ihre Sprache und fülle damit dein Leben. Stell dir die Szenen vor, die du in der Bibel findest. Wie kann es falsch sein, sich die Geschichten bildhaft vorzustellen, die Gott selbst in der Schrift für uns festgehalten hat.

Sieh in die Welt der Bibel

Wie kannst du in den ewigen Bereich sehen, wenn Gott dir durch sein souveränes Handeln keine Vision oder einen Traum gegeben hat, wenn er keine Engel zu dir gesandt und dich nicht in den Himmel hinein genommen hat? Sieh in die unsichtbare Welt, indem du fragst: „Was geschieht gerade jetzt im Himmel?" Sieh dir die Offenbarungserlebnisse der Propheten an und dann wird sich die Tür für dich öffnen.

Ich möchte, dass du das Buch der Offenbarung liest, insbesondere Kapitel 4,1-11. Lies es nicht als eine Endzeitgeschichte, sondern so, dass du einen Blick in den Himmel wirfst. Vergiss all das, was auf der Erde geschieht, schau nur, was im Himmel passiert. Wie sieht der Thronraum aus? Wie wird Jesus in Offenbarung 1,9-18 und 19,11-16 beschrieben? Dann beschäftige dich mit dem Alten an Tagen und dem verherrlichten Menschensohn in Daniel, Kapitel 7 und 10. Wenn du mehr über die Herrlichkeit erfahren willst, dann lies Hesekiel, Kapitel 1 und 10 sowie Jesaja 6.

Ich möchte, dass du deine Gedanken und deinen Geist damit füllst, wie es im Himmel aussieht, indem du dir verschiedene Begegnungen ansiehst, die Menschen mit dem Himmel hatten. Die Beschreibung des Alten an Tagen (Daniel 7,13) muss in deinen Geist gelangen – die Herrlichkeit, das Feuer in seinen Augen, das weiße Haar, seine eisernen Füße, der Bernstein, die lebendigen Wesen und die Straßen aus Gold. Je vertrauter du mit dem Himmel bist, je einfacher wird er sich für dein Herz und deinen Verstand öffnen, damit du vom Heiligen Geist empfangen kannst. Je mehr du über die himmlischen Dinge nachsinnst, je mehr wirst du das Unsichtbare sehen. Bete diese Schriftstellen laut, rufe danach, dass sie sich in deinem Leben manifestieren. Lies immer wieder laut die Beschreibung der Herrlichkeit, der Engel, des Throns, von Jesus und dem Alten an Tagen.

Schließ jetzt deine Augen und lass dir vom Herrn himmlische Dinge zeigen. Sieh den Thron. Sieh das gläserne Meer. Wir entwickeln unsere geistlichen Sinne, wenn wir uns anschauen, was in der Bibel aufgeschrieben ist. Sieh die brennenden himmlischen Lampen, die lebendigen Wesen, die Ältesten und den Regenbogen. Stell dir den Donner und die Blitze vor. Gehe jetzt in Gedanken zum Thron, wie Johannes es beschrieben hat. Sieh dich selbst auf dem gläsernen Meer laufen, sieh dich vor dem Thron. Während du siehst und dir diese Dinge vorstellst, trainierst du deine geistlichen Augen und bekommst eine Sprache, die in die DNA deines Geistes geschrieben wird.

5. Richte deinen Sinn auf himmlische Dinge

Wer hat dir erzählt, dass es falsch sei, die Dinge zu suchen, die oben sind – Heilungen, Wunder, Versorgung und andere Dinge, die Gott uns gibt? Du musst schon einmal das Sprichwort gehört haben: „Du bist so himmlisch gesinnt, dass du für diese Erde nichts taugst.“ Das ist absolut falsch! Ich bin himmlisch gesinnt und deshalb handle ich mit Weisheit und Offenbarung. Tatsächlich ist es so: Wenn du für die Erde nichts taugst, liegt es wahrscheinlich daran, dass du nicht himmlisch gesinnt bist.

Suche das, was oben ist. Wo ist die himmlische Welt, die wir suchen? Oben. Wo sitze ich mit Christus? An himmlischen Orten. Das ist der Bereich oben. Suche die Erfahrung, die dir aufgrund deines Erbes in Christus zusteht. Stelle dich täglich für himmlische Begegnungen zur Verfügung.

In den ersten Monaten nach meiner Errettung rief ich: „Gott, öffne meine Augen, ich möchte den unsichtbaren Bereich sehen. Ich möchte mit den himmlischen Wagen fahren. Ich möchte Engel sehen.“ Ich betete täglich für solche Begegnungen. Warum? In der Bibel heißt es: *„Richtet euren Sinn auf das Himmlische und nicht auf das Irdische!“* (Kolosser 3,2).

Ein Denken, das auf die Erde gerichtet ist, ist nicht ausgerichtet auf das Reich Gottes. Wer sich gedanklich mit dem Himmel beschäftigt, bewegt sich im Reich Gottes. Das Himmelreich ist nahe. Der Vorhang, die Trennung zwischen diesen Welten ist so dünn. Ich kann sofort in den himmlischen Bereich hineintreten, indem ich mein Denken verändere und mein Herz dem Herrn zuwende. Solch ein Handeln entfernt den Vorhang. In der Minute, in der ich mein Denken wieder der Erde zuwende, ist der Vorhang wieder da.

6. Die Angst der Irreführung überwinden

Die Angst davor, in die Irre geführt zu werden, hält viele Christen davon ab, sich auf den übernatürlichen Bereich einzulassen. Die Menschen denken: „Sind das nicht Astralreisen, wenn ich meinen Körper verlasse, während ich auf den Herrn warte?“ Oder sie fragen sich: „Und wenn ein Teufel kommt und mich verführt, weil ich mich angreifbar mache?“ Wir müssen dem Vater vertrauen, dass er uns beschützen kann. Wenn du den Vater um den Heiligen Geist bittest, gibt er dir dann einen Stein? *„Wenn nun schon ihr, die ihr böse seid, euren Kindern gebt, was gut ist, wie viel mehr wird euer Vater im Himmel denen Gutes geben, die ihn bitten“* (Matthäus 7,11). Was für eine wunderbare Verheißung.

Wenn du in der Gegenwart des Herrn wartest und sagst: „Ich bitte dich, komm. Heiliger Geist, öffne die Augen meines Herzens und nimm mich hinein in eine Vision des Himmels“. Meinst du Gott lässt es zu, dass ein Dämon erscheinen und dir etwas anders zeigen darf? Wenn wir uns richtig verhalten, sein Wort lesen, beten und anderen gegenüber verantwortungsvoll leben, dann ist es nur vernünftig, Gott zu vertrauen, dass er uns beschützt. Wir müssen unsere Angst davor überwinden, dass wir Gott nicht hören oder keine wahren Begegnungen mit ihm haben können. Gott möchte uns die guten Gaben geben, um die wir ihn bitten. Ein Leben in Angst kann uns davon abhalten, Gottes geistliche Gaben zu empfangen. Angst kann uns daran hindern, eine Begegnung mit ihm zu haben. Wir müssen ihm als vertrauenswürdigen Hirten vertrauen, der zu uns, seinen Schafen, spricht.

7. Lass das Maß deines Glaubens wachsen

Gott sagte einmal zu mir: „Todd, sorge dafür, dass meine Kinder heute in der Gemeinde mehr Erwartung haben, etwas von mir zu empfangen. Die meisten Menschen denken noch nicht einmal über die Realität des Übernatürlichen nach, und wenn sie es tun, glauben sie, dass dieser Bereich nur für die großen Propheten da ist oder dass solche Erfahrungen so selten sind, dass die Menschen glücklich sein können, wenn es ihnen einmal im Leben widerfährt. Diese ungöttlichen Gedanken verhindern, dass Christen prophetische Begegnungen haben.

Nachdem der Herr mich herausgefordert hatte, meinen Glauben zu dehnen und ihm für mehr zu glauben, erforschte ich die Schrift. Ich stellte fest, dass jeder in der Bibel, auch einfache Männer und Frauen wie Maria, Josef und Elia Begegnungen mit dem Himmel und Engeln hatten und Träume von Gott, die sie leiteten.

Ich glaube, dass ich jeden Tag Zugang habe. Was ist mit freiem Zugang gemeint? Sage mir, warum das nicht möglich sein soll? Wo doch der Vorhang im Tempel von oben bis unten entzwei riss (Markus 15,38) und wir durch das Blut Jesu Zugang haben und durch Hebräer 4,16 aufgefordert werden, mit Kühnheit zum Thron Gottes zu kommen.

Markus 15
37 Jesus aber schrie laut auf. Dann hauchte er den Geist aus. 38 Da riss der Vorhang im Tempel von oben bis unten entzwei.

Hebräer 4
16 Lasst uns also voll Zuversicht hingehen zum Thron der Gnade, damit wir Erbarmen und Gnade finden und so Hilfe erlangen zur rechten Zeit.

Wer hat dir erzählt, dass man nur vor den Thron Gottes kommen kann, wenn man eine bestimmte Stellung innehat? Warum kannst du den Thron nicht einfach mit den Augen deines Herzens sehen? Warum kannst du dich dem Thron nicht einfach durch eine Willensentscheidung, gleich jetzt im Glauben nähern, um deine Sünden vor dem Thron der Gnade zu bekennen? Ist der Thron nur dazu da, um seine Sünde zu bekennen? Warum kann ich nicht die Dinge sehen und hören, die im Thonraum oder im Himmel geschehen? Es erstaunt mich, dass jeder überrascht reagiert, wenn man erzählt, dass man den Thron gesehen hat. Na und? Auch du bist aufgefordert zum Thron zu kommen, jeden Tag! Warum siehst du nichts?

Ich habe das Maß meines Glaubens so erweitert, dass ich jetzt glaube, jeden Tag eine himmlische Begegnung haben zu können, und wenn es Gott nicht gefällt, dass ich in die himmlischen Bereiche gehe, wird er es schon verhindern – doch meistens geschieht dies nicht. Durch Glauben erlange ich Zutritt. Wenn ich mir jetzt zehn Minuten Zeit nehmen würde, auf den Herrn zu warten, hätte ich ein geistliches Erlebnis. Wäre es im dritten Himmel? Nicht unbedingt – das Wichtige dabei ist, dass ich mit geistlichen Augen sehe. Nicht jede Erfahrung muss sich im dritten Himmel ereignen. Ich lehre gerade über das geistliche Sehen. Gott möchte uns mit der Salbung der Seher ausstatten (Ein Seher sieht gewöhnlich Dinge in der Zukunft, wie Daniel und Hesekiel, insbesondere im Bereich der Vorstellung, Visionen und Träume.) Wir müssen unsere Angst überwinden und im Glauben wachsen. Warum? Weil Gott uns als geistliche Wesen schuf, die Gemeinschaft mit ihm haben sollen.

Es wird einen Tag in der Gemeinde geben, an dem jeder Gläubige weissagen und Träume und Visionen haben wird, nicht nur die Propheten. In Joel 3,1-2 verspricht Gott, dass er seinen Geist auf alles Fleisch ausgießen wird. Was wird *alles Fleisch* tun? Weissagen. Wer wird Träume und Visionen haben? Jeder! Ich glaube, dass wir alles Fleisch aktivieren können, und dass es Gottes Wille ist, es zu tun. Wie willst du Gottes Herz erkennen und seine Gedanken prophezeien, wenn Gott nicht mit dir kommuniziert? Gott redet zu dir durch Träume und Visionen. Wir müssen das Maß unseres Glaubens erweitern und unser Denken verändern, bis wir sagen können: „Ok., ich erlebe das nun nicht nur alle fünf Jahre.“ Lass dich nicht durch deine alten Überzeugungen und Traditionen deiner Erbschaft berauben.

8. Bewerte prophetische Erlebnisse nicht
Manche Menschen denken, dass eine außerkörperliche Erfahrung die Verlässlichkeit ihres Wortes verstärkt. Jede Offenbarung muss auf die gleiche Weise geprüft

werden. Es ist mir egal, ob es eine innere Stimme, eine Vision, eine neu entdeckte Schriftstelle oder eine Reise in den dritten Himmel war. Wenn es das Wort des Herrn war, war es das Wort des Herrn. Es muss nicht durch einen Engel überbracht worden sein.

Wenn ich sage: „Ich habe einen Engel gesehen“, fragen die Menschen meist: „Kannst du mir erklären, ob du ihn vor deinem inneren Auge oder wirklich gesehen hast?“ Ich antworte gewöhnlich: „Ich sah einen Engel. Spielt es eine Rolle, ob innerlich oder äußerlich? Es war ein Engel.“ Aus irgendeinem Grund gehen wir davon aus, dass es wertvoller ist, wenn wir etwas äußerlich sehen. Wenn du es lernst, deine geistlichen Sinne zu gebrauchen, ist das egal. Es wird real für dich sein, egal ob es innerlich oder äußerlich ist.

Ich wollte in diesem Kapitel in einfacher Sprache vermitteln, dass es ok ist, den himmlischen Bereich mit den Augen des Herzens aufzusuchen. Wie real ist der Himmel für dich gerade jetzt? Sage dem Heiligen Geist: „Komm, ich will dich besser kennen lernen.“ Suche nicht eine bestimmte Erfahrung, sondern suche ihn. Sage: „Gott, ich stelle mich dir zur Verfügung, wie auch immer du mir begegnen willst.“ Dann überlasse dich ihm. Du siehst im Glauben und stellst dich zur Verfügung, doch er ist immer noch souverän und bestimmt, in welche Art der Begegnung er dich hinein nimmt. Solltest du ein Erlebnis haben, schreibe es nicht gleich deinen Gedanken zu, sondern gehe einfach mit.

Bereite dich auf eine Begegnung vor

Wenn diese Einsichten über himmlische Visitationen in dir ein Verlangen freigesetzt haben, mehr im Übernatürlichen zu erleben, bereite dich darauf vor, im Geist zu sehen. Bete, dass der Herr jeden Schleier über deinem Leben wegnimmt, der Hartherzigkeit oder Blindheit verursacht hat. Bitte ihn, dass er den Geist des Verständnisses ausgießt, damit du durch Offenbarung das Königreich Gottes in dir erkennst. Du kannst den Bereich, wie es jetzt im Himmel ist, in dir tragen. Glaube, dass der Herr die Tür aus Offenbarung 4,1 für dich öffnen wird. Begegnungen mit dem himmlischen Bereich sind deine Erbschaft, weil du heute ein Bewohner des Himmels bist. Du bist ein geistliches Geschöpf mit geistlichen Sinnen, um den himmlischen Bereich zu sehen, zu riechen, zu hören, zu berühren und zu schmecken. Also tritt hinein durch das Blut und empfange, was immer Gott dir geben will!

Kapitel 7

Dienst unter einem offenen Himmel

„Bitte, Herr, beende es und lass mich schlafen!“ Ich war erschöpft, nachdem ich stundenlang Offenbarungen, heilige Visitationen und himmlische Erlebnisse gehabt hatte. Schließlich bat ich Gott, mir Ruhe zu geben. Ich war so müde, dass ich Mühe hatte, alles aufzunehmen. Es war so viel passiert, dass ich es nicht alles aufschreiben konnte. Gott hatte die Fenster des Himmels geöffnet und seine Gegenwart war herunter gekommen und hatte mich so erfüllt, dass ich es kaum ertragen konnte. Das war eines meiner Erlebnisse unter dem Wasserfall des Himmels.

Kannst du dir vorstellen, so etwas zu erleben – einfach überwältigt zu sein von der Gegenwart Gottes? Zu erleben, dass der Himmel geöffnet ist, seine Herrlichkeit auf dich fällt und du nur noch empfangen und dich von seiner Gegenwart füllen lassen musst? Bist du bereit, dass Gott auf dich Gunst und einen offenen Himmel ausgießt, wie gerade beschrieben?

Es kann auch mit dir passieren

Ich habe einen Freund, der immer die gleiche Antwort gibt, wenn man ihn fragt, wie es ihm geht. „Wirklich gesegnet und sehr begnadet vom Herrn.“ Ist das nicht eine starke Antwort? Wie sieht es bei dir aus? Wenn dir jemand die gleiche Frage stellt, wie antwortest du gewöhnlich? „Gut“, „Okay“, „Na, ja“, „Könnte besser gehen“ oder „Kein Kommentar“? Wenn es so ist, lebst du nicht so siegreich, wie Gott es für dich vorgesehen hat. Was würdest du sagen, wenn ich dir erzähle, dass der Vater ein Verlangen hat, die Tür des Himmels für dich zu öffnen, um auch dich in den duftenden Wassern seiner glorreichen Gegenwart zu baden?

Du hast viel Gunst beim Herrn und er möchte, dass du seine Fülle in allen Bereichen erlebst. Du denkst: „Wer, ich?“ Ja, du! Tatsächlich haben *alle* Heiligen bei Gott Gunst. Das schließt dich, mich, deine Kinder und Eltern, Johannes aus dem Laden an der Ecke und die alte Tante Marta ein. Wenn Gott den Himmel für Elisa, Maria, Elia, Philippus, Mose, Sarah, Josef, Jakob, Henoch und all die anderen Männer und Frauen der Bibel geöffnet hat, dann tut er es auch für dich. Lass mich dir sagen, *besonders* wenn Gott es für mich gemacht hat, wird er es auch für dich tun. Sollten wir alle noch am Leben sein, wenn Christus wiederkehrt, werden wir eines Tages schließlich das Übernatürliche hier auf der Erde erleben. Nachdem die Toten in Christus auferstanden sind, werden wir, *„die Lebenden, die noch übrig sind, zugleich mit ihnen auf den Wolken in die Luft entrückt, dem Herrn entgegen“* (1.Thessalonicher 4,17). In der Zwischenzeit will der Herr *die Himmel öffnen*, damit wir *jetzt* die Fülle seiner Gegenwart und Kraft erleben können.

Dies geschieht, weil Gott seine Kinder sehr liebt und uns außergewöhnliche Dinge für unser Leben geben, uns mächtig segnen und mit seiner überfließenden Gunst umgeben möchte.

Psalm 5
12 Doch alle sollen sich freuen, die auf dich vertrauen, und sollen immerfort
jubeln. Beschütze alle, die deinen Namen lieben, damit sie dich rühmen. 13
Denn du, Herr, segnest den Gerechten. Wie mit einem Schild deckst du ihn mit
deiner Gnade.

Stell dir vor, dass du Gottes Gegenwart in vollen Zügen genießt! Unter einem offenen Himmel kann Gott eine ganze Nation mit Erweckung, Wundern, Zeichen und Heilungen sättigen. Er kann die Heiligen in einer frischen Salbung baden und ihnen frisches Feuer und erfrischende Dienste geben, verbunden mit ungeheurer Gunst. Bete jetzt, dass der Heilige Geist die Himmel und die Augen deines Herzens öffnet, damit du und dein Dienst seine Gegenwart erleben und du wächst in den übernatürlichen Segnungen in Christus Jesus.

In diesem Kapitel will ich dir einige Schlüssel zeigen, die den Himmel in deinem Leben öffnen werden. Ein offener Himmel ist das Geheimnis, um wirklich gesegnet und sehr begnadet zu sein. Wenn Gott die Fenster des Himmels öffnet, können wir nicht nur materielle, sondern auch eine Menge übernatürliche Segnungen frei empfangen. Er begegnet all unserem Mangel, dem unseres Dienstes und unserer Familie, wenn seine Gegenwart herunterkommt. Wunder, Zeichen, übernatürliche Manifestationen sowie materielle und übernatürliche Schätze fließen über, wenn wir es lernen die Himmel zu öffnen und uns so zu positionieren, dass wir alles, was Gott für uns hat, empfangen. Unter einem offenen Himmel wird der Herr das Unmögliche in unserem Leben tun. Stell es dir vor, glaube es!

Offene Himmel

Was ist ein offener Himmel?

Wenn die Himmel offen sind, haben wir freien Zugang in die himmlischen Bereiche. Es ist ein freier Fluss der überfließenden Gnade und dienenden Kraft Gottes. Ein Dienst unter einem offenen Himmel ist wie hartes Arbeiten ohne Mühe und Schweiß. Wenn der Himmel für dich offen ist, wird Gott nahe sein und der Himmel wird sich im Natürlichen manifestieren „wie es im Himmel ist“ (Matthäus 6,10). Wenn der Himmel offen ist, kommt Gottes Gegenwart herunter. Hast du ein Verlangen nach größerer Kraft und Offenbarung in deinem Leben? Dann musst du Gott anrufen, wie es Jesaja getan hat. Er betete, dass Gott den Himmel öffnen, herunterkommen und die Erde erschüttern möge!

Den Himmel aufreißen

Hast du jemals so zu Gott gerufen? Hast du jemals gebetet, dass Gott in deine Welt einfallen soll und Erweckung, Heilung, Wunder, Zeichen und Kraftwirkungen bringen soll? Jesaja wusste, dass der Überfluss der Gnade und Kraft Gottes nur herunterkommen würde, wenn die Himmel geöffnet werden.

Jesaja 63
19 Reiß doch den Himmel auf, und komm herab, so dass die Berge zittern vor dir.

Jesaja 64
1 Komm wie ein Feuer, das Reisig entzündet, wie ein Feuer, das Wasser zum Sieden bringt. Mach deinen Feinden deinen Namen bekannt, so dass die Völker zittern vor dir, 2 wenn du schreckliche und nie erwartete Taten vollbringst. Komm herab…

Jesaja vertraute der Treue Gottes, er begab sich unter den Himmel, während Gott den Himmel zerriss und mächtig wirkte. Ist es nicht aufregend zu wissen, dass Gott in seinem Eifer die Himmel zerreißen wird, um mit uns zu kommunizieren und Zeit mit uns zu haben und uns dann mit irdischen und geistlichen Segnungen zu überschütten?

Leben unter einem offenen Himmel

Jesus diente unter einem offenen Himmel und er brachte diesen offenen Himmel überall dort hin, wo er sich befand. Es gab nichts Schwereres, als vor zweitausend Jahren in Israel zu leben, und obwohl Jesus viel Widerstand erlebte, wurden Menschen von Sünde gerettet, von Leiden geheilt und von Dämonen befreit. Die Kraft Gottes begann in seinem Leben zu fließen, nachdem der Himmel über seinem Leben geöffnet wurde, als er von Johannes im Jordan getauft wurde. Von diesem Augenblick an blieb der Himmel über Jesus geöffnet, egal wohin er ging.

Matthäus 3
16 Kaum war Jesus getauft und aus dem Wasser gestiegen, da öffnete sich der Himmel, und er sah den Geist Gottes wie eine Taube auf sich herabkommen. 17 Und eine Stimme aus dem Himmel sprach: Das ist mein geliebter Sohn, an dem ich Gefallen gefunden habe.

Die Frucht dieses offenen Himmels war die Kraft Gottes. Dieses Fenster blieb während des gesamten Lebens Jesu auf der Erde offen. Jesus diente an einem Ort, der sehr hart war, wohl der härteste der gesamten Geschichte. Er kämpfte fortwährend gegen ein starkes geistliches Klima, das in dramatischer Weise durch religiöse Geister geprägt war. Diese dämonischen Kräfte verunreinigten die Vorstellungen der Menschen durch Unglaube und Skepsis. Wie hat Jesus dieses Klima überwunden? Was war das Geheimnis seines Dienstes? Es war der offene Himmel, der fortwährend über ihm war, wohin er auch ging. Denke daran, dass offene Himmel überall sein können. Ist ein Himmel geschlossen, der Himmel über deinem Leben jedoch offen, ist es so, als ob du der Besitzer einer „Platin-Kreditkarte" bist. Es gibt keine Begrenzung des *übernatürlichen* Vermögens und du hast Zugang zu jedem Mittel, das nötig ist, um den harten Boden aufzubrechen. Gott möchte uns einen offenen Himmel seiner unbegrenzten Kraft geben!

Wir bringen den Himmel mit

Bei einer Versammlung in Lettland, einer Nation, die sich zu dieser Zeit nicht unter einem offenen Himmel befand, waren die Menschen skeptisch, ob unsere Anwesenheit große Auswirkungen auf die Nation haben könnte. In diesem Land, in dem nur zwei Prozent der Bevölkerung Christen sind, kommen Zeichen, Wunder und Kraftwirkungen ziemlich selten vor.

Wie auch immer, wir brachten einen offenen Himmel mit – unseren offenen Himmel – in dieses Land und Gott gab uns unendliche Gunst. Er öffnete uns Türen, wo wir es nie für möglich gehalten hätten. Die Regierung gab uns die Erlaubnis für diverse Versammlungen, Übertragungen im Fernsehen und im Radio und wir durften in der zweitgrößten Kirche des Landes dienen – und es wurde noch wunderbarer. Sie luden uns zu einem Treffen mit dreißig Regierungsbeamten ein, unter denen sich zwei der höchsten Beamten Lettlands *und* ein Bürgermeister befanden. Geschäftsleute und Senatoren besuchten mich sogar in meinem Hotel. Gott zog den Schleier beiseite und gab uns eine große Ernte. Über eintausend Seelen wurden gerettet! Andere hatten es vor uns versucht, doch unser Himmel war offen und die Nation erlebte eine Fülle von Wundern, Zeichen und Kraftwirkungen, weil wir den Himmel *mitbrachten.*

Besitzer der Blaupause

Ja, wir bringen unseren eigenen Himmel in Gemeinden, Städte, Nationen, Völker und Gegenden, wo der Himmel verschlossen ist. Wo immer wir auch hingehen, tragen wir eine Blaupause vom Himmel bei uns.

> 5.Mose 28
> 12 Der Herr öffnet dir den Himmel, seine Schatzkammer voll köstlichen Wassers: Er gibt deinem Land zur rechten Zeit Regen und segnet jede Arbeit deiner Hände. An viele Völker kannst du ausleihen, und du brauchst nichts zu entleihen.

Strecke dich aus nach der Gegenwart Gottes und bleibe darin

Zu Beginn meines Dienstes öffnete Gott die Himmel und kam zu mir, so dass ich in seiner Gegenwart zitterte und bebte. Die Folge dieser Heimsuchung der Gegenwart Gottes waren Segen, Gunst, Wunder, Offenbarung und Heilung. Doch ich habe den offenen Himmel nicht um des Segens willen gesucht, sondern ich hatte ein Sehnen, einen Hunger und ein verzweifeltes Verlangen, sein Angesicht zu sehen und von ihm besucht zu werden. Als ich mich nach Gottes Gegenwart ausstreckte, öffnete Gott den Himmel und kam in meine Welt. Jeden Tag, drei Monate lang, hatte ich freien Zugang in seine Gegenwart, ohne Widerstand. Das geschah, weil Gott die Himmel geöffnet hatte.

Kennst du Bruder Lawrence und seine Schriften in dem Buch „Die Praxis der Gegenwart Gottes"? Nach Aussage des Autors Gary Thomas wurde das Leben dieses Mönchs nach Jahren des Leidens und geistlicher Qualen plötzlich verwandelt. Er erlebte einen tiefen Frieden und die kraftvolle Gegenwart Gottes kam in sein Leben. Es war wie eine Offenbarung für mich, als ich schließlich begriff, was Bruder Lawrence erlebte, wenn die Gegenwart Gottes ihn umgab. Thomas sagte, dass Lawrence von dem Tag an, als er den *offenen Himmel* erlebte, von einer „ungewöhnlichen Intensität der Gegenwart Gottes"[1] überwältigt war, die sehr dem ähnelte, was ich erlebt habe.

Sie war so stark, dass er sich manchmal in der Gesellschaft von anderen bewusst zurückhalten musste, nicht zu lachen. Er musste nicht länger geplagt von Angst in der Küche des Klosters arbeiten, sondern jetzt fühlte er die Nähe Gottes, egal ob beim Kartoffelschälen oder wenn er vor dem Altar kniete. Er lebte so tief in der Gegenwart Gottes, dass die Menschen kamen, um ihn zu sehen, und sei es nur beim Abwaschen. Die Menschen wurden von ihm angezogen, weil er unter einem offenen Himmel lebte.

Segnungen des offenen Himmels

Wenn die Himmel geöffnet sind, haben wir Visionen von Gott. Wenn die Himmel geöffnet sind, kommen materielle und finanzielle Segnungen. Wenn die Himmel offen sind, werden wir mit dem Brot seiner Gegenwart überschüttet. Wenn die Himmel offen sind, werden wir mit dem Geist der Weisheit und Offenbarung erfüllt. Wenn die Himmel geöffnet sind, kommen Engel zu Besuch. Wohlstand, Überfluss, Gunst, Wachstum, Früchte des Geistes, Ernte und Erweckung sowie Gottes Kraft, die uns dazu befähigt zu heilen, Dämonen auszutreiben und unter der Kraft des Heiligen Geistes zu predigen, werden freigesetzt. All diese Dinge brechen hervor, wenn Gott die Himmel zerreißt. Trachte nach offenen Himmeln und die Segnungen werden kommen. In 5.Mose 28 bekommen wir einen Eindruck davon, dass millionenfache Segnungen Gottes auf uns warten. Ich versehe die Verse mit Nummern, weil du oft auf sie zurückgreifen wirst.

> 1 Wenn du auf die Stimme des Herrn, deines Gottes, hörst, indem du auf alle seine Gebote, auf die ich dich heute verpflichte, achtest und sie hältst, wird dich der Herr, dein Gott, über alle Völker der Erde erheben.
>
> 2 Alle diese Segnungen werden über dich kommen und dich erreichen, wenn du auf die Stimme des Herrn, deines Gottes, hörst:
>
> 3 Gesegnet bist du in der Stadt, gesegnet bist du auf dem Land.
>
> 4 Gesegnet ist die Frucht deines Leibes, die Frucht deines Ackers und die Frucht deines Viehs, die Kälber, Lämmer und Zicklein.

5 Gesegnet ist dein Korb und dein Backtrog.

6 Gesegnet bist du, wenn du heimkehrst, gesegnet bist du, wenn du ausziehst.

7 Der Herr stößt die Feinde, die sich gegen dich erheben, nieder und liefert sie dir aus. Auf einer Straße ziehen sie gegen dich aus, auf sieben Straßen fliehen sie vor dir.

8 Der Herr befiehlt dem Segen, an deiner Seite zu sein: in deinen Speichern und bei allem, was deine Hände schaffen. Der Herr segnet dich in dem Land, das er, dein Gott, dir gibt.

9 Der Herr lässt dich erstehen als das Volk, das ihm heilig ist, wie er es dir unter der Bedingung geschworen hat, dass du auf die Gebote des Herrn, deines Gottes, achtest und auf seinen Wegen gehst.

10 Dann sehen alle Völker der Erde, dass der Name des Herrn über dir ausgerufen ist, und fürchten sich vor dir.

11 Der Herr schenkt dir Gutes im Überfluss bei der Frucht deines Leibes, bei der Frucht deines Viehs und bei der Frucht deines Ackers in dem Land, von dem du weißt: Der Herr hat deinen Vätern geschworen, es dir zu geben.

12 Der Herr öffnet dir den Himmel, seine Schatzkammer voll köstlichen Wassers: Er gibt deinem Land zur rechten Zeit Regen und segnet jede Arbeit deiner Hände. An viele Völker kannst du ausleihen, und du brauchst nichts zu entleihen.

Heilige Heimsuchungen

Wie schon erwähnt, öffnete Gott die Himmel und ich war drei Monate lang unter seiner Gegenwart. Es wäre nicht passiert, wenn ich nicht nach einem offenen Himmel getrachtet hätte und mich zur Verfügung gestellt hätte, um Ihm zu begegnen und seine Segnungen zu empfangen. 5.Mose 28,2 offenbart uns, dass der Segen über dich kommen und dich reich machen wird.

Ich wollte Gottes Angesicht sehen und hatte ein Verlangen nach einer heiligen Heimsuchung und habe bekommen, worum ich gebeten hatte. O ja, er kam über mich, eine großartige Zeit.

Wohlstand und Überfluss

„Der Herr öffnet dir den Himmel, seine Schatzkammer…“ (5.Mose 28,12). Die Lagerhäuser des Himmels sind weit offen, wenn wir auf ihn hören. Er versorgt uns und segnet unser Bankkonto. Wie wäre es, einen offenen Himmel in deinem Geschäft oder Dienst zu haben? Wenn der Himmel über unseren Finanzen offen ist, brauchen wir nichts zu leihen, sondern wir werden verleihen! Unser Korb wird überfließen, wie die Körbe von Brot und Fisch überflossen und die Menge

versorgten, der Jesus unter einem offenen Himmel diente. In 5.Mose 28,11 verspricht Gott uns, dass er uns „Gutes im Überfluss schenkt". Wenn der Himmel über uns geöffnet ist, haben wir auf der Erde Erfolg und empfangen für uns und andere Gutes im Überfluss. Doch der größte Schatz besteht nicht in materiellem Wohlstand, sondern in einem ewigen Schatz. Nun, lies die Segnungen aus 5.Mose 28 noch einmal. Bist du begeistert? Es kommt noch besser, er wacht auch über diese Schätze.

Wir wissen also jetzt, dass sowohl ewige als auch materielle Schätze freigesetzt werden, wenn Gott die Fenster des Himmels öffnet. Er setzt diese Schätze aber nicht nur frei, sondern wacht auch über all unsere natürlichen und geistlichen Güter und Vorräte. In seinem Wort sagt er:

> Maleachi 3
> 10 Bringt den ganzen Zehnten ins Vorratshaus, damit in meinem Haus Nahrung vorhanden ist. Ja, stellt mich auf die Probe damit, spricht der Herr der Heere, und wartet, ob ich euch dann nicht die Schleusen des Himmels öffne und Segen im Übermaß auf euch herabschütte. 11 Den Fresser wehre ich von euch ab, damit er nicht die Früchte eurer Äcker vertilgt und damit der Weinstock auf eurem Feld nicht ohne Ertrag bleibt, spricht der Herr der Heere.

Gott gibt uns nicht nur einen überfließenden Segen, sondern er wacht auch über den Überschuss!

Erweckung und verborgenes Manna

Ein Teil dieses Überschusses ist das verborgene Manna. Gott selbst ist das wahre verborgene Manna des Himmels und wir sollten uns nach dem Brot seiner Gegenwart sehnen. Wenn Gott uns einen offenen Himmel gibt, gibt es Erweckung und wir erhalten das verborgene Manna.

Durch die eben genannte Schriftstelle wissen wir, dass der Himmel Schleusen oder Fenster hat, doch weißt du auch, dass es Türen im Himmel gibt? Durch diese Türen erhalten wir eine größere Menge an *Gütern*. Stell dir ein Scheunentor vor, das durch die überfließende Ernte aufgedrückt wird. Diese großen hohen Türen springen auf und es fließen tonnenweise Produkte heraus.

> Psalm 78
> 23 Dennoch gebot er den Wolken droben und öffnete die Tore des Himmels. 24 Er ließ Manna auf sie regnen als Speise, er gab ihnen Brot vom Himmel. 25 Da aßen die Menschen Wunderbrot; Gott gab ihnen Nahrung in Fülle.

Wenn der Himmel geöffnet und die Tore des Himmels offen sind, lässt Gott als erstes Manna herabregnen. Wie wir später noch sehen werden, wird die Erscheinung von Manna mehr als jede andere Erscheinungsform eines offenen Himmels in der Bibel erwähnt. Wenn die Himmel offen sind, haben die Menschen Träume, Verzückungen und Visionen.

Einige, die ein Verlangen danach haben, tiefer ins Prophetische hineinzukommen, schaffen es nicht, weil der Himmel verschlossen ist. Doch, wenn er geöffnet ist, kann er sich auch wieder verschließen. Einige nehmen an, dass sie unter einem offenen Himmel leben, obwohl dies nicht der Fall ist. Andere leben unter einem Himmel, der nur teilweise geöffnet ist. Ich wünsche mir einen Himmel, der immer offen ist, einen Himmel, der Erweckung und das Manna auf die Erde bringt. Wie steht es mit dir?

Das Brot des Lebens = Erweckung!

Das Manna und das Brot waren ein Vorgeschmack dessen, was kommen soll. Gott öffnete den Himmel über seinem Volk in der Wüste und ließ Manna auf sie regnen, ein Brot, das ihnen Leben brachte. Dieses Wunder war ein Hinweis auf das Brot des Lebens, das Hunderte Jahre später erschien (Johannes 6,48). Das wahre und verborgene Manna heute ist Jesus Christus und das bedeutet Erweckung! Wenn die Türen des Himmels geöffnet sind und das Brot herunter kommt, bricht Erweckung aus und das Brot seiner Gegenwart sättigt und erfüllt uns. Es ist das wahre und lebendige Brot, das uns befriedigt. Wenn die Himmel oben offen sind, lässt Gott heißes, frisches Brot regnen: himmlisches Manna, seine Gegenwart, Offenbarungen, Geheimnisse des Herrn und seine Weisheit. Jesus ist das Brot des Lebens. *„Kostet und seht, wie gütig der Herr ist"* (Psalm 34,8).

Ströme in der Wüste

In 1. Mose 7 geschehen zwei Dinge gleichzeitig, als der Himmel sich öffnet. Zuerst öffnen sich die Quellen der Tiefe und dann kommt es zu einer Flut.

> 11 Im 600. Lebensjahr Noahs, im zweiten Monat, am siebzehnten Tag des Monats, an diesem Tag brachen alle Quellen der großen Tiefe auf, und die Fenster des Himmels öffneten sich. 12 Und der Regen fiel auf die Erde vierzig Tage und vierzig Nächte lang (Elberfelder Bibel).

Die Quellen der großen Tiefe öffneten sich zur gleichen Zeit wie der Himmel und dann, so sehen wir es in Vers zwölf, fällt der Regen „vierzig Tage und vierzig Nächte lang." Ja, ich weiß, dass es in dieser Geschichte um Gottes Gericht geht und diese Wasser zu einer Flut wurden. Doch etwas Ähnliches geschieht, wenn wir in der Wüste sind und Gott Flüsse, Quellen und Seen lebendigen Wassers fließen lassen will, rate einmal, was dann passiert? Sieh doch, er verheißt uns sogar Fluten seines Segens auf unsere Wüste: *„Denn ich gieße Wasser auf den dürstenden Boden, rieselnde Bäche auf das trockene Land. Ich gieße meinen Geist über deine Nachkommen aus und meinen Segen über deine Kinder"* (Jesaja 44,3). Wünschst du dir eine Flut der Erweckung? Ich tue es.

Grabe tief

Wie kommt es zu einer Flut des Heiligen Geistes, die du erleben kannst? Es geschieht dann, wenn der Himmel sich öffnet. Ich wünsche mir tiefe Quellen. Ich möchte nicht aus dem Brunnen eines anderen trinken. Ich habe keine Lust dazu, eine Erweckungsversammlung oder eine Konferenz zu besuchen, um geistlich erfrischt zu werden. Ich möchte meine eigene Quelle haben. Ich möchte, dass die tiefen Quellen meines Lebens aufbrechen, und ich möchte, dass der himmlische Regen geistlicher Segnungen und Erweckung in mein Leben kommen. Wenn es keine Quellen gibt, aus denen du trinken kannst, dann musst du selbst die Quelle sein. Du musst lernen zu graben, tief zu graben. Bleibe dran und glaube für einen Durchbruch für dich und andere. Sei eine Quelle, sei ein Brunnen! Wenn es keinen Regen gibt, Erneuerung oder Erweckung, dann brich die Brunnen der Tiefe auf! Wenn sie geöffnet sind, wird der Regen kommen und jeder wird trinken.

Die Kraft Gottes

Das ist die Manifestation, nach der wir uns alle sehnen: die Kraft Gottes. Jesus diente unter diesem offenen Himmel und sah Heilungen, Wunder, Zeichen und Kraftwirkungen. Gottes Gnade und Kraft stehen zur Verfügung, so dass du überall, wo du hinkommst, Wunder vollbringen kannst.

Ich hatte einmal einen Dienst in einer kleinen Vineyard-Gemeinde in Albany, Oregon. Für einige Monate erlebten wir eine überwältigende Ausgießung von Heilungen und Wundern. Die Gemeinde hatte sich monatelang im Gebet und durch dienende Evangelisation auf einen offenen Himmel vorbereitet. Als die Erweckung ausbrach, kamen Menschen aus allen Teilen der USA und der Welt nach Albany. Wir konnten Heilungen und Wunder, eine große Zahl von Bekehrungen und die Rückkehr vieler Verlorenen bezeugen. An jedem Abend wurden Dutzende von Neubekehrten getauft. Pastoren, die diese Ausgießung erlebten, kehrten zurück in ihre Gemeinde und in ihren Versammlungen geschahen ebenfalls Wunder. Es war ein erstaunlich offener Himmel und die Kraft Gottes, Heilungen und Befreiungen geschahen in der Gemeinde. Diese geistliche Erschütterung setzt sich bis heute in dieser Gemeinde fort.

In einem dieser Gottesdienste sah ich den Himmel offen. Es war wie ein Loch in der Luft, das sich über der Kanzel öffnete. Eine Wolke der Herrlichkeit, ähnlich einer Säule, kam aus dem Loch heraus und mit ihr ein erschien ein Engel. Der Herr sagte mir, dass dieser Engel dem ähnelte, der in Johannes 5,1-4 beschrieben wird. Er bewegte das Wasser im Teich von Bethesda, wohin die Lahmen, Blinden und Kranken kamen, um geheilt zu werden. Der Herr offenbarte mir, dass der Name dieses Engels *Heilungserweckung* war. Erstaunliche Heilungen ereigneten sich an diesem Abend. Es folgen einige Berichte aus Albany von Steve Shultz, dem Herausgeber der Elijah List vom Januar 2001.

> Es finden viele Taufen bei der Heilungserweckung in Albany statt. Spontan wurde eine große Pferdetränke aufgestellt und am Abend wurden viele Menschen geheilt, errettet und getauft. Die Frage, ob es sich um eine Errettungserweckung oder um eine Heilungserweckung handelt, muss man wohl so beantworten: „Es ist beides.“.

An einem Freitagabend wurden alle nach vorne gebeten, die sich an diesem Abend auf die Taufe vorbereitet hatten. Ein einziger kam, doch bevor er dann getauft wurde, entschieden weitere Anwesende, sich taufen zu lassen, und so waren es am Ende fünfzehn Personen, die jedoch nur ihre normale Kleidung dabei hatten.

Mindestens drei von vier Gruppen berichten darüber, dass unmittelbar nachdem sie aus Albany zurückgekehrt waren, auch in ihrer Gemeinde Heilungen geschahen und Erweckung ausbrach. In den letzten siebzehn Wochen sind Menschen, die ein Verlangen nach Heilung hatten, aus fünfundzwanzig Bundesstaaten in die kleine, vormals unbekannte Stadt Albany gereist. So wie es diejenigen gehofft hatten, die für diese Salbung gebetet hatten, wurde die Salbung in andere Häuser, Gemeinden und Hauskreise gebracht. Ein junger Mann aus Gresham, Oregon, ging mit dieser Salbung auf die Straßen und erlebte dramatische Heilungen. Eine andere Gruppe von Teenagern hat ebenfalls diese Salbung in ihrem Dienst auf der Straße erlebt.

Doch es betrifft nicht nur junge Leute. Ein Pastor erlebt auf einmal Erweckung in seiner Gemeinde. Er kam nach Albany, um geheilt zu werden und sieht nun eine Erweckung in seiner Gemeinde.

Die Heilungserweckung begann, als der fünfundzwanzigjährige Todd Bentley aus Kanada nach Albany, Oregon, kam. Er folgte einer Einladung von Pastor Denny Cline. Die Erweckung findet ihren Fortgang, obwohl Todd Bentley nun nicht mehr vor Ort ist. Sie erleben so etwas wie eine *kooperative Salbung*, sagt Pastor Denny Cline. Die Salbung bleibt und andere Heilungsdienste bereiten sich darauf vor dort hin zu kommen und sogar noch mehr Heilung mitzunehmen. Randy Clark hat geplant, im Mai zu kommen und andere Dienste haben sich angemeldet.

Es folgen einige Heilungszeugnisse aus Albany, die Steve Shultz berichtete:

Im letzten August betete Todd über einigen Tüchern und salbte sie. Die Menschen sandten sie ins ganze Land, damit die Kranken dadurch geheilt würden.

Debbie schickte ihrem Stiefvater ein Tuch nach Kalifornien, der an Darmkrebs erkrankt war. In dieser Woche erhielt sie die Nachricht, dass der Krebs nicht mehr im Körper gefunden werden konnte. Auch ihrem Bruder, der an Prostata-, Blasen- und Knochenkrebs litt, hatte sie ein Gebetstuch geschickt. In dieser Woche bekam er den Befund vom Arzt, dass auch er frei von Krebs sei.

Die fünfundzwanzigjährige Adrianne war zehn Jahre drogenabhängig. Am Freitagabend gab sie Zeugnis: „Es gab keinen Tag, an dem ich nicht Drogen genommen hätte. Ich war über einen Zeitraum von sieben Jahren immer wieder im Gefängnis. Am Mittwochabend hat Pastor Denny für mich gebetet und seit dem hatte ich kein Verlangen mehr Drogen zu nehmen".

Phil, ein junger Mann, der unheilbar krank war, kam, um für sich beten zu lassen. Er hatte durch die Krankheit seit drei Jahren Schmerzen im Knie. Todd legte ihm die Hände auf und die Schmerzen verschwanden sofort, er konnte sich wieder bewegen und konnte das erste Mal seit zwei Jahren wieder rennen.

Vor zweitausend Jahren gab es offene Himmel und auch heute gibt es sie! Durch die gesamte Geschichte hindurch können wir sehen, dass es über den verschiedensten Gebieten und ganzen Nationen offene Himmel gab und die Kraft Gottes dort wirkte. Denke als Beispiel nur an die Erweckung in Wales, an die Erweckung in der Azusa Street, die Jesus-People-Bewegung und die Heilungsbewegung in den Jahren 1940 bis Anfang der sechziger Jahre, die sich „Voice of Healing" nannte.

Willst du Kranken die Hände auflegen und sehen, wie sie geheilt werden? Willst du Dämonen austreiben? Willst du unter der Salbung des Heiligen Geistes predigen? Willst du sehen, wie ganze Städte verändert werden und Erweckung geschieht? All das wird kommen, wenn der Himmel offen ist und die Kraft Gottes in unseren Leben freigesetzt wird.

Offenbarung

Wenn der Himmel über deinem Leben offen ist, werden die Dinge, die ich dir im Folgenden mitteile, geschehen. In einem anderen Kapitel dieses Buches werden wir uns eingehender mit Offenbarung beschäftigen, doch ich möchte einige Punkte, die sich auf offene Himmel beziehen, schon jetzt nennen.

Offenbarung ist eine der gängigsten Manifestationen, die sich unter einem offenen Himmel ereignen. Wenn wir Offenbarung empfangen, schmecken wir die Kräfte des zukünftigen Zeitalters (Hebräer 6,5). Hallo? Gott *lädt uns ein*, die Kräfte des zukünftigen Zeitalters zu *schmecken*! Das geschieht, wenn wir die himmlischen Bereiche betreten und Offenbarung empfangen! Er redet mit uns auf übernatürliche Weise, indem er Wahrheit in unseren Verstand spricht. Seine Offenbarung deckt das Verborgene auf und gibt Licht für das Missverstandene und schwer zu Glaubende der Vergangenheit, Gegenwart und Zukunft.

Visionen

Wenn du unter einem offenen Himmel lebst und atmest, wenn du dich dort bewegst und redest, wird Gott Offenbarungen freisetzen, und dies kontinuierlich. Die ersten und häufigsten Dinge, die wir erleben werden, sind Visionen Gottes, Engel, Zukünftiges, den Himmel und das Wort des Herrn. Als der Himmel geöffnet wurde, sah Hesekiel Visionen Gottes (Hesekiel 1,1). Jakob sah Engel (1.Mose 28,12), Petrus geriet in Verzückung und erhielt eine Vision und ein Wort (Apostelgeschichte 10,13-20), und dadurch wurde das ganze Haus des Kornelius gerettet. Johannes sah den Himmel und das Zukünftige:

Offenbarung 4 (Elberfelder Bibel)

1 Nach diesem sah ich: Und siehe, eine Tür, geöffnet im Himmel, und die erste Stimme, die ich gehört hatte wie die einer Posaune, die mit mir redete, sprach: Komm hier herauf! Und ich werde dir zeigen, was nach diesem geschehen

muss. 2 Sogleich war ich im Geist: und siehe, ein Thron stand im Himmel, und auf dem Thron saß einer.

Offenbarung 19
11 Dann sah ich den Himmel offen, und siehe, da war ein weißes Pferd, und der, der auf ihm saß, heißt „Der Treue und Wahrhaftige"; gerecht richtet er und führt er Krieg.

In der ersten Stelle wird der Thronraum beschrieben. Alle Visionen im Buch der Offenbarung über Jesus haben ihren Ursprung in diesem einen geöffneten Himmel. Johannes erhielt eine große, massive Offenbarung. Zunächst erhielt er eine Einladung: „Komm hier herauf!" Danach, so sagt Johannes, war er sogleich im Geist und ihm wurden Visionen von der Zukunft gezeigt. Doch sieh dir Vers 1 an: „Nach diesem..." Nach was? Nach den ersten drei Kapiteln der Offenbarung. „War ich sogleich im Geist..." Doch gemäß Offenbarung 1,10 war Johannes schon am Tag des Herrn im Geist. Als Johannes also sagte: „Nach diesem", war es nicht so, dass die Vision geendet hatte, er ein paar Tage wartete und dann wieder eine Vision hatte. Er war bereits im Geist, als er die Tür weit offen sah. Er war bereits in der Vision, von der er in Offenbarung 1 ergriffen wurde. Es scheint so, als ob Johannes auf eine andere Ebene des geistlichen Bereichs vorstieß. Er blieb in dem gleichen Himmel und wechselte nur von einer in eine andere Ebene. Er hatte bereits Offenbarung empfangen, als die Stimme ihn dazu einlud, höhere Offenbarung zu bekommen.

Regen vom Himmel

Gott verspricht uns, dass wir Regen vom Himmel und fruchtbare Zeiten bekommen werden. Außerdem sollen unsere Herzen mit Speise und Fröhlichkeit erfüllt werden (Apostelgeschichte 14,17). Bist du nun bereit für die Erweckung? Bist du hungrig nach dem Brot seiner Gegenwart? Ist dein Geist willig, den *Regen des Himmels* aufzunehmen? Wenn du dich bereit machst für einen offenen Himmel, wirst du frische feurige Offenbarungen empfangen und das Feuer wird sich *ausbreiten*. Ein offener Himmel – du weißt, dass du es willst!

Gunst

Unter einem offenen Himmel zu leben ist das Geheimnis, um als ein wirklich Gesegneter und hoch Angesehener zu leben. *„... wird dich der Herr, dein Gott, über alle Völker der Erde erheben"*. Erinnerst du dich an das Treffen in Lettland? Gott erwies uns eine ungeheure Gunst, als er das Land für uns öffnete. Wir gingen unter dem offenen Himmel, den der Herr mir gegeben hatte, hinein und Lettland öffnete sich für das Evangelium, obwohl es für andere Christen geschlossen war. Kornelius hatte Gunst bei Gott und sein ganzes Haus wurde errettet, weil er unter einem offenen Himmel lebte und sich dem Herrn zur Verfügung stellte, um von ihm zu empfangen.

Sieben Schlüssel, um die Türen und Fenster des Himmels zu öffnen

Jesus sah den Himmel offen und den Heiligen Geist herabsteigen. Wie schon in den vorausgegangenen Kapiteln erwähnt, lebt der Heilige Geist und das Königreich in uns Gläubigen. Und trotzdem besucht der Heilige Geist uns zu bestimmten Zeiten in einer manifesten, sichtbaren oder fühlbaren Weise, so wie er es im Leben Jesu getan hat. Wir müssen für einen offenen Himmel sorgen, damit Gottes manifeste Gegenwart herunterkommt und sich auf uns legt. Um das zu erreichen, müssen wir fünf Schlüssel beachten:

Erster Schlüssel: Gebet für heiligen Hunger

Mein eigenes Erleben eines offenen Himmels begann mit einem heiligen Hunger. Wir müssen nach der Gegenwart Gottes hungern. Es ist ziemlich hart, diesen Hunger durch eigene Festlegung oder Willensentscheidung zu entwickeln. Anstatt inbrünstig zu beten, bitte Gott, dir diesen Hunger zu geben – und dann leg los! Wenn dieser glorreiche, heilige Hunger dich erfasst hat, füllt Gott dich mit Quellen lebendigen Wassers. *„Sie werden keinen Hunger und keinen Durst mehr leiden, und weder Sonnenglut noch irgendeine sengende Hitze wird auf ihnen lasten. Denn das Lamm in der Mitte vor dem Thron wird sie weiden und zu den Quellen führen, aus denen das Wasser des Lebens strömt, und Gott wird alle Tränen von ihren Augen abwischen“* (Offenbarung 7,16-17). Außerdem füllt er dich mit dem Brot seiner Gegenwart: *„Selig, die ihr jetzt hungert, denn ihr werdet satt werden“* (Lukas 6,21a).

Zweiter Schlüssel: Empfange und warte

Häufig werde ich gefragt, wie ich zum Herrn und in seine Nähe gekommen bin. Es schien für mich die natürlichste Sache der Welt, nachdem ich ihn in mein Herz eingeladen hatte. Ich wollte ihn näher kennen lernen und probierte das aus, was ich bei Bruder Lawrence gelernt hatte: jeden Tag seine Gegenwart zu suchen. Und das mache ich auch heute noch.

Suche die Gegenwart Gottes

Wenn ich seine Gegenwart suche, höre ich auf zu reden und höre zu. Ich liege einfach still da. Manchmal sitze ich, wie Maria, zu seinen Füßen und bete hörend in einer meditativen und kontemplativen Weise. Ich bete an, höre Anbetungsmusik, meditiere, schaue und denke über Jesus nach. Ich bringe meine Gedanken von aller Geschäftigkeit zur Ruhe, und wenn sie anfangen herumzuwandern, bringe ich sie zurück zu ihm. Ich warte auf ihn und wenn seine Gegenwart kommt, liege ich auf dem Fußboden und empfange. Wenn seine Gegenwart sich entfernt, möchte ich gewöhnlich mehr und so gebe ich mich erneut hin und bewege mich in gleicher Weise wie vorher hinein. Manchmal dauert es bis zu zwölf Stunden am Tag. Gewöhnlich aber bin ich in der Lage drei Stunden täglich so zu verbringen. Weil ich so oft seine Gegenwart genieße, brauche ich jetzt nicht mehr so lange zu warten oder mich anzustrengen, um zu empfangen und mich füllen zu lassen. Ich mache mich einfach bereit und dann kommt seine Gegenwart.

Sei wie Samuel

Mache es wie in 1.Samuel 3,1-8. Verhalte dich so wie der junge Samuel und schlafe dort, wo die Lade Gottes ist. Wenn die Herrlichkeit da ist, möchte ich einfach nur den Mund halten und daliegen! Es gibt eine Zeit für Gebet und Anbetung, doch bete so, dass seine Gegenwart kommt. Das Wort war rar zur Zeit von Eli und Samuel und es gab keine offenen Visionen. Weil Samuel sich aufmachte, um in der Gegenwart Gottes zu verweilen, öffnete Gott jedoch den Himmel. Er suchte die Gegenwart und Gott riss die Himmel auf und es regnete frische Salbung, Prophetie, Gunst und Visionen auf ihn herab – einen jungen Mann, der den Herrn gerade erst kennen lernte.

Der Reichtum seiner Heiligen Gegenwart

Es gibt ein altes Sprichwort: „Schweigen ist Gold – also lass uns alle ganz schnell den Mund halten und reich werden." Wenn wir unsere rasenden Gedanken zur Ruhe bringen und zuhören, empfangen wir den Reichtum seiner heiligen Gegenwart. Es gibt eine Zeit des Gebets und eine Zeit des Zuhörens. Zuhören setzt den Himmel in unserem Leben frei. Also mach das, was der junge Samuel tat, als die Herrlichkeit Gottes ihn umgab. Schweig! Empfange, bade und liege einfach da!

Dritter Schlüssel: Umkehr und Gehorsam

Umkehr öffnete den Himmel, Gehorsam hält ihn offen. Ein guter Spruch oder? Es ist wahr. Lass es mich wiederholen: „Umkehr öffnet den Himmel und Gehorsam hält ihn offen." Das sind Universalschlüssel, die die Türen des Himmels aufschließen – dieselben Türen, die durch Ungehorsam verschlossen werden.

Lasst uns noch einmal das Beispiel Jesu ansehen, der, wie du dich erinnerst, wo er auch hinging, einen offenen Himmel über sich hatte und ziemlich harten Boden aufbrach. Die Kraft Gottes begann im Dienst Jesu zu wirken, als sich der Himmel auftat, wie es in Matthäus 3,16-17 geschildert wird.

> Kaum war Jesus getauft und aus dem Wasser gestiegen, da öffnete sich der Himmel, und er sah den Geist Gottes wie eine Taube auf sich herabkommen. Und eine Stimme aus dem Himmel sprach: Das ist mein geliebter Sohn, an dem ich Gefallen gefunden habe.

Ich glaube, dass Jesus gleichzeitig mit seiner Taufe auch die Salbung mit Kraft für seinen Dienst empfing. *„Wie Gott Jesus von Nazaret gesalbt hat mit dem Heiligen Geist und mit Kraft, wie dieser umherzog, Gutes tat und alle heilte, die in der Gewalt des Teufels waren; denn Gott war mit ihm"* (Apostelgeschichte 10,38).

Sein offener Himmel bestand in der Kraft Gottes, gesalbt durch den Heiligen Geist und Kraft, Gutes zu tun und alle zu heilen, die in der Gewalt des Teufels waren, Wunder, Zeichen und Kraftwirkungen zu tun und die Dämonen auszutreiben.

Das Wasser der Taufe war das Wasser der Umkehr. Jesus wurde durch die Dinge gehorsam, die er erlitten hatte. Beachte: er war nicht gehorsam, er *wurde* gehorsam. Jesus hatte jede Gelegenheit, wie wir auch, zwischen Ungehorsam und Gehorsam zu *wählen*. Nun lasst uns zurückkehren zu unserer Stelle in 5.Mose.

5.Mose 28
1 Wenn du auf die Stimme des Herrn, deines Gottes, hörst, indem du auf alle seine Gebote, auf die ich dich heute verpflichte, achtest und sie hältst, wird dich der Herr, dein Gott, über alle Völker der Erde erheben.

Gehorsam öffnet den Himmel
Sein Gehorsam öffnete den Himmel. Er befand sich fortwährend im Kampf, gehorsam zu sein. In jeder Situation seines Lebens musste Jesus eine ernsthafte Entscheidung treffen. Er besaß keine spezielle Gnade oder Kraft, die ihm half, gehorsam zu sein. Er legte all das nieder und nahm unsere Gestalt an und lebte in einer beispielhaften Beziehung mit dem Vater, die auch wir haben können. Er tat alles, was der Vater tat in der Kraft des Heiligen Geistes, welcher der gleiche Heilige Geist ist, der in unser Leben kam. Der Grund, warum wir hingegen nicht in der gleichen Dimension des Dienstes Jesu leben, ist der, dass die Himmel nicht in der gleichen Weise geöffnet sind wie bei Jesus, weil wir nicht in *Umkehr und Gehorsam* leben und *trotzdem* die Kraft Gottes, Zeichen, Wunder und Kraftwirkungen erleben wollen. Kannst du mir folgen? Gott möchte uns einen offenen Himmel der Kraft Gottes geben.

Also mach eine Pause und lies all die Segnungen aus 5. Mose 28 noch einmal und sage: „Umkehr öffnet den Himmel, Gehorsam hält ihn offen“ und dann folge mir zum nächsten wichtigen Schlüssel, um den Himmel zu öffnen: *Gebet und Fasten.*

Vierter Schlüssel: Gebet und Fasten

2.Chronik 7
13 Wenn ich den Himmel verschließe und kein Regen fällt oder wenn ich der Heuschrecke gebiete, das Land kahl zu fressen, wenn ich die Pest in mein Volk
sende 14 und mein Volk, über das mein Name ausgerufen ist, sich demütigt
und betet, mich sucht und von seinen schlechten Wegen umkehrt, dann höre ich es im Himmel. Ich verzeihe seine Sünde und bringe seinem Land Heilung.

Hey, was ist passiert? Bei diesem Schlüssel geht es um Gebet und Fasten und nicht um Gehorsam! Doch es gehört hier hin. Vorhin haben wir gelernt, dass Umkehr und Gehorsam wie Universalschlüssel für die Öffnung des Himmels sind. Wenn wir den Himmel wiederum durch Umkehr und Gehorsam (was Gebet beinhaltet) öffnen, wird uns gesagt, dass Gott uns auf seinem Thron im Himmel *hört.* Lies den Vers noch einmal! *Er hört uns und vergibt unsere Sünde und heilt unser Land!* Achte auf den ersten Vers: *„Wenn ich den Himmel verschließe...“* Wenn der Himmel geschlossen ist, gibt es keinen Segen, keine Erweckung oder Fruchtbarkeit. Das ist KEINE gute Sache.

Sühne

Joel 1
13 Legt Trauer an, und klagt, ihr Priester! Jammert, ihr Diener des Altars! Kommt, verbringt die Nacht im Trauergewand, ihr Diener meines Gottes! Denn Speiseopfer und Trankopfer bleiben dem Haus eures Gottes versagt. 14 Ordnet ein heiliges Fasten an, ruft einen Gottesdienst aus! Versammelt die Ältesten und alle Bewohner des Landes beim Haus des Herrn, eures Gottes, und schreit zum Herrn.

Gebet und Fasten sind wichtige Instrumente, um den Himmel zu öffnen. Doch es erfordert verzweifeltes und inbrünstiges Gebet, damit Gott für uns einen offenen Himmel wiederherstellen kann. In diesem ersten Kapitel des Buches Joel finden wir die Gemeinde in einem sehr erbärmlichen Zustand. Sie befindet sich in einem heillosen Durcheinander, wo selbst Freude abhanden gekommen ist.

Joel 1
7 Es hat meinen Weinstock verwüstet, meinen Feigenbaum völlig verstümmelt.
Abgeschält ließ es ihn liegen, die Zweige starren bleich in die Luft. 8 Klagt wie
eine Jungfrau im Trauergewand, die den Bräutigam ihrer Jugend beweint. 9 Aus
ist es mit dem Speiseopfer, mit dem Trankopfer im Haus des Herrn. Es trauern
die Priester, die Diener des Herrn. 10 Kahl liegt das Feld, der Acker trauert;
denn das Korn ist vernichtet, vertrocknet der Wein, das Öl ist versiegt. 11 Die
Bauern sind ganz geschlagen, es jammern die Winzer; denn Weizen und Gerste,
die Ernte des Feldes ist verloren. 12 Der Weinstock ist dürr, der Feigenbaum
welk. Granatbaum, Dattelpalme und Apfelbaum, alle Bäume auf dem Feld sind
verdorrt; ja, verdorrt ist die Freude der Menschen.

Es ist eine Gemeinde, die zerstört ist. Die Menschen haben sich von Gott abgewandt und als Folge ist die Ernte ausgefallen und sogar die Feigenbäume sind fruchtlos. Die Himmel sind definitiv verschlossen. Die Menschen befinden sich wirklich in einer Falle, weil sie keine Sühne erwirken können. Die Plage hat die Ernte zerstört und das schließt die Oliven und Weintrauben ein, die Bestandteile aus denen Öl und Wein gemacht werden, zwei sehr wichtige Opfergaben für den Herrn. Durch ihre Abkehr vom Herrn hat Gott zwei wichtige Bestandteile der Beziehung zu ihm weggenommen. Welch eine traurige und missliche Lage.

Doch Gott schließt nie eine Tür, ohne ein Fenster zu öffnen, wie das alte Sprichwort sagt. In dieser schrecklichen Situation bietet er seinem Volk eine Lösung an, weil er sie liebt. Sind die Himmel in deinem Leben geschlossen, in deiner Gemeinde, deiner Familie, deinem Geschäft, deinem Dienst oder deiner Nation? Bete und tue Buße, faste in Gehorsam gegenüber seinem Wort. Liege die Nacht über vor dem Altar, wenn es sein muss. Schreie zum Herrn! Sei eifrig und ausdauernd und Gott wird die Ernte, das Öl und den Wein wiederherstellen.

Joel 2
23 Jubelt, ihr Söhne Zions, und freut euch über den Herrn, euren Gott! Denn er gibt euch Nahrung, wie es recht ist. Er schickt euch den Regen, Herbstregen und Frühjahrsregen wie in früherer Zeit.
24 Die Tennen sind voll von Getreide, die Keltern fließen über von Wein und Öl.

Der Wille des Vaters
Alles ist abhängig von dem Willen des Vaters. Die Segnungen eines offenen Himmels sind abhängig von unserer fortwährenden Umkehr und unserem Gehorsam, der sich besonders durch Fasten und Gebet ausdrückt. Gott verspricht uns, dass er die Jahre erstatten will, auch wenn viel verloren gegangen ist…, wenn wir Buße tun – uns ändern.

Die Heuschrecken, von denen der Prophet schrieb, fraßen nicht nur die Jahresproduktion, sondern zerstörten alles. Sie fraßen sogar die Knospen und die Rinde der Bäume und es dauerte einige Zeit, bis sie sich davon erholten. Also bleib dran, harre aus und gib nicht auf! Wenn du dem Herrn dein Sühneopfer bringst, kann es eine Zeit dauern, bis es zur völligen Wiederherstellung kommt, aber der Herr wird es erstatten!

Fünfter Schlüssel: Zehnter und Opfer
Warte – komm zurück! Lass dich nicht von der Überschrift erschrecken! In diesem Abschnitt ist eine Menge Manna enthalten. Der Zehnte und Opfer sind unverzichtbare Schlüssel, um die Himmel zu öffnen. Also, wir sind bis hierher gekommen und ich habe dich nicht verloren, Hallelujah!

Was hat denn Geld mit Gott oder dem geistlichen Bereich zu tun? Es ist erstaunlich wie oft Gott Parallelen zwischen dem Himmel und Segnungen und Geld zieht. Die Menschen denken, wenn sie den Zehnten geben (Gott zehn Prozent ihres Einkommens geben), dann werden sie gesegnet – das ist nicht unbedingt wahr. Ich kenne Menschen, die ihren Zehnten geben und *nicht* gesegnet sind, weil sie nach dem *Gesetz* geben. Warte eine Sekunde. Du magst denken: „Ist der Zehnte nicht ein biblisches Gesetz? Nein, denn Abraham gab Gott den Zehnten *vor* dem Gesetz (1.Mose 14,20). Es geschah aus Glauben.

Obwohl man einwenden könnte, dass der Zehnte im Neuen Testament nicht erwähnt wird, heißt das nicht, dass Jesus ihn abgeschafft hätte. Doch er fand scharfe Worte gegen die Gesetzeslehrer und Pharisäer, die ohne Barmherzigkeit, Treue und Gerechtigkeit den Zehnten gaben.

Matthäus 23
23 Weh euch, ihr Schriftgelehrten und Pharisäer, ihr Heuchler! Ihr gebt den Zehnten von Minze, Dill und Kümmel und lasst das Wichtigste im Gesetz außer Acht: Gerechtigkeit, Barmherzigkeit und Treue. Man muss das eine tun,

ohne das andere zu lassen. 24 Blinde Führer seid ihr: Ihr siebt Mücken aus und verschluckt Kamele.

Wir verhindern die Segnungen, wenn wir den Zehnten geben und dabei nicht auf Gerechtigkeit, Barmherzigkeit und Treue achten. Doch wir sollten auch den Zehnten nicht ignorieren. Bist du zu geizig, um den Zehnten zu geben? Gibst du die *obligatorischen* zehn Prozent und wirst trotzdem nicht gesegnet? Das kann daran liegen, dass du dem Herrn keine *Opfer* bringst. In den alten Tagen öffneten der Zehnte *und* das Opfer den Himmel.

Opfer

Der Zehnte öffnet den Boden, so dass der Rest unseres Samens (Opfer) Frucht bringen kann. Das Wort sagt uns in Maleachi, wenn wir unseren Zehnten und unsere Opfer in das Vorratshaus bringen, dann wird Gott die Fenster des Himmels öffnen.

> Maleachi 3
> 8 Darf der Mensch Gott betrügen? Denn ihr betrügt mich. Doch ihr sagt: Womit betrügen wir dich? - Mit den Zehnten und Abgaben! 9 Dem Fluch seid ihr verfallen, doch ihr betrügt mich weiter, ihr, das ganze Volk. 10 Bringt den ganzen Zehnten ins Vorratshaus, damit in meinem Haus Nahrung vorhanden ist. Ja, stellt mich auf die Probe damit, spricht der Herr der Heere, und wartet, ob ich euch dann nicht die Schleusen des Himmels öffne und Segen im Übermaß auf euch herabschütte.

Erinnerst du dich, als wir uns mit den Segnungen aus 5.Mose 28 beschäftigten, dass der Herr „die Himmel" sein Vorratshaus nennt. Deine Gabe wird in seinen guten Schatz, den Himmel, gelegt. Gott sagt: „Ich werde die Fenster des Himmels öffnen und Segen herabgießen." Wir neigen dazu, diesen Vers mit Geld in Verbindung zu bringen, aber er bezieht sich auf alle Wohltaten eines offenen Himmels.

Warum sich auf zehn Prozent festlegen?

In Apostelgeschichte 2 öffnet Gott seinen Himmel und gießt seinen Geist aus. Dreitausend Menschen werden gerettet und die Grundlage der Gemeinde wird so gebildet. Zwei Kapitel später verkaufen die Menschen ihr Land und ihre Häuser und legen die Opfer den Aposteln zu Füßen. Durch Pfingsten wird ein großzügiges und außergewöhnliches Geben ausgelöst. Doch warum soll man auf die Salbung zum Geben warten? Warum soll man auf die Erweckung warten und dann geben? Warum gibst du nicht einfach jetzt als Opfer für den Herrn?

Glaubst du, dass unser Gott, Jahwe Jireh, unser Versorger, ist? Möchtest du so mit dem himmlischen System zusammenarbeiten, dass du nicht mehr vom Börsenmarkt, Rezession oder den Rückgängen der Wirtschaft abhängig bist? Wenn wir unser Geld für himmlische Zwecke verwenden wollen, warum in-

vestieren wir es nicht dort? Ich möchte lieber im Himmel einen Geldautomaten haben! Wenn wir unser Geld in einem bestimmten System haben wollen, dann müssen wir es dort deponieren – und das ist oben!
Darum zahlte Abraham an Melchisedek den Zehnten. Melchisedek war ein prophetisches Bild von Jesus. Abraham, der Vater des Glaubens – Glaube, der durch den Zehnten sichtbar wurde – deponierte sein Geld im himmlischen Bereich. Er wurde zu einem Besitzer des Himmels und der Erde, weil er sich entschieden hatte, sein Vermögen in einem anderen System anzulegen.

Außergewöhnliches Geben
Wenn wir in einem anderen System leben wollen, müssen wir unseren Zehnten und unser Opfer diesem System beisteuern. Außerdem müssen wir außergewöhnlich geben. Wenn du eine Offenbarungssalbung empfangen möchtest, säe eine Extrasaat in diesem Bereich. Mit anderen Worten, säe in einen Dienst, der in der Salbung operiert, die du gerne haben möchtest. Säe Glaubenssaat, das bedeutet, säe mehr, als du müsstest. Willst du wirklich einen offenen Himmel? Dann säe dort hinein. Säe dich selbst in Erweckung hinein, säe dich heraus aus der Pleite, säe so, als ob dein Leben davon abhinge.

Almosen – wohltätiges Geben
Können wir uns tatsächlich selbst in eine Erweckung hineinsäen? Kornelius machte es so. Er säte Almosen und der Himmel öffnete sich über seinem gesamten Haus. Es kam durch Petrus eine Erweckung in sein Haus.

> Apostelgeschichte 10
> 3 Er sah um die neunte Tagesstunde in einer Vision deutlich, wie ein Engel Gottes bei ihm eintrat und zu ihm sagte: Kornelius! 4 Kornelius blickte ihn an und fragte erschrocken: Was ist, Herr? Er sagte zu ihm: Deine Gebete und Almosen sind zu Gott gelangt, und er hat sich an sie erinnert.

Almosen sind Gaben der *Wohltätigkeit*. Sie sind für die Armen bestimmt, es ist nicht unser Zehnter. Der Engel des Herrn kam zu Kornelius und sagte zu ihm: „Übrigens, ich habe deine Gebete erhört. Gott wird eine Erweckung in deinem Haus geschehen lassen, weil du auf der Spur geblieben bist und wohltätige Gaben gespendet hast. Almosen sollten keine lästige Pflicht sein.

> 5.Mose 15 (Elberfelder Bibel)
> 9 Hüte dich, dass in deinem Herzen nicht der boshafte Gedanke entsteht: Das siebte Jahr, das Erlassjahr, ist nahe! – und dass dein Auge dann böse auf deinen Bruder, den Armen sieht und du ihm nichts gibst. Er aber würde über dich zum Herrn schreien, und Sünde wäre an dir! 10 Willig sollst du ihm geben, und dein Herz soll nicht böse sein, wenn du ihm gibst. Denn wegen dieser Sache wird der Herr, dein Gott, dich segnen in all deinem Tun und in allem Geschäft deiner Hand.

Also was?
Es war in Israel ein sehr wichtiger Glaubensbestandteil, speziell den Armen wohltätige Gaben zu geben. Wer es versäumte, den Armen zu geben, sündigte. Im Neuen Testament ist das Almosengeben der Ausdruck eines gerechten Lebens. Der Begriff Almosen (im Griechischen *elemeosyne)* kommt dort dreizehn Mal vor. Jesus kritisiert die, die aus selbstsüchtigen Gründen geben, um beispielsweise Anerkennung zu bekommen (Matthäus 6,2-3). Auch den Jüngern befahl Jesus übrigens, dass sie Almosen geben sollten, um Schätze im Himmel zu sammeln und eine Belohnung vom Herrn zu empfangen (Lukas 12,33). Um also den Himmel über deinem Leben zu öffnen und Erweckung freizusetzen bedarf es nicht allein des Zehnten und der Opfer, sondern es beinhaltet auch ein außergewöhnliches Geben und Wohltätigkeit. Wenn wir inmitten eines geschlossenen Himmels säen, wird es nicht genügend Platz geben, um all die Segnungen zu fassen, die kommen werden, wenn die Fenster und Türen geöffnet werden.

Sechster Schlüssel: Das Prinzip der Wortmeditation
Später werde ich auf diesen Grundsatz im dreizehnten Kapitel noch näher eingehen. Sieh zu, dass das Wort täglich in dein Herz, deinen Verstand und deine Seele hineinkommt. Werde ein Bruder Lawrence unserer Tage. Suche die Gegenwart Gottes und lasse dich vom Wort durchdringen. Sprich es, schreie es, bete es, fühle es, denke es, bade darin, lass dich einweichen, iss es, lebe es. Sein Wort wird die Himmel über deinem Leben öffnen!

Siebter Schlüssel: Dienende Evangelisation
Ich habe bereits über die Erweckung mit einem offenen Himmel in der Vineyard-Gemeinde von Albany berichtet. Häufig werde ich gefragt, warum Gott ausgerechnet Albany für diese außergewöhnliche Ausgießung von Heilungen und Wundern ausgesucht hat. Es geschah dort, weil die Menschen in der Gemeinde glaubten, dass sie den Himmel durch dienende Evangelisation öffnen könnten, und der Glaube von fünfzig Menschen öffnete den Himmel und schenkte Erweckung für eine ganze Stadt.

> Galater 5
> 6 Denn in Christus Jesus kommt es nicht darauf an, beschnitten oder unbeschnitten zu sein, sondern darauf, den Glauben zu haben, der in der Liebe wirksam ist. 13 Ihr seid zur Freiheit berufen, Brüder. Nur nehmt die Freiheit nicht zum Vorwand für das Fleisch, sondern dient einander in Liebe!

Liebe handelt – sie versagt niemals. Glaube handelt durch Liebe. Lasst uns zur Abwechslung mal Kraftevangelisation, prophetische Evangelisation, Predigen auf der Straße und Traktate vergessen. Lasst uns einfach hingehen und für die Menschen Lebensmittel kaufen. Lasst uns hinunter in den Park zur Skateboardbahn gehen und für alle eine Runde Hotdogs ausgeben. Lasst uns Benzingutscheine ausgeben, kostenlos Autos waschen oder den Rasen mähen.

Die Menschen der Stadt zu lieben und sie zu segnen öffnete die Himmel und Gott gab uns eine beispiellose Ausgießung von Wundern. Liebe versagt niemals! Frage Gott heute: „Wenn kann ich lieben? Was kann ich für meinen Nachbarn tun? Was kann ich tun, das jemanden völlig fassungslos macht?“ Sage jemandem, der vor dir im Supermarkt in der Schlange steht – vielleicht einer alleinstehenden Mutter, die wenig Geld hat – dass du den Einkauf bezahlen willst. „Lassen Sie sich segnen und glauben Sie, dass es einen Gott im Himmel gibt, der sie liebt.“ Das wird sie nachdenklich machen – gewiss aber den Herrn. Und das ist eine gute Sache!

Ich erinnere mich noch an die Zeit, als ich drogenabhängig war und jemand aus dem Auto heraus rief: „Jesus liebt dich.“ Ich bin dann abends nach Hause gegangen, noch immer unter Drogeneinfluss und dachte: „Haben die das gesagt, weil sie Freaks sind, oder ist da wirklich ein Gott im Himmel, der ihnen gesagt hat, dass sie mir das zurufen sollen? Versucht Gott mich auf diese Weise zu erreichen, weil ich bald sterben werde? Warum erzählen sie mir, dass Jesus mich liebt? Es machte mich ganz wild!

Im Gefängnis kam ein Typ in meine Zelle und setzte sich auf mein Bett. Ich hörte gerade satanische Musik, Death Metal, das mochte ich. Er sah sich die Texte an und sagte: „Weißt du, was sie da singen?“ Ich zuckte mit den Achseln und sagte: „Ich mag einfach die Musik. Es ist mir egal, was sie sagen.“

„Na gut“, antwortete er. „Das ist cool, du magst also Heavymetal-Musik? Ich habe wirklich gute christliche Musik.“

„Christlich? Du machst wohl Witze!“ Ich dachte an Gospelmusik oder so eine Art Beerdigungslieder mit Orgel im Hintergrund.

Später brachte er mir einige Kassetten von christlichen Heavymetal-Bands. Ich war so beeindruckt, dass ich sie hörte, wenn ich mit meinen Freunden zusammen Drogen nahm, und sie sagten dann: „Alter, das ist gut.“ Es war mir völlig egal, dass es christliche war. Die Freundlichkeit einer Person hatte Einfluss auf mein Leben.

Jesus wurde von Erbarmen bewegt und er heilte jede Krankheit und jedes Leiden. Wenn du mehr von Gottes Kraft in deinem Leben haben willst, probier es mit Taten des Erbarmens. Die Bibel sagt uns, dass wir unsere Feinde lieben sollen. Erschüttere ihre Welt, überrasche sie, tu etwas, was nie jemand zuvor getan hat. Freundliche Taten öffnen den Himmel.

Leben unter einem offenen Himmel

Gott schuf die Himmel, damit wir sie erleben, sogar während unserer Zeit auf der Erde. Wir sind nicht von dieser Welt, wir sind Bürger des Himmels. Lasst uns weiter Gottes Angesicht suchen und zu ihm rufen, dass er den Himmel öffnen und unsere geistlichen Sinne erfrischen möge. Lasst uns auch im Glauben die überfließenden irdischen Segnungen empfangen, die Gott für uns bereithält, wenn der Himmel über uns offen ist.

Der Vater hat ein Verlangen nach Intimität mit uns. Er möchte, dass wir uns auf vielen Ebenen der himmlischen Offenbarung bewegen und in jedem Bereich unseres Lebens gesegnet sind. Wenn wir es lernen, unter einem offenen Himmel zu leben, kann Gott uns gebrauchen, um andere zu segnen und in sie die Realität des Übernatürlichen hineinzupflanzen. Wenn Wunder, Heilungen, Zeichen, Kraftwirkungen, Visionen und Offenbarungen herunterkommen, dann muss der Himmel für uns offen sein.

Begehre alles, was der Vater für dich bereithält. Bitte ihn, dass er für dich die Fenster und Türen des Himmels öffnet. Sage ihm, dass du in den geistlichen Bereich sehen willst. Bitte ihn, dass er deine geistlichen Sinne erweitert: Sicht, Ohren, Augen, Schmecken, Riechen und Berühren. Er wird seine Schatzkammern öffnen und seine Kraft und Offenbarung in dein Leben bringen. Er wird Erweckung und seine Kraft in jeden Bereich bringen. Bitte ihn, den Himmel überall dort zu öffnen, wo du hingehst. Handle gemäß der Schlüssel, die du gelernt hast, führe sie fort, um die Geheimnisse des geistlichen Bereichs aufzuschließen. Dann sieh, wie die Fluttore des Himmels geöffnet werden.

Endnote:

1 Gary L. Thomas, „Historical Profile, Brother Lawrence“, The Center for Evangelical Spirituality, 2005, aus dem Internet.

Kapitel 8

Engelsheerscharen

Was stellst du dir vor, wenn du an Engel denkst? Hast du ein Renaissancegemälde vor Augen von einem nackten Baby mit Flügeln, das Pfeil und Bogen bei sich trägt? Ich will sehen, ob ich dir in diesem Kapitel ein anderes Bild von Engeln vermitteln kann. Ich habe schon einen Engel gesehen, der ca. 1,90 m groß war und einen Bizepsumfang von 60 cm hatte. Er war gut gebaut, hatte riesige Muskeln und trug einen goldenen Gürtel um seine Hüfte. Er hatte schulterlange, blonde Haare und blaue Augen. Ich meine, er sah besser aus als ein männliches Fotomodel. Ich weiß nicht, woher wir unsere Vorstellung von diesem kleinen, schwächlichen, amortypischen Engel haben, doch ich versichere dir, dass sie nicht so aussehen.

Ich liebe die Gegenwart von Engeln, besonders, wenn ich diene. Hunderte haben bezeugt, dass sie in meinen Versammlungen Engel gesehen haben. Sie sahen, dass sie mit mir zusammen auf der Bühne standen. Ich habe sogar eine E-Mail von einer Jugendgruppe bekommen, die wissen wollte, ob ich Schauspieler in weißen Anzügen engagiere, die in den Versammlungen umhergehen! Jeder von ihnen sah im hinteren Altarraum Engel, doch die Größe der heutigen Engel passte nicht in ihr theologisches Denkmuster, also dachten sie, es seien Schauspieler.

In diesem Kapitel lernst du etwas über die Engelsaktivitäten und was die Schrift darüber sagt. Danach wirst du die Salbung empfangen, dich täglich im übernatürlichen Bereich zu bewegen, den Gott dir für dein Leben geben will. Gott möchte, dass unser Leben eine prophetische Botschaft ist, die übernatürliche Inhalte vermittelt.

Glaube, dass deine Augen geöffnet werden können. Trage nicht einfach nur ein paar Informationen zusammen und sage: „Beeindruckend, das ist eine großartige Lehre über Engel." Bete vielmehr: „Heiliger Geist, öffne die Augen meines Herzens und lass jetzt die Engel kommen. Ich möchte ihre Gegenwart spüren und sie sehen." Ich möchte für dich beten, bevor wir weitermachen:

> „Heiliger Geist, komm. Vater, ich bitte dich, setze Engelsaktivitäten frei. Ich bitte dich um Engel: die Engel der Fürbitte und der Heilung, die verschiedenen Engel, die wir in deinem Wort finden. Ich bitte dich um die Freisetzung von Engeln für jeden, der dieses Buch liest. Lass diese dienstbaren Geister von deinem Thron kommen, Gott. Ich bitte dich, dass dieser gesamte Bereich der Engel realer für uns wird, weil wir nicht gegen Fleisch und Blut kämpfen. Wir müssen in den unsichtbaren Bereich hineinsehen. Danke, Herr, dass du dieses Gebet beantwortest, im Namen Jesus, Amen."

Erinnerst du dich an Elisa und Gehasi? Nur, weil Gehasi die Engel nicht sehen konnte, bedeutetet es nicht, dass sie nicht da waren. Elisas Gedanken hingegen waren auf die ewigen und nicht auf die vergänglichen Dinge ausgerichtet. Er schien in keinster Weise beunruhigt darüber, dass eine riesige Armee versuchte, ihn zu töten. Bis wir es nicht gelernt haben, der Realität des Übernatürlichen zu vertrauen, werden wir dem ausgeliefert sein, was wir mit unseren natürlichen Augen sehen.

Gott möchte auch für die den Himmel wieder öffnen, die bereits Engelsbegegnungen hatten, aber Angst bekamen, beim Umgang mit dieser Art der prophetischen Offenbarung. Einige hatten bereits regelmäßig himmlische Erlebnisse, doch gab es niemanden, dem sie sich anvertrauen konnten. Gott möchte uns allen eine neue Freiheit schenken, übernatürliche Begegnungen zu haben und darüber zu reden.

Wenn ich mir der Aktivitäten und des Dienstes von Engeln mehr bewusst bin, gehe ich auch bewusster mit der übernatürlichen Welt um. Es wird leichter, Wunder, Heilungen und andere Dinge, die Gott tun möchte, zu wirken. Bitte glaube mir: es geht mir mit Sicherheit nicht darum, die Engel anzubeten – wir beten Gott an. Doch um den unsichtbaren Bereich für uns zu öffnen, müssen wir uns mit allen übernatürlichen Dingen in der Bibel beschäftigen, weil wir tatsächlich die Dinge, die nicht sind, herbeirufen, so als wären sie da. Wenn ich die Wahrheiten über die himmlische Welt bekenne, ist das so, als ob ich Engelsvisitationen prophezeien würde. Ich wäre nicht überraschte, wenn du Besuch von Engeln oder einen prophetischen Traum haben würdest. Engel können uns im Natürlichen oder ziemlich häufig auch in Träumen begegnen.

Zunächst werden wir uns Engel in der Bibel ansehen: wie sie aussehen und verschiedene Begegnungen, die Menschen in der Bibel mit Engeln hatten. Danach werde ich verschiedene Engel beschreiben und einige Erlebnisse erzählen, die ich hatte.

Beschreibung von Engeln

In unserer heutigen Welt stellen wir ein wachsendes Interesse am Übernatürlichen und Engeln fest. Denke einmal darüber nach wo du in deiner Umgebung überall Engel siehst. Da haben wir die kleinen fetten Puttengel und die Engel mit den großen Flügeln. Wir können verschiedenste Dekoartikel, Schmuck oder Bilder mit Engelsmotiven kaufen und im Fernsehen die Serie „Ein Hauch von Himmel“ ansehen. Ich habe noch nie einen Engel gesehen, der dem Bild, das die Welt von Engeln zeigt, entspricht, doch es ist interessant, wie neugierig die Menschen werden, wenn es um Engel geht. Es wird Zeit, dass wir, die Gemeinde, der Welt zeigen, wie der Engelsbereich Gottes wirklich aussieht.

Fragst du dich wie Engel wirklich aussehen? Einmal hatte ich eine Begegnung mit einem muskulösen, beeindruckenden Engel. Er war jung, Anfang Zwanzig. Hoffnungs- und erwartungsvoll fragte ich: „Gott, bin ich das im Geist?“

„Nein“, antwortete der Herr, „es ist ein Engel“. Ich stelle mir vor, dass der Vater dabei mit den Augen zwinkerte und viel Spaß hatte.

Engel können aussehen wie Menschen
Wie werden Engel in der Bibel beschrieben? Von Gabriel heißt es, dass der Engel aussah wie ein Mensch:

> Daniel 8
> 15 Während ich, Daniel, noch diese Vision hatte und sie zu verstehen suchte, da stand vor mir einer, der aussah wie ein Mann. 16 Und über dem Ulai hörte ich eine Menschenstimme, die rief: Gabriel, erkläre ihm die Vision!

Viele Engel sehen aus wie Menschen. Ich hatte einmal Besuch von einem Engel, als ich mit einem Freund in einem Tante-Emma-Laden war. Wir parkten das Auto vor dem Laden. Meine Frau und seine Freundin warteten im Auto und wir wollten schnell ein paar Dinge besorgen. In dem Laden wurden wir von einigen Männern angepöbelt, sie lachten über uns und verspotteten uns. Einer von ihnen war ein Atheist und er sagte: „Ach, das ist doch der Typ, der letzte Woche hier war und über Jesus geredet hat. Was denkt ihr über Jesus, Jungs?" Sie waren ziemlich betrunken, rauchten Zigaretten und trugen AC/DC- und Mötley Crue-T-Shirts.

„Wir glauben nicht an Engel, Gott und den ganzen Quatsch." Nichts anderes als die nur die Kraft Gottes konnte diese harten skeptischen Kerle überzeugen.

Und genau in diesem Augenblick kam die Kraft Gottes auf mich und ich ging zu Boden. Auf allen Vieren stehend brüllte ich wie ein Löwe. Der Verkäufer flüchtete vor Angst hinter seinen Tresen und zwei der Betrunkenen folgten seinem Beispiel. Plötzlich hatte sich die Atmosphäre völlig verändert. Der Atheist zeigte mit dem Finger auf mich und meinte in einem spöttischen Ton: „Ist *das* dein Gott?"

Genau in diesem Augenblick betrat ein Obdachloser den Laden mit einer Tüte leerer Flaschen, die er bei sich trug. Er stellte die Tüte auf den Tresen und sagte einfach so: „Ihr dort, hört jetzt zu, was die zwei euch zu sagen haben. Alles, was sie sagen, ist die Wahrheit." Der Verkäufer gab ihm das Geld und der Mann verließ den Laden.

Mein erster Gedanke war: „Das war ein Engel." Als wir wieder im Auto waren, erzählte ich Shonnah, was passiert war. Sie sagte, dass sie niemanden gesehen hatte, der in den Laden hineingegangen oder herausgekommen sei.

Ich bin überzeugt davon, dass dieser Obdachlose ein Engel war. Engel sind häufig in unserem Leben aktiv, doch sie sind meist verkleidet. Wenn sie uns erscheinen, werden wir sie nur erkennen, wenn wir geistlich darauf eingestellt sind. In der Schrift heißt es: *„Vergesst die Gastfreundschaft nicht; denn durch sie haben einige, ohne es zu ahnen, Engel beherbergt"* (Hebräer 13,2).

Engel treten also manchmal als Menschen in Erscheinung. Weißt du, dass du einen Engel hast, der so aussieht wie du? In Apostelgeschichte 12,5 wird erzählt, dass Petrus im Gefängnis war und seine Freunde für ihn beteten. Als Petrus schließlich vor der Tür steht, wo das Gebetstreffen stattfindet, denken sie, es sei sein Engel. Ihre Reaktion war so beiläufig, dass wir davon ausgehen können, dass es für sie normal war, dass Engel auftauchten, die so aussahen wir die Menschen ihrer Umgebung.

Engel können glänzende Kleidung tragen

Ich habe Engel gesehen, die als schimmernde Lichtsäulen erschienen sind und so hell waren, dass ich keine weiteren Einzelheiten erkennen konnte. Ich sah einfach nur ihre Gestalt und Gegenwart. Sie erschienen als ein weißes, helles Licht, weil sie sich immer in der Herrlichkeit Gottes aufgehalten hatten. Auch in der Schrift werden sie so beschrieben: *„Und die sieben Engel mit den sieben Plagen traten heraus; sie waren in reines, glänzendes Leinen gekleidet und trugen um ihre Brust einen Gürtel aus Gold“* (Offenbarung 15,6).

Engelsvisitationen in der Bibel

Wir vergessen, wie zahlreich die Engelsheere sind. Die Schrift sagt, dass sie unzählbar sind. Wenn der Teufel jeden Dämonen der Hölle versammeln würde, um gegen dich vorzugehen, wären die Engel immer noch in der Mehrheit. Nur ein Drittel der Engel wurden zusammen mit dem Teufel vom Himmel gestürzt, so dass Gott noch immer zwei Drittel auf seiner Seite hat. Gott hat nicht nur mehr Engelsmächte, seine Engel haben viel mehr Kraft, weil sie in der Herrlichkeit Gottes auftanken und diese, wo immer sie hingehen, verbreiten.

Es gibt über dreihundert Hinweise auf Engel in der Bibel. Es folgen einige biblische Beschreibungen von Engeln, die Befreiung, Ermutigung, Kraft, Informationen und Warnungen bringen. (Beachte, dass das Wort „Herr“ bei „Engel des Herrn“ oder das Wort „Anführer“ bei den ersten drei Beispielen in Großbuchstaben geschrieben wird. Nach der Auffassung vieler Theologen handelt es sich hier eigentlich um Jesus und nicht um einen Engel, der in diesen Stellen erscheint).

Abraham

Da rief ihm der Engel des HERRN vom Himmel her zu: Abraham, Abraham! Er antwortete: Hier bin ich (1.Mose 22,11).

Josua

Er antwortete: Nein, ich bin der Anführer des Heeres des HERRN. Ich bin soeben gekommen. Da warf sich Josua vor ihm zu Boden, um ihm zu huldigen, und fragte ihn: Was befiehlt mein Herr seinem Knecht? Der Anführer des Heeres des HERRN antwortete Josua: Zieh deine Schuhe aus; denn der Ort, wo du stehst, ist heilig. Und Josua tat es (Josua 5,14-15).

Gideon

Der Engel des HERRN kam und setzte sich unter die Eiche bei Ofra, die dem Abiesriter Joasch gehörte. Sein Sohn Gideon war gerade dabei, in der Kelter Weizen zu dreschen, um ihn vor Midian in Sicherheit zu bringen. Da erschien ihm der Engel des HERRN und sagte zu ihm: Der Herr sei mit dir, starker Held (Richter 6,11-12).

Jakob
Da hatte er einen Traum: Er sah eine Treppe, die auf der Erde stand und bis zum Himmel reichte. Auf ihr stiegen Engel Gottes auf und nieder (1.Mose 28,12).

Daniel
Mein Gott hat seinen Engel gesandt und den Rachen der Löwen verschlossen. Sie taten mir nichts zuleide (Daniel 6,22).

Sacharja
Und siehe, der Engel, der mit mir redete, ging aus, und ein anderer Engel ging ihm entgegen (Sacharja 2,2-3, Schlachterbibel).

Maria
Im sechsten Monat wurde der Engel Gabriel von Gott in eine Stadt in Galiläa, namens Nazareth, gesandt (Lukas 1,26).

Josef
Während er noch darüber nachdachte, erschien ihm ein Engel des Herrn im Traum und sagte: Josef, Sohn Davids, fürchte dich nicht, Maria als deine Frau zu dir zu nehmen; denn das Kind, das sie erwartet, ist vom Heiligen Geist (Matthäus 1,20).

Als die Sterndeuter wieder gegangen waren, erschien dem Josef im Traum ein Engel des Herrn und sagte: „Steh auf, nimm das Kind und seine Mutter, und flieh nach Ägypten; dort bleibe, bis ich dir etwas anderes auftrage; denn Herodes wird das Kind suchen, um es zu töten“ (Matthäus 2,13).

Elia
Dann legte er sich unter den Ginsterstrauch und schlief ein. Doch ein Engel rührte ihn an und sprach: Steh auf und iss! (1.Könige 19,5).

Paulus
Doch jetzt ermahne ich euch: Verliert nicht den Mut! Niemand von euch wird sein Leben verlieren, nur das Schiff wird untergehen. Denn in dieser Nacht ist ein Engel des Gottes, dem ich gehöre und dem ich diene, zu mir gekommen 24 und hat gesagt: Fürchte dich nicht, Paulus! Du musst vor den Kaiser treten. Und Gott hat dir alle geschenkt, die mit dir fahren (Apostelgeschichte 27,22-24).

Johannes
Offenbarung Jesu Christi, die Gott ihm gegeben hat, damit er seinen Knechten zeigt, was bald geschehen muss; und er hat es durch seinen Engel, den er sandte, seinem Knecht Johannes gezeigt (Offenbarung 1,1).

Jesus

Bei seiner Geburt

In jener Gegend lagerten Hirten auf freiem Feld und hielten Nachtwache bei ihrer Herde. Da trat der Engel des Herrn zu ihnen, und der Glanz des Herrn umstrahlte sie. Sie fürchteten sich sehr, der Engel aber sagte zu ihnen: Fürchtet euch nicht, denn ich verkünde euch eine große Freude, die dem ganzen Volk zuteil werden soll: Heute ist euch in der Stadt Davids der Retter geboren; er ist der Messias, der Herr. Und das soll euch als Zeichen dienen: Ihr werdet ein Kind finden, das, in Windeln gewickelt, in einer Krippe liegt. Und plötzlich war bei dem Engel ein großes himmlisches Heer, das Gott lobte und sprach: Verherrlicht ist Gott in der Höhe, und auf Erden ist Friede bei den Menschen seiner Gnade (Lukas 2,8-14).

Nach seiner Versuchung

Darauf ließ der Teufel von ihm ab, und es kamen Engel und dienten ihm (Matthäus 4,11).

In Gethsemane

Dann entfernte er sich von ihnen ungefähr einen Steinwurf weit, kniete nieder und betete: Vater, wenn du willst, nimm diesen Kelch von mir! Aber nicht mein, sondern dein Wille soll geschehen. Da erschien ihm ein Engel vom Himmel und gab ihm neue Kraft (Lukas 22,41-43).

Bei seiner Auferstehung

Da sah sie zwei Engel in weißen Gewändern sitzen, den einen dort, wo der Kopf, den anderen dort, wo die Füße des Leichnams Jesu gelegen hatten (Johannes 20,12).

Nach seiner Himmelfahrt

Während sie unverwandt ihm nach zum Himmel emporschauten, standen plötzlich zwei Männer in weißen Gewändern bei ihnen und sagten: Ihr Männer von Galiläa, was steht ihr da und schaut zum Himmel empor? Dieser Jesus, der von euch ging und in den Himmel aufgenommen wurde, wird ebenso wiederkommen, wie ihr ihn habt zum Himmel hingehen sehen (Apostelgeschichte 1,10-11).

Bei seinem zweiten Kommen

Denn der Herr selbst wird vom Himmel herabkommen, wenn der Befehl ergeht, der Erzengel ruft und die Posaune Gottes erschallt. Zuerst werden die in Christus Verstorbenen auferstehen (1.Thessalonicher 4,16).

Geistliche Hierarchie in der himmlischen Welt

Der dämonische Bereich

Lasst uns jetzt die Struktur der himmlischen Welt untersuchen. Der geistliche Bereich oder zweite Himmel ist ein realer Ort. Lies was der Apostel Paulus darüber zu sagen hat: *„Denn wir haben nicht gegen Menschen aus Fleisch und Blut zu kämpfen, sondern gegen die Fürsten und Gewalten, gegen die Beherrscher dieser finsteren Welt, gegen die bösen Geister des himmlischen Bereichs"* (Epheser 6,12).

Diese Schriftstelle nennt uns vier dämonische Ebenen in der unsichtbaren Welt: Erstens *Fürsten:* wie zum Beispiel der Prinz über Persien (Daniel 10,20). Fürsten herrschen meist über Nationen. Es sind geografische Geister und sie gehören zu den mächtigsten Dämonen. Sie erhalten ihre Befehle vom Teufel.

Zweitens *Gewalten*: das können herrschende Geister über Staaten, Städten und Regionen sein. Sie stehen unter dem direkten Kommando der Fürsten.

Drittens *Beherrscher der finsteren Welt:* Diese Beherrscher entsprechen den Generälen. Sie befehligen Truppen bei speziellen Einsätzen.

Schließlich *böse Geister des himmlischen Bereichs:* Diese Dämonen sind Soldaten, böse Geister, die das tun, was ihnen die Generäle befehlen. Das sind die Geister, die uns in den meisten Fällen quälen. Meistens werden wir durch Geister der Angst, Qual, Lüge, Lust und andere böse Geister angegriffen, von denen jeder mit seiner bösen Natur prahlt.

Wenn du jedoch eine Salbung zum Dienst in der Gemeinde hast oder du wirst in deinem Land oder deiner Gegend bekannt, bekommst du es mit den Beherrschern der finsteren Welt zu tun. Weil mein Dienst international ist, habe ich mit den Fürsten über den Nationen zu kämpfen. Solange ich mich in Kanada aufhalte, kümmern sich die Fürsten über Afrika nicht um mich, doch wenn ich nach Afrika komme, muss ich gegen sie kämpfen.

Der himmlische Bereich

Ich glaube, dass es im Himmelreich die gleichen Strukturen gibt wie im dämonischen Bereich. Da gibt es Engel über Nationen, über Städten, Engel, die Truppen befehligen und solche, die zu den regulären Truppen gehören. Der Teufel hat die Hierarchie Gottes einfach kopiert (und verdreht). Im zweiten Himmel besteht eine Hierarchie der Engel. Die Heere unterstehen dem Befehl des Generals und der General gehorcht den Mächtigen (Gewalten). Diese wiederum erhalten ihre Befehle von den Fürsten. Über den Fürsten gibt es dann noch die Erzengel. Deshalb kam Michael (der Erzengel) in Daniel 10 einem anderen Wesen (vermutlich einem Engel) zur Hilfe, der gegen den Fürsten über Persien, einen dämonischen Fürsten, kämpfte. Michael kam aufgrund des anhaltenden Gebets von Daniel, um diesem unbekannten Engel zu helfen, der Daniel die Botschaft überbrachte.

Daniel 10 (Elberfelder Bibel)
12 Und er sprach zu mir: Fürchte dich nicht, Daniel! Denn vom ersten Tag an, als du dein Herz darauf gerichtet hast, Verständnis zu erlangen und dich vor deinem Gott zu demütigen, sind deine Worte erhört worden. Und um deiner Worte willen bin ich gekommen. 13 Aber der Fürst des Königreichs Persien stand mir 21 Tage entgegen. Und siehe, Michael, einer der ersten Fürsten, kam, um mir zu helfen, und ich wurde dort entbehrlich bei den Königen von Persien.

Der Erzengel Michael, der hier erwähnt wird, scheint der ranghöchste Offizier der Engel im zweiten Himmel zu sein. Viele Theologen gehen davon aus, dass auch Gabriel ein Erzengel ist und Luzifer ein Erzengel war, bevor er aus dem Himmel geworfen wurde. Doch das wird nicht speziell in der Bibel erwähnt. Der einzige, der als Erzengel bezeichnet wird, ist Michael (siehe Judas 1,9). Er wird fünfmal in der Bibel erwähnt. Er wird auch „einer der ersten Fürsten" (Daniel 10,13, Elberfelder Bibel) und „der große Fürst" (Daniel 12,1, Elberfelder Bibel) genannt. Jedes Mal, wenn Michael in der Bibel erwähnt wird, geht es um geistlichen Kampf. Er ist das herrschende große Oberhaupt über den geistlichen Kampf in den himmlischen Orten.

Im Kolosserbrief ist von den Autoritätsstrukturen im geistlichen Bereich die Rede:

Kolosser 1
16 Denn in ihm wurde alles erschaffen im Himmel und auf Erden, das Sichtbare und das Unsichtbare, Throne und Herrschaften, Mächte und Gewalten; alles ist durch ihn und auf ihn hin geschaffen.

Ist es nicht interessant, dass Gott unsichtbare Dinge geschaffen hat? Die ganze Welt würde gerettet werden, wenn sie Engel und Dämonen sehen könnten. Warum müssten die Menschen dann noch glauben? Gott schuf in seiner Weisheit die unsichtbare Welt. Er machte Throne, Herrschaften, Mächte und Gewalten. Über allen diesen himmlischen Strukturen sitzt Jesus, der große Anführer der Heerscharen. Er ist der Herr der Armeen, der Oberste, der Anführer der Armee Gottes. Er ist auch der König der Könige, der Herr der Herrn und der Gott der Götter.

Engel im Thronbereich

Serafim

Da wir uns nun die Hierarchie der Engel im zweiten Himmel angeschaut haben, gehen wir über zu den Abteilungen der Engel im dritten Himmel, dem Ort, wo Gott wohnt, dem Bereich der Herrlichkeit. Die Schrift redet von Serafim, die sechs Flügel haben und vorne und hinten voller Augen sind. Wir können bei Jesaja, der eine Vision über den Thron Gottes hatte, etwas über diese ranghöchsten Engel im dritten Himmel erfahren: *„Serafim standen über ihm. Jeder hatte sechs Flügel: Mit zwei Flügeln bedeckten sie ihr Gesicht, mit zwei bedeckten sie ihre Füße, und mit zwei flogen sie"* (Jesaja 6,2).

Diese Engel haben das Gesicht eines Stiers, Löwen, Adlers und Menschen. Weitere Details und die Bedeutung erläutere ich dem Kapitel über Begegnungen im Thronraum. In Filmen werden Engel häufig mit Flügeln dargestellt. Ich habe mich immer gefragt, wie die Drehbuchautoren darauf gekommen sind. Die Serafim haben sechs und nicht zwei Flügel, und ich glaube, dass die Flügel Federn haben. In der Schrift heißt es, dass Gott *„dich mit seinen Flügeln beschirmt, und du unter seinen Schwingen Zuflucht findest"* (Psalm 91,4). Vielleicht hast du solche Engelsfedern sogar schon einmal in einer Versammlung herunterfallen sehen. Es folgt die kraftvolle Beschreibung dieser Engel, wie sie im Thronsaal Gottes im Himmel anbeten:

Jesaja 6
1 Im Todesjahr des Königs Usija sah ich den Herrn. Er saß auf einem hohen
und erhabenen Thron. Der Saum seines Gewandes füllte den Tempel aus. 2
Serafim standen über ihm. Jeder hatte sechs Flügel: Mit zwei Flügeln bedeckten
sie ihr Gesicht, mit zwei bedeckten sie ihre Füße, und mit zwei flogen sie. 3 Sie
riefen einander zu: Heilig, heilig, heilig ist der Herr der Heere. Von seiner Herrlichkeit ist die ganze Erde erfüllt.

Von ihrem Platz über dem Thron überwachen die Engel mit den sechs Flügeln anscheinend die Anbetung im himmlischen Thronsaal .

Cherubim

In Hesekiel 10 werden die Cherubim beschrieben, die sich vor dem Thron Gottes aufhalten. Sie bedecken und beschützen die Herrlichkeit. Überall dort, wo die Shekinah-Herrlichkeit Gottes auftaucht, sind auch die Cherubim. Diese Engel, die sich auch über dem Gnadenthron (die Deckplatte der Bundeslade, Anmerkung des Übersetzers) befinden, bewegen sich mit und dienen in der Herrlichkeit Gottes. Die Cherubim sind bedeckt mit kostbaren bunten Edelsteinen. Sie haben vier Gesichter und vier Flügel und so etwas wie eine menschliche Hand unter jedem Flügel. Sie werden auch in Hesekiel 1 beschrieben und als lebendige Wesen bezeichnet. In Hesekiel 10 scheint es jedenfalls so, dass die Cherubim und die lebendigen Wesen ein und dasselbe sind. Diese Engel sind die Wachen der Herrlichkeit Gottes.

Außerdem dienen sie als himmlischer Wagen, der den Thron Gottes transportiert. In Hesekiel 10 haben die lebendigen Wesen Augen und Räder:

Hesekiel 10
12 Ihr ganzer Leib, ihr Rücken, ihre Hände und Flügel und auch die Räder waren bei allen vier ringsum voll Augen. Da verließ die Herrlichkeit des Herrn die Schwelle des Tempels und nahm wieder ihren Platz über den Cherubim ein.

19 Die Cherubim bewegten ihre Flügel und hoben sich vor meinen Augen vom Boden empor. Sie gingen hinaus, und die Räder liefen an ihrer Seite mit. Vor dem östlichen Tor am Haus des Herrn blieben sie stehen. Und die Herrlichkeit des Gottes Israels schwebte über ihnen.

Wohin bewegt sich der Thron? Finde es in den nächsten zehn Kapiteln des Buches Hesekiel heraus und lies nach, wie die Cherubim Gott in verschiedene Städte bringen, über die er Gericht bringt. Wusstest du, dass es einen Thron im Himmel gibt, und dass dieser Thron Räder hat, die ihn zu verschiedenen Räumen bringen? Er bewegt sich vom Thronsaal der Anbetung zum Thronsaal des Gerichts. Wir werden auch darüber später noch reden.

Engel in der Anbetung

Offenbarung 4
8 Und jedes der vier Lebewesen hatte sechs Flügel, außen und innen voller Augen. Sie ruhen nicht, bei Tag und Nacht, und rufen: Heilig, heilig, heilig ist der Herr, der Gott, der Herrscher über die ganze Schöpfung; er war, und er ist, und er kommt. 9 Und wenn die Lebewesen dem, der auf dem Thron sitzt und in alle Ewigkeit lebt, Herrlichkeit und Ehre und Dank erweisen, 10 dann werfen sich die vierundzwanzig Ältesten vor dem, der auf dem Thron sitzt, nieder und beten ihn an, der in alle Ewigkeit lebt. Und sie legen ihre goldenen Kränze vor seinem Thron nieder und sprechen: 11 Würdig bist du, unser Herr und Gott, Herrlichkeit zu empfangen und Ehre und Macht. Denn du bist es, der die Welt erschaffen hat, durch deinen Willen war sie und wurde sie erschaffen.

Wenn du in eine Versammlung kommst, wo das Volk Gottes ihn preist, sind diese Engel gegenwärtig, weil Gott im Lobpreis seines Volkes wohnt. Diese Engel des Thronraums gehen überall dort hin, wo die Gegenwart Gottes ist. Wenn die Augen deines Herzens offen wären, würdest du die lebendigen Wesen, die Seraphim und die Cherubim sehen. Wir müssen den Herrn bitten, dass er die Augen unseres Herzens öffnet, damit wir den Thronbereich und seine Herrlichkeit sehen. Jedes Mal, wenn du Gott anbetest, solltest du sagen: „Gott, lass mich deinen Thron sehen, lass mich Offenbarung 4,1 erleben." Wenn du die Anwesenheit der Engel wahrnimmst, dann wirst du Erfahrungen im Thronsaal machen.

Ich hatte bereits diesen Gottesdienst in Iowa erwähnt, wo wir Blitze sahen und der Herr mir ein prophetisches Erlebnis schenkte, dass bis 23:30 Uhr andauerte. Ich war nicht einmal in der Lage zu predigen. In der Mitte dieses Gottesdienstes spürte ich wie der Heilige Geist sagte: „Danke Gott für die Cherubim, danke ihm für die Seraphim. Nimm ihre Gegenwart wahr." Nachdem ich dem Herrn für diese Engel gedankt hatte, begann für mich diese prophetische Erfahrung.

Ich bitte dich, eine Minute über die übernatürliche Welt nachzudenken: Donner und Blitze und die vier lebendigen Wesen vor dem Thron mit den Gesichtern eines Menschen, Stiers, Löwen und Adlers. Weil die Beschreibung des

Thronsaals wie Phantasterei klingt, ist es vielleicht schwer nachzuvollziehen, wovon ich rede. Es ist so außerhalb unserer Vorstellung wie „Star Trek". Häufig können wir diese übernatürliche Welt nicht erfahren, weil wir uns die meiste Zeit unseres Lebens mit den natürlichen Dingen beschäftigen. Solange wir nicht mehr Botschaften über den unsichtbaren Bereich hören, werden die Augen unseres Herzens gegenüber der wundervollen Realität der himmlischen Plätze verschlossen bleiben. Glauben kommt durch das Hören des Wortes Gottes (Römer 10,17) und alles, was wir von Gott empfangen, nehmen wir durch Glauben, und ohne Glauben ist es unmöglich, Gott zu gefallen (Hebräer 11,6). Wenn wir mehr über die unsichtbare Welt aus der Bibel hören, dann wird unser Glaube wachsen und wir werden immer mehr Erfahrungen in diesem Bereich machen.

Ich habe es mir angewöhnt, Bibelstellen über die himmlische Welt zu lesen, zu hören und darüber zu meditieren. Es vergehen kaum mehrere Tage, ohne dass ich ein prophetisches Erlebnis oder eine Erfahrung des dritten Himmels mache. Die Augen unseres Herzens müssen geöffnet sein. Viele Christen heute haben die Vorstellung, dass Anbetung dazu da ist, einige Lieder zu singen oder sich auf die Predigt oder den Empfang von Heilung vorzubereiten und dann nach Hause zu gehen. Sie versäumen es, sich Zeit zu nehmen und die Frage zu stellen: „Was passiert gerade jetzt im Himmel, wenn ich anbete? Ich frage mich, was da los ist. Wer ist mit mir jetzt gerade hier in diesem Raum? Was würde ich im Gottesdienst sehen, wenn meine geistlichen Augen geöffnet wären?

Ehre den Bereich der Engel

In der westlichen Welt sind wir zur sehr auf die natürliche Welt fixiert. Wir verbringen keine Zeit damit, uns um Dinge zu kümmern, die wir nicht sehen. Doch je mehr wir uns mit der geistlichen Welt beschäftigen, je realer wird sie für uns. Wenn du Heilung schätzt und über Heilung predigst, empfängst du Heilung. Verfährst du genauso, wenn es um Errettung geht, werden Menschen errettet. Wusstest du das? Wenn du das Übernatürliche und die Engel achtest und darüber redest, rate was passiert? Engel werden erscheinen. Der Heilige Geist bestätigt das Wort durch nachfolgende Zeichen.

Weißt du, warum viele von uns nicht im Übernatürlichen leben? Weil wir kein Verständnis, keine Offenheit und kein Denkmuster dafür haben. Wir rechnen nicht damit, dass Gott heute erscheint. Wir haben geistige Hindernisse aufgebaut oder begrenzen Gottes Wirken in unserem Leben. Manche denken, dass diese Erfahrungen nur den Menschen aus der Bibel oder Propheten vorbehalten sind. Doch Gott möchte, dass wir diesen übernatürlichen Bereich genießen. Wenn Elisa dafür beten konnte, dass die Augen seines Dieners geöffnet werden, um Engel zu sehen, dann glaube ich, dass ich auch dafür beten kann, dass Gott deine Augen öffnet, damit du siehst, was die Propheten sehen. Es ist biblisch, wir können an diesem übernatürlichen Ort leben.

Die Arbeit der Engel

Ich möchte dir zeigen, was Engel so tun. Die folgende Schriftstelle zeigt uns einige ihrer Aufgaben:

Psalm 103
19 Der Herr hat seinen Thron errichtet im Himmel, seine königliche Macht
beherrscht das All. 20 Lobt den Herrn, ihr seine Engel, ihr starken Helden, die
seine Befehle vollstrecken, seinen Worten gehorsam! 21 Lobt den Herrn, all
seine Scharen, seine Diener, die seinen Willen vollziehen! 22 Lobt den Herrn,
all seine Werke, an jedem Ort seiner Herrschaft! Lobe den Herrn, meine Seele!

Wir wollen uns die Aufgabenliste anhand dieser Verse ansehen.

Engel loben den Herrn

„Lobt den Herrn, ihr seine Engel…“ Die erste Aufgabe der Engel ist es, den Herrn zu loben. Sie sind beteiligt am Lobpreis und preisen den Herrn. Einige sind dazu bestimmt, immer auf der Erde zu dienen, andere jedoch bekommen den Befehl vom Vater, den Herrn fortwährend anzubeten.

Engel sind gehorsam

„…die seine Befehle vollstrecken.“ Sie sind gehorsame Diener. Engel arbeiten für Gott auf der Erde. Sie erfüllen viele Aufgaben, die in der Welt erledigt werden müssen. Sie dienen Menschen, sie dienen Gottes Kindern und sind auch für die da, die noch nicht errettet sind. Was immer der Vater plant, wird von den Engeln ausgeführt.

Als die Soldaten Jesus verhafteten, sagte er, dass er den Vater bitten könnte, ihm Engel zur Hilfe zu senden: *„Oder glaubst du nicht, mein Vater würde mir sogleich mehr als zwölf Legionen Engel schicken, wenn ich ihn darum bitte?“* (Matthäus 26,53). Jesus wusste, dass ihm die Engel zur Verfügung standen.

Engel führen sein Wort aus

„… seinen Worten gehorsam.“ Das ist eine der wichtigsten Aufgaben der Engel, dass sie Täter seines Wortes sind. Ich glaube, dass dabei auch das gesprochene Wort der Heiligen auf der Erde mit eingeschlossen ist. Die Engel achten auf die Worte Gottes, die von den Heiligen auf der Erde verkündet werden. Ich spreche die Engel nicht direkt an, sondern ich bitte den Vater, sie zu senden und mir den Sieg zu geben. Oder ich verfüge einen Erlass, indem ich sage: „Ihr Engel, folgt diesem Erlass.“ Sie sind Ausführende von himmlischen Aktivitäten. Sie wollen dem Willen Gottes Ausdruck verleihen.

Wenn das Wort mit frischer Offenbarung verkündet wird (Rhema), enthält es den Atem Gottes. Die Engel nehmen den Wohlgeruch des gesprochenen Wortes Gottes wahr und sie helfen dabei, dass es zustande kommt. Wenn ich den Menschen auf der Erde (und den dämonischen Kräften und Fürsten in der unsichtbaren Welt) verkündige, was Gott mir im unsichtbaren Bereich zeigt, entsteht eine geistliche Dynamik in der geistlichen Atmosphäre. Während ich ausspreche, was bereits im himmlischen Bereich geschieht, schenken die Engel der Stimme seines Wortes, das durch mich ausgesprochen wird, Aufmerksamkeit. Sie hören, wie ich den Willen Gottes erkläre und wirken mit, dass das Reich Gottes auf die Erde kommt.

Gemäß der Worte Jesu wird durch das, was du tust oder nicht tust, etwas im Himmel gebunden oder gelöst. *„Ich werde dir die Schlüssel des Himmelreichs geben; was du auf Erden binden wirst, das wird auch im Himmel gebunden sein, und was du auf Erden lösen wirst, das wird auch im Himmel gelöst sein"* (Matthäus 16,19). Diese Aussage ist eindeutig: was immer du im Himmel löst (erlaubst, zulässt) ist auf der Erde gelöst (erlaubt, zugelassen) und was immer du auf der Erde bindest (verbietest), ist in den Himmeln gebunden (verboten). Was du und ich also verkünden, erlassen und als den Willen Gottes in der Gemeinde oder einer bestimmten Gegend prophezeien, wird von den Engeln ausgeführt.

Engel beschützen die Gläubigen

Die Psalmen geben uns Auskunft über Engel und Gläubige:

> Psalm 91
> 11 Denn er befiehlt seinen Engeln, dich zu behüten auf all deinen Wegen. 12
> Sie tragen dich auf ihren Händen, damit dein Fuß nicht an einen Stein stößt; 13
> du schreitest über Löwen und Nattern, trittst auf Löwen und Drachen.

Gemäß dieser Schriftstelle wirst du durch Engel beschützt. Die Schrift sagt, dass jeder Gläubige einen Schutzengel hat (Matthäus 18,2-3 und 10). Die Engel beschützen uns auf all unseren Wegen. Sie helfen uns auch dabei, „Löwen und Drachen" zu überwinden. Außerdem heißt es in der Bibel: *„Der Engel des Herrn umschirmt alle, die ihn fürchten und ehren, und er befreit sie"* (Psalm 34,7).

Wie kannst du es erreichen, dass sie dich in der Fürbitte unterstützen und dir in deinem Leben und bei deiner gemeindlichen und sonstigen Arbeit helfen? Der Schlüssel besteht darin, sie nicht direkt einzuladen, sondern den Vater zu bitten. Es ist in Ordnung, wenn du den Vater bittest, dass er Engel sendet, damit sie in deinem Leben und deiner Gemeinde helfen, und es ist ok darüber zu reden, wenn dies geschieht.

Ich glaube, dass wir als Söhne und Töchter ebenfalls Legionen von Engeln zur Verfügung haben, denn auch Jesus hätte um diese Engel bitten können. Wie Jesus können wir den Vater bitten: „Vater, ich danke dir für die Engel. Ich danke dir, dass der Engel des Herrn die umgibt, die ihn fürchten. Ich danke dir für die Realität der Engel in der Bibel, vom Beginn bis zum Ende. Ich danke dir für die Engel, die deine Pläne ausführen, für die Engel, die mich beschützen und die bei der Ernte mithelfen. Ich danke dir auch für die Engel, die Teil deiner Herrlichkeit sind. Herr, lass diese Engel jetzt kommen."

Angel kämpfen mit uns zusammen

Die Bibel lehrt uns, dass die Engel mit uns zusammen gegen den Feind kämpfen. Was im Unsichtbaren im Himmel geschieht und ob wir die Werke der Finsternis überwinden oder von ihnen überwunden werden, hängt davon ab, ob wir mit den Engeln zusammenarbeiten. Es ist so wichtig, dass uns die Engel helfen und das geschieht, wenn wir in die Fürbitte und in den geistlichen Kampf gehen. Ich möchte hier ein Beispiel nennen:

Offenbarung 12
7 Da entbrannte im Himmel ein Kampf; Michael und seine Engel erhoben sich,
um mit dem Drachen zu kämpfen. Der Drache und seine Engel kämpften, 8
aber sie konnten sich nicht halten, und sie verloren ihren Platz im Himmel. 9
Er wurde gestürzt, der große Drache, die alte Schlange, die Teufel oder Satan
heißt und die ganze Welt verführt; der Drache wurde auf die Erde gestürzt, und
mit ihm wurden seine Engel hinabgeworfen. 10 Da hörte ich eine laute Stimme
im Himmel rufen: Jetzt ist er da, der rettende Sieg, die Macht und die Herr-
schaft unseres Gottes und die Vollmacht seines Gesalbten; denn gestürzt wurde
der Ankläger unserer Brüder, der sie bei Tag und bei Nacht vor unserem Gott
verklagte. 11 Sie haben ihn besiegt durch das Blut des Lammes und durch ihr
Wort und Zeugnis; sie hielten ihr Leben nicht fest, bis hinein in den Tod.

Die Tatsache, dass die dämonischen Kräfte nicht gesiegt haben, bedeutet, dass es für sie möglich gewesen wäre, zu siegen. Nicht nur die Engel widerstanden dem Drachen, sondern auch die Gläubigen. Diese Schriftstelle macht deutlich, dass es einen gemeinsamen Kampf im Himmel gibt. Der Sieg kam durch das Blut des Lammes und das Wort des Zeugnisses der Heiligen zustande. Sie liebten ihr Leben nicht, bis in den Tod. Wir überwinden dadurch, dass wir unser Leben niederlegen, das Blut Christi anwenden und das Wort unseres Zeugnisses verkündigen. Die Handlungen haben eine prophetische Kraft, die uns für den himmlischen Kampf gegen den Teufel und seine Engel im Himmel stärkt. Das Wort, das aus unserem Mund hervorgeht, stärkt uns für den Kampf im Himmel und zerstört die Werke des Feindes.

Gott hält Ausschau nach Mitstreitern, die verkündigen und prophezeien und die dafür beten, dass die Engel ausgesandt werden, um im Kampf zu siegen. Im Gebet haben wir die Autorität, Engel freizusetzen, damit sie dienen. Es ist wichtig, dass wir es lernen dafür zu beten, dass die Engel kommen: „In meiner Stadt, Herr, kämpfen wir gegen die dämonischen Heere. Vater, ich bitte dich, dass du jetzt deine Engel sendest. Ich bitte dich, dass sie kommen und mit uns kämpfen und in dieser Stadt die Oberhand gewinnen."

Jeden Tag gibt es Krieg im zweiten Himmel, einen Kampf um deine Seele, dein Haus, deinen Körper und dein Geld. Wir kämpfen nicht gegen Fleisch und Blut, sondern wir kämpfen fortwährend gegen Mächte und Gewalten. Wir müssen nüchtern und wachsam sein und ein Verständnis von der Realität des Bereichs der Dämonen und Engel haben. Wir sprechen sein Wort in den geistlichen Bereich, wenn wir prophetische Erlasse des bekannten Willens Gottes verfügen, die beinhalten, was er tut und tun wird.

Die Engel sind beauftragt für die Seelengewinnung

Engel dienen denen, die das Heil erben sollen. Mit anderen Worten: Engel sind beteiligt, wenn es um die Seelengewinnung geht. *„Sind sie nicht alle nur* *dienende Geister, ausgesandt, um denen zu helfen, die das Heil erben sollen?"* (Hebräer 1,14) Wir können also in diesem Bereich erfolgreicher sein, wenn wir einfach sagen: „Vater, ich bitte dich jetzt um Engel. Lass sie in diese Gegend kommen und dabei helfen, die Ernte einzubringen. Lass sie kommen, damit sie den verlorenen Seelen im Norden, Süden, Osten und Westen meiner Stadt dienen. Vater, ich setze die Engel frei."

Es ist wichtig, dass wir die Engel freisetzen. Wenn wir es nicht tun, dann können die Engel vom Kampf ferngehalten werden. Der Teufel kann in einer Gegend so lange die Oberhand behalten, bis wir Dinge im Himmel freisetzen, binden und lösen und den Vater darum bitten, das Heer der Engel als Verstärkung zu schicken. Die Schrift lehrt uns, dass der Gott dieses Zeitalters die Herzen und Sinne blind macht. Deshalb gibt es Zeiten, in denen Seelen nicht gerettet werden können, weil die Erde von einer tiefen Dunkelheit bedeckt wird. Wenn wir jedoch anfangen zu prophezeien, können wir den Gebundenen gebieten, aus ihrem Gefängnis herauszukommen und wir können Errettung über unserer Stadt und Umgebung aussprechen, indem wir beten: „Vater, schicke uns Verstärkung, sende die Engel, die wir brauchen. Wir setzen sie jetzt frei. Wir machen sie in der Gegend bekannt, damit sie kommen und uns helfen, und wir so den Sieg im Kampf davontragen und die Ernte einbringen können."

Der Apostel Johannes sah diese Ernteengel im Einsatz. *„Und ein anderer Engel kam aus dem Tempel und rief dem, der auf der Wolke saß, mit lauter Stimme zu: Schick deine Sichel aus, und ernte! Denn die Zeit zu ernten ist gekommen: Die Frucht der Erde ist reif geworden"* (Offenbarung 14,15). Gott hat spezielle Engel für die Weltevangelisation abgestellt. Wenn wir den Vater bitten, können wir eine wachsende Ernte in unserem Leben haben. Jesus redet über Engel, die kommen werden, um den Weizen zu sammeln und die Ernte einzubringen: *„... die Ernte ist das Ende der Welt; die Arbeiter bei dieser Ernte sind die Engel"* (Matthäus 13,39b).

Göttliche Stärkung durch Engel

Ein weiterer Dienst der Engel besteht in der göttlichen Stärkung. Wenn du Not hast, Versuchung, Kampf und Leiden oder ausgebrannt und niedergeschlagen bist, ist es schriftgemäß, dass Engel kommen, um dir zu dienen. Ein Engel diente Jesus im Garten Gethsemane, und am Ende seiner vierzigtägigen Fastenzeit in der Wüste, nachdem er den Versuchungen des Teufels widerstanden hatte heißt es: *„Darauf ließ der Teufel von ihm ab, und es kamen Engel und dienten ihm"* (Matthäus 4,11). Die Engel gaben ihm göttliche Kraft und Leben. Für jeden, der schon einmal in der Wüste war oder vom Feind angegriffen wurde, bete ich, dass die Engel kommen und auch dir dienen. Auch Elia wurde von einem Engel versorgt, als er auf der Flucht vor Isebel war:

1.Könige 19
4 Er selbst ging eine Tagereise weit in die Wüste hinein. Dort setzte er sich unter
einen Ginsterstrauch und wünschte sich den Tod. Er sagte: Nun ist es genug,

Herr. Nimm mein Leben; denn ich bin nicht besser als meine Väter. 5 Dann legte er sich unter den Ginsterstrauch und schlief ein. Doch ein Engel rührte ihn an und sprach: Steh auf und iss! 6 Als er um sich blickte, sah er neben seinem Kopf Brot, das in glühender Asche gebacken war, und einen Krug mit Wasser. Er aß und trank und legte sich wieder hin.

Engel überbringen Botschaften

Engel sind auch Boten. Ein Engel begegnete Zacharias und kündigte die Geburt von Johannes dem Täufer an.

Lukas 1

11 Da erschien dem Zacharias ein Engel des Herrn; er stand auf der rechten Seite des Rauchopferaltars. 12 Als Zacharias ihn sah, erschrak er, und es befiel ihn Furcht. 13 Der Engel aber sagte zu ihm: Fürchte dich nicht, Zacharias! Dein Gebet ist erhört worden. Deine Frau Elisabeth wird dir einen Sohn gebären; dem sollst du den Namen Johannes geben.

Häufig erscheinen Engel in unseren Träumen. Ein Engel kam zu Joseph und redete zu ihm:

Matthäus 1

20 Während er noch darüber nachdachte, erschien ihm ein Engel des Herrn im Traum und sagte: Josef, Sohn Davids, fürchte dich nicht, Maria als deine Frau zu dir zu nehmen; denn das Kind, das sie erwartet, ist vom Heiligen Geist.

Engel wirken bei Heilungen mit

Gott sendet auch Engel, wenn es um Heilung geht. In den letzten Jahren ist der Engel, der bei der Heilungserweckung „Voice of Healing“ mitwirkte, mehrfach erschienen. Doch dies war nicht das erste Mal, dass ein Engel in dieser Weise den Menschen diente. Auch die Schrift nennt uns ein Beispiel von einem Heilungsengel. Die Menschen denken oft, sie hätten noch nie etwas von einem Heilungsengel gehört, bis ich auf Johannes 5 hinweise.

Johannes 5 (Schlachter Bibel)

1 Danach war ein Fest der Juden, und Jesus zog hinauf nach Jerusalem. 2 Es ist aber zu Jerusalem beim Schaftor ein Teich, der auf Hebräisch Bethesda heißt und der fünf Säulenhallen hat. 3 In diesen lag eine große Menge von Kranken, Blinden, Lahmen, Abgezehrten, welche auf die Bewegung des Wassers warteten. 4 Denn ein Engel stieg zu gewissen Zeiten in den Teich hinab und bewegte das Wasser. Wer nun nach der Bewegung des Wassers zuerst hineinstieg, der wurde gesund, mit welcherlei Krankheit er auch behaftet war.

Die Engel heilen nicht, aber sie sind daran beteiligt, dass die Heilung geschieht. Du wirst mehr Heilungen und Wunder in deinem Leben und Dienst sehen, wenn du Engel mit einschließt. Wir brauchen Heilungsengel, weil viele Krankheiten und Leiden heutzutage durch Dämonen verursacht werden. Wir brauchen Engel, die Krieg führen und Autorität über den Bereich des Dämonischen ausüben.

Engel bringen Seelen in die Gegenwart Gottes

Gemäß der Schrift bringen die Engel uns in die Gegenwart des Herrn, wenn wir sterben. *„Als nun der Arme starb, wurde er von den Engeln in Abrahams Schoß getragen. Auch der Reiche starb und wurde begraben"* (Lukas 16,22). Wird das nicht wunderbar sein, wenn du deinen letzten Atemzug tust und ein Engel dich in die glorreiche Gegenwart Gottes bringt?

Engel setzten Finanzen frei

Nach Psalm 103,20 vollstrecken Engel seine Befehle. Wenn der Vater den Segen befiehlt, werden häufig himmlische Boten ausgesandt, die uns helfen, unser Erbe zu bekommen.

In Philipper 4,19 versichert uns die Bibel, dass Gott all unseren Mangel ausfüllen wird, nach seinem Reichtum in Herrlichkeit in Jesus Christus. Wenn ich einen finanziellen Durchbruch brauche, bete ich nicht nur darum und bitte Gott, sondern ich gehe zusammen mit den Engeln in die Fürbitte. Ich bitte den Vater, dass er Engel freisetzt, die für Finanzen zuständig sind. „Vater, gib mir Engel, die du für die Finanzen vorgesehen hast, damit sie mir Geld bringen", sage ich. „Setze diese Engel um meinetwillen frei. Sende sie zu den vier Enden der Erde, damit sie Geld sammeln."

Weißt du, warum es wichtig ist, so zu beten? Weil der Teufel uns vom Geldfluss abschneiden und die Finanzen blockieren will. Er möchte alles tun, was er kann, um die Segnungen und Versorgung, die Gott für uns bereithält, zu verhindern. Manchmal reicht es nicht aus, dafür zu beten, weil wir im Himmel, wo ein Kampf zwischen den Engeln und Dämonen stattfindet, die Oberhand gewinnen müssen. Wir müssen die dämonischen Kräfte zurückdrängen und müssen deshalb manchmal sagen: „Vater, lass diese Engel, die dafür bestimmt sind, finanzielle Durchbrüche freizusetzen, jetzt auf die Erde kommen und löse das Geld, das für mich bestimmt ist und das der Teufel festhält. Ich rufe dieses Geld im Namen Jesu herbei."

Manchmal passiert es, wenn ich so bete, dass ich das Geld, das ich brauche, innerhalb weniger Tage bekomme. Ja, ich habe finanzielle Durchbrüche, weil Gott meine Quelle ist. Was Menschen mir nicht geben können, bekomme ich von Gott. Und doch versucht der Teufel diesen Durchbruch zu verhindern. Gott hat meine Bitte vom ersten Tag an erhört, aber der Feind tut alles, damit sich die Erfüllung verzögert. Ich bete dann, dass Gott Engel zur Unterstützung schickt: „Ich bitte dich, Gott, lass diese Engel kommen, damit dein Wort erfüllt wird. Du hast mir den Segen des Herrn verheißen, der mich reich macht und eigene Mühe fügt nichts hinzu (Sprüche 10,22)."

Begegnungen mit Engeln in unseren Tagen
Vor einiger Zeit hatte ich über einige Wochen täglich Begegnungen mit Engeln. Seit Beginn dieses Jahres habe ich das Empfinden, dass die Gegenwart der Engel in unseren Versammlungen zunimmt. Viele haben mir bestätigt, dass sie auch in ihrem Leben verstärkt geistliche Aktivitäten feststellen konnten. Wir in der westlichen Welt brauchen dringen Verstärkung, um die dämonischen Aktivitäten und Auswirkungen, die dazu geführt haben, dass Pastoren und Leiter ausgebrannt sind, unwirksam zu machen. Diese Botschaft ist ein prophetischer Ruf nach Verstärkung aus dem Bereich der Engel und er wird vielen, die angegriffen sind, Heilung bringen.

Ich habe Gott gebeten, dass er Engel in mein Leben und meinen Dienst sendet: „Gott, ich liebe die Gegenwart von Engeln, die vor deinem Thron dienen. Dein Wort sagt, dass die Engel die umgeben, die dich fürchten. Ich will erleben, dass mich Engel umgeben. Es wäre großartig, das zu erleben, was die Bibel mir zusagt. Es muss überwältigend sein, die Gegenwart der Engel in meinem Haus und meinen Versammlungen zu spüren und zu erleben, dass andere sagen: ‚Mann, da waren Engel im Gottesdienst.'"

Finanzieller Durchbruch durch Engel
Während eines Gottesdienstes in Atlanta sah meine Frau Shonnah, wie zwei Engel hereinkamen und Öl über dem Pastor ausgossen. Shonnah sah Gold in dem Öl und wusste, dass es einen finanziellen Durchbruch geben würde. An diesem Abend erhielt der Pastor von zwei Personen Schecks in Höhe von 16.000 und 17.000 US-Dollar. Auch andere Personen stellten Schecks über Tausende von Dollar für unseren Dienst und die missionarische Arbeit aus.

Viele Menschen hatten Gold auf den Händen und Gesichtern. Zusätzlich haben viele Anwesende innerhalb von vierundzwanzig Stunden große finanzielle Segnungen erhalten. Einen Tag nach dieser Engelsvisitation erhielt ein Mann Millionen von Dollar – er hatte seit fast zehn Jahren auf diesen Durchbruch gewartet.

Auch ich hatte eine Begegnung mit einem Engel der Finanzen in meinem Hotelzimmer in Albany. Er sah aus wie die lebendigen Wesen, die Hesekiel Kapitel 1 beschrieben werden, mit vier Adlerflügeln und Händen. Aus seinen Federn wuchsen Juwelen wie Topaz, Rubine, Diamanten, Smaragde und Perlen. In diesem Moment wusste ich, dass es ein Engel der Finanzen war, der die Finanzen im Himmel verwaltete. Gott sprach zu mir über finanzielle Durchbrüche im Leib Christi. Innerhalb von zwei Wochen wuchsen die Finanzen meines Dienstes „Fresh Fire" um fünfzig Prozent.

Dieser Durchbruch in der Gemeinde und meinem Dienst kam durch den Besuch der Engel der Finanzen zustande. Kannst du dir das vorstellen? Die Engel ließen den finanziellen Segen in unserem Dienst wachsen und zerbrachen den Geist der Armut über der Gemeinde. Häufig höre ich von Gemeinden, die ich besuche, dass sie erwarten, dass sich ihr Einkommen innerhalb des kommenden

Jahres verdoppeln wird. Mit der Hilfe dieser Engel werden wir als Volk Gottes die Oberhand gewinnen und den Kampf um finanzielle Durchbrüche gewinnen.

Ein Engel mit Namen *Heilungserweckung*

Ich sah den Engel *„Heilungserweckung"* zum ersten Mal am 5. Dezember 2000 in Grants Pass, Oregon. Es war der fünfzigste Jahrestag der Heilungserweckung im Nordwesten der USA, die durch William Branham und Paul Cain entstanden war. In der Konferenz ging es vor allem darum, die alten Brunnen wieder aufzugraben. In dem Augenblick, als ich die Begegnung mit diesem Engel hatte, erhielt ich die Gabe der Offenbarung und mein „prophetischer Mantel" wuchs auf das Zehnfache.

Im Februar 2001 erschien mir der Engel erneut in Albany. Er stand mitten in der Versammlung und sein Körper ragte durch die Decke des Gebäudes. Der Herr nannte mir den Namen des Engels und sagte, dass es derselbe Engel sei, der auch in Grants Pass gewesen war. Außerdem offenbarte mir der Herr, dass es sich um genau den Engel handelte, der auch im Dienst von John G. Lake, William Branham und John Knox wirksam gewesen war, den Engel der Nordwest-Heilungserweckung. Er soll ein Zeichen dafür sein, dass Gott die Erweckung „Voice of Healing" wiederherstellen und die alten Quellen öffnen wird.

In den letzten Jahren ist der Engel mit dem Namen „Heilungserweckung" wiederholt bei mehreren meiner Versammlungen erschienen. Wenn er kommt, empfange ich eine Gabe. Ich habe dann die Fähigkeit, die Krankheit der Menschen zu erkennen. Wenn ich jemanden mit meiner linken Hand berühre, weiß ich sofort, was mit der Person los ist.

Es kommt vor, dass der Engel mir sehr exakte Worte der Erkenntnis gibt. Er nennt den Namen, Kosenamen der Person, das Jahr der Erkrankung oder Verletzung und sagt mir, wo sie herkommt. Auch viele andere Personen haben diesen Engel bereits in den Versammlungen gesehen oder Kontakt zu ihm gehabt. Wann immer er auftaucht, geschehen Wunder in überdurchschnittlicher Anzahl. Wir sehen dann nicht nur ein paar Heilungen, sondern dass beispielsweise drei Blinde an einem Abend geheilt werden oder sogar Menschen aus dem Rollstuhl aufstehen und laufen.

Der Engel, der im Februar 2001 in Albany erschien, war ein Zeichen dafür, dass es Gott gefiel, was dort geschah, und dass er einen Brunnen der Heilung öffnete. Überall wo ich diesen Engel gesehen habe, geschahen die Wunder auch nach meiner Abreise und ein Brunnen der Heilung wurde etabliert. Solch ein Ort wird ähnlich dem Teich zu Bethesda aus Johannes, Kapitel 5, wo der Heilungsengel erschien.

Vor Jahren wurde ich in den Himmel genommen und zusammen mit einigen anderen Christen auf das Spielfeld eines Stadions gestellt. Wir befanden uns in einem Spiel und hatten den Ball. Alle Plätze waren von Engeln besetzt und sie feuerten uns an: „Auf geht's, Gemeinde, auf geht's!" Der Herr zeigte mir, dass es Heilungsengel waren, wie in Johannes 5. Er sagte, dass sie bereit sind, um den

Gemeinden, Regionen und Nationen, die zu solchen Heilungsbrunnen werden sollen, zugewiesen zu werden. Es würde so sein wie bei der Erweckung „Voice of Healing“ sagte er. Seit dieser Vision im Himmel besuchen mich diese Engel.

Ein Engel namens Verheißung

In Kansas City besuchte mich ein Engel und sagte: „Todd, mein Name ist Verheißung und ich komme zu dir, damit sich die Verheißungen Gottes und die prophetischen Worte der Fürbitter erfüllen. Ich komme zu denen, die so sind wie Hanna: sie haben gebetet, gewartet und die Verheißung in ihrem Herzen bewahrt. Es kommt die Zeit, dass Gott erhört, und ich werde die Antwort bringen.“

Sei ermutigt! Es gibt einen Engel, der heißt Verheißung und er wird einen Durchbruch in der Fürbitte bringen. Wenn dieser Engel zu meinen Versammlungen kommt, erhalten Menschen Durchbrüche und ihre Gebete werden beantwortet. Der Herr zeigte mir die Beschreibung dieser Engel in Offenbarung 8:

> 1 Als das Lamm das siebte Siegel öffnete, trat im Himmel Stille ein, etwa eine halbe Stunde lang. 2 Und ich sah: Sieben Engel standen vor Gott; ihnen wurden sieben Posaunen gegeben. 3 Und ein anderer Engel kam und trat mit einer goldenen Räucherpfanne an den Altar; ihm wurde viel Weihrauch gegeben, den er auf dem goldenen Altar vor dem Thron verbrennen sollte, um so die Gebete aller Heiligen vor Gott zu bringen. 4 Aus der Hand des Engels stieg der Weihrauch mit den Gebeten der Heiligen zu Gott empor. 5 Dann nahm der Engel die Räucherpfanne, füllte sie mit glühenden Kohlen, die er vom Altar nahm, und warf sie auf die Erde; da begann es zu donnern und zu dröhnen, zu blitzen und zu beben. 6 Dann machten sich die sieben Engel bereit, die sieben Posaunen zu blasen.

Bitte pass gut auf! In der unsichtbaren Welt gibt es einen Teufel, der verhindern möchte, dass wir die Gegenwart Gottes erleben. Genau wie bei Daniel, dessen Gebetserhörung einundzwanzig Tage aufgehalten wurde, werden auch bei uns geistliche Durchbrüche durch Dämonen in himmlischen Orten aufgehalten. Unsere Gebete steigen als Weihrauch auf zum Thron Gottes und sie werden in einer Schale aufbewahrt. Wenn sie voll ist, kommt ein Engel und setzt die Antwort und die Erfüllung der Verheißung frei.

In verschiedenen Gottesdiensten, wo ich über das Thema gesprochen habe, dass Gebetserhörungen aufgehalten werden, erschien der Engel der Verheißung. In einigen Fällen haben Menschen, die seit Jahren für einen Durchbruch gebetet haben, am nächsten Tag die Erhörung gesehen. Andere wurden geheilt, hatten einen finanziellen Durchbruch oder empfingen ein Wunder.

Ich bitte Gott jetzt, dem Engel der Verheißung zu erlauben, den Weihrauch einzusammeln, der durch das Gebet eines jeden Lesers zum Thron Gottes aufgestiegen ist. „O, Gott, nimm die Gebete eines jeden Fürbitters und lass einen Engel diese Gebete auf der Erde freisetzten. Dränge die Finsternis, den Widerstand und den Kampf zurück, die unserer geistlichen Durchbrüche verhindern. Vater, ich danke dir für den Engel namens Verheißung.“

Ein Engel der Prophetie

Vor einiger Zeit erzählte mir Bob Jones von einem Engel, der dabei half, die gesamte prophetische Bewegung in Kansas City in den achtziger Jahren zu starten. Der Herr hatte diesen Engel zur Unterstützung des prophetischen Dienstes (und der Gaben) gesandt, der zu dieser Zeit in den Gemeinden in Nordamerika wiederhergestellt wurde.

Ein paar Wochen nach unserem Gespräch besuchte ich einen Gottesdienst in Beulah, Nord-Dakota. Mitten in der Versammlung erschien ein Engel. Ich starrte ihn mit großen Augen an und der Herr sagte mir, dass es derselbe Engel sei, der bei der prophetischen Bewegung in Kansas City mitgewirkt hatte. Der Engel schwebte ein paar Zentimeter über dem Fußboden und strahlte in hellem Licht und Farben. Er erschien mir jung, vielleicht zwanzig Jahre alt, und zugleich alt. Es war so, als ob er die Weisheit, Tugend und Gnade aus Sprüche 31 verkörperte.

Er hatte Taschen bei sich und zog Gold daraus hervor. Während er dann den Gang auf und ablief, verteilte er Goldstaub auf die Menschen. „Gott, was passiert hier?" fragte ich. Der Herr sagte, dass das Gold sowohl Offenbarung als auch den finanziellen Durchbruch repräsentiert, den die Gemeinde erleben sollte. Durch die Führung des Herrn, konnte ich der Gemeinde verkünden, dass derselbe Engel erschienen sei, der schon in Kansas City aufgetaucht war, und dass dies ein Zeichen des Herrn war, dass er in der Gemeinde einen prophetischen Geist freisetzen wird.

Engel haben immer einen Grund, wenn sie erscheinen. Wir müssen Gott fragen, welche Absicht hinter ihrem Erscheinen steht. Als der Engel der Prophetie kam, führte, unterstützte und öffnete er die prophetische Quelle, die es dem Volk Gottes ermöglichte, frisches Wasser der Offenbarung von Gott zu empfangen. Nach diesem Ereignis geschahen in dieser Gemeinde mit einhundertfünfzig Personen mehr finanzielle Durchbrüche als je zuvor. Der Pastor bezeugte, dass sich das sonntägliche Opfer innerhalb von wenigen Wochen verdoppelt hatte. Später sandte mir die Gemeinde das größte Opfer, das ich bis zu diesem Zeitpunkt erhalten hatte, es waren Tausende von Dollar!

Doch der Engel setzte nicht nur einen finanziellen Segen frei, sondern auch eine prophetische Salbung. Die Menschen in der Gemeinde erlebten Visionen und Verzückungen und der Pastor erhielt Worte der Erkenntnis und Menschen wurden durch ihn geheilt. Während dieser Visitation wurde die Frau des Pastors durch den Heiligen Geist entzündet. Sie empfing eine so starke prophetische Salbung, dass sie die Telefonnummer von fremden Personen nennen konnte und über sie weissagte.

Der schreibende Engel

Manchmal steht ein schreibender Engel hinter mir, wenn ich Menschen weissage. Er sieht Abraham Lincoln ähnlich und sieht aus wie ein Historiker. In seinen Händen hält er eine Rolle und eine dieser altmodischen Schreibfedern. Während ich weissage, hört er zu und beobachtet die Reaktion der Menschen, dann schreibt er mit goldener Tinte. Ich fragte den Herrn darüber und er sagte, dass der

Engel ein Geschichtsschreiber ist, er schreibt über die Bestimmung und das Erbe. Zu bestimmten Zeiten setzt der Herr Gnade frei, um große Dinge zu tun. Der schreibende Engel wartet darauf, dass die Person eine Entscheidung fällt. Er gibt den Menschen auch die Fähigkeit, Visionen, Träume und Lehre zu verstehen.

Der Engel mit der Schriftrolle
Dieser Engel kommt mit den kleinen Schriftrollen, die süß wie Honig sind und die wir essen sollen (Hesekiel 3,3; Offenbarung 10,9). Das hilft uns, unsere Bestimmung und unser Erbe zu empfangen. Während wir essen, bekommen wir Verständnis über unseren nächsten Lebensabschnitt. Wir werden uns später in diesem Kapitel noch eingehender mit diesen Schriftrollen beschäftigen.

Rat und Macht
Der Engel des Rates und der Kraft hat die Aufgabe, uns zu beraten, damit wir die Kraft Gottes demonstrieren können. Mehr darüber erfährst du in dem Kapitel „Die sieben Geister Gottes".

Das Bewusstsein über Engel bringt Durchbruch
Wenn du in der Realität dieser Botschaft leben und sehen würdest, was im Himmel passiert, wenn du betest und anbetest, würdest du viel größere übernatürliche Manifestationen in deinem Leben sehen. Wir sind dazu berufen, mit Zeichen und Wundern zu leben. Wenn wir uns in unseren Denken mehr mit dem auseinandersetzen, was oben ist, statt uns mit irdischen Dingen zu beschäftigen, wird Gott die Augen unseres Herzens für die unsichtbare Welt öffnen. Wir müssen uns selbst gegenüber unbarmherzig sein, wenn es darum geht, all die Ablenkungen des Alltags loszuwerden, die uns vom realen übernatürlichen Christsein abhalten. Das Nachsinnen über den unsichtbaren Bereich und das Hören des Übernatürlichen versetzt uns in die Lage, ein Leben in der geistlichen Welt zu führen.

Ich erlebe Durchbrüche, weil ich mir der Realität von Engeln derart bewusst bin, dass ich sage: „Herr, ich gehe nach Uganda. Lass die evangelistischen Engel weltweit zu mir kommen. Dort gibt es Menschen, die ihre Errettung ererben werden. Ich möchte nicht, dass der Teufel bei diesen Veranstaltungen die Oberhand behält, also setze ich Engel frei. Ich löse sie jetzt im Namen Jesu."

Wenn ich dann in Uganda bin, habe ich die Möglichkeit Pressekonferenzen zu geben und ich habe Zugang zu allen Fernsehstationen und großen Zeitungen des gesamten Landes. Ich predige und sehe eine unbeschreibliche Erweckung, weil Gott die Engel sendet.

In der Bibel finden wir vom Anfang bis zum Ende überall Engel. Wir müssen beten: „Gott, lass uns die Engel sehen. Lass sie in die Gemeinde, in die Stadt und die Region kommen." Der Herr möchte, dass wir danach hungern in seiner Gegenwart und in der unsichtbaren Welt leben. Lasst uns fortfahren, ihn zu bitten, dass er die Augen unseres Herzens öffnet, damit wir das Unsichtbare, die Cherubim, die Serafim, die Schutzengel und das himmlische Heer sehen. Er möchte, dass wir sowohl bei Heilungen als auch in der Fürbitte mit seinen

Engeln rechnen und daran glauben, dass Engel in seiner strahlenden Herrlichkeit vor seinem Thron sind.

Als Kinder Gottes haben wir ein Recht, um den Dienst der Engel in unserem Leben, im Leben unserer Kinder und in der Gemeinde zu bitten. Lasst uns den Herrn darum bitten, dass wir der Engel, die uns Führung und Warnungen bringen, gewahr werden. Oder dass sie uns mit neuem Leben stärken, wo immer Leiden oder Kampf Entmutigung und Tod brachten. Er möchte, dass unser Leben und unsere Gemeinden zu einem modernen Teich von Bethesda werden, wo seine Heilungsengel ganzheitliche Heilung bringen. Wenn du es Gott erlaubst, dass du dir bewusster über das himmlische Heer wirst, kannst du vielleicht sogar den Wind der Engelsflügel spüren, wenn sie dir das Leben Gottes bringen. Er wird Engel der Verheißung senden, um Durchbrüche und die Erfüllung lang ersehnter Wünsche in deinem Leben zu schenken. So wird dein Winter zu einem Frühling werden. Wenn du Gott vertraust, dass er um deinetwillen das Heer der Engel mobilisiert, wirst du aufstehen und aus der Wüste heraus triumphierend in ein neues Leben hineinkommen – in ein siegreiches Leben, das die Bibel *Wandel im Geist* nennt (Galater 5,16 u.25).

Kapitel 9

Die sieben Geister Gottes

Möchtest du die tiefen Geheimnisse Gottes kennen? Wenn dein Herz ihm gegenüber loyal ist, lädt der Heilige Geist dich ein und lässt dich diese Dinge durch Offenbarung, Weisheit, Rat und Erkenntnis wissen. Gottes Augen durchwandern das Land, um die zu finden, die ein Verlangen nach dem Fluss seiner bleibenden Gegenwart haben. Er möchte immer in dir bleiben und dir größere Offenbarung seiner übernatürlichen Welt schenken. Diese Lehre über die Manifestation der sieben Geister Gottes wird dir dabei helfen.

Diese Lehre ist tief und sie wird dich anfänglich vielleicht verwirren, aber während du weiterliest, so glaube ich, wirst du eine größere Offenbarung und ein Verständnis der in Gott verborgenen Reichtümer bekommen. Wir sehen uns zuerst einige Erwähnungen der sieben Geister Gottes und die verschiedenen Manifestationen an. Danach werden wir jeden dieser Geister näher betrachten. Der Prophet Jesaja redet über den Geist des Herrn, der auf Jesus ruht:

> Jesaja 11 (Elberfelder Bibel)
> 2 Und auf ihm wird ruhen der Geist des Herrn, der Geist der Weisheit und des Verstandes, der Geist des Rates und der Kraft, der Geist der Erkenntnis und Furcht des Herrn.

In diesem Vers werden die sieben Geister Gottes genannt:

- Der Geist des Herrn
- Der Geist der Weisheit
- Der Geist des Verstandes
- Der Geist des Rates
- Der Geist der Kraft (Zeichen und Wunder)
- Der Geist der Erkenntnis
- Der Geist der Furcht des Herrn

Die sieben Geister Gottes sind sieben Ausdrucksformen, jede gibt einen Aspekt des Heiligen Geistes wider. Eine amerikanische Bibel (Amplified Bible) spricht vom „siebenfachen Heiligen Geist“ (Offenbarung 1,4). Der Heilige Geist ist nicht zerteilt, sondern es ist so, dass er sich manchmal in einer anderen Weise zeigt. Er zeigt sich als Geist der Weisheit, wenn wir Weisheit brauchen, als der Geist des Rates, wenn wir Führung brauchen und so weiter. Das Geheimnis der sieben Geister Gottes ist dem der Dreieinigkeit gleich – getrennt und doch eins.

Sieben Ausdrucksweisen des Heiligen Geistes

Die sieben Geister Gottes gleichen sieben Funktionen, Manifestationen oder Ausdrucksweisen des Heiligen Geistes, doch sie sind mehr als das.

Offenbarung 1
4 Johannes an die sieben Gemeinden in der Provinz Asien: Gnade sei mit euch und Friede von Ihm, der ist und der war und der kommt, und von den sieben Geistern vor seinem Thron.

Die Botschaft kommt von den sieben Geistern Gottes und die Briefe an die Gemeinden sind adressiert an die sieben Engel (Botschafter) jeder Gemeinde (Offenbarung 2,1). Man kann also sagen, es ist die Aufgabe der Botschafter, diese Nachricht den Gemeinden zu überbringen.

In den ersten Kapiteln der Offenbarung sehen wir also sieben Geister Gottes und sieben Engel (Botschafter) sowie sieben Gemeinden. Die Theologen streiten darüber, wer die Engel (Botschafter) sind. Einige glauben, dass es sich um die Pastoren der Gemeinden handelt. In der Schrift tauchen drei Arten von Boten auf, die Engel genannt werden: Engelswesen, menschliche Wesen und göttliche Wesen, nämlich Jesus selbst. Überall in der Schrift überbringen Engelswesen Botschaften an Menschen (siehe Kapitel 8). Auch menschliche Wesen werden in der Bibel Boten Gottes genannt, so wie der Prophet Haggai (Haggai 1,13). Das hebräische Wort *malak* bedeutet *Engel* oder *Bote*. Schließlich sagen Theologen, dass Gott, der Sohn, im Alten Testament als Engel erscheint. Dort ist dann die Rede vom „Engels des HERRN“ (1.Mose 16,7-13 und Josua 2,1).

Nun, da wir ein Verständnis von den verschiedenen Engelwesen in der Bibel haben, stellt sich die Frage: Wer könnten die sieben Engel in der Offenbarung sein? Im ersten Kapitel lesen wir, dass die Offenbarung sowohl durch „seinen Engel“ als auch durch „die sieben Geister“ geschah. Ist es möglich, dass in der Offenbarung des Johannes die Engelsboten die sieben Funktionen des Heiligen Geistes erfüllt haben? Könnte es sein, dass in diesem Buch der eine Heilige Geist durch sieben Ausdrucksweisen offenbart wird, dass aber jede Ausdrucksweise sich selbst durch einen Engelsboten offenbart?

Ich möchte sicher gehen, dass ich verstanden wurde, bevor ich fortfahre. Sei nicht verwirrt, indem du glaubst, ich wollte behaupten, dass der Heilige Geist ein Engel ist. Der Heilige Geist drückt sich – seine Person – auf sieben verschiedene Weisen aus. Jede erscheint dabei als ein Bote, aber nicht unbedingt als ein Engel. Die sieben Geister Gottes sind Teil des Heiligen Geistes und der Dreieinigkeit, insofern sind sie keine Engelswesen. Die Engel sind nicht Teil der Dreieinigkeit, sie sind Boten im Auftrag der sieben Geister.

Jeder Geist hat eine Aufgabe

Die Persönlichkeit jedes Geistes liegt in seiner Aufgabe oder Funktion. Der Geist des Verstandes ist der Heilige Geist, aber er enthält einen Charakter, der nicht im Geist der Furcht des Herrn enthalten ist und doch ist es immer noch der Heilige Geist. Im Buch der Sprüche wird die Weisheit beispielsweise als „sie“ bezeichnet – das ist eine Persönlichkeit. Sie erhebt ihre Stimme (Sprüche 1,20). Gott sagt, dass die Weisheit sogar dabei war, als er die Erde formte. Vielleicht musst du diese letzten Absätze ein paar Mal lesen, um sicher zu sein, dass du das Konzept verstanden hast. Du kannst dich jetzt entspannen, denn wir sind mit der Theologie für eine Weile am Ende.

Mir sind vier der sieben Geister durch Engel begegnet. Vor einigen Jahren erschien mir der Geist der Offenbarung als ein Engel in Kelowna, Kanada. Er hielt eine Laterne in der Hand und führte mich in einen Raum mit verborgenen Schätzen und Offenbarung. Er sagte: „Komm mit mir zu den Tiefen Gottes."

Die Weisheit besuchte mich und sie trat ebenfalls als Engel in Erscheinung. Wenn du an den Geist der Weisheit oder Offenbarung denkst, denkst du dann an eine Person? „Hi, ich bin der Geist der Weisheit." „Hi, ich bin der Geist der Offenbarung." Sie können personifiziert kommen. Ich sah auch den Engel, der den Geist von Rat und Kraft repräsentierte. Auch der Geist der Furcht des Herrn besuchte mich, aber dieser Geist erschien nicht als Engel.

Die Bibel lehrt uns, dass der Heilige Geist keine äußere Gestalt hat. Der Vater und Jesus haben eine äußere Erscheinung, der Heilige Geist jedoch nicht, er ist ohne Gestalt. Kann es deshalb nicht sein, dass er Teile seines Wesens durch Engel oder Boten offenbart?

Ich hörte von einem jungen Mann, der eine Begegnung mit den sieben Geistern Gottes hatte. Er erlebte in einer Vision, wie er sich als Schüler in einem Klassenraum befand und jede Persönlichkeit der sieben Geister durch einen Lehrer dargestellt wurde. Im Hintergrund befand sich eine Tafel und jeder der sieben Geister lehrte und schrieb seine Botschaft darauf. Wenn du möchtest, dass die sieben Geister Gottes in deinem Leben mehr Bedeutung gewinnen, musst du ihre Schule besuchen und du wirst im Herrn wachsen: in Weisheit, Offenbarung, Rat, Kraft, Erkenntnis und der Furcht des Herrn.

Fackeln und Augen

Nun, da du vertraut bist mit den sieben Geistern Gottes, wirst du im Wort viele Schriftstellen finden, die sie betreffen. Manchmal werden die sieben Geister Gottes symbolisch dargestellt oder möglicherweise durch sieben Engel.

Fackeln sind eine Beschreibung der sieben Geister Gottes: *„Von dem Thron gingen Blitze, Stimmen und Donner aus. Und sieben lodernde Fackeln brannten vor dem Thron; das sind die sieben Geister Gottes"* (Offenbarung 4,5). Die Fackeln brennen vor dem Thron Gottes und der Thron ist die Gegenwart und Herrlichkeit Gottes. Die Menora (siebenarmiger Leuchter) in der Stiftshütte Moses ist ein prophetisches Zeichen der sieben Geister Gottes. Die Fackeln brannten vor der Bundeslade, welche die Herrlichkeit und Gegenwart Gottes repräsentierte.

Gott hat seine Augen auf dich gerichtet!

Augen sind ein weiteres Symbol. *„Und ich sah: Zwischen dem Thron und den vier Lebewesen und mitten unter den Ältesten stand ein Lamm; es sah aus wie geschlachtet und hatte sieben Hörner und sieben Augen; die Augen sind die sieben Geister Gottes, die über die ganze Erde ausgesandt sind"* (Offenbarung 5, 6).

Die vier lebendigen Wesen vor dem Thron haben Augen unter ihren Flügeln: *„Und jedes der vier Lebewesen hatte sechs Flügel, außen und innen voller Augen“* (Offenbarung 4,8). Fast jede Stelle in der Bibel, in der es um die *Augen Gottes* geht, bezieht sich auf die sieben Geister Gottes. Sie sind ein Hinweis auf die allwissende, alles Sehende und allgegenwärtige Natur Gottes und seiner Geister.

„Denn die Augen des Herrn schweifen über die ganze Erde, um denen ein starker Helfer zu sein, die mit ungeteiltem Herzen zu ihm halten“ (2.Chronik 16,9). Die sieben Geister Gottes halten Ausschau nach Menschen, durch die sie sich offenbaren können. Stehst du zur Verfügung?

Es folgt eine Prophetie von Sacharja über Jesus, die sich auf die sieben Geister Gottes bezieht:

> Sacharja 3
> 8 Höre, Hohepriester Jeschua: Du und deine Gefährten, die vor dir sitzen, ihr seid Männer, die Wahrzeichen sind. Denn siehe, ich will meinen Knecht kommen lassen, den Spross. 9 Denn der Stein, den ich vor Jeschua hingelegt habe – auf diesem einen Stein sind sieben Augen.

Jesus wird auch mit einem Spross verglichen: *„Und ein Spross wird hervorgehen aus dem Stumpf Isais, und ein Schössling aus seinen Wurzeln wird Frucht bringen“* (Jesaja 11,1, Elberfelder Bibel). Auf Jesus ruhen also sieben Augen und diese sind die sieben Geister Gottes.

Sacharja versucht uns zu erklären, dass es nicht durch Heer oder Kraft geschieht, sondern durch seinen Geist. Die Schrift nimmt ein zweites Mal Bezug auf die Sieben: *„Denn wer gering dachte von der Zeit der kleinen Anfänge, wird sich freuen, wenn er den auserlesenen Stein in Serubbabels Hand sieht. Das sind die sieben Augen des Herrn, die über die ganze Erde schweifen“* (Sacharja 4,10).

Weißt du, wie der Herr uns leitet? Er sagt: *„Ich will dich unterweisen und dir den Weg zeigen, den du gehen sollst; ich will dich mit meinen Augen leiten“* (Psalm 32,8. Luther). Was sagt dir das? Gott hat seine Augen auf dich gerichtet. Wenn Gottes Augen auf uns gerichtet sind, sehen wir die Dinge, so wie er sie sieht und erhalten Rat und Richtungsweisung. Wenn ich mit seinen Augen sehe, sehe ich nicht nur das, was einen halben Meter vor mir liegt, sondern ich sehe die nächste Zeitperiode, die nächsten zehn Jahre meines Lebens vor mir. Ich sehe über Berge und Hügel hinweg. Er ist der alles Sehende, der Allwissende. Hast du dein Leben jemals mit seinen Augen aus seiner Perspektive betrachtet?

Gott sieht dich an und dann sieht er in die Richtung, in die du gehen sollst – in einem Augenblick befindest du dich in einer Vision und seine Augen leiten dich. Doch viele von uns irren in der Dunkelheit umher und wir sehen die Hand vor Augen nicht. Wir haben keine Ahnung, wer wir sind und wo wir hin gehen. Gottes Augen werden uns leiten.

Das waren also einige Informationen darüber, dass Fackeln oder Leuchter und Augen die sieben Geister Gottes repräsentieren. Ich will es noch einmal betonen:

Die sieben Geister Gottes sind verschiedene Manifestationen des Heiligen Geistes, die auch durch Engelsboten in Erscheinung treten können. In der Schrift sind Leuchter und Augen ein Symbol für die sieben Geister Gottes. Das ist nicht so schwer zu verstehen, oder? Nun wollen wir über Mäntel der Salbung reden, die Gott uns geben möchte.

Die bleibende Salbung

Es besteht ein Unterschied zwischen den neun *Gaben* des Geistes aus 1.Korinther 12,7-10 (Wort der Weisheit, Wort der Erkenntnis, Glaube, Gabe der Heilungen, Wunderwirkung, Prophetie, Unterscheidung der Geister, verschieden Arten von Sprachen und Auslegung von Sprachen) und den sieben Mänteln aus Jesaja 11 (Geist des Herrn, Geist der Weisheit, Geist des Verständnisses, des Rates, der Kraft, der Erkenntnis und der Furcht des Herrn). Diese Mäntel sind die sieben Geister Gottes, die auf Jesus ruhen.

Jesus hatte kein Wort der Weisheit – eine der *Gaben* des Geistes – sondern er hatte den *Geist der Weisheit*. Er hatte nicht die *Gabe* der Heilung. Der Geist des Herrn salbte ihn mit dem Heiligen Geist und Kraft und sie blieb *auf* ihm. Es war ein Mantel, der nicht von ihm wich. Die Gaben des Geistes werden an jeden ausgeteilt, so wie der Geist es will. Was bedeutet das? Sie kommen und gehen. Die sieben Geister kamen nicht auf Jesus und gingen wieder. Sie blieben dauerhaft auf ihm.

Mehr als ein Wort der Erkenntnis

Es gibt einen großen Unterschied zwischen dem Wort der Weisheit und dem Geist der Weisheit. Der Geist der Weisheit ist ein stetiger Fluss von Weisheit und Offenbarung im Gegensatz zu einem Wort. Stell dir alle Weisheit Gottes als ein riesiges Meer von Perlen vor. Gibt er dir eine davon, ist das ein Wort der Weisheit. Doch der Geist der Weisheit ist ein stetig wachsender Strom von Weisheit von dem, der alle Weisheit hat. Dieser Geist ruhte auf Jesus.

Erinnerst du dich an die Geschichte mit Nathanael und dem Feigenbaum? Stell dir vor, wie Nathanael sich gefreut hat, als er schließlich feststellte, wie offen der Himmel über ihm war – dies geschah, als Jesus es ihm durch ein Wort der Erkenntnis bewies, indem er ihm sagte, wo er gewesen war. Im Wesentlichen sagte er ihm: „Bruder, erinnerst du dich, dass du am Morgen dachtest, du seist allein? Ich sah, wie du dort drüben unter dem Feigenbaum das Wort gelesen und gebetet hast." Es erstaunte Nathanael, dass Jesus es wusste und sein Glaube wuchs riesig.

> Johannes 1
> 49 Nathanael antwortete ihm: Rabbi, du bist der Sohn Gottes, du bist der König von Israel! 50 Jesus antwortete ihm: Du glaubst, weil ich dir sagte, dass ich dich unter dem Feigenbaum sah? Du wirst noch Größeres sehen.

Jesus sagte im Grunde: „... es geht nicht um ein Wort der Erkenntnis. Du wirst den Himmel offen sehen und die Engel Gottes hinauf- und herabsteigen auf mich. Ich bekomme nicht nur eine Gabe des Geistes, ich bin ein offener Himmel. Ich bin eine Tür, der Himmel kommt auf mich herab. Ich bin vierundzwanzig Stunden am Tag ein Tor des Himmels mit Weisheit und Offenbarung. Ich bin der offene Himmel aus 1.Mose 28:12-16! Ich bin die Leiter Jakobs, die von der Erde zum Himmel reicht. Durch mich gibt es einen freien Zugang zwischen dem Himmel und der Erde. So bin ich."

Der Geist Gottes wohnt in uns, doch von Zeit zu Zeit kommt er auch auf uns. Der Tag wird kommen, wo wir in dieser Salbung handeln. Der Geist des Herrn wird auf uns ruhen und in uns bleiben und uns nicht mehr verlassen. Anstatt zu sagen: „Wow, ich hatte diese Woche ein Wort der Erkenntnis", wird dort ein Strom von Weisheit für jede Situation zur Verfügung stehen. Er wird allezeit da sein! Der Geist des Herrn wird auf uns ruhen und in uns bleiben. *„Gott, der Herr, gab mir die Zunge eines Jüngers, damit ich verstehe, die Müden zu stärken durch ein aufmunterndes Wort. Jeden Morgen weckt er mein Ohr, damit ich auf ihn höre wie ein Jünger"* (Jesaja 50,4).

Erwarte zu jeder Zeit Offenbarung

Ich erwarte jeden Morgen und Abend Offenbarung. Ich weiß nicht, warum wir glauben, dass wir nicht jeden Tag vom Herrn hören können. Sieh dir noch einmal diesen Vers an: „Jeden Morgen weckt er mein Ohr, damit ich auf ihn höre..." Ich erwarte täglich, den Herrn zu hören.

Sogar während wir schlafen, lehrt der Herr uns: *„Ich preise den Herrn, der mich beraten hat. Auch mahnt mich mein Herz in der Nacht"* (Psalm 16,7). Und wenn wir wach sind, steht uns Weisheit zur Verfügung (*Herz* kann auch mit *Verstand* übersetzt werden). Ist das nicht fantastisch? Stell dir vor, wir befinden uns im Traumland, fest schlafend, so laut schnarchend, dass es eine Sturmflut auslösen könnte, und in der Zwischenzeit unterweist uns unser Verstand. Danke für den Geist der Weisheit. Das Beste am Aufwachen ist nicht allein der morgendliche Kaffee, sondern der Geist der Weisheit in unserem Herzen, denn wir haben auch Weisheit, wenn wir aufwachen.

Also wir wollen uns das noch einmal ansehen. Wir wollen nicht nur ein Wort der Weisheit haben, sondern den Geist der Weisheit. Es ist ein stetig wachsender, bleibender Strom der Weisheit, in den wir eintauchen können und aus dem wir Gedanken holen.

Handeln mit Salbung

Wenn der Geist auf uns ruht, handeln wir in der Salbung von 1.Korinther 2,9-16. Gott hat einige Dinge vorbereitet, die kein Auge je gesehen hat. Es sind verborgene Geheimnisse Gottes.

1.Korinther 2 (Elberfelder Bibel)

9 ... Was kein Auge gesehen hat und kein Ohr gehört hat und in keines Menschen Herz gekommen ist, was Gott bereitet hat denen, die ihn lieben. 10
Uns aber hat es Gott offenbart durch seinen Geist; denn der Geist erforscht alle

Dinge, auch die Tiefen der Gottheit. 11 Denn welcher Mensch weiß, was im Menschen ist, als der Geist des Menschen, der in ihm ist? Also weiß auch niemand, was in Gott ist, als der Geist Gottes. 12 Wir aber haben nicht empfangen den Geist der Welt, sondern den Geist aus Gott, so dass wir wissen können, was uns von Gott gegeben ist; 13 welches wir auch reden, nicht mit Worten, welche menschliche Weisheit lehren kann, sondern mit Worten, die der heilige Geist lehrt, und richten geistliche Sachen geistlich. 14 Der natürliche Mensch aber vernimmt nichts vom Geist Gottes; es ist ihm eine Torheit, und er kann es nicht erkennen; denn es muss geistlich gerichtet sein. 15 Der geistliche aber richtet alles, und wird von niemand gerichtet. 16 Denn wer hat des Herrn Sinn erkannt, oder wer will ihn unterweisen? Wir aber haben Christi Sinn.

Gott möchte durch den Heiligen Geist die Tiefen der Gottheit offenbaren. Niemand kennt die Tiefen Gottes, außer der Heilige Geist, der in ihm ist. Wir haben diesen Geist empfangen! Wir sind fähig fortwährend Christi Sinn zu haben. Ist das nicht eine unbeschreibliche Offenbarung? Dies ist der Bereich, den Gott für die Gläubigen heute öffnen möchte.

Ja, die Gaben des Geistes sind wundervoll, doch der Strom der Gegenwart des Herrn ist noch viel schöner und danach sollten wir uns sehnen und mit unserem ganzen Herzen danach suchen. Warum sollten wir uns mit einem Wort, einer Offenbarung, einer Perle seiner Weisheit zufrieden geben, wenn Gott uns davon ein endloses Meer anbietet.

Die sieben Geister: Wer sind sie?

Bevor ich jeden Geist beschreibe, möchte ich darauf hinweisen, dass einige im Dienst gemeinsam wirken. *„Und auf ihm wird ruhen der Geist des Herrn, der Geist der Weisheit und des Verstandes, der Geist des Rates und der Kraft, der Geist der Erkenntnis und Furcht des Herrn“* (Jesaja 11,2, Elberfelder Bibel). Achte auf die drei Partnerschaften, ich werde später auf diesen Gedanken näher eingehen. Doch zunächst wollen wir uns jeden Geist nacheinander ansehen.

1. Der Geist des Herrn

Das ist schnell und einfach, beim Geist des Herrn handelt sich um den Heiligen Geist.

Seht, das ist mein Knecht, den ich stütze; das ist mein Erwählter, an ihm finde ich Gefallen. Ich habe meinen Geist auf ihn gelegt (Jesaja 42,1).

Der Geist Gottes, des Herrn, ruht auf mir (Jesaja 61,1).

Wie Gott Jesus von Nazaret gesalbt hat mit dem Heiligen Geist und mit Kraft, wie dieser umherzog, Gutes tat und alle heilte, die in der Gewalt des Teufels waren; denn Gott war mit ihm (Apostelgeschichte 10,38).

Der Geist Gottes befähigt dich, Dinge zu tun, die du selbst nicht im Fleisch tun kannst, Dinge wie Heilung oder Befreiung. Denke daran, welch ein großartiger Redner Mose war, obwohl er stotterte.

Was erwartet der Geist des Herrn

Ich habe davon geredet, dass die Sieben Geister Lehrer sind und jeder etwas anderes von den Schülern erwartet. Was erwartet der Geist des Herrn? Hingabe. Im Grunde sagt er: „Ich möchte, dass du dich hingibst. Ich möchte, dass du aufgibst. Ich möchte, dass du ein leeres Gefäß wirst. Ich möchte, dass du so bist, wie der Apostel Paulus: *„Täglich sterbe ich meinen eigenen Wegen, meinem eigenen Willen, mir selbst, meinem eigenen Fleisch“* (1.Korinther 15,31).

2. Der Geist der Weisheit

Durch Weisheit wissen wir in jeder Situation, was, wann und wie wir etwas tun müssen. Die Weisheit lehrt uns, wie wir Offenbarung richtig anwenden. Ohne Weisheit ist Offenbarung nicht gut. Der Geist der Weisheit gibt uns ein weises Herz, das unterscheiden kann.

Als Jesus zwölf Jahre alt war und in der Synagoge lehrte, war jeder darüber erstaunt (Lukas 4,22). Das war der Geist der Weisheit. Er kann uns sogar eine Sprache geben oder die richtigen Worte, um uns auszudrücken.

Denke daran, dass der Geist der Weisheit eine bleibende Salbung und keine vorübergehende Gabe ist. *„Josua, der Sohn Nuns, war vom Geist der Weisheit erfüllt, denn Mose hatte ihm die Hände aufgelegt. Die Israeliten hörten auf ihn und taten, was der Herr dem Mose aufgetragen hatte“* (5.Mose 34,9). Josua empfing den Geist der Weisheit, weil Mose ihm die Hände auflegte. Er war es, der das Volk Israel ins verheißene Land brachte.

Die Vorteile der Weisheit

In 2.Chronik 1,7 und 10-12 wird uns erzählt, wie der Herr Salomo zum ersten Mal erschien:

> 7 In jener Nacht erschien Gott dem Salomo und forderte ihn auf: Sprich eine Bitte aus, die ich dir gewähren soll…10 Verleih mir daher Weisheit und Einsicht, damit ich weiß, wie ich mich vor diesem Volk verhalten soll. Denn wer könnte sonst dieses mächtige Volk regieren? 11 Gott antwortete Salomo: Weil dir das am Herzen liegt, weil du nicht um Reichtum, Vermögen, Ehre oder um den Tod deiner Feinde, auch nicht um langes Leben gebeten hast, sondern weil du um Weisheit und Einsicht gebeten hast, um mein Volk zu regieren, zu dessen König ich dich bestellt habe, 12 sollen dir Weisheit und Einsicht zuteil werden. Aber auch Reichtum, Vermögen und Ehre will ich dir geben, wie sie kein König vor dir erlangt hat und auch nach dir keiner haben wird.

Wohlstand und Ehre durch Weisheit

Salomo sagte, dass er Weisheit brauche, um gut regieren zu können, und Gott gefiel diese Bitte. Er gab diesem König nicht allein Weisheit und Erkenntnis, sondern auch Reichtum, Wohlstand und Ehre.

Weisheit gibt Anweisungen
„Um Weisheit und Unterweisung zu kennen, um Worte des Verstandes zu verstehen" (Sprüche 1,2-3a, Unrevidierte Elberfelder Bibel 1905). Weisheit lehrt uns, wie wir biblische Erkenntnis und Wahrheiten in unserem Alltag anwenden sollen. Wir wissen, welche Anweisungen die Bibel uns gibt, aber wir müssen auch wissen, was, wann und wie wir etwas tun sollen, um diese Wahrheiten in *unserem* Leben anzuwenden.

Die Weisheit gießt ihren Geist aus

> Sprüche 1
> 20 Die Weisheit ruft laut auf der Straße, auf den Plätzen erhebt sie ihre Stimme.
> 21 Am Anfang der Mauern predigt sie, an den Stadttoren hält sie ihre Reden: 22
> Wie lang noch, ihr Törichten, liebt ihr Betörung, gefällt den Zuchtlosen ihr
> dreistes Gerede, hassen die Toren Erkenntnis? 23 Wendet euch meiner
> Mahnung zu! Dann will ich auf euch meinen Geist ausgießen und meine Worte euch kundtun.

Welch eine Einladung, die die Weisheit uns macht! Sie (personifiziert als weiblicher Bote) sagt, dass sie sich nach Einfältigen oder Törichten umsieht, auf die sie ihre Gedanken ausgießen will. Bitte Gott, dass er den Geist der Weisheit auf dich ausgießt. Der Apostel Paulus betete für die gleiche Ausgießung auf seine geistlichen Kinder (Epheser 1,17). Das ist ein großartiges Gebet, das wir jeden Tag für uns oder unser Familie beten können.

Weisheit beschützt
Wie kann Weisheit uns beschützen, fragst du dich. Mal sehen, ob du die folgenden Schriftstelle verstehst:

> Wer aber auf mich hört, wird sicher wohnen, und wird ruhig sein vor des Übels Schrecken (Sprüche 1,33).

> Denn Weisheit zieht ein in dein Herz, Erkenntnis beglückt deine Seele. Besonnenheit wacht über dir, und Einsicht behütet dich. Sie bewahrt dich vor dem Weg des Bösen, vor Leuten, die Verkehrtes reden (Sprüche 2,10-12).

Was will die Weisheit tun? Sie will dich bewahren vor dem Weg des Bösen. Weisheit beschützt die, die sie lieben und suchen. Welch ein Segen!

> Denn sie zu erwerben ist besser als Silber, sie zu gewinnen ist besser als Gold. Sie übertrifft die Perlen an Wert, keine kostbaren Steine kommen ihr gleich. Langes Leben birgt sie in ihrer Rechten, in ihrer Linken Reichtum und Ehre (Sprüche 3,14-16).

> Halte sie hoch, dann wird sie dich erhöhen; sie bringt dich zu Ehren, wenn du sie umarmst. Sie setzt dir einen schönen Kranz auf das Haupt, eine prächtige Krone wird sie dir schenken. Höre, mein Sohn, und nimm meine Worte an, dann mehren sich die Jahre deines Lebens (Sprüche 4,8-10).

Nichts, was du begehrst, ist ihr gleich. Sie bringt sogar ein langes Leben. Nun, falls all diese Vorteile noch nicht ausreichen, schließe ich diesen Abschnitt mit ein paar weiteren Versen, über die du nachdenken kannst. Meditiere über die Verheißungen in diesen Stellen. Wenn jemand die Weisheit in Flaschen füllen und verkaufen könnte, gäbe es Menschen, die ihn um dieser Vorteile willen umbringen würden:

> Langes Leben birgt sie in ihrer Rechten, in ihrer Linken Reichtum und Ehre; ihre Wege sind Wege der Freude, all ihre Pfade führen zum Glück. Wer nach ihr greift, dem ist sie ein Lebensbaum, wer sie festhält, ist glücklich zu preisen. Der Herr hat die Erde mit Weisheit gegründet und mit Einsicht den Himmel befestigt (Sprüche 3,16-19).

> Hört her! Aufrichtig rede ich. Redlich ist, was meine Lippen reden... Durch mich regieren die Könige und entscheiden die Machthaber, wie es Recht ist (Sprüche 8,6 u.15).

> Erwirb dir Weisheit, erwirb dir Einsicht, vergiss sie nicht, weich nicht ab von meinen Worten! (Sprüche 4,5).

Wir werden uns mit den Voraussetzungen zum Empfang des Geistes der Weisheit später in diesem Kapitel befassen. Nun wollen wir uns ansehen, wie wir mehr göttliche Offenbarung für unser Leben empfangen können.

3. Der Geist der Offenbarung (Verständnis)

Offenbarung bedeutet Licht hineinzubringen, verborgene Dinge aufzudecken, die Decke wegzunehmen oder zu enthüllen. Was soll enthüllt werden? Die Antwort mag dich überraschen: Es geht um eine Enthüllung der Geheimnisse des Herrn. Diese verborgenen Schätze werden dir bekannt. Du wirst Einsichten haben in Gottes Werke und darüber, wie Werke gesalbt werden. Der Geist der Offenbarung nimmt den Schleier weg und die Bibelverse springen dir ins Auge. Du denkst: „Ich habe dieses Kapitel schon ein dutzend Mal gelesen und habe es nie vorher gesehen, wie kann das sein?"

Zwei Arten von Offenbarung
Wenn jemand über den Geist der Offenbarung spricht, denkst du wahrscheinlich, dass es um Bibelverständnis geht. Doch wir wollen uns zwei weitere Arten von Offenbarung ansehen. Da gibt es einerseits Offenbarungen, die das Resultat prophetischer Erfahrungen, wie Träume, Visionen oder Begegnungen sind, und andererseits göttliche Offenbarung.

Prophetische Offenbarung

Nachts kam Gott zu Abimelech und sprach zu ihm im Traum… (1.Mose 20,3).

Denn einmal redet Gott und zweimal, man achtet nicht darauf. Im Traum, im Nachtgesicht, wenn tiefer Schlaf auf die Menschen fällt, im Schlummer auf dem Lager, da öffnet er der Menschen Ohr und schreckt sie auf durch Warnung (Hiob 33,14-16).

So wie in der Bibel gibt es solche prophetischen Erlebnisse verschiedenster Art auch heute noch. Es mag sein, dass du hinauf genommen wirst in den Himmel und dort mit dem Herrn eine Unterhaltung hast oder dass dir ein Engel etwas erklärt. Vielleicht wirst du an einen anderen Ort versetzt oder du lernst etwas von Gott durch einen Traum oder eine Vision. Die Bibel ist voll von solchen Erlebnissen!

Göttliche Offenbarung
Eine andere Art ist die göttliche Offenbarung. Dabei handelt es sich um stückweise Erkenntnis über eine Sache, von der du vorher nichts wusstest und die in deinen Geist gegeben wird. Diese Dinge erfährst du nicht durch eine Predigt und auch durch einen Traum, eine Vision oder Engelsbegegnungen werden solche Dinge nicht offenbart. Wenn dich jemand fragt, woher du es weißt, kannst du es nicht erklären, sondern nur sagen „durch Offenbarung".

Stell dir vor, du wachst auf und erinnerst dich an eine dreistündige Predigt über ein dir unbekanntes Thema und außerdem kennst du sämtliche Bedeutungen der darin vorkommenden griechischen Wörter: das ist der Geist der Offenbarung. Er wird in die Gemeinden unserer Tage kommen.

Ein Junge, der unter einer Leseschwäche litt, kam in meine Versammlung. Er hatte nie zuvor gelesen. Ich widerstand dem tauben und stummen Geist und er war geheilt. Er ging nach Hause, nahm sich ein Buch und konnte seinem Vater alles vorlesen. Wenn göttliche Offenbarung geschieht, bekommst du Weisheit, die um Jahre voraus ist.

Die göttliche Offenbarung des Paulus
Paulus war nie unter der persönlichen Jüngerschaft von Jesus oder den Aposteln. Er besuchte nicht einmal eine Bibelschule, nachdem er errettet worden war. Er empfing seine Offenbarung in der Wüste: *„Ich erkläre euch, Brüder: Das*

Evangelium, das ich verkündigt habe, stammt nicht von Menschen; ich habe es ja nicht von einem Menschen übernommen oder gelernt, sondern durch die Offenbarung Jesu Christi empfangen" (Galater 1,11-12).

Ich möchte es noch einmal wiederholen. In Epheser 3,3-4 heißt es: *„Durch eine Offenbarung wurde mir das Geheimnis mitgeteilt... wenn ihr das lest, könnt ihr sehen, welche Einsicht in das Geheimnis Christi mir gegeben ist."*

Paulus schrieb mehr Bücher des Neuen Testaments als jeder andere und er sagte: „was ich durch den Geist der Offenbarung empfangen habe, empfing ich durch göttliche Vermittlung des Heiligen Geistes." Du kannst Jesus nicht wirklich kennen, außer durch den Geist der Weisheit und Offenbarung.

Offenbarung und Weisheit gehen Hand in Hand

Die Weisheit hilft dir, die Offenbarung umzusetzen, damit du andere lehren oder sie für dich selbst anwenden kannst. Wenn du keine Weisheit hast, wirst du nicht wissen, was du mit der Offenbarung anfangen sollst. Eine Offenbarung besteht eigentlich aus vier Teilen: Auslegung, Weitergabe, Zeitpunkt und Anwendung. Wenn du Offenbarung empfangen hast, brauchst du Einsicht in allen vier Bereichen. Das ist die Aufgabe des Geistes der Weisheit. Im Folgenden beschreibe ich wie der Geist der Weisheit und der Offenbarung zusammenwirken:

> Epheser 1
> 17 Der Gott Jesu Christi, unseres Herrn, der Vater der Herrlichkeit, gebe euch den Geist der Weisheit und Offenbarung, damit ihr ihn erkennt. 18 Er erleuchte die Augen eures Herzens, damit ihr versteht, zu welcher Hoffnung ihr durch ihn berufen seid, welchen Reichtum die Herrlichkeit seines Erbes den Heiligen schenkt 19 und wie überragend groß seine Macht sich an uns, den Gläubigen, erweist durch das Wirken seiner Kraft und Stärke.

Gott versorgt uns durch den Geist der Weisheit und den Geist der Offenbarung. Seine Versorgung erfolgt gemäß *seinem* Reichtum an Herrlichkeit. Der Geist der Weisheit und der Offenbarung wird dir Erkenntnis geben, wie du übernatürlich versorgt wirst. Er füllt all deinen Mangel aus gemäß seinem Reichtum an Herrlichkeit. Du kannst das ohne den Geist der Weisheit und der Offenbarung nicht erfassen. Ohne diese Geister wirst du niemals wissen, wer du bist und welch ein herrliches Erbe dir gehört.

Du könntest Monate damit verbringen, dich mit den himmlischen Segnungen zu beschäftigen, die der Geist der Weisheit und der Geist der Offenbarung in dein Leben hineinbringen.

Der Weg zur Weisheit

Die ersten Kapitel der Sprüche geben uns ein Verständnis über den Wert der Weisheit. Doch welche Voraussetzungen müssen vorliegen, damit wir Weisheit bekommen?

Sprüche 8
32 Nun, ihr Söhne, hört auf mich! Wohl dem, der auf meine Wege achtet. 33
Hört die Mahnung, und werdet weise, lehnt sie nicht ab! 34 Wohl dem, der auf
mich hört, der Tag für Tag an meinen Toren wacht und meine Türpfosten
hütet.

Sie sagt: „Ich liebe die, die mich lieben, und die mich ernsthaft suchen, werden mich finden. Ich möchte, dass du mich suchst. Ich möchte, dass du deine Stimme erhebst und nach Verständnis und Unterscheidung rufst." In jeder Situation und in allen Umständen ist sie da, wenn du sie suchst und rufst: „Geist der Weisheit, komm und hilf mir!" Jage der Weisheit nach und wenn du sie erreicht hast, wird es ungeheuere Vorteile für dich bringen. Tu nichts ohne sie, warte auf ihre Anweisungen.

Ich nenne hier einige Schriftstellen über den Nutzen der Weisheit, die du dir ansehen solltest: Sprüche 2,10; 3,13-18; 3,21-24; 4,5-9; 7,4-5 und 24,3-6.

Der Weg zur Offenbarung

Es geht schnell, dass wir beten: „Gott ich möchte Visionen und Offenbarungen." Aber der Geist der Offenbarung erwartet, dass du zunächst in seine Schule gehst. Er ist ein strenger Lehrer. Er geht zum Vater und sagt: „Sie wollen Offenbarung und deshalb werde ich sie zuvor in Demut und Zerbrochenheit hineinführen, und dann werden sie mehr bekommen. Ich möchte Hingabe, ich möchte, dass sie mir vertrauen."

Wir wollen ein Blick auf das Leben des Paulus werfen und uns ansehen, was er durchgemacht hat, um den Geist der Offenbarung zu empfangen. *„Damit ich mich wegen der einzigartigen Offenbarungen nicht überhebe, wurde mir ein Stachel ins Fleisch gestoßen: ein Bote Satans, der mich mit Fäusten schlagen soll, damit ich mich nicht überhebe"* (2.Korinther 12,7).

Wegen der Fülle der Offenbarung hätte Paulus mit Leichtigkeit stolz werden können und deshalb gab Gott ihm einen Stachel ins Fleisch (ein Bote Satans, keine Krankheit). Die Aufgabe des Boten bestand darin, permanenten Gegenwind, Druck und Tod gegenüber dem eigenen Ich zu bringen, um Demut und Zerbrochenheit zu bewirken. Ich nenne einige der äußeren Bedrängnisse, die Paulus ertragen musste: Versuchungen, Schiffbruch, Schläge, Gefängnis, Steinigungen, Kritik, Verurteilung und Leiden.

Paulus muss die Schule der Offenbarung erfolgreich absolviert haben, weil wir seine Demut im folgenden Vers erkennen können: *„Ich kenne jemand,... der vor vierzehn Jahren bis in den dritten Himmel entrückt wurde..."* (2.Korinhter 12,2). Paulus redet von sich, aber er sagt nicht: „Ich wurde entrückt." Er wollte nicht, dass die Menschen höher von ihm denken, als sie es sollten. Je demütiger du sein kannst, desto mehr kann Gott dir seine Offenbarung anvertrauen. *„Deswegen bejahe ich meine Ohnmacht, alle Misshandlungen und Nöte, Verfolgungen und Ängste, die ich für Christus ertrage; denn wenn ich schwach bin, dann bin ich stark"* (2.Korinther 12,10).

Offenbarung erfordert Charakter, Intimität, Demut, Zerbrochenheit und Selbstverleugnung. Paulus hatte seine Lektion gut gelernt. Er schloss die Schule ab und wurde ein Mann, der Geschichte gemacht hat.

4. Der Geist des Rates

Der Geist des Rates nimmt Gottes Anweisung auf und hört auf das, was er vorhat. Als Jesus auf den Berg der Verklärung ging, nahm er Jakobus, Petrus und Johannes mit. Ich bin sicher, dass die anderen Jünger sagten: „Ich würde auch gerne mitkommen, ich gehöre doch auch dazu, vergiss mich nicht." Doch Jesus hatte den Rat Gottes und er folgte diesem Rat.
Wenn es um Heilungen und Wunder geht, folgt Gott in allem seinem Plan und seiner Strategie. Der Herr sagte zu Josua:

> Josua 6
> 3 Ihr sollt mit allen Kriegern um die Stadt herumziehen und sie einmal umkreisen. Das sollst du sechs Tage lang tun. 4 Sieben Priester sollen sieben Widderhörner vor der Lade hertragen. Am siebten Tag sollt ihr siebenmal um die Stadt herumziehen, und die Priester sollen die Hörner blasen. 5 Wenn das Widderhorn geblasen wird und ihr den Hörnerschall hört, soll das ganze Volk in lautes Kriegsgeschrei ausbrechen. Darauf wird die Mauer der Stadt in sich zusammenstürzen; dann soll das Volk hinübersteigen, jeder an der nächstbesten Stelle.

Josua wird sich gefragt haben: „Warum kann die Mauer nicht beim ersten Mal einstürzen?"

Als Jesus die Blinden heilte, machte er es auf verschiedene Weise. Einmal spuckte er, dann rieb er Matsch in die Augen, und ein anderes Mal sprach er Heilung aus. Es war die gleiche Krankheit, warum also verschiedene Methoden? Ich wette, dass der eine Mann ziemlich erstaunt war, als Jesus ihm Matsch in die Augen rieb!

Wir können niemanden heilen, der blind ist, wenn wir nicht den Rat Gottes haben. Jeder Fall liegt anders. Wenn wir für jemanden beten und die Person wird geheilt, doch eine andere Person mit demselben Leiden nicht, kann es daran liegen, dass wir es versäumt haben, den Rat Gottes einzuholen. Vielleicht sind wir in der gleichen Weise vorgegangen wie beim ersten Mal und haben nicht berücksichtigt, dass Gott die nächste Person auf eine andere Weise heilen wollte. Gott kann für jede Situationen eine andere Heilungsmethode wählen. Wenn du betest und es geschieht nichts, halte inne und bitte den Herrn um Rat.

> Epheser 1
> 11 Durch ihn sind wir auch als Erben vorherbestimmt und eingesetzt nach dem Plan dessen, der alles so verwirklicht, wie er es in seinem Willen beschließt.

Das himmlische Muster

Wie wichtig ist das himmlische Muster? Gott hat für jede Versammlung eine bestimmte Strategie, um seine Kraft und Heilung freizusetzen. Es ist entscheidend, dass wir auf den Rat Gottes warten, denn wenn wir nur um Zentimeter abweichen, wird das Reich nicht kommen. Ich erinnere mich an einen Gottesdienst, in dem der Heilige Geist sagte: „Todd, ich möchte diesen Mann von Krebs heilen und ich werde dir sagen wie du es machen sollst. Sage ihm, dass er aufstehen und zwei Schritte vortreten soll." Ich antwortete: „Gott, was macht es für einen Unterschied, ob er dort stehen bleibt oder zwei Schritte vortritt?" Der Herr sagte: „Weil dort ein Engel ist."

Ich musste tatsächlich die Kanzel umstellen, weil ich es so vor Beginn der Versammlung im Himmel gesehen hatte. Ich nenne das „Heilungsszenen" und sie kommen vom Geist des Rates.

Denke an das erste Wunder, das Jesus getan hat. Er verwandelte Wasser in Wein. Ich stelle mir vor, wie Maria Jesus ansah und lächelte, bevor sie die Diener herbeirief und ihnen sagte: *„Was er euch sagt, das tut!"* (Johannes 2,5). Sie hatte es verstanden.

Jesus tat alle seine Wunder im Geist des Rates. Er war die ganze Nacht auf dem Berg, um zu beten, und der Geist des Rates sagte zu ihm: „Geh zum Teich Bethesda und heile den gelähmten Mann, der dort seit achtunddreißig Jahren liegt" (Johannes 5,6-8). Wie konnte es sein, dass Jesus nicht die anderen Kranken dort heilte? Johannes 5 ist der Schlüssel:

> 19 Der Sohn kann nichts von sich aus tun, sondern nur, wenn er den Vater etwas tun sieht. Was nämlich der Vater tut, das tut in gleicher Weise der Sohn.
> 20 Denn der Vater liebt den Sohn und zeigt ihm alles, was er tut…

Der Vater liebt seine Söhne und Töchter in der Gemeinde heute. Er möchte dir alle Dinge zeigen, die er selbst tut. Es mag erforderlich sein, dass du eine Nacht auf dem Berg verbringst oder dich in die Wüste zurückziehst und in der Einsamkeit betest und wartest.

Ausgestattet mit „Macht"

Ich befand mich in meinem Hotelzimmer in Kansas City und sah in meinen Gedanken, wie ich vor Jesus kniete. In dieser Vision legte der Herr einen violetten Heilungsmantel um meine Schulter. Dann sagte der Herr, dass ich gemäß dieser Vision handeln sollte. Ich tat es und der Himmel wurde aufgeschlossen und geöffnet. Ich handelte nach dem, was ich in der Vision empfangen hatte. Als ich den Himmel und die Erde in Übereinstimmung brachte, wurde der Weg frei für eine Begegnung.

Sogleich erschien ein Engel und stand über mir. Auf einem seiner Beine stand das Wort „Rat" und auf dem anderen „Kraft". Er trug ein Schwert der Kraft und Autorität. Der Engel sagte: „Nimm dieses Schwert." Auf der Klinge stand „Hebräer 4,12-13":

> Denn lebendig ist das Wort Gottes, kraftvoll und schärfer als jedes zweischneidige Schwert; es dringt durch bis zur Scheidung von Seele und Geist, von

Gelenk und Mark; es richtet über die Regungen und Gedanken des Herzens; vor ihm bleibt kein Geschöpf verborgen, sondern alles liegt nackt und bloß vor den Augen dessen, dem wir Rechenschaft schulden.

Der Engel erklärte mir, dass diese Salbung heute freigesetzt wurde und dass ich den Propheten und Lehrer, Paul Keith Davis, nach der Bedeutung fragen sollte. Paul Keith erzählte mir, dass die Salbung des Rates und der Kraft fortwährend auf dem Leben von William Branham geruht hätte. Er war in der Lage, Gedanken zu erkennen und kannte die Geheimnisse des Herzens, Namen und Adressen. William Branham nannte das „den Vorhang zurückziehen". Er begann mit stückweiser Erkenntnis und dann offenbarte der Geist des Rates ihm die verborgenen Dinge. Daraufhin wurde Gottes Kraft freigesetzt. Auch Jesus ging so vor. Er hatte das lebendige Wort und kannte die Gedanken der Menschen.

An diesem Abend ging ich in die Gemeinde in Kansas City und fand heraus, dass vier andere Personen die gleiche Vision zur gleichen Zeit gehabt hatten, darunter auch Jill Austin, die ihre Begegnung während des Gottesdienstes erlebte. Gott sagte: „Sag der Gemeinde, dass die Zeit gekommen ist, da ich ihr das lebendige Wort aus Hebräer 4,12 anvertrauen will."

Wir erhalten Teile, Einblicke, ein Wort der Erkenntnis hier und da, doch es wird eine Salbung kommen, die den Vorhang zurückzieht, um alle Einzelheiten der verborgenen Dinge zu offenbaren. Der Herr sagte, dass er der Gemeinde die Fülle seines Herzens und seiner Gedanken geben wird. Stell dir vor, wenn die Propheten in die Lage versetzt werden, dass ihnen die Fülle Gottes und die verborgenen Dinge anvertraut werden. Später werden wir noch auf die Erfordernisse des Geistes des Rates eingehen.

5. Der Geist der Kraft (Zeichen und Wunder)

Wenn der Geist der Kraft auf mich kommt, kann ich wochenlang zum Dienen und Predigen unterwegs sein. Verlässt er mich, dann bin ich wie tot! Der Geist der Kraft bewirkt mächtige Taten, gibt Stärke, wirkt Wunder, Zeichen und Kraftwirkungen. Der Geist der Kraft fordert von uns die strengste Schule von allen. Du lernst Disziplin, Fasten, Gebet, Charakterveränderung und dir selbst zu sterben. Das ist der Preis, den du zahlen musst, bevor du Gottes Kraft erhältst, es ist teuer.

Die mächtigen Taten Gottes

Diese mächtigen Taten gehen über körperliche Heilungen, Zeichen im Himmel und Wunder auf der Erde hinaus.

Elia

Ich liebe die Geschichte aus 1.Könige 18,20-40 wo Elia die vierhundertfünfzig Propheten Baals herausfordert und eine gesamte Nation zurück zu Gott bringt. Das war Erweckung. Elia wartete auf den Rat Gottes. Bevor er sich auf den Weg zum Berg Karmel machte, fragte er sich: „Wie soll es geschehen?" Gott sagte ihm, dass er das Opfer tränken solle. Elia sagte: *„Ich bin dein Diener und ich habe alles* *nach deinem Wort getan"* (1.Könige 18,36). Danach kam der Geist der Kraft auf ihn und er lief schneller als die Wagen des Königs.

Mose

> 2.Mose 7
> 8 Und der Herr sprach zu Mose und Aaron: 9 Wenn der Pharao zu euch reden und sagen wird: Weist euch durch ein Wunder aus! - dann sollst du zu Aaron sagen: Nimm deinen Stab und wirf ihn vor dem Pharao hin! - er wird zu einer Schlange werden.

Gott gab Mose den Rat, den er brauchte, bevor er zum Pharao ging. Wenn die Welt ein Wunder braucht, muss Gott uns sagen, was wir sagen und tun sollen.

Täglich nehme ich mir Zeit, um in der Gegenwart des Herrn zu liegen. Ich sage: „Gott, sage mir, wie ich das Rote Meer teilen kann. Sage mir, wie ich die Blinden heilen kann." Wenn wir auf seinen Rat warten, kommt der Geist der Kraft. Es folgen einige Beispiele, wie der Rat Gottes in mein eigenes Leben gekommen ist und danach mächtige Demonstrationen der Kraft Gottes erfolgten.

Übernatürliches in Mexiko
In Mexiko erhielt ich den Rat Gottes und er sagte: „ Ich will jede taube Person in diesem Gottesdienst heilen. Der Schlüssel, um diese Heilungssalbung freizusetzen, besteht darin, dass du den Menschen bevor du betest, sagst, dass *jede* taube Person geheilt wird." Ich hätte die sichere Variante wählen und sagen können: „Hier ist eine Salbung, um Taube zu heilen." Wahrscheinlich wären auch einige geheilt worden, aber Gott hatte gesagt, dass sein Reich nur dann kommen würde, wenn ich den Menschen sagen würde, dass jede taube Person geheilt wird. Zwölf Menschen, die an diesem Abend taub in die Versammlung kamen, verließen sie geheilt!

Tumore verschwinden in Malawi
Als ich das erste Mal in Malawi war, haben die Menschen gedacht: „Wir kennen Bonnke, aber wer ist dieser Weiße aus Kanada?" Sie waren skeptisch. Normalerweise mag ich es, zunächst eine Beziehung zur Versammlung herzustellen und den Menschen von mir zu erzählen. Doch bevor ich überhaupt dazu kam, mich vorzustellen, sagte Gott zu mir: „Ruf jeden nach vorne, der einen sichtbaren Tumor hat. Wir werden die Tumore beseitigen, damit sogar die Skeptiker überzeugt sind." Es war so, als hätte ich gesagt: „Hallo, mein Name ist Todd Bentley von Fresh Fire Ministries. Wenn du einen sichtbaren Tumor hast, komm nach vorne!" Wir beteten und der Heilige Geist wirkte, so dass die Tumore sofort bei sieben Menschen verschwanden.

Vier Arten der Kraft
Wir wollen uns nun näher mit den vier verschiedenen griechischen Wörtern der Kraft Gottes im Neuen Testament beschäftigen. In Epheser 6,10 heißt es: *„Und schließlich: Werdet stark durch die Kraft und Macht des Herrn!"*

Dynamis

Apostelgeschichte 1
8 Aber ihr werdet die Kraft *(dynamis)* des Heiligen Geistes empfangen, der auf euch herabkommen wird; und ihr werdet meine Zeugen sein in Jerusalem und in ganz Judäa und Samaria und bis an die Grenzen der Erde.

Dynamis ist der Heilige Geist, der in Apostelgeschichte 1,8 kommt: „Ihr werdet die Kraft … empfangen." Dynamis besteht in Heilung, Energie, Dynamit, explosiver Kraft. Wie wirst du diese Kraft empfangen? Jesus sagte, dass sie auf die Verheißung des Vaters warten sollten (Apostelgeschichte 1,4). Warte, bis du eine Begegnung hast. Der Geist der Kraft erfordert das.

Ischuo

Jakobus 5
16 Bekennt nun einander die Sünden und betet füreinander, damit ihr geheilt werdet! Viel vermag (*ischuo*) eines Gerechten Gebet in seiner Wirkung.

Weißt du, was *Ischuo* bedeutet? Es heißt „beschleunigende Kraft". Diese Kraft wird dir „explosive Kraft" (dynamis) geben, weil der Geist den Glauben beschleunigt, den du bereits hast.

Ischuo ist das Gebet des Glaubens, dass die Kranken errettet. Dynamis ist wie eine Batterie in deinem inneren Menschen. Um diese Batterie aufzuladen brauchst du *Ischuo*. Diese Kraft ist wie der Strom, der die Batterie auflädt.

Kratos

Apostelgeschichte 19
20 So wuchs das Wort des Herrn mit Macht (*kratos*) und wurde stark.

Hier handelt es sich um eine völlig andere Dimension der Kraft Gottes. *Kratos* nimmt das, was du tust und vervielfältigt es, so dass es Oberhand gewinnt. Es ist wie eine nukleare Explosion. So als ob Gottes Reich und Herrschaft über eine ganze Stadt kommen. In Apostelgeschichte 19,20 geht es um diese Art der Kraft.

Diese Kraft Gottes wird verfügbar durch Meditation der Schrift, die Autorität des Wortes und die Proklamation des Wortes. *Kratos* ist die Manifestation der souveränen Herrschaft und Regierung Gottes. Es handelt sich wörtlich um die Manifestation der Majestät und Herrlichkeit Gottes, der Werke Gottes durch den Willen Gottes, welcher durch das Wort Gottes wirksam wird. Es bedeutet das Regieren des Königs und redet von der geografischen Herrschaft Gottes.

Exousia

Matthäus 10
1 Dann rief er seine zwölf Jünger zu sich und gab ihnen die Vollmacht (*exousia*), die unreinen Geister auszutreiben und alle Krankheiten und Leiden zu heilen.

Exousia ist delegierte Autorität. Es bedeutet einen Schritt im Glauben zu tun, weil Gott es gesagt hat. „Glaube mir, dass du der bist und das tun kannst, was ich über dich gesagt habe. Handle, weil es im Wort geschrieben steht. Tu es unabhängig von dem, was du siehst oder fühlst." Heilung kommt durch das Prinzip des Glaubens zustande. Es ist nicht eine Salbung, sondern Autorität. Wenn du das Wort sprichst, geschieht es mit Autorität. Smith Wigglesworth, ein bekannter Glaubensheiler aus den Anfängen des 20. Jahrhunderts, handelte in dieser Autorität – *exousia.*

Wenn du sehen willst, wie die Kraft zunimmt, ist darin ein Risiko enthalten. Als ich in Afrika war, fragte ich: „Gott, die Salbung ist hier, die Menschen werden geheilt, aber warum werden die Verkrüppelten nicht geheilt?" Er antwortete: „Ich möchte, dass du das verkrüppelte Bein dieses Menschen nimmst und es auf die Bühne schlägst, als wäre es ein Baseballschläger." Also nahm ich das Bein vor den Augen von 50.000 Menschen und schlug damit auf die Bühne: bumm, bumm, bumm! Ich nahm es hoch und ließ es auf die Bühne knallen. Der Mann wurde völlig geheilt, auf glorreiche Weise geheilt! Unmittelbar danach betete einer meiner Teammitglieder auf die gleiche Weise, schlug die Beine des Kranken auf die Bühne und er wurde ebenfalls geheilt. Bitte beachte, dass dies mit dem Geist des Rates geschah, der den Geist der Kraft wirksam werden ließ.

In Malawi erhielt einer des Teams den Rat Gottes, unter einem bestimmten Baum für die Blinden zu beten. Daraufhin kündigten die Mitglieder des Teams in einem Dorf an: „Es werden dort unter dem Baum ein paar Weiße sein. Bitte bringt alle Blinden dort hin." Die Menschen kamen, es wurde für sie gebetet und zweiundvierzig Blinde wurden geheilt. Das taten ganz normale Gläubige, die sich auf einer Missionsreise befanden, um die Werke Jesu zu tun.

Der Geist der Kraft und der Geist des Rates wirken zusammen

Wie bereits erwähnt, arbeiten der Geist der Kraft und der Geist des Rates zusammen. Kraft ist Stärke Gottes, seine mächtigen Taten. Viele von uns folgen der Kraft Gottes ohne Gottes Rat. Du brauchst Rat, die dich in der Kraft anleitet. Wie du bemerkt haben wirst, geht es um den Geist des Rates *und* der Kraft. In Jesaja 9,6 heißt es: *„... man nennt ihn: Wunderbarer Ratgeber, Starker Gott..."* Siehst du die Verbindung? Seine mächtigen Taten sind verbunden mit seinem Rat.

Das Wort *Rat* bedeutet *Ratschlag* und *Plan*, um zu *leiten*. Gottes Rat beschreibt seine Pläne und Methoden. Der Rat leitet dich hinein in die Manifestation seiner Kraft. Kraft besteht aus den Handlungen und der Stärke des Heiligen Geistes. Der Geist des Rates sagt uns, wie wir Wunder vollbringen können, er gibt uns

Weisung und Methodik und leitet uns in jeder Situation. Der Rat erfolgt vor der Krafthandlung. Wenn wir ohne den Geist des Rates handeln, riskieren wir es, dass unser Handeln auf Vermutung oder Hoffnung beruht. Hiob erinnert sich an die Salbung in seinem Leben und bezieht sie auf „Gottes Rat".

Hiob 29 (Elberfelder Bibel)
1 Und Hiob fuhr fort, seinen Spruch zu erheben, und sagte: 2 O dass ich wäre
wie in den früheren Monaten, wie in den Tagen, da Gott mich behütete! – 3 als
seine Leuchte über meinem Haupt schien, als ich bei seinem Licht durch die
Finsternis ging; 4 wie ich war in den Tagen meiner Jugend, als über meinem
Zelt Gottes Rat waltete, 5 als der Allmächtige noch mit mir war, meine Söhne
mich umgaben.

Weißt du, woraus der Rat Gottes besteht? Es bedeutet, die inneren Geheimnisse des Herrn zu kennen. Es bedeutet, dass der Himmel zu dir kommt und dich in die Geheimnisse einweiht. Es ist so wie bei Mose, der mit Gott von Angesicht zu Angesicht redete, wie ein Mann mit seinem Freund.

Kannst du dir vorstellen, dass du aufwachst und der Geist des Rates da ist und dich fragt: „Wohin möchtest du, dass ich dich heute leite?" Du bist ein Freund Gottes und Freunde teilen Geheimnisse. *„Ich nenne euch nicht mehr Knechte; denn der Knecht weiß nicht, was sein Herr tut. Vielmehr habe ich euch Freunde genannt; denn ich habe euch alles mitgeteilt, was ich von meinem Vater gehört habe"* (Johannes 15,15). Ich rede davon, dass Offenbarung genau jetzt auf dich wartet. Begnüge dich nicht mit der *Gabe* des Rates, sondern empfange die bleibende Salbung, die du durch Freundschaft und Intimität mit dem Herrn bekommst.

Die Erfordernisse des Geistes des Rates
Die Voraussetzung, um den Geist des Rates zu empfangen und Zugang zu den Geheimnissen des Herrn zu bekommen, ist Freundschaft mit ihm. Es erfordert ein hörendes Gebet, Warten und Gehorsam. Die Menschen wollen die Kraft Gottes, doch die Werke Gottes sind geknüpft an Warten. Warte auf den Rat Gottes.

Wenn du mehr Rat von Gott erhalten willst , musst du gehorsam sein. Der Rat wird dich verlassen, wenn du ungehorsam bist.

Psalm 81
12 Doch mein Volk hat nicht auf meine Stimme gehört; Israel hat mich nicht
gewollt. 13 Da überließ ich sie ihrem verstockten Herzen, und sie handelten
nach ihren eigenen Plänen. 14 Ach, dass doch mein Volk auf mich hörte, dass
Israel gehen wollte auf meinen Wegen! 15 Wie bald würde ich seine Feinde
beugen, meine Hand gegen seine Bedränger wenden. 16 Alle, die den Herrn
hassen, müssten Israel schmeicheln, und das sollte für immer so bleiben. 17 Ich
würde es nähren mit bestem Weizen und mit Honig aus dem Felsen sättigen.

Warum sollte Gott dir ein weiteres prophetisches Wort geben, wenn du bereits das erste nicht beachtet hast? Rat erfordert Gehorsam. Du musst dem Ratschlag, den Ideen und Bildern gehorchen, die vom Himmel kommen.

Was Gott uns auf Erden gibt, ist ein Abbild aus dem Himmel. Es ist wichtig, dass wir dem Reden Gottes genau folgen. Wenn wir nicht gemäß dem Geist des Rates handeln, folgen wir Vermutungen. Was wäre passiert, wenn Naaman nur sechsmal im Jordan untergetaucht wäre (2.Könige 5,14)? Er wäre von seinem Aussatz nicht geheilt worden. Erinnerst du dich, was passierte, als David die Bundeslade auf einen Ochsenkarren lud, anstatt sie mit den Stangen zu tragen, wie Gottes es vorgeschrieben hatte? Usa starb (1.Chronik 13,7-10).

Manchmal warte ich Stunden auf Rat. „Vater, was möchtest du heute Abend tun und wie möchtest du es tun?" Es kann sein, dass Gott die gleiche Krankheit heilen möchte wie am Vorabend, aber auf eine andere Art. Ohne den Ratschlag des Himmels können wir für Krebskranke beten, aber sie werden nicht geheilt. Gott möchte sie heilen, doch wir brauchen eine aktuelle Anweisung von ihm.

Ich möchte, dass du gerade jetzt anfängst zu beten und den Geist des Rates einlädst. Und ich möchte, dass du Buße darüber tust, dass du nicht auf Gott gewartet hast, wie Samuel es tat. Fange an, auf den Geist des Rates zu warten, übe dich darin. Empfange Pläne und Anweisungen und folge ihnen. So wirst du in Kraft und Sieg geleitet werden. Bevor du lehrst oder predigst, warte dreißig Minuten auf seinen Rat.

Die Erfordernisse des Geistes der Kraft

Der Geist der Kraft erfordert Fasten, Disziplin und die zündende Kraft des Gebetes. Du solltest das Wort meditieren und in deinem „Jerusalem" verweilen und warten, bis du eine Begegnung mit dem Heiligen Geist und seiner Kraft hast. Es erfordert Autorität. Es bedarf der Kraft, die durch das unfehlbare und absolut verlässliche Wort Gottes kommt. Es bedarf der zündenden Kraft des Gebets, während die Batterie in deinem Geist mit explosiver Kraft aufgefüllt wird und zu einer nuklearen Explosion führt.

6. Der Geist der Erkenntnis

Der Geist der Erkenntnis ermöglicht es uns, Gott so zu sehen, wie er wirklich ist. Es bedeutet auch „auf intime Weise zusammen zu sein". Das kommt nicht zustande durch Kenntnis der Kirchengeschichte oder weil du ein Bibellehrer bist, der sich sprachlich gut ausdrücken kann – das ist nicht das Wesen des Geistes der Erkenntnis.

> 1.Johannes 2
> 20 Ihr habt die Salbung von dem, der heilig ist, und ihr alle wisst es (oder „habt alle das Wissen", Elberfelder Bibel).

Es geht um das Wissen im inneren Menschen, das durch den Geist in dir zustande kommt. Der Geist der Erkenntnis bringt uns durch eine Begegnung Kenntnis von

Gott. Es ist göttliche Erkenntnis, ein übernatürliches Wissen, das der Herr uns lehrt.

Der Geist der Erkenntnis kann dich auch dazu salben, Menschen in eine Erfahrung mit Gott zu führen, anstatt dass sie nur Kopfwissen über ihn haben. Menschen werden dann wirklich eine Begegnung mit Gott haben, wenn du lehrst.

Es wird eine Zeit kommen, dass kleine Kinder mit Offenbarung zu dir kommen und du sie fragen wirst: „Woher weißt du das? Du kannst noch nicht einmal lesen.“ *„Und alle deine Kinder werden von dem Herrn gelehrt...“* (Jesaja 54,13, Elberfelder Bibel).

Eines Abends, als ich meine vierjährige Tochter Esther ins Bett brachte, sagte ich: „Lass uns dein Gebet aufsagen.“ Ich erwartete, dass sie sagt: „Gott, segne meine Mama und meinen Papa usw.“ Ohne lange nachzudenken, betete sie in einem langen Satz: „Gott, ich danke dir, dass deine Gegenwart jetzt Lauralees Raum erfüllt und ich bete, dass die Engel kommen mögen. Wir laden deine Gegenwart ein und beten, dass Engel in Elias Raum kommen, und lass deine Gegenwart und die Engel auch in meinen und Mamas und Papas Raum kommen.“ Dann sah sie mich an und sagte: „Jesus lehrte mich und ich bete so, wie er es mir beigebracht hat.“ Ich bekam eine Gänsehaut.

Meine älteste Tochter, Lauralee, war sechs Jahre alt und bei einer unserer Konferenzen für zwanzig Minuten unter der Kraft des Heiligen Geistes. Eigentlich hatte ich gedacht, ihr war langweilig und sie wäre eingeschlafen. Als sie aufwachte, erzählte sie mir: „Ich erlebte die Ostergeschichte. Ich sah das Kreuz auf dem Hügel, ich war da.“

Ich hörte sie eines Tages in Zungen reden. Shonnah und ich hatten mit ihr nie über das Sprechen in Zungen geredet, weil wir wollten, dass sie alt genug sei, um es zu „verstehen“. Als ich sie fragte, was sie da mache, antwortete sie: „Es heißt Sprachenrede, Papa, ich fing damit in der Badewanne an.“ Es wird zu einer Beschleunigung kommen, wenn der Herr all unsere Kinder durch den Geist der Erkenntnis lehren wird. *„Keiner wird mehr den andern belehren, man wird nicht zueinander sagen: Erkennt den Herrn, sondern sie alle, klein und groß, werden mich erkennen – Spruch des Herrn“* (Jeremia 31,34 Elberfelder Bibel).

Der Geist der Erkenntnis geht über das Lehren und Predigen hinaus. Die Erkenntnis des Herrn wird das Land erfüllen, so wie das Meer mit Wasser gefüllt ist. Diese Erkenntnis wird durch eine erfahrbare Gegenwart kommen.

Die Erfordernisse des Geistes der Erkenntnis

Der Geist der Erkenntnis erfordert, dass du eine intime Beziehung zum Herrn hast. In Hosea 6,3 heißt es: *„Lasst uns streben nach Erkenntnis, nach der Erkenntnis des Herrn.“* Wie sieht das aus? Die Wege Gottes warten auf dich, das ist so sicher, wie täglich die Sonne neu aufgeht. Lasst uns nicht nach Informationen streben, sondern nach Intimität mit ihm, so wie es in der Bibel beschrieben ist. Lasst uns beten: „Vater, ich bitte dich, dass ich die Erfordernisse erfülle, damit die sieben Geister Gottes bleibend mit mir sind. Ich bete, dass dein Geist kommt und die Augen meines Herzens öffnet und erleuchtet, und dass er mich in tiefere Begegnungen mit dir hinein nimmt."

Wenn es in der Bibel heißt, dass Gott gut ist, dann sollte es möglich sein, auf dem Fußboden zu liegen und seine Güte zu *fühlen*. Wenn es heißt, dass er liebt, dann sollte ich in der Lage sein, seine Liebe zu fühlen. Wenn die Bibel sagt, dass Gott der Heiler ist, sollte ich das erfahren, wenn ich in vertrauter Weise mit ihm zusammen bin. Wenn das passiert, wird die Erkenntnis, dass „Gott der Heiler" ist, für mich zur Offenbarung.

Eigentlich sollte ich nach jeder geistlichen Erfahrung, jedem Wort, Traum, jeder Vision und Verheißung, von der ich gelesen habe, streben. Dann wird es nicht nur so sein wie bei den Propheten von alters her, sondern es wird mir möglich sein, die Offenbarungen zu empfangen, die er den Propheten heute geben will.

Wenn die Propheten in den Himmel genommen wurden, so wie ich es gelesen habe, dann glaube ich, dass der Geist der Erkenntnis auch mich in solche Erlebnisse hinein nimmt, weil die Bibel es mir verheißt. Wenn ich von Engelsbesuchen lese und ich eine Begegnung mit Engeln habe, dann bekommen diese Schriftstellen über Engel für mich eine ganz neue Bedeutung.

In Psalm 46,10 heißt es: *„Seid stille und erkennet, dass ich Gott bin!"* „Seid stille" bedeutet, *allein*, *leer* und *ruhig sein*. Der Geist der Erkenntnis lebt und manifestiert sich in einem kontemplativen Lebensstil. Du darfst dich nicht ablenken lassen und musst dein Denken auf Jesus ausrichten. Gott wird es bewirken, dass du ihn kennen lernst. Es ist so, als ob er dich ergreift und in eine Begegnung mit ihm hineinbringt. Das ist besser, als zu beten: „Wo bist du, wo bist du?" Gott kann dir durch jedes Gebet begegnen, doch auf diese Weise ehrst du ihn. Ich empfange mehr von Gott, wenn ich mich eine Stunde in seiner Gegenwart aufhalte, als wenn ich fünfzig Kapitel in der Bibel lese, weil Gott mich in der Stille lehrt.

7. Der Geist der Furcht des Herrn

Ohne den Geist der Furcht des Herrn kannst du keinen der anderen Geister haben. Denn nur dadurch wirst du in einer heiligen Furcht vor Gott bleiben, und nur dann kann er dir die „Schwergewichte" Weisheit, Offenbarung, Rat, Erkenntnis und Macht anvertrauen. Deshalb ist dieser Geist der wichtigste, denn ohne ihn wärest du in Gefahr. *„Er wird sein Wohlgefallen haben an der Furcht des Herrn"* (Jesaja 11,3, Elberfelder Bibel).

Die Furcht des Herrn hält uns vom Bösen fern. Sie ist die Wache, die dich behütet. Wenn du dich in der Kraft des Herrn bewegst, musst du durch die Furcht behütet werden, damit du nicht leichtfertig oder kompromissbereit mit deiner Heiligkeit umgehst.

Die Furcht des Herrn war der Engel, der vor Israels kleiner Armee herzog und die größeren feindlichen Armeen in Angst versetzte, so dass sie sich gegenseitig umbrachten oder umkehrten und flohen. Wenn dieser Engel bei mir ist, kann mir kein Feind oder Teufel etwas anhaben. Wenn dieser Engel kommt, sind Autorität und Kraft da. Er geht vor dir her.

Furcht des *Herrn* bedeutet *Angst*, *Ehrfurcht* oder *Verehrung*. Ich würde es so definieren: „Wow, Wow, Wow!" wegen der Majestät, Heiligkeit und Kraft Gottes. Stell dir diesen Geist als einen Engel mit dem Namen „Geist der Heiligkeit" vor. Es ist Gnade vom Himmel.

Es gibt Zeiten, in denen Gott mit seiner Gegenwart oder durch seinen Geist kommt, um übernatürliche Gnade und Kraft auszugießen, damit wir frei von Sünde sein können. Dies kann nur als Ergebnis seiner Herrlichkeit und Gegenwart geschehen und wird manchmal begleitet von Furcht, Angst und Terror:

> 2.Mose 20
> 18 Das ganze Volk erlebte, wie es donnerte und blitzte, wie Hörner erklangen und der Berg rauchte. Da bekam das Volk Angst, es zitterte und hielt sich in der Ferne. 20 Da sagte Mose zum Volk: Fürchtet euch nicht! Gott ist gekommen, um euch auf die Probe zu stellen. Die Furcht vor ihm soll über euch kommen, damit ihr nicht sündigt.

Vor Jahren kam der Geist der Furcht des Herrn über mich. Ich entspannte und genoss es, mit dem Herrn in friedlicher und erfreulicher Gemeinschaft zusammen zu sein. Plötzlich änderte sich die Stimmung und ich dachte: „Was ist los? Ich kenne das nicht, Gott. Ich habe so etwas noch nie zuvor erlebt." Ich schritt durch den Raum und fing an zu weinen. Ich fühlte, wie sich Angst breitmachte und sich steigerte. Ich floh über den Flur in mein Schlafzimmer und schrie: „Lass mich in Ruhe, geh weg!" Ich schlug die Tür hinter mir zu und zitterte vor Angst. Ich wollte unter meine Bettdecke kriechen und mich verstecken. Ich fühlte mich, als ob ein falscher Gedanke mich umbringen könnte.

Einige Minuten vorher hätte ich den Herrn preisen können und hatte Gemeinschaft mit ihm und jetzt war es so, als ob alles, was ich jemals gesagt hatte, an der Decke abprallen würde und auf mich zurückkam. Ich fand keine Worte, um mit einem Gott zu reden, der so heilig ist. Ich konnte nicht sagen: „Gott, du bist heilig", weil es nichts ausgesagt hätte. Ich fühlte, dass ich verurteilt und gewiss sterben würde. Ich habe zu diesem Zeitpunkt nicht verstanden, dass Gott mir seine Gnade anbot, mich heilig zu machen. Er wollte mir die Kraft geben, dass ich nicht sündigen muss.

In Hebräer 4,16 heißt es, dass wir vor den Thron kommen sollen, um Barmherzigkeit und Gnade in Zeiten der Not zu erhalten. Barmherzigkeit erhalten wir für die Sünden, die wir bekannt haben (wir erhalten nicht, was wir verdient hätten). Doch Gott gibt uns auch Gnade, die eine Ausstattung seiner Kraft ist und uns hilft, Sünde zu überwinden. Sie bewahrt uns sogar davor, die Sünde zu begehren. Es ist so, als ob wir uns in einer schützenden Hülle befinden würden. Die Schlacht geht zu unseren Gunsten aus. Wenn wir also sündigen, bitten wir nicht nur um Vergebung, sondern auch um Gnade, damit wir nicht wieder fallen.

Die Furcht des Herrn bringt uns in seine Gegenwart. Wenn wir in Gottes Gegenwart sind, wollen wir nicht sündigen. Sind wir nicht in seiner Gegenwart, sündigen wir und fühlen uns so schuldig, dass wir nicht zurückgehen wollen in seine Gegenwart. Es ist wie Trick 17 mit Selbstüberlistung. Schuld hält uns fern von der Wolke der Herrlichkeit – dem reinigenden Feuer, das diesen Hang zur Sünde aus uns herausbrennen kann. Du kannst nicht heilig sein, ohne in der Herrlichkeit und vor dem Thron der Gnade zu sein. Ohne Heiligkeit können wir nicht eintreten und nur wenn wir eintreten, empfangen wir die Ausstattung mit Kraft.

Die Erfordernisse des Geistes der Furcht des Herrn

Der Geist der Furcht des Herrn hält dich unter Kontrolle, damit die anderen Geister durch dich wirken können. Was fordert er dafür als Gegenleistung? Weihung, Heiligkeit und Absonderung von Sünde. Einfach zu sagen, schwer zu machen. Bitte den Herrn um diese Gnade, das Verlangen nach der Sünde zu beseitigen und dir Kraft darüber zu geben.

Gedächtnisstütze: Ausleben dieser Wahrheiten

Ich hoffe, dieses Kapitel hat dir Verständnis gegeben. Ich weiß, dass ich dir einiges zum Verarbeiten gegeben habe. Wenn du diese Wahrheiten nicht völlig verstanden hast, mach dir keine Sorgen. Du wirst sie verstehen, wenn du die bleibende Salbung des Geistes für dein Leben suchst.

Hier sind ein paar Gedächtnisstützen, die dir helfen, die in diesem Kapitel genannten Wahrheiten auszuleben:

- Suche Gottes bleibende Gegenwart. Bitte den Herrn, dass er dir hilft, den Anforderungen zu genügen, damit die sieben Geister Gottes bei dir bleiben.

- Bete, dass sein Geist kommt und die Augen deines Herzens öffnet und dich tiefer in die Begegnung mit ihm hinein nimmt.

- Bitte um Vergebung, wo du den sieben Geistern Gottes keine Aufmerksamkeit geschenkt hast, ob es nun Anstöße, Salbung, Visionen, die sanfte Stimme seine Gegenwart oder sogar seine hörbare Stimme war.

- Tu Buße, wo du seinem Rat nicht gehorsam warst.

- Begehre den freundlichen Rat Gottes in deinem Leben. Bitte ihn, dass er den Geist der Kraft zu dir sendet – die mächtigen Taten und Werke des Heiligen Geistes.

- Danke ihm gerade jetzt für den Geist der Weisheit und Offenbarung.

- Setze durch Gebet die Dinge frei, die Gott in deinem Leben tun will: wer, was, wann, wo und wie.

Schließlich bitte ihn darum, dass der Strom der Offenbarung in deinem Leben fließt. Begehre, dass die bleibende Salbung des Heiligen Geistes in allen Erscheinungsformen auf deinem Leben ruht.

Kapitel 10

Begegnungen im Thronraum

Er ist ein realer Ort, wo echte Engel und echte Menschen sind, wo es wirkliche Wunder und die echte Herrlichkeit gibt und der reale und lebendige Gott in Ewigkeit wohnt. Die Herrlichkeit und die Wunder im Himmel übersteigen alles, was wir uns jemals vorstellen können. Das erste und wichtigste im Himmel ist die Tatsache, dass Jesus dort sein wird. Seine Gegenwart macht den Himmel zum Himmel.

Der Thronraum Gottes, der dritte Himmel, befindet sich in einer anderen Dimension (2.Korinther 12,2). Wir können ihn nicht dadurch sehen, dass wir die Wolken durchstoßen, und auch nicht durch ein Teleskop. Damit wir ihn sehen können, muss Gott den geistlichen Schleier zwischen Himmel und Erde wegziehen, so wie er es bei Hesekiel getan hat: *„...als ich inmitten der Weggeführten war, am Flusse Kebar da taten sich die Himmel auf, und ich sah Gesichte Gottes“* (Hesekiel 1,1). Während Hesekiel sich auf der Erde befand, wurde die irdische Atmosphäre für einen Moment beseitigt und er sah den Himmel und Visionen von Gott.

Der Apostel Johannes hatte ebenfalls eine Erfahrung mit dem dritten Himmel. Als erstes sah er in seiner Vision in Offenbarung 4 eine offene Tür im Himmel.

Offenbarung 4
1 Danach sah ich: Eine Tür war geöffnet am Himmel; und die Stimme, die vorher zu mir gesprochen hatte und die wie eine Posaune klang, sagte: Komm herauf, und ich werde dir zeigen, was dann geschehen muss.

Der Grundsatz der offenen Tür

Der Eingang in den Thronraum erfolgt über eine offene Tür! Johannes wird aufgefordert heraufzukommen: „Komm hier herauf!“ Es gibt eine Einladung an uns, wann immer wir in die Gegenwart Gottes kommen wollen, zu kommen. Wir sind *eingeladen*. Denke einen Augenblick darüber nach!

Die Bibel redet von goldenen Straßen, die klar wie Glas sind, und Wänden aus kostbaren Steinen (Offenbarung 21,18-21). Eines Tages, wenn ich gestorben bin, werde ich auf diesen Straßen laufen und mit dem Apostel Paulus reden. Ich werde die vier lebendigen Wesen und die feurigen Himmelswesen sehen. Ich werde einstimmen in das Heer der Engel und sehen, wie die vierundzwanzig Ältesten sich vor dem Thron Gottes beugen, und es wird überwältigend sein. Ich werde die große Wolke der Zeugen treffen und die himmlische Herrlichkeit sehen. Als ein Bürger des Himmels werde ich die Freiheit haben, die Heiligen zu besuchen, mit ihnen zu reden und direkt von ihnen zu lernen, anstatt durch indirekte Quellen. Ist das nicht wunderbar?

In meinen Gedanken sehe ich so viele Bilder, wenn ich an den Himmel denke. Welch ein Tag wird das sein – ich kann es gar nicht aushalten, solange zu warten, bis ich in Ewigkeit dort sein werde. Doch bis da hin möchte ich dem Himmel von Zeit zu Zeit einen Besuch abstatten.

Für mich ist der himmlische Bereich genauso real wie der irdische. Ich bin dankbar für Begegnungen im Thronraum. Sie bringen mich in Gottes Gegenwart und ich sehe offene Himmel. Doch ich möchte noch einmal betonen, worum es dabei geht. Bei einer Begegnung im Thronraum geht es *ganz allein um Jesus* und darum, ihn mehr kennen zu lernen und zu lieben. Es geht nur darum, durch seine Herrlichkeit verwandelt zu werden und für die Dinge zugerüstet zu werden, zu denen er uns berufen hat.

Viele Menschen heute in der Gemeinde haben keine Ahnung davon wie es im Himmel aussieht. Sie können sich nichts unter dem Thron, der Herrlichkeit, den Engeln, der Salbung, der Funktion von Wundern oder anderen himmlischen Dingen vorstellen. Sie sind mit dem Bereich „wie im Himmel" einfach nicht vertraut, weil ihre geistlichen Augen verschlossen sind. Wie sieht es bei dir aus? Nimm die Augentropfen und bereite dich auf wundervolle geistliche Einsichten vor, während wir uns einige Szenen ansehen, die in dem einzig wahren, fortbestehenden Bereich, dem geistlichen Bereich, vor sich gehen.

Ein prophetischer Erlass gegen die Mächte und Gewalten

> Epheser 3 (Elberfelder Bibel)
> 9… das von den Zeitaltern her in Gott, der alle Dinge geschaffen hat, verborgen war; 10 damit jetzt den Gewalten und Mächten in der Himmelswelt durch die Gemeinde die mannigfaltige Weisheit Gottes zu erkennen gegeben werde, 11 nach dem ewigen Vorsatz, den er verwirklicht hat in Christus Jesus, unserem Herrn. 12 In ihm haben wir Freimütigkeit und Zugang in Zuversicht durch den Glauben an ihn.

In dem wir durch prophetische Erlasse und Erklärungen die Realität des himmlischen Bereichs verkündigen, prophezeien wir einem Bereich, der der zweite Himmel genannt wird. Wir erklären diesem Bereich die mannigfaltige Weisheit Gottes. Und warum tun wir das? Wir wollen den dämonischen Mächten und Gewalten an himmlischen Orten die mannigfaltige Weisheit Gottes bekanntmachen.

Wenn ich durch Visionen und Offenbarung in den Himmel sehe, tue ich das, was ich den Vater tun sehe, auf der Erde. In Hiob 22,28 heißt es: *„Beschließt du etwas, dann trifft es ein…* " Es ist so als ob man das Nichtseiende ruft, wie wenn es da wäre (Römer 4,17). Ich sage es noch einmal: Es ist nicht so, als ob diese Dinge nicht da wären, sondern sie gehören nicht zu dem, was *wir* erleben. Gegenwärtig sind sie nicht in unserem Bereich, doch sie waren immer in Gottes ewigem Bereich. Wenn wir das bekennen, was beim Thron oder im Unsichtbaren geschieht, werden diese Dinge im Sichtbaren zur Realität. Unsere prophetischen Erklärungen im Gebet beauftragen die Engel zum Handeln, um die dämonischen Mächte und Gewalten zu überwinden, die dem Willen Gottes entgegenstehen.

Deshalb sollte jede prophetische Offenbarung, nicht nur die Erfahrungen im Thronraum, bekannt gemacht werden. Wenn wir die Dinge verkündigen, die wir gehört oder gesehen haben, setzen wir damit die Salbung dieser Offenbarung frei. Es passiert häufig, dass Menschen übernatürliche Erlebnisse haben, wenn ich in einer Versammlung über den himmlischen Bereich rede, weil das Zeugnis Jesu der Geist der Weissagung ist (Offenbarung 19,10). Die Salbung kommt, wenn wir das bezeugen, was wir gehört und gesehen haben.

Zugang zum Himmel

Ich habe es bereits erwähnt, möchte es aber noch einmal betonen: die Tür im Himmel aus Offenbarung 4,1 steht auch heute noch offen. Die Einladung an uns bleibt bestehen und wir können kühn zum göttlichen Thron der Gnade kommen (Hebräer 4,16). Und wie bei allen anderen Dingen in der Schrift haben wir den Zugang durch Glauben.

Ich glaube, dass durch jede prophetische Begegnung eine Tür im Himmel entsteht, die geöffnet bleibt. Als Jakob sagte: *„Hier ist nichts anderes als das Haus Gottes und das Tor des Himmels“* (1.Mose 28,17b), galt das nicht nur für die Zeit, in der er lebte. Dieser geografische Ort wird für immer ein Tor zum Himmel bleiben.

Im Haus Gottes gibt es ein Tor zum Himmel, wenn wir uns in der Gemeinde versammeln. Gott wohnt im Lobpreis seines Volkes und ein solcher Ort, verbunden mit der richtigen Herzenshaltung, machen ihn zu einem möglichen Tor. Jede Begegnung, die wir haben, wird zu einer Zugangsmöglichkeit, erneut von dort aus in den Himmel zu gelangen. Wenn ich über ein Erlebnis mit Engeln erzähle, das ich vor zwei Wochen hatte, erlebe ich die gleiche Salbung noch einmal. Wenn wir also an geografische Orte zurückkehren oder uns in die gleiche Haltung oder Ausrichtung begeben, so werden wir die gleichen Erfahrungen wieder machen, die wir dort bereits schon einmal gemacht haben. Gottes Tür ist immer offen, doch wir müssen lernen, wie wir unsere Tür im Glauben öffnen. In Offenbarung 3,20 heißt es, dass Jesus an der Tür steht und anklopft. Diese Tür ist unser Herz.

Theologie des Tempels/der Stiftshütte

Bevor wir uns mit den einzelnen Elementen des Thronraums befassen, muss ich einen Begriff erklären: „die Theologie des Tempels/der Stiftshütte“. Es klingt kompliziert, doch dahinter verbirgt sich nichts anderes als die Stiftshütte Moses und Davids und der Tempel Salomos, die prophetische Bilder des Thronraums im Himmel sind. Gott gab Mose sehr genaue Anweisungen wie er die Stiftshütte bauen sollte (2.Mose 25), weil er darin wohnen wollte.

Der Hebräerbrief, der von der Überlegenheit Christi handelt, spricht mehrere Male von „Abbildern“ oder „Schatten“, die das himmlische Original widerspiegeln. In Hebräer 9,24 heißt es, dass Christus nicht in den von Menschen erbauten Tempel hinein gegangen ist, der nur ein Abbild des wahren Heiligtums im Himmel ist. Er ging in den Himmel und wohnt in der Gegenwart Gottes, dem

Thronraum, nach dessen Vorbild die irdischen Tempel erbaut wurden. Der Schreiber des Hebräerbriefes berichtet auch über den Tempel Moses, der ein Schatten des himmlischen Originals ist:

Hebräer 8
4 Wäre er nun auf Erden, so wäre er nicht einmal Priester, da es hier schon Priester gibt, die nach dem Gesetz die Gaben darbringen. 5 Sie dienen einem Abbild und Schatten der himmlischen Dinge, nach der Anweisung, die Mose erhielt, als er daranging, das Zelt zu errichten: Sieh zu, heißt es, dass du alles nach dem Urbild ausführst, das dir auf dem Berg gezeigt wurde.

In der Theologie des Tempels/der Stiftshütte wird auch unser Körper als Tempel bezeichnet. Er gleicht dem Tempel im Alten Testament, mit Vorhof, Heiligtum und Allerheiligstem. Wenn ein Mensch Jesus als seinen Retter annimmt, wird er zu einem Tempel des Heiligen Geistes (1.Korinther 6,19). Bei einem Gläubigen entspricht der Körper dem Vorhof. Seele, Verstand und Wille sowie die Gefühle sind das Heiligtum und der Heilige Geist wohnt im Allerheiligsten. Wir müssen es lernen, unseren Verstand und unsere Gefühle zur Ruhe zu bringen, damit wir in das Allerheiligste eingehen können.

Zusammenfassend lässt sich sagen: Durch ein Verständnis über die irdische Stiftshütte bekommst du ein besseres Verständnis über den Thronraum. Wir werden sehen, dass viele Dinge in der Stiftshütte Symbole für das sind, was sich im himmlischen Thronraum befindet. Das an sich ist ein eigenes Studium wert und ich empfehle dazu die Bücher von Kevin Conner „The Tabernacle of Moses" (Die Stiftshütte Moses), „The Tabernacle of David" (Die Stiftshütte Davids) und „The Temple of Solomon" (Der Tempel Salomos), erschienen bei „City Christian Publishing" (sämtliche Bücher sind nur auf Englisch zu erhalten, Anmerkung des Übersetzers).

Elemente des Thronraums

Es gibt eine Sache, die ich über den Thronraum sagen kann: es ist nicht langweilig. Dort gibt es Gesang, Geräusche, Farben, die Herrlichkeit, Feuer, den Thron, die Dreieinigkeit und ich könnte mit dieser Aufzählung immer weiter machen. Das wird in vielen Schriftstellen erwähnt. Wir wollen uns einige Dinge anschauen, die du siehst, wenn du den Thronraum der Anbetung betrittst.

Offenbarung 4 (Elberfelder Bibel)
2 Sogleich war ich im Geist: und siehe, ein Thron stand im Himmel, und auf
dem Thron saß einer. 3 Und der da saß, war von Ansehen gleich einem Jaspis-
stein und einem Sarder, und ein Regenbogen war rings um den Thron, von An-
sehen gleich einem Smaragd. 4 Und rings um den Thron sah ich vierund-
zwanzig Throne, und auf den Thronen saßen vierundzwanzig Älteste, bekleidet
mit weißen Kleidern, und auf ihren Häuptern goldene Siegeskränze. 5 Und aus
dem Thron gehen hervor Blitze und Stimmen und Donner; und sieben Feuer-

fackeln brennen vor dem Thron, welche die sieben Geister Gottes sind. 6 Und vor dem Thron war es wie ein gläsernes Meer, gleich Kristall; und inmitten des Thrones und rings um den Thron vier lebendige Wesen, voller Augen vorn und hinten. 7 Und das erste lebendige Wesen war gleich einem Löwen und das zweite lebendige Wesen gleich einem jungen Stier, und das dritte lebendige Wesen hatte das Angesicht wie das eines Menschen, und das vierte lebendige Wesen war gleich einem fliegenden Adler. 8 Und die vier lebendigen Wesen hatten, eines wie das andere, je sechs Flügel und sind ringsum und inwendig voller Augen, und sie hören Tag und Nacht nicht auf zu sagen: Heilig, heilig, heilig, Herr, Gott, Allmächtiger, der war und der ist und der kommt! 9 Und wenn die lebendigen Wesen Herrlichkeit und Ehre und Danksagung geben werden dem, der auf dem Thron sitzt, der da lebt von Ewigkeit zu Ewigkeit, 10 so werden die vierundzwanzig Ältesten niederfallen vor dem, der auf dem Thron sitzt, und den anbeten, der von Ewigkeit zu Ewigkeit lebt, und werden ihre Siegeskränze niederwerfen vor dem Thron und sagen: 11 Du bist würdig, unser Herr und Gott, die Herrlichkeit und die Ehre und die Macht zu nehmen, denn du hast alle Dinge erschaffen, und deines Willens wegen waren sie und sind sie erschaffen worden.

Hier wird der Thron in einer bildlichen Darstellung beschrieben und die verschiedenen Dinge, die sich dort in Gottes Gegenwart ereignen. Meist hören wir am Ende von Kapitel 4 auf, die Offenbarung zu lesen, doch wir müssen weiter lesen, denn in Kapitel 10 bekommen wir noch mehr Informationen übe den Thron.

Der Thronraum

Wusstest du, dass es in der Bibel einen engen Zusammenhang zwischen Gottes Thron, Zion, Jerusalem, dem Tempel und der Bundeslade gibt? Manchmal scheint es so, dass all diese Dinge austauschbar sind mit der Vorstellung des Thrones Gottes. Der Tempel, Gottes Thron, ist der Ort, wo Gott und seine Gegenwart wohnen: *„Dann hörte ich vom Tempel her, während der Mann neben mir stand, einen, der mit mir redete; er sagte zu mir: Menschensohn, das ist der Ort, wo mein Thron steht, und der Ort, wo meine Füße ruhen; hier will ich für immer mitten unter den Israeliten wohnen"* (Hesekiel 43,6-7a).

In der Offenbarung lesen wir, dass die Bundeslade Gottes (das Symbol der Gegenwart Gottes in der Schrift) sich in Gottes Tempel befindet: *„Der Tempel Gottes im Himmel wurde geöffnet, und in seinem Tempel wurde die Lade seines Bundes sichtbar: Da begann es zu blitzen, zu dröhnen und zu donnern, es gab ein Beben und schweren Hagel"* (Offenbarung 11,19). Wir können also bei jeder Erwähnung des Thrones Gottes auch an die Bundeslade denken, weil beide die Gegenwart Gottes symbolisieren. Wir wissen, dass sich der Tempel im himmlischen Zion oder Neuen Jerusalem befindet, genau wie die Gegenwart im Alten Testament im Tempel in Jerusalem (Zion) auf der Erde gewohnt hat. Als Thron Gottes wird auch der Ort des Bundes oder der Ort, wo des Bundes gedacht wird, bezeichnet (Psalm 132,12; Jeremia 14,21). Die steinernen Tafeln des Alten Bundes wurden in der Bundeslade im Tempel aufbewahrt. Wir können also sagen, dass Zion, Jerusalem, der Tempel und die Bundeslade der Ort des Thrones Gottes sind. Sie sind in der Schrift fast identisch.

Der Thronraum aus Offenbarung 4 ist das wahre himmlische Heiligtum. Die Stiftshütte Moses war ein Schatten (ein Abbild) des Thronraums (Tempels) im Himmel. Die Stiftshütte Moses (2.Mose 35-38) und Salomos Tempel (1.Könige 6-8) sind auch prophetische Bilder des Throns im Himmel. Wann immer wir über den Thronraum reden, sollten wir uns immer die Stiftshütte vorstellen mit all den Einrichtungsgegenständen, kostbaren Steinen, Edelmetallen und verschiedenen Bauteilen. Alle Aspekte des natürlichen Tempels repräsentieren etwas im himmlischen Heiligtum.

Hesekiel hatte eine Vision von der Herrlichkeit des Herrn, die den Tempel erfüllt, und Gott sagte: *„Menschensohn, das ist der Ort, wo mein Thron steht, und der Ort, wo meine Füße ruhen; hier will ich für immer mitten unter den Israeliten wohnen"* (Hesekiel 43,7). Wusstest du, dass das Wort *wohnen* „thronen" bedeutet? Überall wo die Gegenwart Gottes wohnt, sitzt Gott auf dem Thron. Wenn Gott in deinem Herzen wohnt, thront er in deinem Herzen.

Die Dreieinigkeit

Das erste, was du im Thronsaal wahrnehmen solltest und was ich dir zeigen möchte, ist die Dreieinigkeit. Kannst du sie sehen? Der Vater hat den Vorsitz auf dem Thron: *„Sogleich wurde ich vom Geist ergriffen. Und ich sah: Ein Thron stand im Himmel; auf dem Thron saß einer, der wie ein Jaspis und ein Karneol aussah"* (Offenbarung 4,2-3a). Dann sind da die sieben Fackeln, die vor dem Thron stehen, das ist der Heilige Geist: *„Und sieben lodernde Fackeln brannten vor dem Thron; das sind die sieben Geister Gottes"* (Offenbarung 4,5). Schließlich haben wir inmitten der Ältesten Jesus, das Lamm mit den sieben Hörnern:

> Offenbarung 5
> 6 Und ich sah inmitten des Thrones und der vier lebendigen Wesen und inmitten der Ältesten ein Lamm stehen wie geschlachtet, das sieben Hörner und sieben Augen hatte; die sind die sieben Geister Gottes, ausgesandt über die ganze Erde.

Also haben wir den Vater auf dem Thron, den Geist als die sieben brennenden Fackeln und das Lamm Gottes.

Auch die Bundeslade gibt uns zwei verschiedene Offenbarung der Dreieinigkeit. Der Gnadenthron repräsentiert Jesus, die Versöhnung für unsere Sünden. Der Gnadenthron wird umgeben von zwei Cherubim, die in diesem Falle den Vater und den Heiligen Geist repräsentieren.

Wir können die Dreieinigkeit auch in Gottes Plan für den Bau der Bundeslade wieder finden, den er Mose gab (2.Mose 37,1-3). Sie sollte aus Holz sein und von außen und innen mit Gold überzogen werden. Das äußere Gold steht für den

Vater. Das Holz in der Mitte steht für Jesus, der als leidender Knecht Mensch wurde. Das Gold im Innern ist der Heilige Geist.
Wie wir also anhand der Beschreibung sehen können, wird die Dreieinigkeit in zweifacher Weise im Thronraum dargestellt.

Die Herrlichkeit des Herrn

„Da sah ich den Herrn sitzen auf hohem und erhabenem Throne, und seine Schleppen erfüllten den Tempel“ (Jesaja 6,1). Wenn du liest, dass die Herrlichkeit des Herrn den Tempel erfüllt, an was denkst du dann? An die Gegenwart Gottes, oder? Ich will dir zeigen was die Herrlichkeit des Herrn ist:

> Hesekiel 43
> 4 Und die Herrlichkeit des Herrn zog in den Tempel ein durch das Tor, das im Osten lag. 5 Der Geist hob mich empor und brachte mich in den Innenhof. Und die Herrlichkeit des Herrn erfüllte den Tempel. 7… er sagte zu mir: Menschensohn, das ist der Ort, wo mein Thron steht, und der Ort, wo meine Füße ruhen; hier will ich für immer mitten unter den Israeliten wohnen.

Die Herrlichkeit Gottes (Hebräisch *Kabod* oder *Shekinah*, die *schwere Herrlichkeit*) ist eigentlich die Manifestation des Königreichs Gottes und der Thron Gottes mitten unter uns. Eine der Betonungen der Botschaft über den Thron Gottes in der Gemeinde heute ist die, dass Gott sagt: „Ich komme mit meinem Reich und meiner Herrlichkeit.“

Vierundzwanzig Älteste rings um den Thron

> Offenbarung 4
> 4 Und rings um den Thron waren vierundzwanzig Throne, und auf den Thronen saßen vierundzwanzig Älteste, bekleidet mit weißen Kleidern, und auf ihren Häuptern goldene Kronen.
>
> 11… dann werfen sich die vierundzwanzig Ältesten vor dem, der auf dem Thron sitzt, nieder und beten ihn an, der in alle Ewigkeit lebt. Und sie legen ihre goldenen Kränze vor seinem Thron nieder und sprechen: 11 Würdig bist du, unser Herr und Gott, Herrlichkeit zu empfangen und Ehre und Macht. Denn du bist es, der die Welt erschaffen hat, durch deinen Willen war sie und wurde sie erschaffen.

Das ist ein symbolisches und prophetisches Bild dafür, dass die Gläubigen des Alten und Neuen Testaments gemeinsam vor dem Thron anbeten. Die Bedeutung von Anbetung und Errettung (königliche Priesterschaft) wird in dieser Vision anschaulich. Später in diesem Kapitel werde ich näher auf dieses Thema eingehen.

Drei wichtige Aspekte
Johannes sieht hier Gott selbst auf seinem Thron sitzen und die vierundzwanzig Ältesten (wie er sie nennt), die auf vierundzwanzig Thronen sitzen. Er muss über die Bedeutung der Ältesten nachgedacht haben, wenn er sie so genau beschreibt. Er gibt uns drei Hinweise, um sie zu identifizieren (Diese Hinweise sind auch in den Briefen an die sieben Gemeinden enthalten – es sind die Dinge, die Jesus denen verheißt, die überwinden werden).

Es heißt, dass sie weiße Kleider anhatten, dass sie goldene Kronen trugen und auf Thronen saßen. Es gibt viele Meinungen darüber, für wen diese Ältesten stehen. Eine davon geht davon aus, dass es sich bei den Vierundzwanzig um die zwölf Söhne Jakobs und die zwölf Stämme Israels (die nach den Söhnen benannt sind) handelt.

Hier ist eine andere Anschauung. Die Schrift erwähnt, dass nach dem Tod Jesu viele Heilige von den Toten auferstanden sind.

> Matthäus 27
> 51 Da riss der Vorhang im Tempel von oben bis unten entzwei. Die Erde bebte, und die Felsen spalteten sich. 52 Die Gräber öffneten sich, und die Leiber vieler Heiligen, die entschlafen waren, wurden auferweckt. 53 Nach der Auferstehung Jesu verließen sie ihre Gräber, kamen in die Heilige Stadt und erschienen vielen.

Als Jesus in den Himmel auffuhr, nahm er diese Heiligen mit sich. Es war die Erstlingsfrucht der Auferstandenen: *„Deshalb heißt es: Er stieg hinauf zur Höhe und erbeutete Gefangene, er gab den Menschen Geschenke“* (Epheser 4,8). Die Ältesten können das Volk Gottes im Alten Testament repräsentieren (durch die zwölf Stämme) und die anderen zwölf können für die zwölf Apostel stehen, die Israel richten (Lukas 22,28-30; Matthäus 19,28). Als solche, die mithalfen die christliche Gemeinde zu gründen, repräsentieren die Apostel das Volk Gottes unter dem Neuen Bund.

Die Strong‘s Konkordanz definiert die goldenen Kronen als „königliches Zeichen“, „Zeichen der Ehre“ und als „sorgfältiger gefertigt“ als irdische Kronen. Es ist das gleiche Wort, das im Jakobusbrief die Krone des Lebens bezeichnet, die wir bekommen, wenn wir Jesus annehmen. Das gleiche Wort finden wir in Offenbarung 2,10, wo die Rede davon ist, dass wir die Krone oder den Siegeskranz des Lebens von Jesus erhalten, wenn wir treu bis in den Tod sind. Das griechische Wort, das hier gebraucht wird, ist *stephanous* und bedeutet Siegeskranz. Einen solchen Kranz erhielten Athleten in der Antike. Es scheint also so zu sein, dass die Ältesten die Kronen erhalten haben, weil sie überwunden haben. Die Vierundzwanzig – sie symbolisieren alle Gläubigen des Alten und Neuen Testaments vor dem Thron – tragen diese verheißenen Kronen. Die goldenen Kronen der Ältesten und ihre Throne weisen auf ihre königliche Rolle hin und als solche werden sie über die Nationen regieren und sie richten.

Dean Davis schreibt in seinem Buch „The Heavenly Court Judgment of Revelation 4-5“ (Das himmlische Gericht nach Offenbarung 4.-5):

Traditionell waren die Ältesten oder Familienoberhäupter, die führenden Bewohner, welche durch die Ratsversammlung regierten und als Richter über die Angelegenheiten des Volks entschieden. Joschafat bestellte in Jerusalem bei seiner Reform (2.Chronik 19,4-11) Leviten, Priester und Familienoberhäupter Israels als Richter der ersten Instanz für die Einwohner Jerusalems (gemäß des griechischen Textes) und als Berufungsgericht für Fälle, die ihnen aus anderen Städten übergeben wurden. Nach 2.Chronik 19 und anderen Schriftstellen des Alten Testaments wurden priesterliche und zivile Aufgaben häufig durch ein und dieselbe Person ausgeführt. Diese Doppelrolle spricht dafür, dass die Ältesten in Offenbarung 4-5 sowohl eine priesterliche als auch eine richterliche Funktion haben.[1]

Die weißen Gewänder der Ältesten lassen vermuten, dass sie auch in der Funktion des Priesters tätig sind. Sie sind weißgekleidet, um den Priesterdienst zu verrichten. Eine Rolle, die Reinheit, Heiligkeit und Gerechtigkeit erfordert. In Jesaja 1,18 heißt es: *„Wenn eure Sünden rot wie Karmesin sind, wie Schnee sollen sie weiß werden."* Matthäus 5,8 sagt: *„Selig, die ein reines Herz haben; denn sie werden Gott schauen."* Die vierundzwanzig Ältesten und ihre Gewänder geben uns die Vision einer Gemeinde, der vergeben ist und die mit Christus, dem Erlöser, regieren wird. Als Priester stehen die Ältesten für eine vierundzwanzigstündige Anbetung und Gebet. Sie sind ein prophetisches Bild für fortwährendes Gebet und Anbetung, wozu Gott seine Gemeinde berufen hat.

Die gesamte Szene beschreibt ein wichtiges Thema: Errettung. Es ist ein vereinfachtes Bild von Gott und den Gläubigen. Die Ältesten haben verstanden, dass sie nur durch Jesus errettet wurden und sie ehren ihn dafür, indem sie ihre Kronen vor seinen Füßen niederlegen und ihn ohne Unterlass anbeten.

Blitze und Donner

„Von dem Thron gingen Blitze, Stimmen und Donner aus. Und sieben lodernde Fackeln brannten vor dem Thron; das sind die sieben Geister Gottes" (Offenbarung 4,5). Hast du jemals gefragt, warum es vor dem Thron Gottes blitzt und donnert und Stimmen zu hören sind? Ich möchte einige Gründe nennen, die das Resultat einer Begegnung sind, die ich hatte. Den ersten Grund finden wir in Offenbarung 8:

> 3 Und ein anderer Engel kam und trat mit einer goldenen Räucherpfanne an den Altar; ihm wurde viel Weihrauch gegeben, den er auf dem goldenen Altar vor dem Thron verbrennen sollte, um so die Gebete aller Heiligen vor Gott zu bringen. 4 Aus der Hand des Engels stieg der Weihrauch mit den Gebeten der Heiligen zu Gott empor. 5 Dann nahm der Engel die Räucherpfanne, füllte sie mit glühenden Kohlen, die er vom Altar nahm, und warf sie auf die Erde; da begann es zu donnern und zu dröhnen, zu blitzen und zu beben.

Was soll diese ganze Szene? Es geht um Gebetserhörung. Der Herr sagte: „Todd, die Engel kommen in meine Gegenwart und sagen: ‚Hier ist das Gebet von XY'. Und jedes Mal, wenn der Vater sagt: ‚Es soll geschehen', folgen Donner und Blitze, und Stimmen hallen durch den Himmel. Gott nimmt die goldene Räucherpfanne, spricht und es donnert: „Bumm! Bumm! Bumm!" Die Stimmen vor dem Thron stammen von der Wolke der Zeugen, die Fürbitte leisten und mit den Gebeten des Volkes Gottes übereinstimmen. Sie rufen: „Ja und Amen!" Und die goldene Räucherpfanne wird auf die Erde geworfen, gefolgt von Lärm, Blitz und Donner und, ich glaube, *erhörten Gebeten*.

Gottes Herrlichkeit wird begleitet von Stimmen, Lärm, Blitz, Erdbeben und gewitterähnlichen Bedingungen. Wir wollen uns zwei weitere Stellen ansehen. Denke daran, als die Herrlichkeit Gottes auf den Berg hinunter kam und Moses Gesicht hell wie die Sonne leuchtete.

2.Mose 19

16 Am dritten Tag, im Morgengrauen, begann es zu donnern und zu blitzen. Schwere Wolken lagen über dem Berg, und gewaltiger Hörnerschall erklang. Das ganze Volk im Lager begann zu zittern. 17 Mose führte es aus dem Lager hinaus Gott entgegen. Unten am Berg blieben sie stehen. 18 Der ganze Sinai war in Rauch gehüllt, denn der Herr war im Feuer auf ihn herabgestiegen. Der Rauch stieg vom Berg auf wie Rauch aus einem Schmelzofen. Der ganze Berg bebte gewaltig,

Der Herr kam in einer dunklen Wolke, welch ein Auftritt! Gottes Gegenwart glich einem Gewitter, einem Wirbelsturm, wildem Feuer und Erdbeben auf einmal. Kein Wunder, dass das Volk davor Angst hatte zu sterben. Gottes Erscheinen ist wie alle Wetter und Naturkatastrophen, die wir kennen, zusammengenommen.

Nun folge mir zu 2.Mose 20. Wiederum geht es um die Herrlichkeit Gottes. Sieh, wie Gott erscheint:

2.Mose 20

18 Das ganze Volk erlebte, wie es donnerte und blitzte, wie Hörner erklangen und der Berg rauchte. Da bekam das Volk Angst, es zitterte und hielt sich in der Ferne. 19 Sie sagten zu Mose: Rede du mit uns, dann wollen wir hören. Gott soll nicht mit uns reden, sonst sterben wir.

Woher kamen diese stürmischen Verhältnisse, welchen Grund hatten sie? Am Thron ist so viel Energie, eine solche Intensität, dass der Himmel voll von Elektrizität ist, wie bei einem Tiefdruckgebiet. Es ist das Feuer seiner Gegenwart. Da gibt es Funken, Donner und Blitze.

Weißt du, wie sich ein Wirbelsturm anhört? Solch ein Geräusch habe ich rings um den Thron gehört. Stell dir vor, wie sich über dem Meer ein tropischer Sturm bildet, denke an einen Hurrikan der Stärke F-5. Das ist ein Aspekt der Herrlichkeit Gottes. Auch die vier lebendigen Wesen verursachen Unruhe.

Die vier lebendigen Wesen

Die vier lebendigen Wesen scheinen so, als ob sie direkt aus einem Märchenbuch entsprungen sind. Zu dem, dass sie sehr einzigartig aussehen, kommt der Umstand, dass diese Wesen sehr geräuschvoll sind. Auch die vier lebendigen Wesen tragen dazu bei, dass es Donner und Blitze, Geräusche und Stimmen vor dem Thron Gottes gibt. Diese Wesen werden auch Cherubim genannt (lies Hesekiel 10,2-22). Die Beschreibung der Wesen weicht in den verschiedenen Schriftstellen immer ein wenig voneinander ab. So wie die Evangelien verschieden sind, weil sie jeweils aus einem anderen Blickwinkel berichten, werden auch diese Wesen aus unterschiedlichen Perspektiven beschrieben. Obwohl der Prophet nur vier von ihnen gesehen hat, heißt das nicht, dass es nicht noch viele andere im Himmel gibt, die anders aussehen oder andere Ränge bekleiden. Doch alle Wesen spielen die gleiche Rolle. Sie sind persönliche Diener und Wachen der Herrlichkeit Gottes. Wo immer die Herrlichkeit Gottes auftaucht, da sind auch die Cherubim.

> Offenbarung 4
> 6 Und vor dem Thron war etwas wie ein gläsernes Meer, gleich Kristall. Und in der Mitte, rings um den Thron, waren vier Lebewesen voller Augen, vorn und
> hinten. 7 Das erste Lebewesen glich einem Löwen, das zweite einem Stier, das
> dritte sah aus wie ein Mensch, das vierte glich einem fliegenden Adler. 8 Und
> jedes der vier Lebewesen hatte sechs Flügel, außen und innen voller Augen. Sie ruhen nicht, bei Tag und Nacht, und rufen: Heilig, heilig, heilig ist der Herr, der Gott, der Herrscher über die ganze Schöpfung; er war, und er ist, und er kommt.

Eines Tages, während ich auf meinem Teppich lag und auf den Herrn wartete, wachte ich auf und lag auf dem gläsernen Meer. Ich fühlte einen heißen Atem auf meinem Nacken. Ich drehte mich um und sah in das Gesicht eines Löwen. Sein Atem war auf meinem Nacken heiß wie Feuer gewesen. Zunächst dachte ich, es wäre der Löwe vom Stamme Juda, doch dann begriff ich, dass es eines der lebendigen Wesen war.

Es hatte vorne und hinten ein Gesicht. Obwohl der Kopf rund war, drehte er sich wie ein Zauberwürfel, kennst du die noch? Der Kopf des Wesens bewegte sich so schnell, dass ich nichts sehen konnte, außer einem wirbelnden, sich schnell bewegenden Gesicht. Es war ganz verschwommen. Jedes Mal, wenn das Wesen sich bewegte, veränderte sich das Gesicht in das eines Stiers, Löwen, Menschen oder Adlers.

Der Körper war so groß wie der eines Nilpferdes und es hatte schmale kurz gedrungene Beine, wie bei einem Pitbull. Es hatte keine Haare, seine Haut sah aus wie bei einem Nilpferd. Zwei Flügel ragten an der Seite heraus und zwei befanden sich unter dem Bauch – sie waren mit Augen bedeckt. Unterhalb des Bauches befanden sich viele menschliche Hände. Ich rede von einem geflügelten Wesen, das auf allen Vieren laufend auf mich zukam, über mir stehen blieb und mir seinen Atem ins Gesicht blies. Hesekiel hatte das gleiche Erlebnis:

> Hesekiel 1
> 6 Jedes der Lebewesen hatte vier Gesichter und vier Flügel. 7 Ihre Beine waren gerade und ihre Füße wie die Füße eines Stieres; sie glänzten wie glatte und blinkende Bronze. 8 Unter den Flügeln an ihren vier Seiten hatten sie Menschenhände. Auch Gesichter und Flügel hatten die vier. 9 Ihre Flügel berührten einander. Die Lebewesen änderten beim Gehen ihre Richtung nicht: Jedes ging in die Richtung, in die eines seiner Gesichter wies. 10 Und ihre Gesichter sahen so aus: Ein Menschengesicht blickte bei allen vier nach vorn, ein Löwengesicht bei allen vier nach rechts, ein Stiergesicht bei allen vier nach links und ein Adlergesicht bei allen vier nach hinten.

Schnell wie der Blitz

Kein Wunder, dass es im Himmel blitzt! In meiner Vision sah ich, wie sich diese Wesen wie der Blitz von einem Ort zum anderen bewegten. Ich sah ihre Bewegung eigentlich nicht, sondern sie erschienen hier und da, und ihre Gesichter veränderten sich jedes Mal. Ihre schlagenden Flügel machten Geräusche wie Donner. Wie du gleich sehen wirst, ging der Donner auch vom Allmächtigen aus oder von der Stimme über den Wassern.

Ich weiß, dass dies eine wirklich wilde Vision ist. Doch Hesekiel sah diese Wesen lange vor mir. Der Herr ließ mich die Begegnung des Propheten erleben, doch zunächst möchte ich die folgende Bibelstelle lesen:

> Hesekiel 1
> 13 Zwischen den Lebewesen war etwas zu sehen wie glühende Kohlen, etwas wie Fackeln, die zwischen den Lebewesen hin- und herzuckten. Das Feuer gab einen hellen Schein, und aus dem Feuer zuckten Blitze. 14 Die Lebewesen liefen vor und zurück, und es sah aus wie Blitze.

Sie rannten vor und zurück, und wenn sie sich bewegten, sah ich nicht die Wesen, sondern Blitze. Dann erschienen sie an einer anderen Stelle. Wenn sie ihre Flügel bewegten, hörte ich Donner. Lass uns Vers 24 dieses Kapitels ansehen: *„Und wenn sie gingen, hörte ich das Rauschen ihrer Flügel wie das Rauschen großer Wasser, wie die Stimme des Allmächtigen, das Rauschen eines Getümmels, wie das Rauschen eines Heerlagers. Wenn sie still standen, ließen sie ihre Flügel sinken."* Wie klingt das Geräusch des Allmächtigen? Es klingt wie Donner und stell dir vor: *„Der Gott der Herrlichkeit donnert"* (Psalm 29,3).

Teilweise blitzt und donnert es also deshalb vor dem Thron, weil die lebendigen Wesen sich bewegen. Auch Gebetserhörungen rufen Blitz und Donner hervor. Wenn der Alte an Tagen Gericht hält, donnert und blitzt es. Die Atmosphäre der

Herrlichkeit vor dem Thron Gottes bewirkt ebenfalls Blitz und Donner. Der Himmel ist ein sehr geräuschvoller Ort.

Die vier lebendigen Wesen befördern den Thron

Unter dem gläsernen Meer sind die vier lebendigen Wesen, die den Thron Gottes auf einem Wagen von Stadt zu Stadt, von Raum zu Raum, von Nation zu Nation befördern. Diese lebendigen Wesen werden auch Cherubim (Mehrzahl von Cherub) genannt und Gott bewegt sich nicht ohne sie.

In Hesekiel 1 wird beschrieben, wie der Thron auf einem himmlischen Wagen, den Cherubim, bewegt wird. Wenn du Hesekiel Kapitel 1 bis 10 liest, wird der Thron von Norden nach Süden bewegt und Gott bewegt sich durch das Land Juda, um sein Volk zu richten. Die Cherubim befördern den Thron in den Tempel hinein und heraus. Tatsächlich war die Herrlichkeit Gottes nur für vierzehn Monate im Tempel und dann verließ sie den Tempel durch das östliche Tor. Sie ging vom Norden zum Süden und Gott wurde auf seinem Thron, auf seinem Wagen durch das Land Juda getragen, um zu forschen und über die Sünden des Volkes zu richten.

Hesekiel 1 (Elberfelder Bibel)
4 Und ich sah: Und siehe, ein Sturmwind kam von Norden her, eine große Wolke und ein Feuer, das hin- und herzuckte, und Glanz war rings um sie her. Und aus seiner Mitte, aus der Mitte des Feuers, strahlte es wie der Anblick von glänzendem Metall. 5 Und aus seiner Mitte hervor erschien die Gestalt von vier lebenden Wesen.

Hesekiel 1 (Elberfelder Bibel)
15 Und als ich die lebenden Wesen sah, siehe, da war ein Rad auf der Erde neben den lebenden Wesen, bei ihren vier Vorderseiten. 16 Das Aussehen der Räder und ihre Verarbeitung war wie der Anblick von Türkis, und die vier hatten ein und dieselbe Gestalt; und ihr Aussehen und ihre Verarbeitung war, wie wenn ein Rad mitten im anderen Rad wäre. 17 Wenn sie gingen, dann gingen sie nach ihren vier Seiten hin; sie wandten sich nicht um, wenn sie gingen. 18 Und ihre Felgen, sie waren hoch, und als ich sie anblickte, sah ich, dass ihre Felgen voller Augen waren rings herum bei den vieren. 19 Und wenn die lebenden Wesen gingen, gingen auch die Räder neben ihnen her; und wenn die lebenden Wesen sich von der Erde erhoben, erhoben sich auch die Räder. 20 Wohin der Geist gehen wollte, gingen sie, dahin, wohin der Geist gehen wollte. Und die Räder erhoben sich gleichzeitig mit ihnen, denn der Geist des lebenden Wesens war in den Rädern. 21 Wenn jene gingen, gingen auch diese, und wenn jene stehen blieben, dann blieben auch diese stehen; und wenn sich jene von der Erde erhoben, dann erhoben sich die Räder gleichzeitig mit ihnen. Denn der Geist des lebenden Wesens war in den Rädern.

Wenn der Thron sich erhebt und bewegt, erheben sich auch die Räder und bewegen sich. Das waren große Räder mit sehr hohen Felgen (Hesekiel 1,18). Die Räder waren so konstruiert, dass ein Rad im anderen war und ihre Felgen waren voller Augen. Wo immer die lebendigen Wesen hingingen, gingen auch die Räder hin. Wenn sie sich von der Erde erhoben, so gingen die Räder mit ihnen.

Wir können auch in den folgenden Versen sehen, wie der Thron sich bewegt: *„Er fuhr auf* einem *Cherub und flog daher, so schwebte er auf den Flügeln des Windes"* (2.Samuel 22,11, Elberfelder Bibel). Siehe auch Psalm 68,17: *„Die Wagen Gottes sind zahllos, tausendmal tausend. Vom Sinai zieht der Herr zu seinem Heiligtum."* Der Herr ist mit seinen Wagen. Der Herr ist mit den himmlischen Cherubim, die ein Wagen sind für den Thron Gottes, der sich im Himmel bewegt.

Das ist auch ein prophetisches Bild für die Leviten, die die Bundeslade trugen, ein Zeichen der Gegenwart Gottes (1.Chronik 15,2). Wo sich die Bundeslade befand, war die Gegenwart Gottes.

Sie singen: „Heilig, heilig, heilig"

Offenbarung 4 (Elberfelder Bibel)
8 Und die vier lebendigen Wesen hatten, eines wie das andere, je sechs Flügel und sind ringsum und inwendig voller Augen, und sie hören Tag und Nacht nicht auf zu sagen: Heilig, heilig, heilig, Herr, Gott, Allmächtiger, der war und der ist und der kommt! 9 Und wenn die lebendigen Wesen Herrlichkeit und Ehre und Danksagung geben werden dem, der auf dem Thron sitzt, der da lebt von Ewigkeit zu Ewigkeit, 10 so werden die vierundzwanzig Ältesten niederfallen vor dem, der auf dem Thron sitzt, und den anbeten, der von Ewigkeit zu Ewigkeit lebt, und werden ihre Siegeskränze niederwerfen vor dem Thron und sagen: 11 Du bist würdig, unser Herr und Gott, die Herrlichkeit und die Ehre und die Macht zu nehmen, denn du hast alle Dinge erschaffen, und deines Willens wegen waren sie und sind sie erschaffen worden.

Die lebendigen Wesen singen Tag und Nacht rings um den Thron Gottes: *„Heilig, heilig, heilig, Gott, Allmächtiger, der war und der ist und der kommt!"* Denke eine Minute darüber nach. Tag und Nacht, vierundzwanzig Stunden am Tag, sieben Tage in der Woche, für alle Ewigkeit singen sie dasselbe Lied. Wie kann man ein Lied immer und immer wieder singen? Mein Freund Don sagte: „Todd, sie singen dieses Lied so lange, bis wir dort auftauchen, dann singen sie ein neues Lied." Im Himmel werden wir das Lied des Moses und das Lied des Lammes singen (Offenbarung 15,3-4).

Im Geist und in der Wahrheit

Gott möchte, dass wir im Geist und in der Wahrheit anbeten, mit allem, was wir haben und dann werden wir völlig in die Freude hineinkommen, die für die Anbetung im Himmel typisch ist. Die, die jetzt im Thronraum sind, beten fortwährend im Geist und in der Wahrheit an. Doch wie können sie diese Intensität beibehalten? Wie können sie „heilig“ singen und es mit der gleichen Begeisterung tun wie vor tausend Jahren? Hier ist die Antwort: Ich glaube, jedes Mal wenn die vierundzwanzig Ältesten und die vier lebendigen Wesen: *„Heilig, heilig, heilig, Gott, Allmächtiger, der war und der ist und der kommt!“* singen, offenbart Gott mehr von seiner Heiligkeit. Diese neue Offenbarung überwältigt sie und mit erneuerter Begeisterung, Hingabe, Leidenschaft und Inbrunst singen sie mit noch mehr Intensität und Überzeugung: „Heilig, heilig, heilig.“ Dann nimmt Gott einen weiteren Schleier seines Charakters weg und sie sind wiederum erstaunt über seine Heiligkeit.

Im Himmel werden auch wir andauernd frische Offenbarung der Heiligkeit Gottes haben. Dann wird es so sein, als ob wir seine Eigenschaften niemals zuvor gesehen hätten. Es wird eine fortwährende Offenbarung sein und sie wird für alle Zeit bleiben, während wir von Herrlichkeit zu Herrlichkeit gehen. Gott wird sich offenbaren und du wirst ehrfürchtig staunen und die Offenbarung seiner Heiligkeit und anderer Charaktereigenschaften wird lebendig und frisch sein. Du wirst dich einfach immer mehr verlieben. Der Thronraum bedeutet: Augen und Flügel, unaufhörliche Bereitschaft, lebendige Wesen und Herrlichkeit, Geräusche des wirbelnden Windes, Stimmen, Donner und Blitze, es ist überwältigend!

Du wirst dort sein, dich niederbeugen und sagen: „Du bist würdig, o, Herr, Herrlichkeit, Ehre und Stärke zu empfangen, denn du hast alle Dinge geschaffen und durch deinen Willen wurden sie geschaffen. Du bist würdig, Herr! Du bist würdig! Du bist heilig! O, der glorreiche Thron deines Reiches, Gott“, und es wird nie an Intensität verlieren.

Augen und Flügel

Offenbarung 4 (Elberfelder Bibel)
8 Und die vier lebendigen Wesen hatten, eines wie das andere, je sechs Flügel und sind ringsum und inwendig voller Augen, und sie hören Tag und Nacht nicht auf zu sagen: Heilig, heilig, heilig, Herr, Gott, Allmächtiger, der war und der ist und der kommt!

Da sind die vier lebendigen Wesen und sie sind voller Augen. Die Räder, die Flügel, die Hände und der Rücken sind bedeckt mit Augen. Was sollen all die Augen? Mir gefällt, was mein Freund, Stacey Campbell, sagt: „Augen, um zu sehen, und Flügel, um dort hinzukommen.“ Die Augen repräsentieren den, der alles sieht, alles weiß, den unaufhörlich wachenden Gott.

In einem dieser Augen steckt soviel Leben und Persönlichkeit, dass es dich durchbohrt und in deine gesamte Seele sieht. Die Augen des Herrn durchlaufen die ganze Erde, weil Gott uns stärken will (2.Chronik 16,9). Tag und Nacht halten die Augen des Herrn Ausschau: „Wen kann ich salben? Wen kann ich verändern? Wen kann ich berufen?“ Es ist die alles sehende und alles wissende Erkenntnis Gottes. Du brauchst ziemlich viele Augen, um all das tun zu können.

„Ich will dich mit meinen Augen leiten" (Psalm 32,8b, Luther). Ich habe darüber bereits ein wenig gesagt, als ich über die sieben Geister Gottes schrieb. Der Blick eines Auges genügt nicht nur, um dich zu sehen und zu kennen, sondern er leitet dich auch. Gott braucht dich nur anzusehen und kann dich damit dort hinbringen, wo du sein sollst.

Weitere symbolische Bedeutungen der vier lebendigen Wesen

Es gibt noch viel mehr über die vier lebendigen Wesen zu sagen, als dass sie einzigartig sind. Die vier lebendigen Wesen symbolisieren oder repräsentieren verschiedene Dinge.

1. Die vier Gesichter Gottes

Die vier Gesichter Gottes sind Ausdruck seines Charakters, der in den vier Evangelien durch Christus offenbart wird. Matthäus konzentriert sich auf Jesus, den König der Juden, welcher der Löwe ist. Markus verkündet ihn als den Sohn des Leidens, welcher der Diener (Stier) ist. Lukas porträtiert ihn als den Sohn des Menschen in seiner Menschlichkeit. Seine Göttlichkeit, welche der Adler ist, wird im Johannesevangelium dargestellt.

Jedes Gesicht der lebendigen Wesen zeigt einen Aspekt des göttlichen Charakters. Dabei handelt es sich nicht um die völlige Offenbarung Gottes, sondern nur um einen Aspekt. Diese himmlischen Wesen halten sich schon so lange in seiner Herrlichkeit auf, dass sie seine Natur und seinen Charakter in ihren Gesichtern angenommen haben. Ich denke, dass sie das mit ihren Gesichtern widerspiegeln, was Gott gerade von sich zeigt. Wenn Gott als König erscheinen will, siehst du wahrscheinlich das Gesicht des Löwen, will er sich als leidender Diener zeigen, wirst du den Stier sehen.

2. Das Kreuz und die zwölf Stämme

Weißt du, wovon die vier lebendigen Wesen noch reden? Wann immer die zwölf Stämme Israels ihr Lager in der Wüste aufschlugen, war es ein symbolisches Bild der vier lebendigen Wesen (ein Hinweis auf den Thron). Die Bibel verweist fortwährend auf den König, der auf dem Thron sitzt, und sein ewiges Reich.

Wenn die Kinder Israels die Stiftshütte in der Wüste aufbauten, folgten sie einem Plan, den Gott ihnen gegeben hatte. Gott wies sie an, 40.000 Leviten für den priesterlichen Dienst und die Stiftshütte auszusondern. Die Leviten und ihre Frauen bauten zuerst ihre Zelte um die Stiftshütte seiner Gegenwart herum auf. Die Leviten waren die persönlichen Diener der Gegenwart des Herrn.

Dann wurde der Rest des Lagers aufgebaut, zum Norden, Süden, Osten und Westen, gemäß der Angehörigkeit und Farben der Stämme. Jeder Stamm lagerte unter einem von vier Bannern. Jedes Banner hatte ein Symbol und eine bestimmte Farbe (4.Mose 2,3-17, Psalm 60,4; 2.Mose 28,17-21). Die Farben, die für die Banner verwendet wurden, gleichen denen, die um den Thron herum sind. Der Löwe ist das Emblem des Stammes Juda, der Adler für den Stamm Dan, der Stier für Ephraim und der Mensch repräsentierte den Stamm Ruben. Wir sehen also, wie die vier Gesichter der lebendigen Wesen sich in den zwölf Stämmen Israels offenbaren.

Die Stämme lagerten also unter dem Gesicht des Adlers, des Stiers, des Löwen und des Menschen, die auf den Bannern abgebildet waren und die vier führenden Stämme Ruben, Ephraim, Dan und Juda symbolisierten. Die zwölf Stämme wurden unterteilt in vier Gruppen von je drei Stämmen, die sich unter einem der vier Banner, jeweils zusammen mit dem führenden Stamm lagerten. Wenn Gott vom Himmel herab sah durch das gläserne Meer hindurch, dann sah er wie sich um die Stiftshütte ein Kreuz formierte. Das Lager der zwölf Stämme Israel unter den vier Bannern ist ein prophetisches Zeichen der vier lebendigen Wesen mit den vier Gesichtern Gottes. Das folgende Diagramm wird dir helfen, die Lagerordnung und die enthaltene Symbolik zu erkennen.

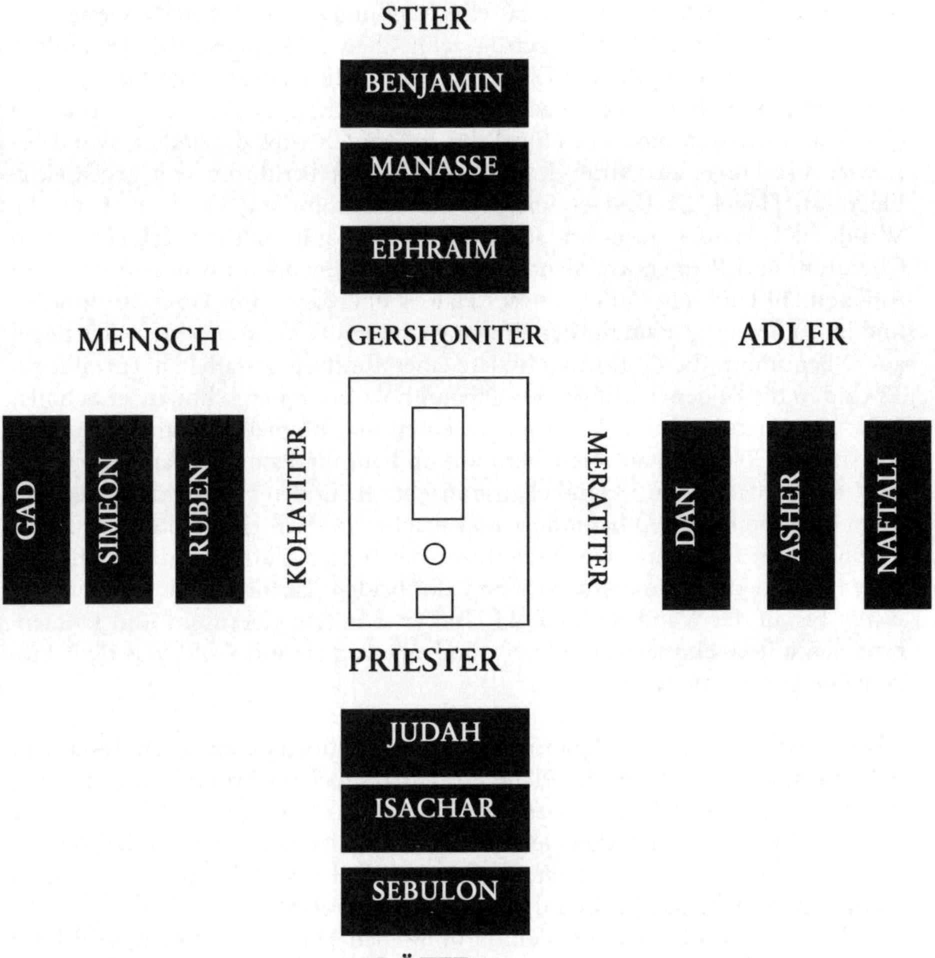

Das Himmlische wird im Irdischen repräsentiert

Wenn du wissen willst, was im Himmel passiert, dann beschäftige dich mit den Plänen zum Bau der irdischen Tempel, die Gott Mose und danach Salomo gab. Diese Pläne waren unbeschreiblich genaue Vorlagen der himmlischen Stiftshütte Gottes. Salomos Tempel war die genaue Beschreibung dessen, was wir in Offenbarung 4 lesen. Cherubim waren auf den Wänden abgebildet und befanden sich fast überall im Tempel.

> 1.Könige 6 (Elberfelder Bibel)
> 23 Und er machte im Hinterraum zwei Cherubim aus Ölbaumholz, zehn Ellen
> ihre Höhe. 24 Fünf Ellen maß der eine Flügel des Cherubs und fünf Ellen der
> andere Flügel des Cherubs: zehn Ellen von dem einen Ende seiner Flügel bis zu
> dem andern Ende seiner Flügel. 25 Zehn Ellen maß auch der andere Cherub:
> beide Cherubim hatten ein und dasselbe Maß und ein und dieselbe Gestalt. 26
> Die Höhe des einen Cherubs betrug zehn Ellen und ebenso die des andern
> Cherubs. 27 Und er stellte die Cherubim in die Mitte des inneren Hauses; und
> die Cherubim breiteten die Flügel aus, so dass der Flügel des einen Cherubs die
> eine Wand berührte und der Flügel des andern Cherubs die andere Wand berührte; ihre Flügel zur Mitte des Hauses hin aber berührten sich gegenseitig,
> Flügel an Flügel. 28 Und er überzog die Cherubim mit Gold. 29 Und alle
> Wände des Hauses ringsum schnitzte er aus mit Schnitzwerkreliefs von
> Cherubim und Palmenornamenten und Blumengewinden im Inneren und im
> Äußeren. 30 Und den Fußboden des Hauses überzog er mit Gold, im Inneren
> und im Äußeren. 31 Und für den Eingang zum Hinterraum machte er Türflügel
> aus Ölbaumholz; die Einfassung bildete einen fünffach gestaffelten Türrahmen.
> 32 Und in die beiden Türflügel aus Ölbaumholz, auf ihnen schnitzte er Schnitzwerk von Cherubim und Palmenornamenten und Blumengewinden und überzog sie mit Gold, und auf die Cherubim und auf die Palmenornamente ließ er
> das Gold aufhämmern. 33 Und ebenso machte er für den Eingang zum Tempelraum Türrahmen aus Ölbaumholz und machte vierfach gestaffelte Türrahmen
> 34 und zwei Türen aus Wacholderholz; die beiden Türflügel der einen Tür
> waren bis an die Wand drehbar, und die beiden Türflügel der anderen Tür
> waren bis an die Wand drehbar. 35 Und er schnitzte Cherubim und Palmenornamente und Blumengewinde ein und überzog sie mit Gold, das dem Eingeritzten genau angepasst war.

Woher wussten sie von den Cherubim? Sie waren nirgends im Alten Testament beschrieben. Als Gott ihnen die Pläne für den Tempel anvertraute, trug er ihnen auf, Cherubim herzustellen, aber er sagte ihnen nicht, wie sie aussehen. Entweder hatten sie Einsichten durch den Heiligen Geist oder jemand hatte eine Vision, die nicht aufgeschrieben wurde. Später sahen Hesekiel und Johannes den wahren Thronraum, nach dessen Vorbild die irdischen Tempel erbaut wurden.

Jetzt können wir alle in den realen, himmlischen Thronraum treten, weil Jesus gekommen ist und den Vorhang weggenommen hat. Nun haben wir Zugang zum Heiligtum. Wir haben keine bildlichen Kunstwerke, sondern die wortwörtliche Erfahrung. Wir sind zum Tempel geworden. In 1.Könige 6,23-35 wird das Abbild des wahren Thronraums beschrieben, in den wir alle in Christus hinein gelangen können.

Farben rings um den Thron

Im Alten Testament wurden die Farben rings um den Thron Gottes durch farbige Steine auf dem priesterlichen Ephod symbolisiert (2.Mose 28,15-21). Die Farben standen nicht nur für die zwölf Stämme Israels, sondern sie wiesen auch auf Jesus hin. Der Sarder oder Karneol ist ein tief blutroter oder gelb-roter Stein, wie ein Rubin. Er ist ein Zeichen der Gerechtigkeit und der Gerichte Gottes. Dieser Stein repräsentiert den Stamm Benjamin. Der Name Benjamin bedeutet „Sohn meiner rechten Hand". Jesus ist der Sohn zur rechten Hand des Vaters.

Der Jaspis ist ein lichtundurchlässiger Quarzstein und er steht für die Reinheit und Heiligkeit Gottes. Dieser Stein repräsentiert den Stamm Ruben, welcher der erste Stamm war. Jesus Christus ist die Repräsentation Rubens, weil er der Erstgeborene, einzige Sohn und der erste aus den Toten war. Die weiteren vielen bunten Steine repräsentieren sowohl einen Stamm als auch einen Aspekt des Charakters Gottes.

Es gibt einen Regenbogen über dem Thron, der vorherrschend smaragdfarben ist (Offenbarung 4,3). Die Farbe Grün redet von der Güte Gottes. Der Regenbogen ist eine Erinnerung an all die Verheißungen Gottes für Abraham, Isaak und Jakob. Auch Noah versprach Gott, dass es niemals wieder eine Überflutung der Erde geben würde. Als Bestätigung nahm er den Regenbogen über seinem Thron und warf ihn als Symbol auf die Erde.

Regenbogenverheißungen

Ein Regenbogen erscheint nur dann, wenn es regnet und gleichzeitig die Sonne scheint. Gott möchte dich inmitten der Lebensstürme an deine prophetischen Worte erinnern, die du erhalten hast. Dann, wenn es dunkel und düster ist, kommt er mit seinem Regenbogen der Hoffnung und Verheißung. Wann immer du einen Regenbogen siehst, erinnere dich an Gottes Güte und daran, dass er treu ist und seine Verheißungen erfüllt.

Das gläserne Meer

Erinnerst du dich an Offenbarung 4,6: *„Und vor dem Throne wie ein gläsernes Meer, gleich Kristall."* Dieses Meer ist durchsichtig. In einer Vision stand ich brusttief in diesem Meer. Seine Wellen gingen über mich.

Weißt du, warum es sich vor dem Thron befindet? Weil sich die gesamte Welt vor dem Thron befindet und nichts unter dem gläsernen Meer vor seinem Blick verborgen ist. Hast du jemals auf einem hohen Gebäude unter einer Glaskuppel gestanden und den weiten Blick genossen? So ist auch das gläserne Meer. Jede Nation, jeder Mensch, jeder Gedanke, alles befindet sich unter dem durchsichtigen Meer. Gott kann alles von seinem Thron aus sehen.

Erinnere dich, dass die Dinge auf der Erde ein Abbild des himmlischen Originals sind (Hebräer 8,5). Gott sah von seinem Thron herab und sagte: „Seht euch mein gläsernes Meer an, wir werden es in den Tempel bringen.“ Er beauftragte Salomo, etwas für den Tempel zu bauen, das sie bronzenes Meer oder gegossenes Meer nannten: *„Dann machte er das Meer. Es wurde aus Bronze gegossen und maß zehn Ellen von einem Rand zum andern; es war völlig rund und fünf Ellen hoch. Eine Schnur von dreißig Ellen konnte es rings umspannen“* (1.Könige 7,23).

In der Stiftshütte Moses hieß es bronzenes Waschbecken und es war ein mit Salzwasser gefülltes Waschbecken. Das Salz diente zur Reinigung. Das Waschbecken repräsentiert „das Wasserbad im Wort“ (Epheser 5,26). Eine Reinigung muss geschehen, bevor das Allerheiligste betreten wird.

Im Himmel ist es nicht aus Bronze, weil es verherrlicht ist. Es ist klar, weil es keine Sünde gibt. Durch Jesu Opfer am Kreuz sind wir ohne Flecken oder Makel, und wir sind gewaschen im Blut des Lammes. Es besteht keine Notwendigkeit mehr für rituelle Waschungen oder Traditionen des alten Tempels, Hallelujah!

Ich möchte dir noch etwas erzählen über das gläserne Meer: Es spricht von der heiligenden Kraft des Wortes Gottes und des Wasserbades im Wort. Es ist ein Spiegel, in den du hinein siehst. Es ist eine Reflektion von dem, wer Christus ist, wer du bist und wie dein Zustand ist sowie eine Überführung von Sünde. Es ist durchsichtig, du siehst dich selbst, dein wahres Ich. Es beseitigt jede Maske. Vom gläsernen Meer werden Lichtstrahlen reflektiert, es sind Reflektionen und Erleuchtungen.

Nimm teil an der Feier rings um den Thron!

Ich lehre über den Thron, die Engel und prophetische Begegnungen, damit du deine geistlichen Sinne gemäß Hebräer 5,14 trainieren kannst und beginnst, die Dinge zu prophezeien, wie sie im Himmel sind, und die mannigfaltige Weisheit Gottes zu verkünden. Dann führen die Engel sein Wort aus, das durch den Mund seiner Diener gesprochen wird, und das Reich kommt.

Ich habe es bereits gesagt, möchte es aber noch einmal betonen: Wenn du selbst keine eigenen prophetischen Visionen, Offenbarung und Erlebnisse hast, dann höre den anderen zu und es wird auf dich abfärben. Du musst in deinem Geist eine Vorstellung von dem entwickeln wie es im Himmel ist. Fülle dein Denken mit Bildern darüber wie es im Himmel aussieht. Gebrauche deine inneren geistlichen Augen und betrachte den Thron und den, der auf dem Thron sitzt und aussieht wie ein Jaspis oder Karneol. Stell dir den smaragdfarbenen Regenbogen über dem Thron vor. Sieh die vierundzwanzig Ältesten, die sich niederbeugen, und den Alten an Tagen und höre den Donner, die Stimmen und die Geräusche des Himmels.

Wir sind geistliche Wesen, Heilige und Bürger des Himmels. Wir müssen nicht so lange warten, bis wir unseren Körper verlassen haben und beim Herrn sind, um hineinzutreten. Was auch immer wir uns hier auf der Erde an Freude vorstellen können, wird im Himmel millionenfach übertroffen.

Wir sollten so dankbar sein für Begegnungen im Thronraum. Sie ermöglichen es uns, den König auf seinem Thron in seiner Herrlichkeit anzubeten. Wir haben durch Gnade Zugang zum Thron, weil die Bibel sagt, dass wir kühn hinzutreten können! Schließe dich den Engeln an und verkünde dem Herrn, dem allmächtigen Gott: „Heilig, heilig, heilig!"

Der Apostel Paulus beschreibt es, wie folgt: *„Was kein Auge gesehen und kein Ohr gehört hat, was keinem Menschen in den Sinn gekommen ist: das Große, das Gott denen bereitet hat, die ihn lieben"* (1.Korinther 2,9). Komm her! Komm herauf! Komm hier herauf!

Endnote

1 R. Dean Davis, „The Heavenly Court Judgment of Revelation 4-5", Maryland: University Press of America, 1992, S. 163).

Kapitel 11

Aktiviere deine prophetische Bestimmung

Ich schaute, bis Throne aufgestellt wurden und ein Alter an Tagen sich setzte. … Das Gericht nahm Platz, und es wurden Bücher aufgeschlagen (Daniel 7,9-10)

Fast jeder Politiker oder Hollywoodstar schreibt irgendwann seine Memoiren oder lässt sie von jemandem schreiben. Auch wenn du nicht berühmt bist, so bist du in Gottes Augen doch wichtig, und er sorgt sich um dich und hält deine Lebensgeschichte fest. Seine Bibliothek ist voll mit Büchern über dich. In diesem Kapitel schauen wir uns an, was die Bibel über das Buch der Erinnerung und das Buch der Zukunft zu sagen hat. Ich bete, dass Gott dieses Studium dazu gebraucht, dich an deine unerfüllten Träume zu erinnern, und du wieder neu erkennst, wie richtig es ist zu träumen. Hast du deine Träume beiseite gelegt oder als unerreichbar abgetan? Gott hat es nicht gemacht.

Der Inhalt dieser Bücher wird uns in kraftvoller Weise zeigen, wie wir unsere von Gott festgelegte prophetische Bestimmung aktivieren können. In ihnen sind nicht nur unsere guten und schlechten Taten festgehalten! Das Heer der Engel zeichnet immerfort die Einzelheiten unseres Lebens auf – das Erbe, das du hinterlässt und die Bestimmung, die du findest.

Während der Zeit des jüdischen Neujahrsfestes Rosh Hashanah empfing meine Frau, Shonnah, die Vision einer himmlischen Bibliothek. Es war wie in einem Museum, in dem endlose Reihen hoher Bücherregale standen. Es gab eine Leiter, die zwei Engel benutzten, um Bücher zu holen oder sie wieder ins Regal zurückzustellen. Die Engel nahmen zwei Bücher aus dem Regal mit dem Titel „Bestimmung“ und „Zukunft“. Als sie geöffnet wurden, sah Shonnah, wie ihr Leben vor Gott in einer Art Untersuchung ausgebreitet wurde. Die Untersuchung ähnelte dem Brauch der Juden, sich beim Neujahrsfest rückblickend mit ihrem Leben auseinanderzusetzen. Im übertragenen Sinne prüfen die Israeliten (früher und heute) das Buch der Erinnerung, indem sie auf ihr eigenes Leben zurückblicken (Vergangenheit, Gegenwart und Zukunft). Dabei geht es auch um die Bereiche, wo Sünde vorliegt und für die Erlösung und Wiedergutmachung erforderlich ist.

Ich hatte bereits über den Engel berichtet, der manchmal in meinen Versammlungen auftaucht und mitschreibt. Wenn ich weissage, hört er zu und sieht sich die Reaktionen der Menschen an und mit einer altmodischen Feder und goldener Tinte schreibt er die Prophetien auf Pergament. Der Herr sagte mir, dass der Engel die Aufgabe hat, unsere Geschichte und Erbschaft aufzuschreiben.

Das Buch der Erinnerung

Im Alten Testament, im Buch Daniel, wird ein Buch erwähnt, das die Namen und Taten der Gerechten festhält. *„Doch dein Volk wird in jener Zeit gerettet, jeder, der im Buch verzeichnet ist“* (Daniel 12,1b). Maleachi erwähnt das Buch der Erinnerung: *„Da redeten die miteinander, die den Herrn fürchteten, und der Herr merkte auf und hörte. Und ein* ***Buch der Erinnerung*** *wurde vor ihm geschrieben für die, die den Herrn fürchten und seinen Namen achten"* (Maleachi 3,16, Hervorhebung durch den Autor).

Viele kennen das Buch des Lebens und sie wissen, dass ihre Taten dort aufgeschrieben sind, doch wenige kennen das Buch der Erinnerung. Beachte, dass Gott dieses Buch, in dem das Leben und die Werke derer aufgeschrieben sind, die ihn lieben, stets vor Augen hat. Er hört, nimmt wahr und schreibt alles darin auf.

Gott hört jede unserer Unterhaltungen und er ist nicht weit weg, wie einige glauben. Er erinnert sich an seine Verheißungen, auch an unsere persönlichen. Er schreibt unsere Worte in das Buch der Erinnerung, auch die, die nur uns bekannt sind. Wenn du gesagt hast: „Hier bin ich, Herr, sende mich... Ich werde meine Hände auf Kranke legen und sie werden gesund", hat er dein brennendes Verlangen wahrgenommen und es aufgeschrieben.

Vielleicht hast du das, was du Gott vor zwanzig Jahren versprochen oder die Verpflichtung, die du ihm gegenüber bei einer Jugendkonferenz abgegeben hast, vergessen, doch er erinnert sich. Von dem Zeitpunkt, da du gezeugt wurdest, hat er jedes Begehren, jeden Traum, jede Leidenschaft, jedes prophetische Wort, jede Offenbarung und Vision aufgeschrieben, und er möchte, dass du dich daran erinnerst und es neu entfachst – besonders dann, wenn du sie unter der Last von Prüfungen, Herzeleid und Krankheit begraben hast. Er möchte das leidenschaftliche Feuer, das in deinem Herzen brannte, um ihm zu dienen, wieder entfachen. So offenbart er das, was er in dem Buch aufgeschrieben hat, um dein Verlangen wieder zu schüren.

Erinnern entfacht

Paulus fordert Timotheus auf, die Gabe, die Gott ihm gegeben hat, anzufachen: *„...auf dass ich mit Freude erfüllt sein möge; indem ich mich erinnere des ungeheuchelten Glaubens in dir... Darum rufe ich dir ins Gedächtnis: Entfache die Gnade Gottes wieder, die dir durch die Auflegung meiner Hände zuteil geworden ist"* (2.Timotheus 1,4-6).

Paulus sagte: „Timotheus, ich ermutige dich, dass du dich erinnerst. Denke an die Gaben, die Gott dir gegeben hat. Du hast dich nicht erinnert, du hast nicht geträumt. Du hast dir nicht vorgestellt, wie du mit der Salbung, die durch Handauflegung der Propheten in dein Leben hineingelegt wurde, lebst. Was haben die Propheten dir gesagt? Erinnere dich, Timotheus!

Ich ermutige dich, dass du dich nicht nur daran erinnerst, was dir prophetisch gesagt wurde, sondern auch daran, wie du ein Verlangen danach hattest, dass Gott dich gebraucht. Häufig werde ich gefragt, woran man erkennen kann, was Gott bezüglich der Bestimmung in unseren Geist gelegt hat. Ich antworte mit einer Gegenfrage: „Was bewegt dich, worüber redest du am meisten?" Das gibt uns Hinweise auf unsere Gaben, die gewöhnlich etwas mit unserer Bestimmung zu tun haben. Häufig sind die Gaben verschüttet. Manche verstehen gar nicht, was Gott bereits in ihre Herzen gegeben hat oder sie nehmen es nicht wahr, und deshalb warten sie weiter auf ein prophetisches Wort, während Gott die ganze Zeit möchte, dass sie dem Verlangen ihres Herzens einfach folgen und vorangehen.

Gott möchte, dass wir die Kraft erkennen, die in diesen Heilig-Geist-Träumen und Begehren stecken. Durch Erinnern kann Gott Vergebung, Heilung und Wiederherstellung in unserem Herzen freisetzen. Er möchte, dass wir uns erinnern, weil dadurch alte Gaben in unserem Leben aktiviert werden. Deine Bestimmung findet sich sehr häufig in dem brennenden Verlangen, das du bereits in dir trägst. Es kann ein Dienst unter Frauen oder im Gefängnis, Straßenevangelisation, Musik, Tanz oder Schreiben sein. Was auch immer deine Leidenschaft ist, lebe sie aus, gebrauche sie! Deine Bestimmung liegt gewöhnlich in den Bereichen, wo deine Gaben und Talente sind.

Es ist wichtig, dass du dich an die Zeit erinnerst, als dein Herz voller Leidenschaft für Jesus war, die Zeit, in der du Visionen und Träume hattest. Vielleicht gab es da diesen Eifer, doch nach Jahren des geistlichen Missbrauchs, der Kontrolle und schwacher Leiterschaft hast du zugemacht. Wie kannst du dieses prophetische Lied entfachen, wenn dein Herz abgestumpft ist? Wie kannst du deine musikalische Gabe wachrufen oder diese besondere Salbung für Befreiung?

David hatte eine Zeit, wo er wusste, dass er vorangehen sollte: *„Du hieltest offen die Lider meiner Augen; ich war voll Unruhe und redete nicht. Ich durchdachte die Tage vor alters. Der Jahre der Urzeit gedachte ich. Ich sann nach des Nachts; in meinem Herzen überlegte ich, und es forschte mein Geist"* (Psalm 77,5-7, Elberfelder Bibel). Inmitten dieser Schwierigkeiten sagte David: „Ich kann nicht schlafen, ich brauche einen Durchbruch." Er erinnert sich daran, wie oft der Herr ihn gerettet hatte, anstatt sich zu sorgen oder sich zu drehen und zu wenden.

> Psalm 63,
> 7 Ich denke an dich auf nächtlichem Lager und sinne über dich nach, wenn ich
> wache. 8 Ja, du wurdest meine Hilfe; jubeln kann ich im Schatten deiner Flügel

Erinnern baut den Glauben auf und lässt uns in Zeiten der Trockenheit und der Prüfungen jubeln. Wir müssen sicherstellen, dass wir nicht so werden wie die Kinder Israels. Gott führte sie heraus aus Ägypten und sie haben seine Wunder nahezu sofort vergessen. Wir müssen uns in unserem Herzen mit den vergangenen Durchbrüchen beschäftigen, darüber nachdenken und sie erwägen, besonders in Zeiten des Mangels, der Angriffe oder geistlichen Dürre. Wenn du ein Tagebuch führst, lies es und preise Gott für die Zeiten, wo er eingegriffen hat. Erinnern entfacht den Glauben.

Wie erinnern wir uns?

Ich liebe es, mich zu erinnern! Es ist eine meiner Lieblingsbeschäftigungen. Nachts liege ich im Bett und denke daran, wie der Herr gewirkt hat. Ich denke an schwierige Zeiten, als er mir zur Hilfe kam und an die wundervollen Augenblicke, als er übernatürlich eingriff. Mein Geist wird belebt und ich bin freudig erregt – so sehr, dass ich kaum schlafen kann. Erinnerungen an Zeiten, in denen der Herr in meinem Leben gewirkt hat, lassen meine Leidenschaft und meine Motivation, ihm zu dienen, wieder neu aufleben. Es ist schwer für mich einzuschlafen und ich bitte Gott dann, das Buch zu schließen und mich ruhen zu lassen.

Damit man sich erinnern kann, muss es still sein. An einem stillen Ort über prophetische Worte, die eigene Bestimmung und Träume nachzudenken und sie auszusprechen, hat eine besondere Kraft. Das Wort *Meditation* kommt häufig in der Bibel vor. König David war sehr gut darin und er ermutigt uns: *„Denkt nach in eurem Herzen auf eurem Lager, aber seid still! [Sela]"* (Psalm 4,5, Elberfelder Bibel). David meint: „Ich erinnere mich daran, wie du mir in der Vergangenheit geholfen hast, denn das baut meinen Glauben für die Zukunft auf." Er hatte verstanden, dass der stille Ort des Erinnerns wichtig ist, damit der Glaube wachsen kann. „Sela" bedeutet Pause. Der moderne Christ braucht ein wenig mehr „Sela", weil Gott in diesen Zeiten der Stille Visionen, Träume und prophetische Worte in uns zur Geburt bringt.

Also leg dich ins Bett und lass den Heiligen Geist deine Phantasie heiligen, während du dich an die Salbung erinnerst, die vor Jahren auf deinem Leben war. Denk an die Zeit der Ernte oder daran, als dir das Wort lebendig wurde und dich bewegte. Erinnere dich an prophetische Worte und Träume. Denk an jedes Wunder, jede Vision, jede Errettung, jedes prophetische Wort und jeden Traum.

Die Erinnerung entfacht dein Herz und deinen Geist, begib dich also in diese Heilig-Geist-Erinnerungen. Schon bald wirst du sagen: „Ich bin müde vom Erinnern, Herr. Ich möchte sehen, wie du neue Dinge tust!" Und wenn du dann los gehst, wird die Salbung Gottes wieder fließen.

Erinnern bringt Salbung

Sacharja 4 (Elberfelder Bibel)
6 … Dies ist das Wort des Herrn an Serubbabel: Nicht durch Macht und nicht durch Kraft, sondern durch meinen Geist, spricht der Herr der Heerscharen. 7 Wer bist du, großer Berg? Vor Serubbabel werde zur Ebene! Und er wird den Schlussstein herausbringen unter lautem Zuruf: Gnade, Gnade für ihn! 8 Und das Wort des Herrn geschah zu mir: 9 Die Hände Serubbabels haben die Grundmauern dieses Hauses gelegt, und seine Hände werden es vollenden. Und du wirst erkennen, dass der Herr der Heerscharen mich zu euch gesandt hat. 10 Denn wer hat den Tag kleiner Dinge verachtet?

Sacharja bedeutet „Gott, der sich erinnert" oder „Gott, der zur Erinnerung aufruft". Hier drängt der Prophet den König Serubbabel, sich an seinen prophetischen Auftrag zu erinnern, den Tempel Salomos wieder aufzubauen. Welch eine riesige Aufgabe! Wie dem auch sei, wenn Gott dir eine Vision gibt, die größer zu sein scheint als du, schmeiß sie nicht weg und sage, dass es unmöglich ist, nur weil du nicht weißt, wie es funktionieren soll.

Serubbabel dachte darüber nach, was er im Natürlichen nicht hatte und warum er die Vision, die Gott ihm gegeben hatte, niemals erfüllen könnte. Er rief zum Herrn: „Gott, wie soll das funktionieren? Wie soll ich das schaffen?" Der Herr antwortete: „Natürlich kannst du es nicht tun! Es geschieht nicht durch Macht oder Kraft, sondern durch meinen Geist! Du brauchst die Salbung. Du brauchst meine Kraft auf deinem Fleisch, damit du zum dem fähig wirst, was du im Natürlichen nicht kannst."

Der Schlüssel zu deinem Durchbruch ist die Salbung. Behalte die Salbung, die Vision, das Wort und die himmlischen Ressourcen, die Gott dir gegeben hat oder zu denen er dir Zugang verschafft hat, im Auge. Sieh nicht auf das, was du nicht kannst, oder darauf, wie die Situation im Natürlichen aussieht. Alles, was du brauchst, steht dir durch die Salbung zu Verfügung. Dir hilft nicht dein Verstand, deine Kraft, deine Gabe, dein Talent, deine Vergangenheit oder deine Umstände, sondern nur der Heilige Geist!

Der Teufel möchte dich durch die ungeheure Größe der Vision Gottes entmutigen, aber Gott wünscht sich Träumer. Er möchte, dass wir ausrufen: „Wer bist du Berg, Berg von Hindernissen, von Widerständen, Berg der Unmöglichkeit? Wer bist du, Berg? Du sollst zur Ebene werden, weil die Salbung der Schlüssel der Lösung ist." Gott will und wird es erledigen! Mit Gott ist alles möglich. Das bedeutet, dass Gott durch die Salbung etwas derart Übernatürliches in deinem Leben tun wird, dass die Menschen sagen werden: „Gnade – das war wirklich die Gnade Gottes!"

Genau das ist es, was Sacharja verkündet: *„Und er wird den Schlussstein herausbringen unter lautem Zuruf: Gnade, Gnade für ihn!"* (Sacharja 4,7, Elberfelder Bibel). Von Jugend an bestand mein Leben aus Drogen, Verbrechen, Gefängnis und anderen schlimmen Sünden. Meine Geschichte ist voll von „Gnade, Gnade". Gott berief mich, vier Jahre nachdem er mein Leben verändert hatte, in den vollzeitlichen Dienst – Gnade, Gnade. Jetzt arbeiten einhundert Menschen in diesem Dienst und ich reise um die ganze Welt – Gnade, Gnade. Wenn ich von mir denken würde, ich sei etwas Besonderes oder ich wäre für meinen Erfolg selbst verantwortlich, würde ich diese Botschaft nicht schreiben können. Ich möchte, dass jede Frau und jeder Mann die Realität des Übernatürlichen erfährt. Ich möchte sehen, dass du deine Erwartungen steigerst. Was Gott für mich getan hat, kann er für jeden tun. Höre nicht auf zu träumen und träume groß!

Tränen in einem Krug

Es gibt viele Gründe, warum einige es aufgeben, ihre Bestimmung, die Erfüllung ihrer prophetischen Worte oder ihrer Wünsche sehen zu wollen. Es können die Umstände sein: Familie, zuviel Arbeit, Eheprobleme, finanzielle Lasten oder es ist das Gefühl der Unwürdigkeit: Gott kann mich jetzt unmöglich zu etwas gebrauchen. Manchmal sind es auch Enttäuschungen durch Fehler in der Vergangenheit oder das Gefühl des Unbedeutendseins: „Ich bin zu klein, um von Gott gebraucht zu werden."

Denke darüber nach: Gott kannte jede schlechte Entscheidung und jede Tatsünde, die du jemals begehen wirst, vor Grundlegung der Welt und er hat dich trotzdem als sein Kind angenommen. Du magst von der Sünde überrascht worden sein, aber Gott hat sie nicht erstaunt. Er wusste bereits lange vorher davon und nennt dich trotzdem sein eigen. Lass es nicht zu, dass du vor Scham von Gott davonläufst – laufe zu ihm und empfange Vergebung.

Es ist niemals zu spät, mit dem zu beginnen, was Gott mit dir vorhat. Smith Wigglesworth gab sein Leben Jesus Christus, als er achtundvierzig Jahre alt war, und noch immer ist der Einfluss seines Dienstes auf dieser Welt zu spüren. Gott wirkt nicht nur an Menschen meiner Generation, sondern an allen Menschen jeder Generation. Jeder einzelne Heilige muss träumen, sich erinnern und dem Heiligen Geist gestatten, das Buch der Erinnerung aufzuschlagen und die Erinnerungen und alten Träume hervorzuholen.

Lies, was Gott im Wort über dich sagt, denke an seine Verheißungen und hole die prophetischen Worte, die du vor Jahren aufgeschrieben hast, hervor und proklamiere sie, indem du zum Beispiel sagst: „Gott, ich glaube dir, was du vor fünf, zwanzig oder fünfundzwanzig Jahren gesagt hast." Er kennt den Missbrauch, die Verletzung, den Schmerz und weiß, welche Auswirkungen das hatte. Falls du einige sehr schlechte Entscheidungen getroffen hast, bete: „Gott, das muss deine Erziehung gewesen sein, ich wünschte, ich hätte getan, was du mir gesagt hast." Keine weiteren „Hätte", „Würde" oder „Könnte" mehr. Lass das los! Gott hat jede Träne, jedes Elend gezählt und aufgezeichnet: *„Mein Elend ist aufgezeichnet bei dir. Sammle meine Tränen in einem Krug, zeichne sie auf in deinem Buch!"* (Psalm 56,8).

Gott hat dein Elend gezählt und Gott weiß, was du durchgemacht hast! Er weiß von deiner Scheidung und warum du dich für unfähig hältst und er hat all die vergossenen Tränen in einem Krug gesammelt. Es ist egal, was du ertragen musstest. Du musst die Vergangenheit hinter dir lassen. Es ist egal, wo du warst, es kommt darauf an, wo du jetzt bist und wo du morgen sein wirst, das ist wichtig. Du kannst eine Entscheidung treffen, Gott jetzt zu dienen, die Salbung zu empfangen und das Ziel der himmlischen Berufung vor Augen zu haben, egal was es kostet. Es kann sein, dass es dich dein Grundstück, dein Haus, deine Arbeit oder Opfer in anderen Lebensbereichen kostet. Es könnte sein, dass Gott dich fragt: „Wie hungrig bist du nach der Salbung, die ich für dich vorbereitet habe und die auf dich wartet?"

Ich glaube, es wird zu einer Beschleunigung kommen, einer bestimmten Gnade, die es ermöglicht, dass die verzögerten prophetischen Verheißungen eintreffen. Es gibt Zeiten, in denen Gott im Himmel mit seiner kreativen Kraft in den geistlichen Bereich hineinspricht, und plötzlich kommt der Durchbruch des Durchbruchs! Das spüre ich jetzt. Ich möchte, dass du es als ein Wort des Herrn annimmst. Diejenigen, die gerade um Führung in ihrem Leben bitten, ermutige ich, sich an das zu erinnern, was Gott vor sieben oder acht Jahren zu ihnen gesagt hat. Hole die Aufzeichnungen oder die Kassetten hervor. Du wirst feststellen, dass vieles davon jetzt eintrifft. Ist das nicht erstaunlich? Gott möchte, dass du dich erinnerst, weil diese Worte wieder Bedeutung haben.

Die Saat eines Märtyrers

Worte können auch dann noch Bedeutung haben und in Erfüllung kommen, wenn die Person bereits gestorben ist, für die sie gedacht waren. Meine Mutter war taub und obwohl ich für ihre Heilung gebetet hatte, konnte sie zum Zeitpunkt ihres Todes noch immer nicht hören. Sie starb an den Folgen eines Schlaganfalls, während ich mich bei einer Heilungserweckung befand und für taube Menschen betete. Ich war geschockt und musste mich entscheiden: Würde ich weiter vorangehen oder aufgeben? Ich erinnerte mich an jedes Wunder, das ich gesehen hatte. Ich bekannte, dass ihr Tod für mich die Saat eines Märtyrers ist und eine mächtige Salbung in meinem Leben dafür freisetzen wird, dass Tausende, die an den Folgen eines Schlaganfalls oder an Taubheit leiden, geheilt werden.

Wenn du das Buch öffnest und keine besondere Verheißung für dich beanspruchen kannst, wenn der Same wirklich gestorben ist, dann lass das den Samen eines Märtyrers sein – eine Verheißung, die in den Boden fällt, stirbt und dort auf eine neue Generation wartet. Lass es im Leben deiner Kinder oder Enkel zum Leben kommen. Lass nicht zu, dass die Vision ausgelöscht wird. Wenn du keine Enkel hast, dann beanspruche die Ernte für einen jungen Menschen in deiner Gemeinde. Wir können auch die Verheißungen, die anderen gegeben wurden für uns beanspruchen. Ich bete regelmäßig: „Gott, ich empfange die Salbung, die niemals zustande kam, weil Männer Gottes vorzeitig gestorben sind. Ich übernehme ihre unvollendeten Aufträge." Auch du kannst so beten.

Das Buch der Zukunft (Das Buch der Bestimmung)

Das zweite Buch, das Buch der Zukunft, wird auch das Buch der Bestimmung genannt. Gott hat Gedanken, Pläne und Absichten, die dir Hoffnung und Zukunft geben: *„Denn ich, ich kenne meine Pläne, die ich für euch habe... Pläne des Heils und nicht des Unheils; denn ich will euch eine Zukunft und eine Hoffnung geben"* (Jeremia 29,11).

Gott möchte unsere Herzen durch prophetische Bestimmung und Visionen ermutigen. Er hat vielen Menschen in unseren Versammlungen Verzückungen und Visionen gegeben, in denen sie die himmlische Bibliothek gesehen haben. Der Vater nimmt ein Buch aus dem Regal und öffnet es, und dann sehen die Menschen, wie sie die Kranken heilen oder in der Mission predigen. Gott offenbart ihre Bestimmung, ihre Zukunft durch dieses Buch.

Daniel nennt es das Buch der Wahrheit: *„Vorher aber will ich dir mitteilen, was im Buch der Wahrheit aufgezeichnet ist..."* (Daniel 10,21). Daniel hatte erkannt, dass die Prophetie Jeremias über das Ende der babylonischen Gefangenschaft seiner Generation galt. Daniel richtete sein Herz darauf aus, die Botschaft zu verstehen, und versuchte, in die Zukunft zu sehen. Deine Zukunft ist im Buch der Bestimmung aufgezeichnet. Wenn du herausfindest, was Gott für dich geplant hat, kann kein böser Geist der Hölle deine Bestimmung aufhalten oder stoppen. Doch du musst sie kennen.

Gott schreibt die Kapitel der Bestimmung im Himmel und bewahrt sie auf, und als Jesus auf die Erde kam, erfüllte er seine eigene prophetische Bestimmung. *„Da sagte ich: Ja, ich komme – so steht es über mich in der Schriftrolle – um deinen Willen, Gott, zu tun"* (Hebräer 10,7).

Gott hat für dich und deine Kinder eine Zukunft. Erinnere dich an die Taten Gottes in der Vergangenheit, träume und sieh in dein Buch der Zukunft. Vielleicht schlägst du eine neue Seite oder eine neues Kapitel auf. Manchmal müssen wir sagen: „Vater, gib mir einen Einblick in das Buch der Wahrheit. Ich weiß nicht, was Morgen auf mich wartet. Heiliger Geist, komm und zeige es mir, denn Menschen ohne Vision gehen zugrunde." Vergiss das Gestern und sage: „Ich schlage ein neues Kapitel auf, Gott. Wo soll ich Morgen sein?"

Essbare Bücher

Ich möchte von einer prophetischen Begegnung berichten, die ich im letzten Frühjahr in Seattle hatte. Während einer Predigt von Bill Johnson wurde ich plötzlich hoch gehoben durch die Decke hindurch und fand mich auf einem Operationstisch liegend wieder. Es war eine geistliche Erfahrung, in der vier Engel erschienen und zu zweit an meiner Seite standen. Mein Herz schlug, während sie sich näherten und mich ansahen. Sie blickten auf meine Brust und öffneten sie. Meine inneren Organe wurden herausgenommen und kleine Schachteln in mein Inneres gelegt. Sie erklärten mir, dass es sich dabei um eingepflanzte Wahrheiten handelte. Sie waren wie Implantate des Heiligen Geistes! Sie sagten, dass die Zeit kurz sei und die Ernte kommen würde. Es sei noch so viel zu tun, dass manchmal zwanzig Jahre von Erkenntnis durch ein einziges Implantat eingepflanzt werden müssen. Die Ernte ist sehr nah.

Dann sagte der Herr zu mir, dass er mich mit Kraft in meinem Hotel heimsuchen würde. Genau wie er gesagt hatte, erschien ein Engel mit Feuer und Rauch. Am nächsten Tag fingen die Räume über meinem Zimmer Feuer und brannten aus! In der Offenbarung wird von mächtigen Engeln berichtet.

> Offenbarung 10
> 1 Und ich sah: Ein anderer gewaltiger Engel kam aus dem Himmel herab; er war von einer Wolke umhüllt, und der Regenbogen stand über seinem Haupt. Sein Gesicht war wie die Sonne und seine Beine waren wie Feuersäulen.
> 8 Und die Stimme aus dem Himmel, die ich gehört hatte, sprach noch einmal zu mir: Geh, nimm das Buch, das der Engel, der auf dem Meer und auf dem Land steht, aufgeschlagen in der Hand hält. 9 Und ich ging zu dem Engel und bat ihn, mir das kleine Buch zu geben. Er sagte zu mir: Nimm und iss es! In deinem Magen wird es bitter sein, in deinem Mund aber süß wie Honig. 10 Da nahm ich das kleine Buch aus der Hand des Engels und aß es. In meinem Mund war es süß wie Honig. Als ich es aber gegessen hatte, wurde mein Magen bitter.

11 Und mir wurde gesagt: Du musst noch einmal weissagen über viele Völker und Nationen mit ihren Sprachen und Königen.

Beachte, dass der Herr Johannes auffordert, noch einmal zu prophezeien. Das bedeutet, dass er in diesem Augenblick nicht weissagte! Gott pflanzte das nächste Kapitel, die nächsten Seiten, aus dem Buch der Zukunft in ihn hinein, damit Johannes weissagen konnte. In dem Moment, als er das Büchlein aß, empfing er all die prophetischen Worte, die er jemals an die Völker, Nationen und Könige weitergeben würde. Es war eine Übertragung in seinen inneren Menschen, die Gestalt annahm in den Prophetien über die kommenden Jahre. Johannes konnte das Buch noch nicht einmal lesen. Das bedeutet, dass er es im Natürlichen nicht verstanden haben konnte, weil es sich um etwas handelte, das nur sein Geist erfassen konnte. Und so wie sein Geist es bräuchte, würde es offenbar werden.

Einige Engel haben nur eine einzige Aufgabe: sie pflanzen Seiten oder Kapitel deines Buches der Bestimmung in deinen geistlichen Menschen. Honig steht für Offenbarung. Zunächst ist sie süß, doch durch Verfolgung, Herzeleid, Prüfungen, Versuchungen, Ablehnung, Schmerz und Tod kann sie bitter werden. Im Jahre 1998 hatte ich eine ähnliche Erfahrung wie Johannes. Es erschien ein Engel und er brachte einen Krug mit Honig zu mir. In dem Krug befanden sich viele kleine Schriftrollen, die so groß waren wie Lippenstifte. Er zog eine Schriftrolle heraus und gab sie mir zu essen. Viele Dinge, über die ich heute lehre, haben hier ihren Ursprung. Auch Hesekiel hatte ein solches Erlebnis:

Hesekiel 2

7 Du sollst ihnen meine Worte sagen, ob sie hören oder nicht, denn sie sind widerspenstig. 8 Du aber, Menschensohn, höre, was ich zu dir sage. Sei nicht widerspenstig wie dieses widerspenstige Volk! Öffne deinen Mund und iss, was ich dir gebe. 9 Und ich sah: Eine Hand war ausgestreckt zu mir; sie hielt eine Buchrolle. 10 Er rollte sie vor mir auf. Sie war innen und außen beschrieben, und auf ihr waren Klagen, Seufzer und Weherufe geschrieben.

Hesekiel 3

1 Er sagte zu mir: Menschensohn, iss, was du vor dir hast. Iss diese Rolle! Dann geh und rede zum Haus Israel! 2 Ich öffnete meinen Mund und er ließ mich die Rolle essen. 3 Er sagte zu mir: Menschensohn, gib deinem Bauch zu essen, fülle dein Inneres mit dieser Rolle, die ich dir gebe. Ich aß sie und sie wurde in meinem Mund süß wie Honig. 4 Er sagte zu mir: Geh zum Haus Israel, Menschensohn, und sprich mit meinen Worten zu ihnen!

An dem Tag, an dem Gott Hesekiel berief, hatte er keine Offenbarung. Gott sandte einen Engel, der eine Schriftrolle mit Offenbarungen bei sich hatte, und Hesekiel aß diese. Beachte, dass Gott ihn anwies die Schriftrolle zu essen und dann zu prophezeien. Hesekiel empfing seinen prophetischen Auftrag und jede weitere Prophetie, die er weitergeben würde, an diesem Tag. Ich glaube, dass das Buch Hesekiel auf dieser Schriftrolle aufgezeichnet war.

Das kleine Buch, das der Engel Johannes gab (Offenbarung 10,2-8), war das gleiche wie das in Hesekiel 2. Im Falle Hesekiels war es eine Schriftrolle, die er essen sollte, und die zunächst in seinem Mund süß wie Honig und später in seinem Magen bitter wurde. Dann sagte ihm der Herr, dass er zu seinem Volk reden sollte, und so wurde Hesekiel beauftragt. Während er die Rolle verdaute, so glaube ich, kam es in seinem geistlichen Menschen zu einer Übertragung seines Dienstes, in den er eingesetzt war.

Deine eingepflanzte Schriftrolle

Auch du brauchst eine solche Schriftrolle für dein Leben, und du musst dieses Buch essen und es in deinen Geist hinein bekommen, damit du zugerüstet bist für das, was Gott Morgen tun möchte. Gehst du in das nächste Kapitel deines Lebens und brauchst dazu eine Beauftragung? Da gibt es einen Engel, der zu dir kommen und etwas in deinen Geist legen will.

Wir brauchen göttliche Begegnungen. Gott tut immer noch das, worüber wir in der Bibel lesen, es ist real. Auch wenn du es nicht verstehst, lass deinen geistlichen Menschen die Schriftrolle im Glauben essen. Bitte den Herrn regelmäßig dir zu zeigen, was er in dein Buch hineingeschrieben hat, entfache deine Gaben in dir und wage dich mit Gebet weiter vor in deine Berufung.

Die gute Nachricht ist, dass wir Mitschreiber und Mitarbeiter Gottes sind (1.Korinther 3,9). Ich glaube, dass er es uns gestattet, unsere eigene Bestimmung in das Buch zu schreiben, so wie er es uns erlaubt, große Dinge durch das Ausüben unserer geistlichen Autorität zu tun, die Gott an uns delegiert hat. Wir sind Partner Gottes, um große Taten durch seine Kraft zu tun, und er zeichnet alles auf, was passiert. Gott schreibt im Übrigen nur die Dinge in das Buch der Bestimmung, die wir dort haben wollen. Er stellt es uns frei, über unsere zukünftige Bestimmung zu entscheiden, weil er uns liebt und als kreative Wesen geschaffen hat. Ja, er schrieb unsere Zukunft in das Buch der Bestimmung vor Grundlegung der Welt. Er schreibt auch täglich unsere Taten auf. Stell ihn dir als Elternteil vor, der stolz und liebevoll die Fortschritte seines Kindes in einem Tagebuch oder Fotoalbum festhält.

Ich glaube, dass Gott möchte, dass du einen Blick in das Buch der Zukunft wirfst, damit du mit ihm zusammen die großen Taten tun kannst, die er für dich vorbereitet hat. Er möchte dir eine dieser Schriftrollen zu essen geben. *„Denn ich kenne ja die Gedanken, die ich über euch denke, spricht der Herr“* (Jeremia 29,11, Elberfelder Bibel). Manchmal ist die Bestimmung für dich so groß, dass du sie gar nicht erfassen kannst. Doch wenn dein Inneres davon berührt wird, wird sie ein Teil von dir, und wenn du etwas davon brauchst, wird es hervorkommen. Er möchte jetzt diese prophetische Bestimmung auf dich übertragen, denn wenn du sie heute nicht empfängst, kannst du sie morgen nicht zur Entfaltung bringen.

Bist du bereit, den Herrn um die süße Schriftrolle zu bitten und einen Blick in dein Buch zu werfen? Dann bete mit mir:

Vater, ich möchte diese Rolle essen. Ich möchte Seiten meines Zukunftsbuches essen, die zur Erkenntnis werden, zum Wann, Wo und Wie meiner Bestimmung. Zeige mir den Titel meines Buches. Habe ich eine apostolische Bestimmung oder ist sie prophetisch, oder betrifft sie ein bestimmtes Land? Auf welcher Seite in welchem Kapitel befinde ich mich? Wie viele Bücher wurden über mich geschrieben? Zeige mir, was in meinem Dienst geschehen wird. Zeige es mir, so wie du die Schriftrolle bei Hesekiel ausgebreitet hast. Ich möchte dieses Buch essen und ich möchte erleben, dass dieses Geschehen zur Erkenntnis wird. Lass mich um die nächste Ecke sehen und über den Hügel hinaus. Herr, ich warte auf Beauftragungen und neue Salbung. Lass die Schriftrolle jetzt kommen. Ich danke dir für die Bücher der Erinnerungen und der Zukunft. Ich will beide haben, Herr, und ich begebe mich in deine Arme, um sie mit dir zu lesen. Erlaube mir, das zu lesen, was du über mich geschrieben hast. Heilige meine Phantasie, damit ich die Erwartungen, die du an mich hast, sehe und erfüllen kann. Welch eine Freude, daran zu denken, dass du Pläne mit mir hast. Ich sehne mich danach, sie zu erfüllen, Herr Jesus, Amen.

Kapitel 12

Die Übertragung offenbarender Salbung

Der Herr wird Geheimnisse offenbaren, die seit Anbeginn der Zeit verborgen sind. Gott gibt seinem Volk ein größeres prophetisches Verständnis über Dinge, die nur dieser Generation geoffenbart werden. Er möchte die Schätze offenbaren, die in Christus verborgen sind, doch er wird sie nur denen zeigen, die sein Angesicht suchen. Der Herr zeigte mir, dass er für die, die ihn fürchten, die verborgenen Geheimnisse aufdecken will.

Ich glaube, dass der Herr **dir** himmlische Erlebnisse ermöglichen möchte. Ich möchte etwas anregen, damit du in diese Dimension hineinkommst. Wenn du mit jemandem in diesen Bereich hineingehst, der weiß, wie man dort hinkommt, setzt das eine Explosion für die Erfahrung des Übernatürlichen frei. Glaubst du, dass die Salbung übertragbar ist? Glaubst du, wenn du wie Saul unter die prophetische Salbung von anderen kommst, dass auch du prophetische Erlebnisse haben wirst wie nie zuvor?

Jesus sagte: „Dem Glaubenden ist alles möglich" (Markus 9,23b, Elberfelder Bibel). Der Hauptmann kannte die Kraft des prophetischen Wortes Gottes. Er sagte zu Jesus: *„Sprich nur ein Wort, dann wird mein Diener gesund"* (Matthäus 8,8). Lass uns gemeinsam glauben: wenn wir zum Herrn rufen, wird er reden und seine Gegenwart wird in kraftvoller Weise mit der Salbung der Offenbarung, Befreiung und Heilung auf unser Leben kommen.

Ich glaube, dass Gott das Übernatürliche in seiner Gemeinde heute freisetzen will, damit wir mit einer solchen Gegenwart Gottes ausgestattet sind, dass alle Menschen in unserer Umgebung, die mit uns in Berührung kommen, Worte vom Himmel empfangen und gerettet und geheilt werden. Ich glaube, dass in der nächsten Zeit eine große Freisetzung von Zeichen, Wundern und Offenbarung in unserem Leben stattfinden wird, wenn wir im Glauben in die übernatürliche Dimension hineingehen und dem Heiligen Geist erlauben, in unserem Leben zu wirken.

Wenn wir unser Leben auf die Bibel gründen und sehen, wie normal es für das Volk Gottes vom Anfang bis zum Ende der Bibel war, im Bereich der Offenbarung zu leben, können wir beruhigt davon ausgehen, dass solche prophetischen Erlebnisse gute Gaben des Vaters sind.

Möchtest du im Prophetischen wachsen, damit du die Stimme Gottes besser hören kannst, und wünschst du dir mehr Begegnungen mit dem wunderbaren Heiligen Geist? Wenn das der Fall ist, so ist es heute für dich dran, höher zu fliegen, hinein in den übernatürlichen Bereich des Himmels.

Es ist mein Anliegen, dass du noch mehr erwartest. Gott wird zu dir reden und dir übernatürliche Offenbarung geben, wenn du im Glauben deinen Geist für ihn öffnest. Das erste, was du verstehen musst, ist die Tatsache, dass wahre göttliche Offenbarung auch für dich im Überfluss zur Verfügung steht! Du kannst ihm wirklich vertrauen, dass er dich mit Offenbarung segnet, denn die Schrift sagt uns, wenn du ihn um eine gute Gabe bittest, wird er dir nichts Schädliches geben. Gott gibt denen Gutes, die ihn darum bitten (Matthäus 7,10-11).

Ich spreche von mehr als einem gelegentlichen prophetischen Wort der Erkenntnis oder der sporadischen Leitung des Heiligen Geistes. Es geht um das extreme Maß des Prophetischen: Begegnungen mit Engeln, Verzückungen, Visionen und Besuche im dritten Himmel. Ich glaube, dass Gott sowohl auf diese „extreme" Weise als auch durch Eindrücke und die sanfte innere Stimme sprechen möchte.

Sacharja redet vom Zugang zu den Vorhöfen Gottes: *„So spricht der Herr der Heere: Wenn du auf meinen Wegen gehst und wenn du meine Ordnung einhältst, dann wirst du es sein, der mein Haus regiert und meine Vorhöfe verwaltet, und ich gebe dir Zutritt zu meinen Dienern hier"* (Sacharja 3,7). „Ich gebe dir Zutritt" bedeutet freien Zugang zu haben zu seinen Vorhöfen. Die Schlüssel sind Erwartung und Glaube. Erwarte mehr als die sanfte innere Stimme oder göttliche Gedanken. Glaube vielmehr an die Salbung des „Sehers", wie sie Elisa hatte. Verstehe, dass auch du Verzückungen wie Petrus oder Besuche im Paradies wie Paulus haben kannst oder wie Elisa durch den Geist in eine Vision Gottes genommen werden kannst. Wir wollen uns ansehen, wie wir in diese extremen prophetischen Erlebnisse hineinkommen.

> Offenbarung 4
> 1 Danach sah ich: Eine Tür war geöffnet am Himmel; und die Stimme, die vorher zu mir gesprochen hatte und die wie eine Posaune klang, sagte: Komm herauf, und ich werde dir zeigen, was dann geschehen muss.

Damit der Himmel die Erde mit Zeichen, Wundern, Kraftwirkungen, Heilungen, Visionen und Offenbarung berühren kann, muss er geöffnet sein, und dafür müssen wir beten. Als der Himmel offen war, hat Johannes die Offenbarung empfangen (siehe Kapitel 7 dieses Buches). Auch heute gibt es Orte auf der Erde, wo der Himmel offen ist, so zum Beispiel der Ort, an dem Jakob eine Vision mit Engeln hatte. Ich war mehrmals in Moravian Falls, einer Gegend in North Carolina, wo der Himmel für Offenbarung offen ist. Es ist die gleiche Gegend, in der die Herrnhuter Brüder siedelten, als sie im achtzehnten Jahrhundert Deutschland verließen, wo sie Teil einer hundertjährigen Gebetsbewegung gewesen waren. Es wird angenommen, dass sie einen offenen Himmel mitbrachten und dieses Gebiet Amerikas ebenfalls mit Gebet sättigten.

An diesem Ort empfing Rick Joyner die Offenbarung für sein Buch „Der letzte Aufbruch" (Schleife Verlag, Schweiz). Als ich das erste Mal dort war, konnte ich drei Tage und Nächte kaum schlafen oder die Offenbarung abschalten. Wenn ich schlief, hatte ich prophetische Träume. Wenn ich aufwachte, hatte ich Begegnungen mit Engeln. Es kam so viel Offenbarung auf einmal, als wäre ich ein Radio, das mehrere Sender auf einmal empfing. Während ich dort war, führte mich jemand auf einem Pfad hinunter zu einem Ort, der „der Fels" genannt wird. Je näher wir dem Ort kamen, je mehr wurde ich von der Gegenwart Gottes überwältigt. Ich sah drei Engel, die in Herrlichkeit strahlten. Ich habe von anderen gehört, dass es Engel der Anbetung sind.

Engel und Prophetie sind normale Manifestationen eines offenen Himmels. Ja, wir können an bestimmte Orte wie Moravian Falls gehen, um einen offenen Himmel zu erleben, aber viel besser ist es, Gott intensiv zu bitten, den Himmel konstant über uns offen zu halten. Wenn du in deinem Leben einen offenen Himmel erlebst, wirst du Offenbarung empfangen, die deine Phantasie und dein Verständnis übernatürlich verändern wird. Ich glaube, dass dein Verständnis beschleunigt wird, wenn du in der Salbung und unter dem Einfluss des Geistes der Weisheit und Offenbarung bist. Offenbarung hat auch Auswirkung auf deinen Körper und deinen Verstand. Vielleicht sagst du heute: „Das brauchen wir! Gib mir eine Kostprobe vom Geist der Weisheit und Offenbarung."

Offenbarung entfacht Leidenschaft

Der Apostel Paulus tat für dich beim Herrn Fürbitte: *„Der Gott Jesu Christi, unseres Herrn, der Vater der Herrlichkeit, gebe euch den Geist der Weisheit und Offenbarung, damit ihr ihn erkennt. Er erleuchte die Augen eures Herzens, damit ihr versteht, zu welcher Hoffnung ihr durch ihn berufen seid, welchen Reichtum die Herrlichkeit seines Erbes den Heiligen schenkt"* (Epheser 1,17-18). Erst wenn wir Weisheit und Offenbarung in unserem Leben haben, werden wir auch die anderen Dinge bekommen, von denen Paulus in Vers 18 redet. Er betet, dass Gott die Augen eures Herzens erleuchte, damit ihr versteht, zu welcher Hoffnung ihr durch ihn berufen seid.*

Das ist die Folge von Offenbarung: Wir bekommen Verständnis über den Ruf Gottes und einen Eindruck über seine Absichten und die Bestimmung für unser Leben. Ohne Offenbarung haben nicht das Verlangen, die Liebe Christi oder das Feuer in unserem Geist, das uns motiviert, bewegt und drängt. Wir brauchen diese Leidenschaft in uns, die sagt: „So bin ich und das ist es, was ich tun werde." Diese Leidenschaft wird durch Offenbarung bewirkt.

Gott möchte auch deshalb, dass die Augen unseres Herzens geöffnet werden, damit wir verstehen wie viel er uns geben möchte. *„ Welchen Reichtum die Herrlichkeit seines Erbes den Heiligen schenkt und wie überragend groß seine Macht sich an uns, den Gläubigen, erweist durch das Wirken seiner Kraft und Stärke. Er hat sie an Christus erwiesen, den er von den Toten auferweckt… hat"* (Epheser 1,18-20). Der Geist (oder die Salbung) der Weisheit und Offenbarung führt dazu, dass die Kraft Gottes durch uns sichtbar wird. Ohne Offenbarung werden wir keine Manifestation der Kraft Gottes haben, weil Zeichen, Wunder und Kraftwirkungen an Offenbarung gebunden sind. Offenbarung ist immer verbunden mit Totenauferweckung.

*Beachte dass Paulus in dieser Schriftstelle vom Geist der Weisheit und Offenbarung in der Einzahl redet. Ich glaube, dass Paulus sich hier nicht auf den Heiligen Geist oder die sieben Geister bezieht, sondern auf die Salbung des Heiligen Geistes für Weisheit und Offenbarung. In diesem Kapitel will ich, wie Paulus, über die Salbung des Heiligen Geistes für Weisheit und Offenbarung sprechen.

Hast du diese Kraft in deinem Leben? Wo ist die Manifestation der überragenden Größe seiner Macht? Bisher hatten wir eigentlich keine Offenbarung, sondern Erkenntnis. Doch wenn Offenbarung kommt, kommen auch die Manifestationen und Demonstrationen. So hat Elia gewirkt. Denke an die großartigen Dinge, die geschahen, als er die vierhundertfünfzig Baalspriester auf dem Berg Karmel überwunden hatte und eine ganze Nation zu Gott umkehrte. Auf diesem Berg geschah Erweckung und Reformation. Feuer fiel vom Himmel und Gott tat Zeichen und Wunder. Und warum geschah das alles? Elia sagte nach all diesen mächtigen Manifestationen: *„Herr,... dass ich nach deinem Wort das alles getan habe“* (1.Könige 18,36b, Elberfelder Bibel).

Das ist das Geheimnis der Kraft Gottes: alles nach dem Wort Gottes zu tun. Wenn wir den Geist der Weisheit und Offenbarung mit unseren Augen sehen und unseren Ohren hören, werden wir in der überragenden Größe seiner Macht handeln, weil der Geist des Rates immer mit dem Geist der Kraft zusammenwirkt. Wenn wir in den Himmel hinaufsteigen und Offenbarung empfangen, werden wir die Manifestationen auf die Erde zurückbringen.

Weisheit zu haben bedeutet, Erkenntnis richtig anzuwenden. Es beinhaltet die richtige Weitergabe der Offenbarung. Wenn wir Gottes Weisheit empfangen, wissen wir wann und wie wir unsere Offenbarung an andere weitergeben sollen. Wenn der Herr die Geheimnisse seines Herzens enthüllt, wächst unser Glaube, dass diese geistlichen Dinge im Natürlichen Wirklichkeit werden. Wenn wir keine Offenbarung über die überragende Größe seiner Macht haben, werden wir niemals die *Manifestation* der überragenden Größe seiner Macht haben.

Geister der Weisheit und Offenbarung

Offenbarung kommt vom Heiligen Geist. Erinnere dich an die Worte Jesu, als Petrus sagte, dass Jesus der Sohn Gottes sei: *„...denn nicht Fleisch und Blut haben dir das offenbart, sondern mein Vater im Himmel“* (Matthäus 16,17b). Ja, der Vater sandte den Heiligen Geist, um uns Offenbarung zu geben, er lebt in jedem wiedergeborenen Gläubigen. 2. Petrus 1,1-4 ist meine Lieblingsstelle über Offenbarung und ich ermutige dich, sie zu lesen. Ich habe mehrere Schlüssel darin gefunden, die zu einer Zunahme des Geistes der Weisheit und Offenbarung in unserem Leben führen.

Intimität

Offenbarung hängt immer mit der intimen Erkenntnis von ihm zusammen. Nach 2.Petrus 1,3 hat Gott uns seine göttliche Kraft gegeben, damit wir alles zum Leben und zur Gottseligkeit zur Verfügung haben – all das ist gekoppelt an die intime Erkenntnis von ihm. All diese Schätze sind verfügbar durch Freundschaft mit ihm, die sich durch Gebet, Nähe und Anbetung ausdrückt, indem wir zu seinen Füßen sitzen und in seiner Gegenwart verweilen. Als Folge erleben wir, dass die Manifestation seiner göttlichen Kraft automatisch kommt und uns alles gibt, was wir zur Gottseligkeit brauchen. Gott hat bereits vorgesorgt, wir empfangen es einfach durch eine wachsende intime Erkenntnis von ihm.

Petrus betete: *„Gnade sei mit euch und Friede in Fülle…“* (2.Petrus 1,2). Was hältst du von der Fülle der Gnade und des Friedens? Wiederum: Wir erleben, dass diese Segnungen automatisch in unser Leben ausgegossen werden, wenn wir eine enge Gemeinschaft mit Jesus haben. Diese Gnade ist der göttliche Einfluss oder das Zeugnis Gottes in unserem Herzen sowie die Gabe, Gunst und Segnungen Gottes. Möchtest du nicht mehr von der Gunst Gottes, seinen göttlichen Segnungen und übernatürliche Einflüsse in deinem Leben erleben? Es geschieht automatisch, wenn wir enge Gemeinschaft mit ihm haben. Ist das nicht überwältigend? Die Erkenntnis von ihm setzt Gnade und Frieden frei. Du kannst diese Erkenntnis nicht haben ohne den Geist der Weisheit und Offenbarung.

Während wir in der Offenbarung der alles überragenden und kostbaren Verheißungen des Wortes Gottes zunehmen, kommt es automatisch zu einer Vermittlung des göttlichen Charakters. Wenn wir in der prophetischen Salbung fließen, haben wir enge Gemeinschaft mit ihm, und so wird durch Offenbarung der göttliche Charakter und Geist sowie die Persönlichkeit Christi in uns hineingelegt. Dann werden Menschen auf uns zukommen und uns fragen: „Warum bist du so gesegnet? In deinem Leben sehe ich mehr Ganzheit, Wohlstand, Reichtum, Frieden, Stille und Ruhe als bei den meisten anderen“ Dann können wir ihnen erzählen, dass die Ursache dafür die enge Gemeinschaft mit ihm ist. Wir werden Ihm ähnlicher, weil wir Offenbarung von den alles überragenden und kostbaren Verheißungen des Wortes Gottes haben!

Lebendige Verheißungen durch Meditation der Schrift

„Rhema“ ist ein griechisches Wort und es bedeutet „etwas, das durch die lebendige Stimme geäußert wird oder wurde“[1]. Wenn durch Meditation eine Verheißung Gottes lebendig wird, so entfacht auch das Weisheit und Offenbarung bei uns. Wenn ich Offenbarung brauche, sinne ich nach, meditiere ich. König David hatte das verstanden: *„Mein Mund spreche weise Worte; was mein Herz ersinnt (meditiert), sei voller Einsicht“* (Psalm 49,3, Hinzufügung durch den Übersetzer).

Meditation und Offenbarung sind miteinander verbunden – Meditation führt zu Offenbarung und Offenbarung führt zur Sichtbarkeit dessen, was offenbart wurde. Wenn wir das Wort erstmals sehen oder hören, ist es nicht völlig offenbart. Wenn wir jedoch darüber nachsinnen und beten, kommt Offenbarung, und es fängt an sichtbar zu werden. Häufig wird das, was wir wissen, nicht sichtbar in unserem Leben, weil wir nicht so lange darüber meditiert haben, bis wir diese brennende Offenbarung in unserem Geist empfangen haben, die dazu führt, dass die Verheißung sich manifestiert.

Sobald ein Vers für dich zur Offenbarung geworden ist, kann es dir der Teufel niemals wieder stehlen. Wenn du keinen Anteil hast an Gottes Wort, wirst du keine Offenbarung empfangen noch Teilhaber der göttlichen Natur werden.

Göttlicher Charakter

Die folgende Schriftstelle ist eine Blaupause des göttlichen Charakters:

2.Petrus 1
5 Darum setzt allen Eifer daran, mit eurem Glauben die Tugend zu verbinden,
mit der Tugend die Erkenntnis, 6 mit der Erkenntnis die Selbstbeherrschung,
mit der Selbstbeherrschung die Ausdauer, mit der Ausdauer die Frömmigkeit, 7
mit der Frömmigkeit die Brüderlichkeit und mit der Brüderlichkeit die Liebe. 8
Wenn dies alles bei euch vorhanden ist und wächst, dann nimmt es euch die
Trägheit und Unfruchtbarkeit, so dass ihr Jesus Christus, unseren Herrn, immer
tiefer erkennt. 9 Wem dies aber fehlt, der ist blind und kurzsichtig; er hat vergessen, dass er gereinigt worden ist von seinen früheren Sünden.

Manche Heilige sind aus charakterlichen Gründen unfruchtbar und fruchtlos in Bezug auf Offenbarung. Da gibt es eine Verbindung. Wir müssen ein Verlangen danach haben, Jesus ähnlicher zu werden. Wir müssen zum Heiligen Geist rufen, dass er uns verändert: „Herr, ich möchte so sein wie du. Ich will dich sehen, denn ich kann nur so werden wie der, den ich sehe. Heiliger Geist, hilf mir." Wenn wir unser Herz so sprechen lassen, führt uns der Geist in eine Zunahme von Weisheit und Offenbarung; denn das Wort sagt uns, wenn dies alles bei euch vorhanden ist, werden wir nicht träge oder unfruchtbar sein.

Wenn wir damit anfangen, die Herrlichkeit des einzigen Sohnes anzuschauen und Zeit in seiner Gegenwart verbringen, werden sein Charakter und seine Natur in uns geformt. Der Heilige Geist verwandelt uns von Herrlichkeit zu Herrlichkeit. Göttlicher Charakter wächst dauerhaft, während wir uns der Reinigung durch den Heiligen Geist hingeben und uns der Erziehung des Vaters unterordnen.

Wir können ohne Gnade, ohne göttlichen Einfluss und ohne Anteil an ihm zu haben nicht so werden, wie Gott es von uns erwartet. Das ist sehr entscheidend, denn durch göttlichen Einfluss entsteht alles, was das Leben betrifft: Gottes Segen, der auf unsere Finanzen kommt, unsere Familie, unser Geschäft und unsere Gesundheit, alle Dinge. Der ganze Prozess ist ineinander verwoben. Gottes Natur ist im prophetischen Wort enthalten. Durch dieses Wort kommt es zum charakterlichen Wachstum. Ein Verlangen danach zu haben, Christus im Charakter ähnlich zu werden, ist entscheidend dafür, dass wir in Weisheit und Offenbarung wachsen. Doch dieser göttliche Einfluss kommt nicht zustande, wenn wir Ihn nicht erkennen oder in intimer Weise mit ihm verbunden sind. Wenn wir diese Dinge nicht tun, wird es keine Multiplikation von Gnade, Frieden und göttlichem Einfluss dafür geben, dass wir so werden, wir Er es möchte.

Nimm dir Zeit, über 2.Petrus 1,1-8 nachzusinnen, bis du die wundervolle Offenbarung dieser Botschaft empfangen hast.

Auf Gottes Rat warten

In Psalm 106,13-15 (Elberfelder Bibel) lesen wir, dass es einen engen Zusammenhang zwischen dem Empfangen von Offenbarung und dem Warten auf Rat gibt: *„Schnell vergaßen sie seine Taten, warteten nicht auf seinen Rat... Da erfüllte er* *ihnen ihre Bitte, und er sandte Schwindsucht in ihre Seele.*" In Vers 15 lesen wir von der Folge ihres Vergessens: Er sandte Schwindsucht in ihre Seele. Das entspricht der geistlichen Verfassung in 1.Samuel 3,1, als das Wort des Herrn rar und Visionen selten waren.

Geht es dir so, dass das Wort des Herrn rar, Visionen selten sind und du einen Mangel an prophetischer Sicht hast? Offenbarung wird zunehmen, wenn wir auf seinen Rat warten. Weil das Volk Israel keine Zeit in seiner Gegenwart verbrachte oder nicht erwartete von Gott zu hören, war Offenbarung selten unter ihnen. Wir müssen zu ihm kommen und sagen: „Hier bin ich, Herr. Ich komme eine Stunde vor Beginn des Gottesdienstes, um Rat zu empfangen." Jesus möchte, dass wir nur die Dinge tun, die wir den Vater tun sehen. Er möchte nicht, dass wir etwas aus Tradition tun oder weil jemand eine Idee hatte.

Während Jesus wartete, sah er den Vater die Dinge tun. Er stand lange vor dem Morgengrauen auf oder wachte und betete die ganze Nacht über auf einem Berg. Jesus empfing Offenbarung, weil er sich häufig in die Wüste zurückzog und betete. Und es ging nicht nur um Gebet. Ich glaube, dass es Zeiten gab, wo er einfach nur zu den Füßen des Vaters saß – wie Maria, die zu seinen Füßen saß – und nichts sagte. Er sah einfach in Gottes Angesicht und wartete, wartete und wartete.

Dabei geht es nicht darum, im Wort zu lesen oder zu beten: es geht darum, in Gottes Gegenwart zu sein, wo du nichts anderes tust, als zu warten. Während wir es lernen auf den Herrn zu warten, wird die Schwindsucht und der Überdruss der Seele ersetzt durch Offenbarung, Fruchtbarkeit, Gunst und finanziellen Erfolg. Wenn wir Zeit damit verbringen, vor dem Herrn zu warten, öffnet er den Bildschirm im Himmel, so dass wir sehen können, was der Vater tut.

Je länger ich wartete, je mehr Offenbarung gab Gott mir über Menschen und ihre Begängnisse und Nöte. Ich nehme mir täglich Zeit für ihn.

Geheiligte Phantasie

Du musst frei sein zum Träumen. Ein großer Gott bedeutet große Träume und Visionen. Ich möchte, dass du Heilig-Geist-Phantasien hast. Sie halfen mir, dass mein Dienst zustande kam und die prophetischen Worte in meinem Leben erfüllt wurden. Es beginnt damit, dass du dich so siehst, wie Gott dich berufen hat. Der Dienst beginnt in der Vorstellung. Er beginnt in deinen Träumen. Er fängt an durch Heilig-Geist-Phantasien. Eine geheiligte Phantasie ist eine mächtige Waffe, um die Mauern der Angst, Unwürdigkeit, Ablehnung und Unsicherheit zu überwinden. Ich blieb dran und etwas kam zur Geburt, das meine Bestimmung hervorbrachte. Nun mache ich tatsächlich das, wovon ich immer geträumt habe.

Viele von euch haben ihre Vision verloren, weil der Teufel euch erzählt hat, ihr seid stolz. Er hat die Kraft eurer Ziele und Träume geraubt. Da gibt es Dinge, die Gott in dich hineingelegt hat, die dich bewegen und dich zum Weinen bringen. Etwas in dir fängt an zu schwingen. Mein Herz brennt für Evangelisation: die Massen, die Veranstaltungen, die Mengen und Städte, das motiviert mich. Was motiviert dich?

Suche Weisheit

Wie bereits im Kapitel 9 erwähnt, gebraucht Gott, wenn er über die Weisheit redet, das persönliche Fürwort „sie". Wenn du Weisheit erlangen willst, musst du sie mit Liebe, Ehrerbietung, Leidenschaft und werbend suchen und dich selbst ihr zur Verfügung stellen.

Nachdem ich errettet war, habe ich jeden Tag um den Geist der Weisheit gebetet und Stunden damit verbracht Offenbarung zu suchen. Es wurde ein Teil von mir, weil es ein Teil von Jesus ist. König Salomo, ein Mann der Weisheit, ermutigt dazu, Verständnis zu suchen: *„Mein Sohn, wenn du meine Reden annimmst und meine Gebote bei dir verwahrst, 2 so dass du dein Ohr auf Weisheit merken lässt, dein Herz neigst zum Verständnis; 3 ja, wenn du dem Verstande rufst, deine Stimme erhebst zum Verständnis"* (Sprüche 2,1-3).

Der Herr möchte, dass wir unsere Stimme erheben und rufend um Verständnis bitten. Er möchte, dass du sie suchst *„wie Silber, nach ihr forschst wie nach Schätzen, dann wirst du die Gottesfurcht begreifen und Gotteserkenntnis finden"* (Sprüche 2,4-5). Der Herr gibt den Aufrichtigen Weisheit, Erkenntnis und Verständnis. Höre auf den Rat Salomos in Bezug auf Weisheit:

> Sprüche 4
>
> 5 Erwirb dir Weisheit, erwirb dir Einsicht, vergiss sie nicht, weich nicht ab von meinen Worten! 6 Lass nicht von ihr, und sie wird dich behüten, liebe sie, und sie wird dich beschützen. 7 Anfang der Weisheit ist: Erwirb dir Weisheit, erwirb dir Einsicht mit deinem ganzen Vermögen! 8 Halte sie hoch, dann wird sie dich erhöhen; sie bringt dich zu Ehren, wenn du sie umarmst. 9 Sie setzt dir einen schönen Kranz auf das Haupt, eine prächtige Krone wird sie dir schenken.

Bitte um die Salbung des Geistes der Weisheit und Offenbarung in deinem Leben. Bitte den Herrn auch um die Fülle des Heiligen Geistes und die Auswirkungen der sieben Geister in dir. Rufe laut nach Weisheit und Offenbarung, bete um Rat und Kraft, bitte Gott um Erkenntnis und mehr von der Furcht des Herrn. Warte so lange auf Gott, bis er zu dir kommt, so wie er es bei Jesus tat, mit kraftvollen Erweisungen des Geistes des Herrn.

Der Empfang der übertragbaren, übernatürlichen Salbung

Es ist Zeit, die übertragbare Salbung zu empfangen, für neue Abenteuer im übernatürlichen Bereich. Bekenne deine Sünde und bitte um eine erneute Reinigung – nimm die reinigende Kraft des Blutes Jesu in Anspruch. Dann bitte darum, dass du dich ihn ihm bergen kannst und Schutz findest. Dann berühre den Herrn von deinem Herzen aus mit Anbetung. Demütige dich vor dem Herrn und bitte um den Geist der Wahrheit. Der Vater möchte dir so gerne gute Gaben geben, ruhe einfach in seiner Güte. So wie der Apostel Paulus den Herrn um deinetwillen gebeten hat (Epheser 1,17-18), möchte auch ich, dass du dich mit einfachem

Glauben mit dem Gebet eins machst, das ich für dich gebetet habe. Ich will dann ein einfaches Gebet des Glaubens für dich beten, wo immer du auch bist:

> Vater, ich bitte dich im Namen Jesus, dass du die übertragbare übernatürliche Salbung für die freisetzt, die dich jetzt darum bitten, mehr in den übernatürlichen Bereich hineinzukommen. Ich setze es jetzt frei, in Jesu Namen! Ich bete, dass sie von heute an in einer größeren Weise in der Realität des Übernatürlichen leben: in Träumen, Verzückungen, Prophetien und Visionen. Ich bete für einen offenen Himmel und die zunehmende Fähigkeit deine Stimme zu hören. Ich bete auch dafür, dass der Heilige Geist auf sie kommt und die Schriftrollen austeilt, die ihre Berufung und ihre Bestimmung im Geist enthalten. Ich bitte dich, Gott, dass du jetzt deine Kraft und Gnade ausgießt, damit die, die mit diesem Gebet übereinstimmen, einen offenen Himmel empfangen und durch dich in den geistlichen Bereich geführt werden.

Empfange jetzt im Glauben übernatürliche Erfahrungen und Begegnungen mit Gott! Lass es jetzt geschehen, dass es in deinem Dienst zu einer Explosion von Wundern und Heilungen kommt. Ich möchte, dass du dieses Gebet jetzt laut betest:

> Vater, bring mich in das Übernatürliche. Öffne meine geistlichen Sinne, lass mich den wirklich existierenden Raum sehen, in dem du lebst. Hilf mir, dass mein Blick auf das Übernatürliche ausgerichtet bleibt und nicht durch die Versuchungen dieser Welt abgelenkt wird, die verderblich und vergänglich sind. Ich möchte, dass diese Salbung in mein Leben hineinkommt. Ich möchte jetzt in meinem himmlischen Erbe wandeln. Ich möchte nicht warten, bis ich gestorben bin, um dein wunderbares Angesicht zu sehen.
>
> Ich weiß, dass bei dir kein Ansehen der Person ist. Wenn du in der Vergangenheit Wunder getan und Engel ausgesandt hast und wenn du damals Menschen in andere Bereiche versetzt hast, so willst du das auch mit mir tun, damit ich dich besser kennenlerne, dich mehr liebe und den Verlorenen mit einem liebenden Herzen diene. Verändere mich, damit du mich für dein Reich gebrauchen kannst.
>
> Ich bete, dass die Gaben des Geistes und die sieben Geister Gottes mich erfüllen und in mir bleiben. Bewirke, dass von mir mehr Wunder, Prophetien, Zeichen und Kraftwirkungen ausgehen. Heiliger Geist, ich empfange, komme jetzt. Ich glaube an die Zunahme des Übernatürlichen. Danke, Herr, ich bitte dich, in Jesu Namen.

Nun möchte ich, dass du dieses Gebet von heute an jeden Tag betest und daran glaubst, dass Gott die Augen deines Herzens öffnet und dich tiefer in den übernatürlichen Bereich hineinnimmt. Lebe zunehmend in diesem unsichtbaren Bereich und lerne, dich täglich darin zu bewegen. Richte dich aus nach den höheren Dingen Gottes, die über die täglichen Ablenkungen des natürlichen Bereichs hinausgehen. Du wirst sehen, wie Gott dich mitnimmt auf eine unglaubliche Reise mit ihm, während er dich höher emporhebt in seine geistlichen Bereiche und dich weiter in deine Bestimmung hineinträgt. Die Schätze des Himmels findet man, wenn man seinen Blick auf die Realität der ewigen, übernatürlichen Welt richtet.

> Richtet euren Sinn auf das Himmlische und nicht auf das Irdische! (Kolosser 3,2).

> Die wir nicht auf das Sichtbare starren, sondern nach dem Unsichtbaren ausblicken; denn das Sichtbare ist vergänglich, das Unsichtbare ist ewig (2.Korinther 4,18).

Endnote

1 James Strong, Strong's Exhaustive Concordance of the Bible, Peabody, MA: AMG Publishers, 1986, # 4487, Greek dictionary, 85.

Kapitel 13

Übernatürliche Begegnungen

Eine große Anzahl von Männern und Frauen in der Bibel, vom ersten Buch Mose bis zur Offenbarung, haben Verzückungen, Visionen, Träume, Engelsbegegnungen, Prophetien und Begegnungen mit Gott gehabt und sogar die hörbare Stimme Gottes gehört. Die gute Nachricht ist, dass es auch den Heiligen heute passiert, und wir alle sollten als Gottes Kinder echte Begegnungen mit dem Geist der Wahrheit haben; denn er ist derjenige, von dem die Inspiration für jede übernatürliche Begegnung ausgeht.

In diesem Kapitel wirst du einige inspirierende Zeugnisse von ganz normalen Menschen lesen, die starke geistliche Begegnungen gehabt haben. Jede Begegnung ist das Ergebnis eines Verlangens, den Meister zu kennen, zu erleben und zu sehen. Sie haben den *„Geist der Weisheit und Offenbarung in der Erkenntnis seiner selbst"* gesucht (siehe Epheser 1,17).

Du bist dazu bestimmt ein Zeichen und ein Wunder zu sein, und es ist meine Hoffnung, dass auch du dich ausstreckst nach der geistlichen Welt und in der Kraft Gottes lebst. Gott möchte dich hineinbringen in eine himmlische Erfahrung mit ihm. Ich bete, dass diese Berichte in deinem Herzen feuriges Verlangen entzünden, dass sie dich bewegen, motivieren und dazu drängen, deine geistlichen Augen für all das zu öffnen, was Gott dir geben und durch dich tun will. Es ist heute möglich, dass normale Heilige seine Gegenwart, unbeschreibliche Nähe und Freundschaft erleben, so wie es hier bezeugt wird.

Gott wird durch unsere Zeugnisse wirken, wenn wir ihn auf der Erde erheben. Er hat verheißen, dass er alle Menschen zu sich ziehen will (Johannes 12,32). Das griechische Wort für „ziehen" bedeutet „gezogen werden, schleppen". Es ist mein Gebet, dass Jesus dich durch die folgenden Zeugnisse zu sich selbst zieht und diese Zeugnisse zu einer Inspiration für deinen eigenen offenen Himmel werden.

Ich bin so dankbar für die, die hier ihre Geschichte erzählen, und freue mich darüber, was Gott in ihrem Leben und durch ihren Dienst getan hat. Wir danken ihnen, dass sie seine Werke auf diese Weise verkünden und es unseren Lesern bekannt machen, dass das Reich der Himmel jetzt da ist.

Offenbarung im Zelt der Begegnung

Im April 2002 war ich bei der Konferenz „Open Heavens" (Offene Himmel) in Abbotsford, Kanada. Wir wurden sehr klar gelehrt, wie man in den dritten Himmel gelangt. Todd und andere legten uns die Hände auf, um etwas in uns hineinzulegen und die geistlichen Sinne in uns zu aktivieren. Danach hatte ich meine erste Begegnung im Himmel und sah die Dinge, die Gott mir zeigen wollte sehr deutlich.

Auf dem Heimweg sagte der Herr: „Wenn du nach Hause kommst, gehe hin und kaufe ein Zelt. Ich will dir in diesem Zelt begegnen. Ich will für dich die Erfahrung des Laubhüttenfestes wiederherstellen." Um 23.00 Uhr kam ich zu

Hause an und fuhr direkt in den Supermarkt, um mir ein kleines Zelt zu kaufen, das ich dann im Wohnzimmer aufbaute.

Meine Frau, Lynnie, hielt die Ablenkungen des Alltags von mir fern, während ich viele Stunden in dem Zelt verbrachte. Ich zog den Reißverschluss zu und hörte Anbetungsmusik, verbrachte Zeit in der Gegenwart des Herrn und sog diese auf. Schließlich erlebte und sah ich den Himmel.

In einem Erlebnis ging ich im Himmel auf einem Weg, der mit runden Steinen gepflastert war, und über eine grüne Wiese. Die Pflastersteine hatten Augen, die mich ansahen. Ich fragte mich: „Was ist das, Steine mit Augen?" Sofort erhielt ich eine Antwort: „Alles im Himmel besteht aus lebenden Substanzen. Deshalb rufen die Steine und loben mich und deshalb klatschen die Bäume des Feldes in die Hände." Als ich über diesen Gedanken nachsann, sagte der Herr: „Wenn mein Volk Zeit mit mir im Himmel verbringt, werden sie das wahre Leben des Himmels aufnehmen. Wenn meine Gemeinde Zeit im Himmel verbringt, wird sie mit neuem Leben erfüllt. Erinnere dich an den Stab Aarons, der geblüht hat. Er war für eine Nacht im Allerheiligsten und der tote Ast wurde lebendig." Ich erkannte, dass Gott die Gemeinde im Geist heimsuchen wird, um ihr neues Leben zu bringen.

Nachdem ich über mehrere Wochen viele Stunden in dem Zelt verbracht hatte, sagte meine Frau: „Es gefällt mir, dass du Zeit in diesem Zelt verbringst." Ich fragte sie: „Warum?" „Wenn du herauskommst, bist du sanfter", sagte sie. Ich stellte bald fest, dass sich mein Charakter verändert hatte und Offenbarung, Worte der Erkenntnis, Worte der Weisheit, Prophetie und Heilungen in meinem Leben zunahmen. Ich sah auch viele Schriftstellen in einem neuen Licht und empfing neue Einsichten, die meine Predigten und meine Lehre veränderten. Wenn ich auf die letzten drei Jahre zurückblicke, kann ich sagen, dass es die besten meines Lebens waren! Doch der Herr sagt: „Das ist erst der Anfang, das Beste kommt noch!"

Dennis Walker, Las Vegas, Nevada

Zu Besuch bei Gott

Im November 2003 war ich auf einer Konferenz in Kansas City. Am Abend sprach Todd Bentley und tagsüber lehrte Patricia King in der „Schule der Herrlichkeit". Ich hatte keine großen Erwartungen, denn durch eine lange geistliche Durststrecke war ich seelisch ziemlich verletzt. Ich war von der neuen Lehre Patricia Kings und Todd Bentleys über die Verfügbarkeit der geistlichen Welt nicht völlig begeistert. In der Vergangenheit hatte ich ein oder zwei tiefgreifende geistliche Erlebnisse, doch sie waren selten, und nun hörte ich, dass die Gläubigen immer in der geistlichen Welt leben sollten, einem Bereich, der für jeden, der es sich wünscht, einfach zu erreichen ist.

Am letzten Tag hatte ich eine von mehreren Visionen. Ich stand mit Jesus mitten im Himmel und sah mir die weite Fläche der Erde unter mir an. Wir waren so weit von der Erde entfernt, dass ich die Krümmung sehen konnte. „Was siehst du?“ fragte er. Ich sah hinunter auf die blauen, funkelnden Wasser der Ozeane, das Grün und Braun der Kontinente und den haudünnen Schleier der hohen Wolken. Mein Herz zerplatzte aus Liebe zu meiner irdischen Heimat.

„Es ist einfach wunderschön, Herr. Es ist Schutz und Sicherheit. Der Ort, wo ich lebe!“ sagte ich voller Begeisterung.

„Die Erde soll deine Erfahrung mit mir nicht in den Schatten stellen“, sagte er. Wie ein kleines Kind sagte ich gehorsam: „Ok!“

Dann änderte sich die Szene unter uns plötzlich und nun standen wir über dem Thronraum. Ich war erschrocken, als ich sah, dass niemand auf dem Thron saß!

„Herr“, rief ich aufgeregt, „warum sitzt du nicht auf dem Thron?“ Langsam und deutlich, so wie man mit einem kleinen Kind redet, sagte der Herr: „Von dort aus regiere ich, aber ich lebe nicht dort.“

Noch erstaunter als zuvor fragte ich: „Du lebst nicht dort?“ Und sehr langsam und deutlich sagte er lächelnd: „Nein, ich lebe in einem anderen Universum.“ Verblüfft rief ich aus: „Wirklich?“ „Ja“, sagte er, „möchtest du mitkommen und es dir ansehen?“ Ich wollte meinen Ohren nicht trauen, er hatte mich gerade in ein „anders Universum“ eingeladen, in sein eigenes Zuhause! „Ja“, rief ich.

Er deutete in den schwarzen Himmel über uns und sagte: „Folge dem ersten Stern bis zum Morgen.“ Sein Finger wies auf ein helles Objekt am Himmel, das irgendwie aussah wie ein Planet. Sofort bewegte ich mich in diese Richtung. Als ich näher herankam, konnte ich sehen, dass es dort sehr schön und leuchtend war. Der Planet ähnelte einer frischen Wasserperle, doch war er mehr birnenförmig als rund. Dann war ich augenblicklich angekommen.

Ich befand mich in einem Raum und wusste, dass es sein Wohnzimmer war. Es war der schönste Raum, den ich jemals zuvor gesehen hatte, obwohl er eine normale Größe hatte. Gebogene goldene Lichtstrahlen gingen von millionenfachen Punkten im Raum aus und leuchteten von einer Seite zur anderen. Jeder Strahl wurde auseinandergefächert und jeder einzelne Strahl war so schön, dass man es nicht beschreiben kann, und schien zu tanzen. Durch die Fülle des Lichts konnte ich nichts sehen, nicht einmal ihn, doch ich wusste, dass er sehr nah war.

Er forderte mich auf mich zu setzen. Ich sah mich um, konnte aber keine Möbel entdecken. „Wo, Herr?“, fragte ich.

„O, einfach irgendwo.“ Ich hielt weiter Ausschau nach einem Sitzplatz, konnte aber nichts sehen, nicht einmal den Fußboden. Ich wusste, dass er dort unter mir sein musste, denn ich stand darauf, also ließ ich mich einfach nach hinten fallen. Anstatt auf dem Fußboden zu landen, erschienen Lichtstrahlen von unten, fingen mich auf und hielten mich in einer zurückgelehnten Position!

Weil ich nicht viel sehen konnte, schloss ich meine Augen und genoss es einfach, mich neben Jesus zurückzulehnen. Ich streckte mich aus zu ihm und bat ihn still, mir seine Hand zu geben, und er tat es. Ich zog seine Hand an meine Lippen, drückte sie an mich und küsste die Innenfläche. Dann öffnete ich meine Augen und war erstaunt und schockiert. Seine Handfläche bestand aus Licht! Ich starrte sie erstaunt an und hatte eine starke Offenbarung davon, dass dies eine *übernatürliche* Hand war – eine Hand, die alles tun konnte.

Tonja Dillard
Clark, Missouri

Eine Vision in Chicago führt zur Errettung in Uganda
Ich hatte mich entschieden, im November 2002 mit „Fresh Fire Ministries" nach Uganda zu gehen. Kurz danach stand ich an einem Hotdog-Stand in Chicago und plötzlich hatte ich eine Vision. Ich sah darin einen Mann mit einem gelben Hemd, der unter einem einzelnen Baum in Afrika saß. Er hielt etwas in der Hand, das ich noch niemals gesehen hatte. Ich fragte: „Gott, was sehe ich da?" Er antwortete: „Das ist ein Instrument in seiner Hand. Ich möchte, dass du diesem Mann sagst, dass ich der Herr bin, und dass ich seine Zähne heilen werde. Er wird für mich Musik machen und ich werde seine gesamte Familie retten."

Als ich in der Stadt Jinga in Uganda ankam, hatte ich die Vision vergessen. Als ich dann mit einem Team einen Einsatz in einem Gefängnis hatte und auf dem Bürgersteig vor den Gefangenen saß, sah ich auf dem Gefängnishof einen einzelnen Baum stehen. Darunter saß, wie in meiner Vision, ein Mann, der ein gelbes Hemd trug.

„Herr, ich sehe, dass du hier am Werk bist, aber der Mann in der Vision hatte ein Instrument in der Hand. Wo ist das Instrument, Herr?"

Nicht lange nachdem ich gebetet hatte, tauchten auf der anderen Seite des Gefängnishofs zwei Gefangene auf, die genau das Instrument dabei hatten, das ich in der Vision gesehen hatte! Es war eine Art Leier, ein Saiteninstrument aus Holz. Zu diesem Zeitpunkt war der Heilige Geist so sehr auf mir, dass ich einfach nicht anders konnte: Ich **musste** dieses Wort weitergeben!

Ich stand auf und rief diesen Mann herbei. Ich sagte: „Als ich in Amerika Essen kaufte, gab mir Gott eine Vision und eine Botschaft für Sie" und zeigte mit dem Finger auf den Mann im gelben Hemd. Jeder blickte ihn an und er schaute, auf wen ich zeigte. Als er mitbekam, dass es um ihn ging, forderte ich ihn auf, nach vorne zu kommen. Ich sagte: „Jesus möchte, dass Sie wissen: Er ist der Herr und er wird Ihre Zähne heilen. In diesem Moment änderte sich der Gesichtsausdruck des Mannes, er wurde weich und er war sichtlich bewegt. Ich fuhr fort: „Diese Männer dort drüben werden Ihnen beibringen, wie man auf diesen Instrumenten spielt."

In der Menge entstand ein Brüllen und Jubeln. „Sie werden Musik für den Herrn machen und Ihre gesamte Familie wird errettet werden."

Ich fragte ihn, ob er jemals Jesus sein Leben gegeben und ihn zu seinem Herrn gemacht hätte, und er verneinte. „Möchten Sie das tun?" fragte ich ihn und er antwortete mit: „Ja".

Er war ein Moslem, doch an diesem Tag gab er Jesus sein Leben. Während ich vorher gewartet und den Mann beobachtet hatte, hatte ich laufend den Namen

„Daniel" gehört. Ich wusste, dass Moslems von ihrer Familie ausgestoßen werden und deshalb ihren Namen verlieren, wenn sie sich vom Islam abkehren. So sagte ich: „Nun, Gott gibt Ihnen heute einen neuen Namen. Ihr Name ist Daniel." Danach weissagte ich weiter, so wie der Herr mich führte. Es war so, als ob jemand einen Lichtschalter in diesem Mann betätigt hatte, er hörte nicht auf zu lächeln, zu lachen und Gott zu preisen! Er ging hinüber, tanzte und sang mit der Anbetungsband.

Stell dir einmal die souveräne Macht Gottes vor, ein Mädchen aus Wisconsin zu nehmen, ihr eine Vision zu geben (während sie in Chicago einen Hotdog kauft) und sie nach Afrika zu schicken, um dort einem Gefangenen zu prophezeien, der unter einem Baum sitzt (und den Altarruf verpasste), und dies alles, um seine Seele zu retten! Gott sprach an diesem Nachmittag sehr deutlich zu mir: „Eileen, wirst du **jetzt** den prophetischen Ruf, der auf dir ist, annehmen?" Gott fragte mich, ob ich bereit bin, hinauszutreten aus dem, was ich wollte, und das anzunehmen, was er mir gegeben hatte.

Schließlich sagte ich demütig: „Ja, Herr, ja." Seitdem hat Gott noch viel mehr Dinge durch seine unbeschreibliche Kraft und meinen einfachen Gehorsam hervorgebracht.

Eileen Berglund
Racine, Wisconsin

Ein Gespräch mit der Wolke der Zeugen

Ich war bei der Konferenz mit Todd Bentley im Februar 2005 in Dudley, Großbritannien. Während ich auf Gott wartete (in der Zeit des Empfangens), sah ich plötzlich diesen Engel vor mir sitzen. Ich wurde in einen runden Raum hinein genommen, der einem Amphitheater ähnlich war. Ich spürte, dass es ein gewichtiger Raum war, fast wie ein Gerichtsraum. Ich sah jemanden, von dem ich annahm, es sei der Apostel Paulus, ich sah Kenneth Hagin, Kathryn Kuhlman und andere. Sie unterhielten sich miteinander. Ich dachte: „Das ist ja großartig! Ich werde einige tolle Dinge erfahren." Doch zu meinem Erschrecken hörten sie auf, sich zu unterhalten, sahen mich an und baten mich, zu ihnen herunter zu kommen. Ich fühlte mich unwürdig und zu gering, um an einem solchen Ort zu sein. Ich ging hinunter und der Apostel Paulus bat mich, ihnen eine Frage zu stellen.

Ich wusste nicht, was ich fragen sollte, doch dann kam mir ein Gedanke und ich sagte: „Erzählt mir etwas über Binden und Lösen." Der Apostel Paulus lachte und sagte: „Du bist gerade bei Todd auf der Konferenz, oder?"

„Ja", antwortete ich. „Nun, was Todd über das Binden und Lösen erzählt hat, ist richtig. Er hat es hier erfahren, denn er ist häufig hier." Sie begannen sich über Todd in sehr liebevoller und positiver Weise zu äußern.

Dann nahm Kathryn Kuhlman meine Hände und sagte: „Liebling, als du zehn Jahre alt warst, hast du den Herrn gebeten, dass er dir meine Salbung gibt, stimmt das?"

„Ja", sagte ich und hatte sofort das Bild vor Augen, als ich zehn Jahre alt war und in Neuseeland lebte. Ich sah den Raum und den Platz, wo ich gestanden hatte. Die Erinnerung war sehr lebendig.

„Mach dir keine Sorgen, dass seit dem viel Zeit vergangen ist. Viele, viele, viele Menschen brauchen das", sagte sie. Dann versammelten sich alle um mich und beteten für mich, und so endete die Vision.

Diese Begegnung ließ mich ein wenig in Ehrfurcht zurück. Ich fragte mich zu dieser Zeit, ob ich plötzlich eine Salbung wie Kathryn Kuhlman bekommen würde, um die Kranken zu heilen. Stattdessen bekam ich ein gesteigertes Gespür für den Heiligen Geist und eine Sensibilität für das, was ihn betrübte. Es gab Zeiten im Gebet, da fühlte ich die Gegenwart des Herrn so stark, dass ich nichts anderes tun konnte, als zu schreien. Ich fand heraus, dass dies ein Teil der Salbung Kathryn Kuhlmans war – ihre starke Sensibilität für den Heiligen Geist. Ich glaube, dass ich weiter dranbleiben muss, um die Fülle dieser Salbung zu empfangen, und es scheint so, dass der Heilige Geist mich leitet, indem er mir ein größeres Verlangen gibt, den Herrn zu suchen.

Robyn Tan
London, England

„Jesus sitzt auf meinem Bett"

Im Oktober 2001 lebt ich zusammen mit Ivan Roman in einer Wohnung neben dem Büro von Fresh Fire Ministries in Abbotsford. Obwohl ich noch nicht errettet war, arbeitete ich für drei Monate in diesem Dienst mit und ich betete fortwährend, wenn ich durch das Haus ging. Ivan war ein guter Tutor und lehrte mich, wie ich beten sollte. Doch ich betete für nichts Bestimmtes und hatte definitiv nicht erwartet, eine Begegnung mit Jesus zu haben! Eines abends um 22.00 Uhr ging ich in mein Zimmer und nahm meine Bibel vom Tisch. Ich setzte mich auf mein Bett und fing an zu lesen und über die Gegenwart des Herrn nachzusinnen. Was dann passierte, war überwältigend.

Plötzlich bewegte sich meine Matratze! Zuerst dachte ich, Ivan sei hereingekommen und hätte sich auf mein Bett gesetzt, doch als ich hinsah, sah ich Jesus auf der rechten Ecke meines Bettes sitzen! Er drehte sich um und sah mich an. Ich wusste nur eins: Wenn man Jesus sieht, bedeutet das: Deine Zeit ist abgelaufen! Also sprang ich auf und rannte aus dem Zimmer. Ich zitterte am ganzen Leib und blieb solange im Flur, bis Ivan kam und mich fragte, was los sei.

„Jesus sitzt auf meinem Bett! Er ist gekommen, um mich in den Himmel zu holen und ich werde nicht in mein Zimmer gehen, weil ich nicht will." Ivan ging in mein Zimmer, um nachzusehen, und er sagte, dass die Gegenwart des Herrn sehr stark war und es wohl eine starke Begegnung war. Ich werde es niemals vergessen, denn ich weiß, dass Jesus auf meinem Bett saß.

Danach hatte ich weitere Begegnungen und es geschah fast an jedem Tag, dass ich unter der Kraft Gottes hinfiel. Manchmal ging ich einfach nur in mein

Zimmer und fiel unter dem Gewicht der Gegenwart Gottes nieder. Die Kraft des Heiligen Geistes warf mich auf den Fußboden und ich lag da und es schüttelte mich manchmal mehr als fünfundvierzig Minuten. Ivan musste mich aus dem Zimmer herausziehen, damit wir Essen gehen konnten. Wir gingen dann in ein Restaurant, nahmen unser Mahl ein und sobald wir zurück waren und ich durch die Tür meines Zimmers ging, lag ich schon wieder auf meinem Fußboden. Ich werde diese aufregende Zeit niemals vergessen.

Diese erste Begegnung war der Anfang von vielen erstaunlichen Dingen, die Jesus in meinem Leben getan hat. Ich glaube, dass der Herr mich auf diese Weise zu sich ziehen wollte. Einen Monat nach der ersten Erfahrung ging ich mit „Fresh Fire" nach Toronto und gab dem Herrn am 14. November 2001 mein Leben. Mein Leben ist seitdem wie verwandelt.

Dave Bentley
Abbotsford

Begegnungen mit Engeln, eine Tür im Himmel und Wunder

Ich wurde durch die Reisen, die ich mit Todd Bentley und Fresh Fire Ministries seit 2002 öfters unternommen habe, sehr gesegnet. In dieser Zeit der Gemeinschaft und des Dienstes mit Todd hatte ich mehrere Begegnungen mit der übernatürlichen Realität Gottes und dem Himmelreich. Das erste Mal traf ich Todd am 24. Oktober 2001 in Springdale, Kanada. Der Herr öffnete auch meine geistlichen Augen und dann hörte und sah ich Engel in diesen Versammlungen. Ich sah einen Engel hinter dem Anbetungsteam und sah ihn zwanzig Minuten lang. Er war ca. 3,50 Meter hoch, hatte ein glühendes Angesicht, trug ein weißes Gewand und hatte ein großes Schwert dabei.

Später predigte Todd über diesen Engel, den ich gesehen hatte (sein Name war „Erweckungsernte"), und teilte uns mit, wie er eine Begegnung mit ihm im Büro von Pastor Dave Mercer hatte. Am letzten Abend dieser Veranstaltung betete Todd für mich, um mir die Salbung für Heilung zu übertragen. Während ich unter der Kraft war, sah ich in die geistliche Welt. Ich sah, wie Jesus durch eine Tür in die Kirche hinabstieg. Worte können die Herrlichkeit und Liebe nicht beschreiben, die meinen Geist durchfluteten. Dann kam Jesus zu mir herüber, stellte sich über meinen ausgestreckten Körper, nahm meine linke Hand und blies in die Handfläche. Dann tropfte Öl meinen Arm hinunter und Jesus beauftragte mich mit der Schriftstelle Matthäus 28,18-20 und Jeremia 29,10b-14. Ich war für eine längere Zeit unfähig, mich zu bewegen und brauchte fast zwanzig Minuten, bevor ich wieder reden konnte. Ein Freund erzählte mir, dass mein Gesicht glühte!

Nach dieser Begegnung bewegte ich mich sofort in der übernatürlichen Realität Gottes. Die Salbung für Wunder und Heilungen erwies sich sofort in meinem Leben, zusammen mit dem Wort der Erkenntnis. Durch ein Wunder öffnete der Herr Türen, um in die Nationen zu reisen und einen vollzeitlichen Dienst zu beginnen. Bis heute habe ich zusammen mit meiner Frau, Kathy, in dreiundzwanzig Nationen das Evangelium gepredigt. Wir haben gesehen wie sich 14.000 Menschen bekehrten haben, einhundertzwanzig Taube geheilt und ungefähr einhundert Blinde sehend wurden, und dass über einhundert Tumore verschwunden sind. Dank sei Gott, der uns allezeit im Triumphzug in Christus umherführt und durch uns den Wohlgeruch seiner Erkenntnis an jedem Ort verbreitet. Gott sei die Ehre!

Kevin Basconi
Grandview, Missouri

Dämonische Geister auf der Flucht

Als Todd Bentley in Pensacola, Florida, in der Gemeinde „Brownsville Assembly of God" war, verfolgte ich den Gottesdienst im Internet. Todd sprach darüber, wie er über Gebiete, in denen er dient, einschließlich der Radio- und Fernsehwellen, geistliche Autorität ausübt. Am Ende des Gottesdienstes hatte er Worte der Erkenntnis und die Kamera war dabei auf die Besucher gerichtet. Ich konnte nicht glauben, was ich sah! Als er das Wort der Erkenntnis weitergab, konnte ich sehen, wie dämonische Kräfte die Menschen verließen. Ich konnte die Geister auf zweifache Weise sehen: Einige der Geister waren grau und wie Überzüge auf den Menschen und andere waren schwarz. Immer wenn ein Wort der Erkenntnis ausgesprochen wurde, konnte ich sehen, wie die dämonischen Geister Menschen verließen. Vor diesem Abend hatte ich noch nie übernatürliche Erlebnisse dieser Art. Ich hatte bereits dämonische Geister gesehen, aber niemals im Zusammenhang mit bestimmten Krankheiten, die offenbart wurden, und niemals so viele auf einmal. Seitdem ist mir das auch bei anderen Gelegenheiten einige Male passiert.

Sherry Furlow
Millbrook, Alabama

Die sieben Geister Gottes

Gott hat mich mit erstaunlichen prophetischen Begegnungen und Heimsuchungen gesegnet, seitdem ich mich 1989 dafür entschieden habe, mit dem Herrn zu leben. Im Juni 1994 hatte ich eine Zeit, in der ich mich in einer heiligen Verzweiflung befand. Ich besuchte eine Konferenz mit Benny Hinn und empfing eine starke Salbung, die mein Leben in radikaler Weise davon beeinflusste. Der Herr wirkte mächtig durch meinen Dienst, wie ich es bis dahin noch nicht erlebt hatte. Es geschahen Heilungen, Zeichen, Wunder und Kraftwirkungen, und Tausende in vielen Orten wurden gesegnet.

Im Verlauf der nächsten Jahre hatten wir verschiedene Versammlungen, die sich zu ausgedehnten Veranstaltungen entwickelten. Tausende wurden verändert, und das Wort Gottes und die Demonstration seiner Kraft hatte Einfluss auf viele

Gegenden. Von diesem Zeitpunkt an sahen wir in unserem Dienst eine sehr starke Salbung des Heiligen Geistes . Das bringt mich zu der prophetischen Begegnung, die ich im August 2002 hatte, als Todd zu uns kam.

Trotz all der Dinge, die Gott auf uns ausgegossen hatte, wusste ich tief in meinem Geist, dass es noch mehr gab. Als wir die „Schule der Erweckung“ mit Todd Bentley im August 2002 in Amarillo, Texas, planten, sprach der Herr zu mir, dass etwas Starkes passieren würde. Ich betete für diese Zeit und forderte dazu auf, den Herrn in tieferer Weise zu suchen. Ich hatte keine Ahnung, dass die kommenden Ereignisse mich auf eine neue Ebene mit dem Herrn katapultieren würden.

Während eines Gottesdienstes hatte ich dieses lebensverändernde prophetische Erlebnis. Plötzlich sah ich einen riesigen, mächtigen Engel und er rief: „Öffne deinen Mund.“ Ich gehorchte auf der Stelle. Er sagte: „Iss das!“ und warf mir etwas zu. Ich fühlte, wie es in meinem Mund landete, und aß es! Dann war die Begegnung vorbei.

Ich muss zugeben, dass das von allen geistlichen Erlebnissen und Heimsuchungen, die ich bereits hatte, etwas Neues war. Es hat mich umgehauen. Ich sah sofort in meine Bibel und unterstrich mehrere Stellen, die zu dem passten, was ich gerade erlebt hatte (Hesekiel 3,1-4, Offenbarung 10,8-11). Mein Team kam zu mir und fragte: „Was ist denn mit dir passiert?“ Ich war immer noch geschockt, doch dann stammelte ich: „Ich habe gerade ein Buch oder eine Schriftrolle oder etwas ähnliches gegessen. Ein großer Engel warf es mir zu.“

Am Sonntagmorgen predigte Todd darüber, wie der Herr durch das Essen von Schriftrollen neue Beauftragungen erteilt. Während er predigte, implodierte buchstäblich etwas in meinem Innern. Ich hatte Todd nichts über diese Visitation erzählt und er predigte diese Botschaft über Schriftrollen und Bücher, genau wie ich es erlebt hatte! Dieses Ereignis war der Anfang von vielen prophetischen Begegnungen mit dem Herrn über einen Zeitraum von drei Monaten, die nicht nur einen Einfluss auf mich, sondern auch auf meine Familie und meinen Dienst hatten.

Einige Wochen nach der Schule wurde ich vom Heiligen Geist geweckt und er veranlasste mich zu beten. Ich fuhr in mein Büro, und als ich durch die Eingangstür ging, wusste ich, dass es eine sehr, sehr starke Zeit werden würde. Die Atmosphäre war geladen mit der Gegenwart Gottes. Ich zog sofort meine Schuhe aus. Während ich durch die Eingangshalle ging, sah ich mit meinen natürlichen Augen – nicht in einer Vision – denselben mächtigen Engel, der mir gesagt hatte, dass ich das Buch essen solle. Er war so real wie eine Person.

Er war riesig und strahlte Kraft, Stärke und Autorität aus. Ich sage dir die Wahrheit, ich war fertig. Ich drehte mich nach rechts und ging sofort in mein Büro, um zu beten. Der Heilige Geist offenbarte einige unbeschreibliche Dinge vom Herrn. Nach etwa fünfundvierzig Minuten des göttlichen Downloads fragte ich den Heiligen Geist nach dem Engel in der Eingangshalle. Er sprach zu meinem Herzen und sagte: „Seine Namen sind auf seine Arme und Beine geschrieben, geh hin und sieh nach.“

Nun, du musst eins wissen, dieser Bursche war massiv in seiner Herrlichkeit und ich hatte eigentlich Angst, ihm noch einmal zu begegnen. Ich öffnete vorsichtig meine Bürotür und schaute hinaus, ob er noch da war. O Schreck, da war er. Ich nahm all meinen Mut zusammen und ging in die Eingangshalle. Auf jeder seiner Schultern, den Armen und Beinen standen Namen. Dann war er weg. In den nächsten Stunden war ich buchstäblich aus dem Verkehr gezogen, während ich über das Geschehene nachdachte.

Im Oktober war ich zu einem Treffen „Seven Days of Glory" eingeladen. Während ich mich in meinen Büro darauf vorbereitete, bat ich den Herrn um Rat vom Himmel für diese Treffen, die Gemeinde und die Region. Plötzlich befand ich mich vor dem Thron Gottes. Er erstrahlte in großer Kraft und Herrlichkeit!

Es ist ein unglaubliches Erlebnis, den Herrn in Kraft zu sehen. Wenn ich gefragt werde, wie das war, habe ich keine Worte, um die Größe seiner Kraft zu beschreiben, die von ihm ausstrahlt. Es ist unbeschreiblich. Mir stockte buchstäblich der Atem.

Plötzlich sah ich wieder den mächtigen Engel, der mir die Schriftrolle gegeben und mich in meinem Büro besucht hatte. Der Engel ging zum Herrn und der Umriss der Hand des Herrn wurde sichtbar. Ich konnte sehen, dass er einen Umschlag in der Hand hielt. Er gab ihn dem Engel und der Engel kam zu mir und gab mir den Umschlag. Zu diesem Zeitpunkt war ich völlig aus dem Verkehr gezogen. Ich nahm den Umschlag und wollte den Inhalt lesen, aber ich war so erstaunt, dass ich ihn fallen ließ. Der Engel hob ihn auf und gab ihn mir. Ich sah erneut auf den Inhalt und es standen dort zwei Bibelstellen: Offenbarung 4,5 und Jesaja 11,2. Beide handeln von den sieben Geistern Gottes.

Seit der Begegnung mit dem Engel in Amarillo hatte ich eine starke Zeit mit dem Herrn und lernte viel über die sieben Geister Gottes. Jetzt lehre ich über dieses Thema auf der Grundlage einer tiefen Offenbarung und dem tiefen Fluss dieser sieben Geister Gottes und diene damit anderen Menschen. Ich danke Todd als einem Mann Gottes und als meinem Freund. Der Herr hat ihn dazu gebraucht, einen dramatischen Einfluss auf mein Leben und meinen Dienst zu haben.

Keith Miller
Amarillo, Texas

Eine Großmutter geht nach Malawi

Im Jahre 2002 besuchte ich die „Schule der Herrlichkeit" in Kansas City mit Patricia King und Todd Bentley. Als Todd über eine bevorstehende Reise nach Malawi sprach, fiel der Heilige Geist auf mich und er sprach durch den Mund von Todd direkt zu mir. In meinem Geist wurde das Verlangen wach, an dieser Reise mit Fresh Fire teilzunehmen, doch in meinem Innern fand auch ein Kampf statt. „Bist du verrückt? Du bist eine Großmutter im Alter von sechsundsechzig Jahren und kannst das Geld für diese Reise gar nicht aufbringen." Vor Jahren war ich als Evangelistin während „Mardi Gras“ in den Straßen von New Orleans und in anderen Städten bei Straßenevangelisationen dabei gewesen, doch im Laufe der Jahre war ich bequem geworden.

Todd rief die Menschen auf nach vorne zu kommen, damit sie Gebet empfingen, und als er zu mir kam, brüllte er über mir und ich ging zu Boden. Der Heilige Geist sagte, dass es das Brüllen des Löwen von Juda gewesen sei. Ich fühlte, wie ich vom Himmel himmlische Kühnheit empfing und als ob ich im Geist 2,80 m groß sein würde. Als ich aufstand, war ich eine andere Frau. Ich wusste, dass ich etwas von Gott empfangen hatte und gab sofort bei jeder Gelegenheit Zeugnis davon. Ich fühlte mich, als ob in meinen Gebeinen ein Feuer brennen würde, so wie es Jeremia beschreibt, und ich wusste, dass der Geist des Zeugnisses wiederhergestellt war.

An diesem Abend hatte ich, nachdem ich mit einer Freundin ins Hotel zurückgekehrt war, eine Visitation. Der Herr nahm mich in eine offene Vision und ich sah, wie ich bei einer Veranstaltung in Afrika auf der Bühne hinter Shonnah Bentley saß, während Todd predigte. Ich sah wie Tausende Afrikaner auf das Evangelium, die Wunder und Heilungen ansprachen. Das Erstaunlichste dabei war, dass ich sah, wie Jesus durch die Menge ging und dabei viele geheilt wurden. Danach wusste ich, ohne den Schatten eines Zweifels, dass ich mit Todd nach Malawi gehen würde. Ich denke, dass ich erst dann wirklich von dieser Vision ergriffen wurde, als ich in Afrika auf genau dieser Bühne und an diesem Platz saß und Todd mit eigenen Augen predigen sah. Und dann sah ich, genau wie in der Vision, dass Jesus durch die Menge ging.

Heute fühle ich mich, als wäre ich ungefähr sechzehn Jahre alt, und die alte Kühnheit, die ich einst hatte, wurde nicht nur wiederhergestellt, sondern noch stärker. Ich weiß auch, dass die Salbung für Träume und Visionen zugenommen hat, seit Todd für mich gebetet hat. Ich warte auf weitere Gelegenheiten zu den Nationen zu gehen und Menschen zum Herrn zu führen. Ich sagte dem Herrn, dass ich mit dem Feuer seiner Herrlichkeit hinausgehen will. Ich bin so begeistert über Todd und junge Menschen wie ihn, die in einem riesigen Tempo vorangehen, um die Dinge des Reiches zu erledigen. Ich freue mich darüber und frage diese Jungen, ob ich mich an sie ranhängen kann. Das wird ein feuriger Ritt!

Patricia Mason
Spring Hill, Kansas

Gottes Herrlichkeit erscheint in einem Einkaufszentrum
Während der Fresh-Fire-Konferenz „Canada Ablaze“ im Frühjahr 2004 in Toronto kam das Reich Gottes in ein Einkaufszentrum. Am Ende des Tages trafen wir uns alle in einem Einkaufszentrum am Dundas Square, um gemeinsam nach Hause zu fahren. Es waren mehrere Gruppen von der Konferenz dort und der ganze Ort war eine Feier seiner Herrlichkeit. Menschen wurden zum Herrn geführt und die Liebe Christi wurde überall weitergegeben!

Einige aus unserer Gruppe hatten sich die Aufzüge zum Ziel genommen. Zwei von uns befanden sich in der obersten Etage und beteten für alle Aufzüge, die hinunter fuhren. Sie warfen „Heilig-Geist-Feuerbälle“ auf die Menschen, und ein anderer von der Konferenz fuhr im Aufzug und tat das Gleiche. Ich beobachtete die Menschen, wie sie vom Feuer getroffen wurden. Sie sprangen herum oder hielten Ausschau nach dem, was sie gespürt hatten. Das Reich Gottes wurde freigesetzt und die Menschen wurden definitiv berührt. Einige konnten sehen, dass sich mit den Konferenzteilnehmern Engel in den Aufzügen befanden, es war cool! Es war uns selbst kaum möglich, noch zu agieren, weil die Herrlichkeit so dicht war und es manchmal nicht mehr möglich war zu laufen oder uns auf den Beinen zu halten, so dass wir uns irgendwo festhalten mussten.

Einer unserer Leiter kam zu uns und tadelte uns ein wenig, weil wir durch die zunehmende Kraft eine Menge Aufmerksamkeit erregten. Als er näher kam, öffnete sich in der Mitte des Einkaufszentrums eine Tür im Himmel und durch die Decke erschien ein perfekter Lichtkegel, der genau vor unserer Gruppe auf den Boden traf. Er wich vor der Herrlichkeit zurück und bedeckte sein Gesicht, als die Herrlichkeit Gottes ihn erwischte! Dann fing er an zu zittern und die Herrlichkeit offenbarte sich bei ihm und allen anderen in der Gruppe. Es war unfassbar.

Die Atmosphäre in diesem Einkaufszentrum hatte sich verändert, weil das Reich Gottes durch jeden, der die in diesen drei Tagen an der Ablaze-Konferenz teilgenommen hatte, freigesetzt worden war! Nun weiß ich, dass das Himmelreich von unserem Innern her freigesetzt wird, genauso wie Todd es bei einem Gottesdienst gepredigt hatte. Ich hab es gesehen, erfahren und gespürt.

Vor der Konferenz in Toronto war ich ein geisterfüllter Gläubiger, der frustriert war, weil er wusste, dass es mehr gab. Nach dieser Woche wusste ich, dass es stimmt!

Kim Glover
Mattawan, Michigan

Engel, Salbungen und die Herrlichkeit Gottes

Durch meine Freundschaft und Verbindung zu Todd habe ich sehr viel über die übernatürliche Welt und die Arbeit der Engel gelernt. Ich wurde nicht nur im Geist für übernatürliche Begegnungen offen, sondern er half mir auch, frühere Erlebnisse, die ich mit Engeln hatte, und ihre Bedeutung für meinen Dienst, meinen Ruf und meine Funktion zu verstehen. Kurz bevor Gott mich in den Heilungserweckungsdienst sandte, hatte ich eine außergewöhnliche Begegnung mit Gottes Herrlichkeit und den Engeln. Im August 2003 war ich mit Todd für mehrere Monate in Europa unterwegs und wir waren in einer unserer letzten Versammlungen in Estland. Mein erstes Praktikumsjahr mit Todd ging dem Ende entgegen und ich hatte gelernt, mit dem Wort der Erkenntnis zu dienen und in der prophetischen Heilungssalbung zu fließen. Ich wusste in meinem Herzen, dass es wie bei Elisa war, der Elia folgte und ihm diente. Ich wartete auf die doppelte Portion der Salbung.

Während des Gottesdienstes ging ich hinüber zu Todd auf die Bühne. Wir standen ungefähr einen halben Meter auseinander, als wir zwischen uns eine starke Gegenwart von Engeln spürten. Wir wussten beide sofort, dass es der Engel des Herrn war. Als ich meine Hand nach ihm ausstreckte, wurde sie durch die Gegenwart Gottes wie elektrifiziert. Es war die Gegenwart eines Engels, der gesandt worden war, um beim Dienst des Erbes der Errettung zu helfen. In diesem Moment streckte ich meine Hände in die fühlbare Herrlichkeitswolke über unseren Köpfen. Ich schrie zu Todd herüber: „Strecke deine Hände aus, die Herrlichkeitswolke ist über uns!" Während wir die Hände erhoben, geschahen überall im Raum Wunder. Taube Ohren wurden geöffnet, Blinde wurden sehend, Tumore verschwanden und viele andere Kranke wurden augenblicklich geheilt.

Ich ging an die Seite der Bühne und beobachtete, wie Todd die Salbung über den Menschen freisetzte. Dieser Moment wurde zur Krönung meines ersten Jahres des Dienstes mit Todd. Plötzlich fühlte ich, wie ein Mantel über meinen Kopf und meine Schultern gelegt wurde. Er fühlte sich an wie eine schwere Decke. Als ich Todd sagte, was mit mir geschah, proklamierte er: „Das ist der Mantel für Massenveranstaltungen!" An diesem Abend erhielt ich durch die übernatürliche Erscheinung des Engels des Herrn und der Herrlichkeit Gottes eine Salbung für evangelistische Massenveranstaltungen. Seitdem diene ich mit solchen Versammlungen in Indien und Europa und erlebe, dass Tausende errettet, geheilt und befreit werden. Seit kurzem planen wir Reisen nach Afrika und Südamerika.

Matt Sorger
Selden, New York

Eine Explosion im Heiligen Geist

Ich möchte Fresh Fire Ministries dafür danken, dass ich durch „Toronto Ablaze" körperlich, emotional und geistlich verändert wurde. Als ich wieder zu Hause war, kam es dort zu einer Explosion des Heiligen Geistes. Meine Kinder sahen Visionen und meine neunjährige Tochter wurde an himmlische Orte versetzt, wo sie mit Engeln tanzte und mit dem Herrn redete. Das Herz meines Ehemannes war so hart, als ich zurückkam, dass selbst die Visionen, die meine Kinder sahen und über ihm prophezeiten, es nicht weich werden ließ. Doch als er sah, wie es mich im Tiefschlaf schüttelte, zerbrach der Herr den religiösen Geist und er erkannte, dass es echt war. Ich sehne mich danach, wieder mit ihm zusammen in der Fülle zu sein, zu sehen, wie das Reich Gottes kommt, und vom Heiligen Geist erfrischt zu spielen. Danke, dass ihr mir die Realität seiner Fülle gezeigt habt.

Juli McHugh
Plainwell, Michigan

Segnungen, prophetische Aktivitäten und Besuch von Engeln

Ich ging in die Gemeinde von Pastor Severio in Spanish Harlem in der Bronx, um dort an einer Versammlung mit Todd Bentley teilzunehmen. Ich war hungrig, wollte mehr von Gott empfangen und die übernatürlichen Dinge erleben. Todd betete (in seiner speziellen Art) für jeden Anwesenden um die Salbung. Es ging so schnell, dass ich mich fragte: „Was kann das bewirken?“ Doch in dieser Nacht hörte ich in meinem Hotelzimmer klar die Stimme Gottes, während ich schlief. Er sagte, dass die Zukunft meiner Tochter, Sydney, mit ihm verbunden sei. Ich wachte auf und wusste, dass sich dieser Traum von anderen unterschied. Ich erkannte, dass ich eine neue Salbung empfangen hatte, als Todd am Abend für mich betete. Es war die erste von vielen weiteren prophetischen Botschaften.

Einige Wochen später wurde ich plötzlich gegen 0.30 Uhr geweckt. Ich öffnete die Augen und sah in der Decke meines Raumes eine Tür. Die Öffnung sah aus wie eine Mischung aus bewegtem Licht und Wasser. Der Raum war hell erleuchtet, denn überall waren Engel, die sich mit den Lichtstrahlen bewegten. Es sah so aus, als kämen sie direkt auf mich zu, und ich erschrak und schrie: „JESUS!“

Ich sah mich um im Raum, um sicher zu gehen, dass ich nicht träumte. Dann sah ich wieder nach oben und stellte fest, dass sie nicht riesig waren und ihre Köpfe und Hände aussahen wie die Sonne. Ich bedeckte meinen Kopf, schrie und betete den Herrn an, dann war ich wie gelähmt. Ich zitterte die ganze Nacht hindurch und war in einem Schockzustand.

In der vergangenen Woche, es war meine zweite Fastenwoche, wachte ich gegen 3.00 Uhr nachts auf und sah einen riesigen Engel, der neben mir stand. Um sicher zu gehen, sah ich in mir genau an. Er war groß, voller Licht und seine Kleidung war einfach und weiß. Ich war entmutigt und traurig eingeschlafen, während ich gebetet und dem Herrn meine Sorgen abgegeben hatte. Dieser Engel brachte mir Trost und er war eine Erinnerung daran, dass Gott mich beschützte, während ich schlief. Zwei Tage später wachte ich plötzlich auf und ich sah einen Engel zwischen mir und meinem Ehemann. Wieder fühlte ich Schutz und Trost von Gott. Wir befinden uns im Kampf, aber Gott regiert und wir werden siegreich sein!

Monica Scala
Tom Rivers, New Jersey

Eine Zwölfjährige empfängt eine prophetische Salbung

Im Jahr 2004 ging ich zusammen mit meiner Mutter zu einer Konferenz von Fresh Fire Ministries in Irving, Texas. Ich wollte nicht mitgehen und mein Leben mit Gott war nicht in Ordnung. Am zweiten Abend berührte mich der Heilige Geist auf wunderbare Art während der Anbetung. Niemand betete für mich oder legte die Hände auf mich. Ich tat Buße und lag lachend und weinend auf dem Fußboden. Später habe ich erfahren, dass eine Freundin während der dreitägigen

Konferenz intensiv für mich gebetet hatte. Seitdem lebe ich wieder mit Gott und habe versucht meinen Freunden in der Schule zu helfen, indem ich über ihnen weissagte, wenn der Heilige Geist es mir auftrug.

Ich glaube, dass der Herr mir bei dieser Konferenz die Gabe der Prophetie gegeben hat, obwohl ich es zu diesem Zeitpunkt nicht wirklich weiß. Eines Abends beteten wir in der Schule den Herrn an und der Herr sagte mir, dass ich für Britney beten solle, die vor mir stand. Ich hatte Angst und ärgerte mich darüber, dass der Heilige Geist wollte, dass ich vor allen für sie beten sollte. Doch er ließ nicht nach und drängte mich weiter. Es schien so, als ob er nicht eher damit aufhören würde, bis ich beten würde. Schließlich ging ich zu ihr und betete für sie. Der Heilige Geist sagte mir, dass ich ihr die Hände auflegen sollte und ich fragte ihn, was ich sagen sollte. Er antwortete: „Lege ihr die Hände auf und dann wirst du schon sehen." Es scheint so, als ob er mir immer solche Antworten gibt, wenn ich ihn frage.

Also legte ich meine Hände auf sie und sofort spürte ich Zweifel, Ablehnung, Hoffnungslosigkeit und Traurigkeit und ich wusste, dass ich fühlte, was ihr Geist fühlte. Nachdem ich ihr einige Dinge gesagt hatte, fing sie an zu weinen und ihr spürte, dass der Heilige Geist ihr etwas gab und sie veränderte. Ich preise den Herrn für das, was er in meinem Leben getan hat.

Rachel Curylo
Dallas, Texas

Erscheinung des Engels des Rates und der Kraft

Im November 2003 auf der gemeinsam von „Fresh Fire Ministries" und „Master Potter Ministries" veranstalteten Konferenz „Glory Week Conference" mit Todd Bentley, Bobby Conner, Paul Keith Davis und mir, erschien der Engel des Rates und der Kraft. Derselbe Engel besuchte zur gleichen Zeit auch Todd und zwei seiner Praktikanten an einem anderen Ort.

In diesem Fall hatte ich eine starke Begegnung mit Engeln und es ging um das Schwert des Herrn, Endzeitmartyrium und den Schlüssel zu apostolischer Autorität. Folgendes war passiert: Bobby Conner kam in den Gottesdienst, während ich diente. Ich grüßte ihn und ergriff dabei seine Hand, um ihm Guten Morgen zu sagen. In dem Moment, als ich seine Hand berührte, spürte ich, dass sich über mir eine Tür der Herrlichkeit geöffnet hatte. Ein riesiger Engel erschien über mir, der ca. 9m hoch war. Ich sah ein blitzendes Schwert in seiner Hand und eine goldene Schärpe. Der Himmel war geöffnet und Engel bewegten sich voller Kraft im ganzen Raum. Die Atmosphäre war durchdrungen von Offenbarung und Aktivitäten der Engel, während ich den Menschen prophetisch diente.

Gleichzeitig besuchte dieser mächtige Engel Todd in seinem Hotelzimmer und gab ihm das Schwert. Am Griff befanden sich Rubine und auf der Klinge war „Hebräer 4,12" eingraviert. Todd wusste, dass es sich um die Offenbarungssalbung handelte, die Herzen und Gedanken zu erkennen. „Dieses Schwert ist für

Paul Keith" (der am Samstagabend dienen sollte), sagte der Engel. Todd hatte an diesem Nachmittag starke Worte der Erkenntnis unter einem offenen Himmel.

Am selben Abend sollte ich die Versammlung beenden und Paul Keith gab mir dazu das Mikrofon. Während er das tat, sagte er: „Oh, da drüben steht ein Engel auf der Bühne. Würdest du bitte hinübergehen?" Ich antwortete: „Ja" und ging auf die Bühne. Plötzlich wurde ich von der Kraft Gottes erfasst und mit Macht zu Boden geworfen. Mit großer Geschwindigkeit und ohne weitere Vorwarnung wurde mir ein riesiges lebendiges Schert in die Brust gestoßen. Am Boden festgenagelt, sah ich über mir einen riesigen Kriegsengel von ca. 9 Meter Größe. Durch Offenbarung wusste ich sofort, dass es der Engel war, der bereits am Morgen erschienen war: der Engel des Rates und der Kraft. Und sein Schwert, auf dem Hebräer 4,12 stand, steckte in meiner Brust.

Flüssiges Feuer und die Herrlichkeit des Himmels umgaben mich und ich konnte mich nicht bewegen. Schließlich konnte ich doch aufstehen. Mit ausgestreckten Händen hielt ich ein unbeschreibliches Schwert aus Licht vor mir. Das Schwert bewegte sich vor mir und aus seiner Klinge kamen Blitze hervor, die in den Bereich der Ewigkeit vordrangen.

Hinter mir stand dieser Engel des Herrn und hielt meine Hände. Ich fühlte mich in seinen Armen geborgen wie ein kleines Kind, während wir dieses herrliche, glänzende Schwert gemeinsam festhielten. Das Schwert war das lebendige Wort, voll von Autorität, und indem ich es festhielt, wurde ich von der Furcht des Herrn und der Heiligkeit des Ewigen Gottes erfüllt. Dieses Erlebnis dauerte mehrere Stunden.

Ich glaube, dass Gott durch die Engelsbegegnungen von Todd und mir, die Freisetzung des Schwertes durch Paul Keith, die kühne und prophetische Auslegung durch Bobby Conner und meine Begegnung mit dem lebendigen Schwert ein prophetisches Bild für den Leib Christi insgesamt offenbarte. So wie sich die Teile eines Puzzles zusammenfügen, handelten wir in einer geballten Salbung, um im Geist all das zusammenzubringen, was Gott gesagt hat.

Ich glaube, dass wir (wie Joschua in Sacharja 3,8) ein lebendiges Zeichen dessen waren, was Gott in dieser Stunde tun möchte. Es ist nicht nur für Todd und mich, es ist für jeden! Der Herr gibt allen, die willig sind, den Preis zu zahlen, das lebendige Wort Gottes nach Hebräer 4,12, wenn wir wie Joschua unsere schmutzigen Kleider gegen reine Kleider und einen reinen Kopfbund von Gott austauschen (Sacharja 3,4). Der Engel des Herrn wird das Schwert Zadoks in unsere Hand geben (Sacharja 44, 15-16 u. 23-24).

Gott gibt uns neue Waffen für den Kampf! Wir können mit den Mitteln der Vergangenheit nicht bestehen, denn Gott tauscht nicht nur die Wachen aus, sondern er kleidet seinen Leib neu ein. Wenn wir anfangen, einen Unterschied zwischen dem Unheiligen und dem Heiligen zu machen und diese Zeit der Gnade dazu nutzen auf den Fels zu fallen, anstatt dass der Fels auf uns fällt, werden wir die neuen Kleider des Geistes tragen.

Jill Austin, Los Angeles, Kalifornien

Übernatürliche Gerechtigkeit

Am 3. März 2004 sah ich einen Engel über mir stehen. Er sagte: „Schreibe diese Worte auf, denn sie sind zuverlässig und wahr. Ich bin gekommen, um dich für die Tage, die kommen werden, zu stärken. Ich gebe dir diese Schriftrolle und nun iss. Bald. Achtundzwanzig Tage."

Achtundzwanzig Tage später kam Todd Bentley zu einem Heilungsseminar nach Dudley, England. Am Sonntag lehrte er über die Schriftrollen aus Honig. Ich hatte eine solche Schriftrolle vom Herrn gegessen und seitdem zunehmende Offenbarungen. Im Jahre 2004 hatte ich fünf Begegnungen mit Engeln, die mir in inneren Visionen erschienen sind und das hat sich 2005 fortgesetzt.

Eine besondere Begegnung hatte ich nach einer Predigt Todd Bentleys über die himmlischen Vorhöfe und göttliche Gerichte. Zu der Zeit, als die Heilungsschule stattfand, hatten wir eine gerichtliche Auseinandersetzung mit einer Küchenfirma, die beim Einbau unserer neuen Küche ein Loch in unsere Wand geschlagen hatte. Sie hatten die Arbeit nicht abgeschlossen und verweigerten die Rückgabe der Anzahlung, die wir geleistet hatten. Während ich für ein göttliches Urteil betete, sah ich eine Tür, die am Fuße eines Turms geöffnet wurde.

Der Herr rief mich hoch, und als ich oben ankam, war dort ein Diener, der mit einem einfachen weißen Gewand gekleidet und mit einem Seil umgürtet war. Er gab mir eine Schriftrolle und sagte, es sei der Schlachtplan. Darauf befand sich ein Bild von den obersten Ästen eines Baumes. Alle Äste wurden abgehackt, bis nur noch der Stamm übrig blieb. Dann hörte ich ein Stimme: „Die Axt ist schon an die Wurzel des Baumes angelegt." Dann sah ich, wie der Stamm abgehackt, die Wurzel entfernt und beides ins Feuer geworfen wurde. Ich nahm diese Offenbarung, zusammen mit den Schriftstellen Matthäus 3,10 und Jesaja 1, um für ein göttliches Urteil zu beten und dafür, dass der Herr all die Lügen und den Betrug dieser Firma entfernten und unser Geld erstattet würde.

Im Juli war die Gerichtsverhandlung und wir erhielten unser Geld plus Entschädigung zurück! Während wir im Gericht waren, passten meine Eltern auf unsere Kinder auf. Dabei beobachteten sie, dass gegenüber von unserem Haus ein Baum in genau der Weise gefällt wurde, wie ich es in der Vision gesehen hatte. Sie waren so fasziniert, dass sie mehrer Fotos davon machten, auf denen der gesamte Ablauf, vom Abhacken der Äste bis zum Entfernen der Wurzeln, zu sehen war. Was im Himmel geschah, hatte nicht nur Einfluss auf das Geschehen vor Gericht, sondern wurde auch vor unserem Haus auf der anderen Seite der Straße sichtbar!

Deborah Orgill
West Midlands, England

Ein Kind besucht im Traum den Himmel

In der dritten Januarwoche genoss ich die Gegenwart Gottes und hörte dabei Todds CD „Marinating". Meine Tochter, Jessica, die sieben Jahre alt ist, fragte mich, ob sie neben mir auf dem Teppich schlafen dürfe. Während die CD die ganze Nacht durch lief, schliefen wir ein. Am Morgen fragte ich sie, ob sie etwas geträumt habe. Sie erzählte, sie hätte geträumt, dass die ganze Familie in den Himmel gegangen sei: „Wir gingen durch dieses wundervolle Tor, das aus Perlen ist. Außerdem gab es dort sehr klares Wasser und wir tranken, spielten und aßen einige schöne, leckere Früchte, es war so schön". Sie erzählte den Traum eher beiläufig und trotzdem erinnert sie sich bis heute daran.

Nonnie Roberson
Temple, Texas

Visionen der Gnade und Barmherzigkeit

Visionen sind für große Männer Gottes, die einen internationalen Dienst und vierzig Tage gefastet haben. Sie sind nicht für eine allein erziehende Mutter mit zwei Mädchen, die als Tagesmutter arbeitet und eine Sünderin ist. So dachte ich zumindest, bis Todd Bentley im Oktober 2004 nach Dudley, England, zu einer Konferenz kam. Ich war eine ganz normale Christin, die sich schwer tat, ihre Bibel zu lesen und Zeit zum Beten zu finden, wie so viele andere auch. Doch das sollte sich ändern. Während der Anbetung wurde ich plötzlich in himmlische Bereiche versetzt und in den folgenden fünf Tagen hatte ich Visionen über Visionen!

Bei einem Gottesdienst hatte ich plötzlich eine lebendige Vision. Ich befand mich in einem Gebäude, das aussah wie ein Kaufhaus. Ich konnte das Ende des Raumes nicht sehen. Ich fragte mich, was das für ein Raum sein könnte und spürte sofort, dass es ein Raum im Himmel war. Der Heilige Geist sagte: „Das ist der Raum der Gnade und Barmherzigkeit." Er zeigte mir die Decken der Gnade und Barmherzigkeit, und dass es davon mehr als genug geben würde, um damit die Bewohner der gesamten Erde und Geschichte zu versorgen. Der Heilige Geist sagte mir, dass ich für jeden etwas mitnehmen könne, der eine solche Decke der Gnade und Barmherzigkeit benötige. Er sagte aber auch: „Nicht jeder in der Welt wollte im Laufe der Geschichte die Decke meiner Gnade und Barmherzigkeit."

Ich lief durch die endlos langen Flure mit Regalen voller Decken und kam an einem goldenen Tisch und einem goldenen Stuhl vorbei, der mit rotem Samt gepolstert war. Der Heilige Geist sagte: „Der Name dieses Stuhls ist Barmherzigkeit." Der Tisch wurde Gnade genannt und ich war erstaunt über die Unordnung. Ich sah viele ungeordnete Papiere darauf herumliegen. Ich wunderte mich, dass der Tisch der Gnade so unaufgeräumt war. Der Heilige Geist sagte: „Das ist so, weil die Gemeinde Gnade und Barmherzigkeit abgelehnt hat. Sie ist in einen Zustand der Unordnung geraten, doch ich rufe meine Gemeinde auf, den Tisch aufzuräumen." Ich konnte etwas von dem spüren, was damit verbunden ist, wenn die Botschaft der Gnade und Barmherzigkeit in die Gemeinde hineinkommt. Ich habe jetzt ein Verständnis von Gnade und Barmherzigkeit, das ich niemals zuvor hatte.

Julia Kemmish, Somerset, England

Die Realität der übernatürlichen Welt in unserem Haus

Im letzten August gab es in Amarillo, Texas, eine Heilungsschule mit Todd Bentley. Ich wusste, dass ich dabei sein musste, obwohl damit eine fünfzehnstündige Autofahrt verbunden war. Die Schule war für mich lebensverändernd. Ich weiß, dass ich durch Todd und das Team viel empfangen habe. Ich erlebe die Herrlichkeit Gottes in einer Weise wie nie zuvor. Ich hatte zum ersten Mal Gold auf meinen Händen, ich sah Engel und ich sah sogar die Wolke der Herrlichkeit in dieser Woche.

Was auf mich und Misty die größte Auswirkung hatte, war das Gebet von Dave Bentley, Todds Vater. Er betete für mich, dass ich eine Visitation von Engeln haben sollte, die in dem Dienst von William Branham auftauchten. Es ist dabei bedeutend, dass die Schule in Amarillo stattfand, denn William Branham hatte dort gelebt und ist, so glaube ich, auch dort begraben. Todd, Dave und andere Mitarbeiter von Fresh Fire Ministries waren an diesen Orten und hatten so die Gelegenheit eine frische Berührung zu empfangen.

Ich eilte nach Hause, um meine Frau Anteil haben zu lassen an dem, was ich empfangen hatte. Mir war nicht völlig bewusst, was ich alles in dieser Woche empfangen hatte. In der ersten Nacht zu Hause begannen die Begegnungen. Als ich für Misty betete, erschien auf ihrem Gesicht und ihren Armen Goldstaub. Die Salbung des Heiligen Geistes war sehr stark und der geistliche Wein fing an zu fließen. Es war offensichtlich, dass wir nicht allein im Haus waren.

Im folgenden Monat waren wir wiederum bei Todd, der in der Gemeinde von Mahesh Chavda in South Carolina war. Todd sagte etwas in dieser Zeit, das wirklich unseren Hunger ansprach. Angefacht durch unseren Eifer, wachsen zu wollen, verbrachten wir den Tag der Versöhnung mit Fasten und Gebet. Nicht lange danach wurde unser Haus zu einem Wohnort der Herrlichkeit Gottes. Es begann im Oktober letzten Jahres. Misty und ich hatten gerade angefangen zu beten und sofort kam die Salbung. Die Atmosphäre in unserem Wohnzimmer änderte sich so plötzlich, dass wir erstaunt waren, als die Gegenwart Gottes und die starke Salbung spürbar wurden. Die Ruhe und der Glanz Gottes erfüllten unser Haus mit einer dunstigen Herrlichkeitswolke. Wir waren beängstigt und das einzige, was uns einfiel, war, den Herrn anzubeten. Nach einer gewissen Zeit kam ein Engel der Offenbarung und Misty empfing unter der Salbung eine Vision und fing an zu prophezeien.

Dieser Abend war der Anfang von vielen Erfahrungen mit der Herrlichkeit Gottes und starken Begegnungen mit seinen dienstbaren Geistern. Seitdem haben wir das überwältigende Vorrecht, dass fast in jedem Raum unseres Hauses Engelsfedern herabfallen und wir mehrmals die Wolke der Herrlichkeit sahen. Misty und ich hatten von diesen Dingen in Büchern und natürlich in der Bibel gelesen und von anderen gehört, doch wir hatten nicht verstanden, dass sie auch für uns zur Verfügung stehen. Wir sind doch nur normale Menschen, dachten wir, und solche Begegnungen sind nur den Dienern Gottes vorbehalten. Natürlich haben all diese Erlebnisse unser Leben für immer verändert.

Todd hat uns gelehrt, dass wir alles, was wir empfangen, immer weitergeben und nahezu jedes Mal, wenn wir für jemanden beten, bitten wir darum, dass die Salbung übertragen wird und es zu übernatürlichen Begegnungen kommt. Ich habe Zeugnisse von Menschen erhalten, für die wir gebetet haben, und sie haben Begegnungen mit Engeln gehabt und sie mit eigenen Augen gesehen.

Ladd und Misty Denison
Thompsons Station, Tennessee

Große Gunst im geschäftlichen Bereich durch Träume

Ich hatte zwei prophetische Träume, die mein Leben enorm beeinflusst haben. Im ersten Traum stand Todd auf der Straße und sagte zu mir, dass ich Gott um sechs Uhr morgens suchen solle. Er sagte: „Suche Gott genau um sechs Uhr, nicht um vier oder um fünf Uhr. Dann sagte er: „Gott wird ein Wunder in deinem Leben tun!“ Die ersten Tage war ich gehorsam, doch dann wurde ich faul und tat es nicht mehr jeden Tag. Ich ließ den dritten, vierten und fünften Tag aus und erhielt einen weiteren Traum.

In diesem Traum befand ich mich mit meiner Familie beim Mittagessen, als das Telefon klingelte. Ich entschloss mich, aufzustehen und das Gespräch anzunehmen. Bevor ich jedoch den Hörer abhob, dachte ich, es wäre gut, nachzusehen, wer mich anrief. Auf dem Display stand das Wort „Heilig“. Ich erschrak zutiefst. Als ich den Hörer abnahm, hörte ich jemanden sagen: „Mahendra Singh, hier spricht ABBA.“ Ich war so geschockt, dass ich mich in meinem Traum nicht bewegen konnte. Seit diesem Tag habe ich den Herrn jeden Morgen um sechs Uhr gesucht, egal wie müde ich war oder wie viele Termine ich hatte. Seitdem ich gehorsam bin, hat Gott in meinem Leben Wunder getan, geschäftlich und auch im geistlichen Dienst!

In meinem zweiten Traum öffnete ich eine Tür und ging in einen Raum. Ich sah Todd in einem Raum sitzen, der erfüllt war mit Herrlichkeit. Todd war so gesalbt und das Licht Gottes schien dort so hell. Ich näherte mich und Todd schlug mir dreimal auf den Kopf und ich fühlte mich, als hätte mich ein dicker Holzklotz getroffen. Nach diesem Traum geschahen noch mehr Wunder! Ich bekam Gunst bei Menschen, und wenn ich mit ihnen über die Liebe Christi sprach, hörten sie mir zu. Ich gründete eine Firma und bekam Aufträge! Der Kunde sagte: „Wir hatten gerade daran gedacht, eine Firma anzurufen, die unsere Räume reinigt und da kommen Sie herein.“

Am 12. April 2005 fuhr ich bei einem bestimmten Laden in Maple Ridge vorbei und dachte, ob es vielleicht möglich sei mit ihnen ins Geschäft zu kommen. Fünf Minuten später bekomme ich einen Anruf von genau diesem Laden und der Besitzer sagt: „Wir brauchen jemanden, der einen Anteil der hausmeisterlichen Tätigkeiten für uns erledigt.“ Also ging ich am späten Nachmittag zu ihm, legte ihm mein Angebot vor und bekam den Auftrag. Ehre sei Jesus! Dinge, über die ich einfach nachdenke und die ich mir in meinem Herzen wünsche, passieren in meinem Leben. Die Gunst Gottes ist auf mich gekommen.

An dem Tag, als Todd im Traum auf meinen Kopf schlug, glaube ich, habe ich die Weisheit Gottes empfangen, weil die Menschen, wo immer ich sie auch treffe, mir zuhören. Sie hängen an jedem Wort, was aus meinem Mund kommt. Es ist die Gunst und der Segen des Herrn. Türen, die jahrelang verschlossen waren, werden geöffnet, sowohl im Geschäft als auch im geistlichen Dienst. Ihm sei alle Herrlichkeit und Ehre.

Mahendra Singh
Abbotsford, BC

Verzweifelt nach einer Begegnung mit Gott

Nachdem ich die Kassettenserien von Fresh Fire Ministries über die manifeste Gegenwart und den Zufluchtsort gehört hatte, war ich so inspiriert, dass ich auch das Übernatürliche erleben wollte und ich hatte zunehmend übernatürliche Begegnungen, wie süße Wohlgerüche, Visitationen und Salbungen des Feuers und der Kraft des Heiligen Geistes, die mein Leben in drastischer Weise veränderten. Ich erlebte größere Dimensionen der Herrlichkeit Gottes mit übernatürlichen Überraschungen und Manifestationen des Geistes, als ich es am wenigsten erwartete. Ich kannte diese Erweckungsphänomene, die ich erlebte, nicht und als sie geschahen, wurde meine Welt auf den Kopf gestellt. Das folgende Erlebnis ist nur eines von vielen, das mein Leben als normaler Gläubiger zu einem radikalen Zeugen veränderte, der immer darauf wartet etwas Neues zu erleben.

Eines Morgens wachte ich um 2.00 Uhr aus dem Tiefschlaf auf und erlebte ohne Frage die fühlbare, sichtbare, heilige, ehrfurchtgebietende und überwältigende Gegenwart Gottes. Es schien so, als ob ein Gesicht mit einer Persönlichkeit nur wenige Zentimeter über meinem Gesicht schwebte. Die Gegenwart schien wie eine Wolke aus Rauch und weißem Licht, von der Kraft, Macht, Autorität, Gericht und andere Eigenschaften Gottes ausgingen. Die Gegenwart des Geistes der Furcht des Herrn, die über mir schwebte, fühlte sich an wie eine Person, die durch mich hindurch sehen konnte, und sie hatte solch eine Kraft, dass ich mich am liebsten unter meiner Bettdecke versteckt hätte. Schließlich wurde ich unter dem Gewicht dieser fühlbaren, heiligen Gegenwart ohnmächtig und konnte am nächsten Tag nicht sprechen.

Durch diese Erfahrung wurde ich befähigt, ein furchtloser und unbekümmerter Zeuge Gottes für die Verlorenen zu werden, wie es nie zuvor der Fall war. Die Kraft, Zeugnis zu geben, kam auf mich und mein Leben war nie wieder so wie vorher. Nur durch die Begegnung mit Gott bin ich in der Lage, hinzugehen und die Verlorenen und Sterbenden mit der lebensrettenden Botschaft von Jesus Christus zu erreichen. Unsere Gemeinde unternimmt vierundzwanzigstündige Evangelisationen, mit dem Ziel fünfhundert Menschen in einer Nacht zu Jesus zu bringen. Es gab Zeiten, da bekehrten sich mehr als zwanzig Menschen pro Stunde! Die Frucht dieser Erlebnisse hält bis zum heutigen Tag und der Dienst im Bereich der Hilfeleistung und Evangelisation hat zugenommen.

Ich danke Gott und gebe ihm alle Ehre für das, was er durch Fresh Ministries getan hat und all die Seelen, die dadurch gesegnet und für alle Ewigkeit gerettet wurden.

Michael Swaine
Cambria, Kalifornien

Mit Beschleunigung in die übernatürliche Welt
Ich besuchte kürzlich die Schule des Übernatürlichen in Toronto. Seitdem bewege ich mich auf einem neuen geistlichen Niveau. Es scheint so, als ob Gott den Beschleunigungsknopf gedrückt hat. Jedes Mal, wenn ich bete, scheint es so zu sein, als ob ich fast sofort in Visionen und prophetische Erlebnisse hinein genommen werde! Engel, der Thronraum, lebendige Wesen, verschiedene Räume im Himmel, Jesus selbst, der sich zu mir setzt und sich lange mit mir unterhält.... was immer du willst. Es ist ziemlich überwältigend. Gebet ist jetzt ein völlig anderes Erlebnis für mich. Es ist so, als ob die Gegenwart Gottes nur auf mich wartet, um hineinzukommen und bumm, ab durch die Mitte! Manchmal ist es tatsächlich so überwältigend, dass ich eine Pause vom Gebet einlegen muss, weil ich so viel Offenbarung bekomme, dass ich erst einmal über das nachdenken muss, was ich bereits empfangen habe. Jetzt lege ich mich einfach auf den Fußboden und sobald ich gesagt habe: „Lieber Jesus“, bin ich drin. Es ist wie Elektrizität, die durch meinen Körper fließt. Jesus kommt in mein Zimmer, Engel erscheinen und legen mir Hände auf oder ich sehe mich um und stelle fest, dass ich im Garten Eden oder in einem Raum oben im Himmel bin. Das hat mein geistliches Leben komplett verändert. Ehre sei Gott!

Franklyn Spence
St. Lazare, Quebec

Kapitel 14

Übernatürliche Zeichen: Berichte von Fresh Fire Ministries

Im Dienst von Fresh Fire Ministries haben wir mit Ehrfurcht gesehen, wie Gott sein übernatürliches Reich durch viele Zeichen und Wunder erwiesen hat. Als Folge davon wurden Tausende verändert, weil Christus sie gerettet, befreit und durch seine Kraft geheilt hat.

Es folgen einige Berichte über die ehrfurchtgebietenden, übernatürlichen Erweisungen Gottes in und durch Konferenzen, Treffen und Evangelisationen in der ganzen Welt. Gott hat unserem Dienst wirklich Gunst erwiesen, was dieses Buch und eine wachsende Anzahl neuer Berichte beweist. Wir haben einen Auszug von verschiedenen Berichten gemacht, die wir hier veröffentlichen. Dies ist nur eine kleine Auswahl. Weitere Berichte des übernatürlichen Wirkens Gottes findest du auf unserer Website www.freshfire.ca. Nun zu den Berichten – es ist Zeit, dass wir die Güte, Liebe und Kraft unseres Gottes bezeugen!

Ungewöhnliche Visitationen

von Brian Hill (Living Stones Fellowship)

Iowa, USA (2001)

Unsere Treffen mit Todd Bentley fanden am Sonntagabend ihren Höhepunkt. Zu diesem Zeitpunkt hatten die meisten von uns mindestens an zwei Versammlungen teilgenommen und der Grad an Vertrautheit hatte innerhalb der Gruppe zugenommen. Todd sprach darüber, wie Jesus seine Jünger anhauchte und sagte: „Empfangt den Heiligen Geist." Todd sagte, dass der Heilige Geist durch das Anhauchen ausgeteilt wurde, doch damit die Jünger ihn empfangen konnten, mussten sie sich öffnen und ihn annehmen.

Dann sprach er über den Strom des Lebens und fragte: „Möchte jemand mit mir zusammen daraus trinken?" Er forderte jeden auf sich vorzustellen, dass er einen Becher in der Hand halte und diesen in den Fluss tauche. Er leitete die Versammlung in ein Gebet, vom Heiligen Geist zu empfangen und dann aus den Bechern zu trinken. Wir machten das drei Mal. Das Feuer Gottes kam und das Feuer des Herrn wurde freigesetzt. Die Versammlung brach in Lobpreis aus und wir riefen zum Herrn, dass er das Feuer der Erweckung auf das Land senden solle. Gesalbte Freude brach aus, als der Herr seinen Segen auf die Versammlung brachte und die Menschen fielen unter die Stühle und lachten hysterisch.

Danach erfolgte Ernüchterung, und Stille kam über die Versammlung. Die Heiligkeit Gottes breitete sich aus. Todd sagte, dass der Geist des Gerichts da sei, um das Fleisch mit Feuer zu reinigen. Viele lagen mit dem Gesicht zur Erde und riefen zum Herrn.

Eine weitere Welle der Freude ging über die Versammlung, gefolgt von einer weiteren Zeit der Stille. Wegen der Kraft Gottes konnte Todd fast nicht mehr stehen und er stolperte trunken zwischen den Instrumenten auf der Bühne umher. Einige kamen ihm zur Hilfe, um ihn zu stützen, und dabei fielen sie zusammen mit Todd unter der Kraft, weil die Gegenwart Gottes so stark war.

Nach einiger Zeit schaffte es Todd aufzustehen, doch seine Füße waren wie angewurzelt und er war nicht fähig, sich zu bewegen. Er sagte, dass seine Füße brennen würden wie Feuer. Er schüttelte sich unkontrolliert, während Gott ihm zahlreiche Worte der Erkenntnis für Heilung gab. Todd bat Ivan (einen Mitarbeiter von Fresh Fire), sich um die zu kümmern, die sich angesprochen fühlten, weil er unfähig war, sich von der Kanzel weg zu bewegen. Das dauerte etwa fünfundvierzig Minuten, und so schnell wie es gekommen war, hörte es auch wieder auf.

„Wow! Bam! Bam!" war alles, was Todd für ein paar Minuten sagen konnte. „Es war so, als ob mein Körper in einer Verzückung war, mein Verstand jedoch noch hier im Raum. Mann! Das war übernatürlich! Wow!" Todd erklärte, dass wenn der natürliche Bereich beiseite getan ist, das Übernatürliche so fühlbar wird, wie das Natürliche (sogar mit den fünf Sinnen: Schmecken, Fühlen, Sehen, Riechen und Hören).

Als Todd mit der Lehre fortfuhr, schien es so, als ob das Licht im Raum flackern würde. Zunächst schien es nichts Bedeutsames zu sein, aber dann passierte es in unregelmäßigen Abständen immer wieder. Todd war zeitweise von diesem Phänomen fasziniert. Er sagte, dass es manchmal passieren kann, dass es zu einer Überspannung und Blitzen kommt, wenn der Heilige Geist kommt. Das sind die Blitze des Herrn! Todd erzählte, dass er diese Phänomen nur einige Male erlebt hätte und dass es wichtig wäre. Einige Anwesende berichteten tatsächlich, dass sie Lichtstreifen durch den Raum schießen sahen.

Die Oberlichter wurden ausgeschaltet, bis auf einen kleinen roten Scheinwerfer, der unbeabsichtigt ein großes Schild mit der Aufschrift „Netzanschluss" beleuchtete, das an der Bühnenrückwand hing. Die Menschen verloren die Aufmerksamkeit für das Gebet, weil sie sich umsahen, in der Hoffnung, dass der nächste Blitz erscheinen würde. Todd ermahnte dazu, nicht die Manifestationen zu suchen, sondern sich auf Jesus auszurichten. Sobald die Versammlung sich wieder Jesus zuwendete und sich erneut hingab, tauchten die Manifestationen wieder auf.

Ich saß hinten im Raum am Mischpult. Der rote Scheinwerfer und das Mischpult flackerten und flimmerten einige Male während dieser langen Zeit der stillen Ehrerbietung. Ich kann mich nicht daran erinnern, dass in all den Jahren, in denen ich die Gemeinde „Living Stones Fellowship" besuche, so etwas mit dem Licht passiert ist. Eine starke spürbare Gegenwart, wie eine warme Decke, umgab den Versammlungsraum und jeder lag still auf dem Boden.

Die Geräusche waren gedämpft und plötzlich fühlten wir eine kalte Brise. Im Sommer wäre das durch die Klimaanlage normal gewesen, doch es war Dezember und normalerweise würde warme Luft ausströmen und nicht kühle, frische Luft, wie wir sie spürten. Während die Menschen still dalagen, wurde die Luft von Duft erfüllt und die Menschen berichteten, sie hätten Kekse, Gewürze, Blumen und Getreidefelder gerochen. Auch von anderen Düften wurde berichtet, so dass es für mich keine natürliche Erklärung gibt, wie etwa Erfrischungsdüfte oder Deodorants.

Als der Duft die Luft erfüllte und durchdrang, sahen einige in den geistlichen Bereich. Don Stevens, ein junger Mann, der vor kurzem errettet wurde, erzählte mir, dass er, so beschrieb er es, den Garten Eden sah. Er stand am Rande eines Waldes und blickte auf eine Wiese mit riesigen Blumen, so sagte er. An der Seite sah er eine kleine Hütte und eine Gruppe Kinder tollte fröhlich auf dem Feld umher. Er erinnerte sich, dass er es sah, bevor er den Duft wahrnahm. Der Duft war im vertraut und gleichzeitig völlig neu, so als ob ihm verschiedene Facetten des Geruchs offenbart würden. Dons Bericht ist deshalb bedeutsam, weil er diese Vision bereits hatte, bevor andere berichteten, dass sie ähnliche Dinge sahen. Mit anderen Worten war sein Erlebnis nicht von den Zeugnissen der anderen beeinflusst. *„Um laut dein Lob zu verkünden und all deine Wunder zu erzählen"* (Psalm 26,7).

Steve Libby gehört zu den Stammbesuchern unserer Erweckungstreffen. Er erzählt immer wundervolle Zeugnisse vom Herrn. Steve war den ganzen Abend über stark „unter dem Einfluss" des Geistes. Er hing auf seinem Stuhl, bewegte sich nicht und sprach mit niemandem. Als der Abend dem Ende zuging, kam er aus seiner Verzückung zurück und gab bekannt, dass er in der Bibliothek Gottes war. Er erzählte, dass die Winde Gottes Verheißungen waren. Die „Blitze" blieben während der gesamten Veranstaltung.

Jesus offenbart sich der Nation Uganda

von Kevin Basconi, FFM

Es folgt ein Bericht unserer Evangelisation in Uganda im Jahre 2003, wo Gott am letzten Abend buchstäblich den Himmel über dem Veranstaltungsort öffnete. Die unfassbare Frucht dieser übernatürlichen Manifestation kannst du später in diesem Bericht lesen.

Von 20.000 Versammelten werden 4.000 errettet

Donnerstag: Heute Abend hat Todd die Versammlung damit eröffnet, dass er mehrere Worte der Erkenntnis hatte. Er sagte den mehr als 20.000 Anwesenden, dass Gott das Evangelium durch Wunder bestätigen würde, bevor er anfange zu predigen, und dass eine mächtige Welle der Heilung durch das Stadion schwappen würde.

Er begann für die Menge zu beten und verkündete ein Wort der Heilung. Todd sagte, dass Jesus durch die Menge gehen würde! Sofort fanden Wunder statt und die Krüppel konnten gehen.

Insgesamt kamen sieben verkrüppelte Menschen auf die Bühne und bezeugten, dass die Kraft Gottes sie berührt hatte und sie nun gehen konnten! Während der

Welle der Heilung, die über eine Stunde anhielt, wurden Tausende geheilt und berührt. Hier einige Höhepunkte:

- Eine Frau, der Rebellen dreimal ins Bein geschossen hatten, konnte wieder gehen.
- Ein fünf Jahre altes taubes Kind wurde geheilt und konnte hören und sprechen.
- Drei Menschen wurden von Blindheit auf dem rechten Auge geheilt.
- Drei Frauen, deren rechter Arm gelähmt war, wurden geheilt und waren in der Lage, ihre Arme zu bewegen, eine von ihnen erstmals seit siebzehn Jahren.

Zahlreiche Heilungen fanden im ganzen Stadion statt und Hunderte kamen nach vorne, um Zeugnis von ihrer Heilung zu geben. Nach der Predigt machte Todd einen Aufruf, um Jesus anzunehmen und dreihundertzwei Menschen reagierten darauf. Diese Herzensverwandlungen waren natürlich das größte Wunder!

Dienst an Waisen – Jesus heilt, Halleluja!
Freitag: An diesem Morgen fährt ein Team über eine Stunde in den Busch außerhalb von Kampala, um dort das „Bodarie Waisenhaus“ zu besuchen. Das Team verkündete eine kurze Botschaft über die Kraft des Kreuzes und Blutes Jesu. Nachdem ein Wort der Erkenntnis über ein taubes Ohr weitergegeben wurde, wurden sechs Kinder (alle anwesenden tauben Kinder) von Taubheit geheilt, zwei von ihnen waren von Geburt an taub. Ein Kind sprach das erste Mal in seinem Leben.

Insgesamt betete das Team für zweihundertsechsundachtzig Kinder und alle berichteten über Heilung von Magenproblemen, Kopfschmerzen und Fieber. Jesus heilte jede Person in diesem Waisenhaus! Das Team betete dann für die Kinder, damit sie die Salbung zum Heilen empfingen, so dass auch sie für die Kranken beten können!

Wunder und Erweckung in Kampala
Todd erzählt am Anfang des Abends von einer Vision, die der Herr ihm gegeben hat. Darin setzt der Vater eine Salbung frei, um Zauberei und Generationsflüche zu brechen. Er verkündet, dass Erweckung nach Uganda kommt, und ruft die Menschen nach vorne, die Zauberei und Wahrsagerei praktizieren. Die Herausforderung besteht darin, den Beweis anzutreten, wer größer ist: Jesus oder der Teufel. Todd erzählt der Menge, dass der Herr ihm Autorität gegeben hat, im Gebet die Kraft von Generationsflüchen und den Geist der Python zu brechen, dem vorherrschenden Geist dieser Region.

Als er anfängt zu beten und Autorität über dieser dämonischen Kräfte nimmt, manifestieren sich bei Dutzenden von Menschen die Dämonen in starker Weise. Die Menschen werden aus einer Menge von Vierundzwanzigtausend nach vorne zur Bühne gebracht. Zu einem Zeitpunkt sind es mehr als hundertzwanzig

Menschen, bei denen sich Dämonen manifestieren. Todd sagt der Menge, dass im Stadion Wunder passieren werden, wenn diese Menschen befreit sind.

Hier sind nur einige Wunder, die wir mitbekommen haben (Hunderte kamen nach vorne und gaben ihr Heilungszeugnis). Wiederum heilte der Herr sieben Gelähmte, so dass es an beiden Abenden insgesamt fünfzehn waren. Einer davon wurde durch das Team in der Menge geheilt.

Das blinde linke Auge eines Mannes wurde aufgetan und er konnte das erste Mal seit zehn Jahren sehen. Ein anderer Blinder wurde nach dreißig Jahren geheilt. Ein Junge bezeugte, dass sein rechter Hoden geheilt wurde. Mehrere Jahre war dieser so groß wie eine Faust, doch nun war er normal. Ein Junge, der sieben Jahre seine Hände nicht richtig bewegen konnte, wurde geheilt. Dutzende wurden von Tumoren befreit, sie bezeugten, dass die Tumore einfach verschwanden! Es gab buchstäblich Hunderte von Heilungen und Wundern. Die Heilungswelle dauerte eineinhalb Stunden.

Todd erzählte den Menschen in kurzer Form, dass Jesus der einzige Weg zum Himmel ist. Er hob hervor, dass Gott ihnen sein Himmelreich bekundet hat, und dass er nicht mit Worten allein nach Kampala gekommen sei, sondern in der Erweisung der Kraft Gottes. Die Tatsache, dass Blinde sehend, Lahme gehend, Taube hörend und die Dämonen ausgetrieben wurden, sei der Beweis, dass Jesus Gott und der einzige Weg zur Errettung ist. Als er einen Aufruf zur Bekehrung machte, kamen fünfhundertdreiundzwanzig Personen nach vorne und gaben Jesus ihr Leben.

In den Slums wird das Evangelium verkündigt

Heute reiste das Team von Fresh Fire Ministries nach Mengo Kisenyi, einem der übelsten Slums auf der Welt. Die Menschen dort leiden unter großer Armut, Missbrauch und an den Folgekrankheiten durch Prostitution. In dieser Gegend werden die Frauen in die Prostitution hineingeboren und haben bis zu dreißig Kunden täglich. Sie verdienen im Allgemeinen weniger als einen US-Dollar am Tag. Das Team musste sich nach seiner Ankunft seinen Weg durch zentimetertiefen stinkenden Matsch und Abfall bahnen, um das „Christianity Focus Center" zu erreichen.

Während der Nacht hatte ein kleiner Wirbelsturm auf dem Versammlungsgrund, der nur einige hundert Meter vom Rotlichtviertel entfernt ist, einige Verwüstung angerichtet. Die Pastoren vor Ort arbeiteten fieberhaft, um die Bühne und den Veranstaltungsort, der durch den Sturm ziemlichen Schaden erlitten hatte, für die Freitagabendveranstaltung wieder herzustellen.

Pastor David Kiganda begann mit der Gemeinde hier vor weniger als drei Jahren. Früher war an der Stelle, wo jetzt das Focus Center steht, ein Armenfriedhof. Tagsüber schliefen dort Diebe, um dann nachts auf Diebestour nach Kampala zu gehen. Der Pastor kaufte das Land (das umgeben ist von Bordellen) und planierte es.

Jetzt dient der Pastor diesen verzweifelten Frauen mit dem Evangelium. Als das Team eintraf, predigten Todd und die Leiter des Teams bereits einer Gruppe von achtzehnjährigen Prostituierten. Todd stand bis zu den Knöcheln im Matsch, weinte und erzählte mit gebrochener Stimme hier, an einem der dunkelsten Plätze der Erde, sein Zeugnis. Pastor David sagte mir später, dass Todd und das Team die ersten weißen Missionare gewesen waren, die ihren Fuß in die gefährlichen Mengo Kisenyi Slums gesetzt hatten.

Todd erzählte: „Ich bin in meinem Dienst noch nie in einer solchen Weise berührt worden. Diese Frauen sind total hilflos und verzweifelt." Tränen des Erbarmens stiegen ihm in die Augen und er fuhr fort: „Wir müssen etwas tun, um ihnen zu helfen! Es ist mir egal, wie wir es machen, aber wir müssen diesem Pastor helfen, dass diese Frauen dort weg kommen!"

Nachdem Todd sein Zeugnis beendet hatte, kamen sechzehn Prostituierte nach vorne und nahmen Jesus als ihren Retter an. Tränen liefen über Todds Gesicht, als er die Neubekehrten umarmte und mit jeder einzelnen betete. Viele dieser Frauen waren HIV-positiv. Die Frauen aus dem FFM-Team dienten danach diesen Frauen in kleinen Gruppen.

Pastor David erzählte Todd von seiner Vision, diese bekehrten Prostituierten hundert Kilometer von Kampala entfernt unterzubringen. Dort könnten sie jüngerschaftlich betreut, rehabilitiert und auf einen neuen Beruf vorbereitet werden. Nachdem er sie mit einer guten Mahlzeit versorgt hatte, begann Pastor David damit, diese geistlich neugeborenen Frauen in der Nachfolge zu unterrichten.

Einsatz in einer „Bierhütte"

Einige aus dem Team nahmen die Gelegenheit zur Straßenevangelisation in diesem Slum wahr. Sie gingen zu Fuß durch den Matsch in das Dorf Malwina. Dort sitzen Männer und Frauen in kleinen Hütten und trinken einheimisches Bier, das aus Getreide hergestellt wird. Das Team ging auf engen matschigen Pfaden, scheuchte Hühner und Truthähne auf und diente den Kindern mit der Liebe Jesu.

Einzeln predigte jeder vom Team das Evangelium in den Hütten. Nach einer Stunde berichteten sie davon, dass einhundertdrei Menschen errettet und viele geheilt wurden. Bei einer Frau wurde das rechte blinde Auge geheilt, nachdem jemand im Team ein Wort der Erkenntnis weitergeben hatte. Eine kleinere Gruppe von Menschen kam zum Glauben, nachdem sie von dem Wunder gehört hatten.

Gebet für einen Toten

Einem Team wurde es gestattet ins Namirembre Krankenhaus zu gehen. Der Leiter und einige Mitglieder glaubten, dass Gott die Toten auferwecken würde. Sie gingen in den vierten Stock, um nach einem Patienten zu sehen, für den sie zwei Tage zuvor auf der TB-Station gebetet hatten. Dort sahen, sie wie ein Krankenpfleger auf einer Bahre eine Leiche durch den Gang schob. Sie baten um Erlaubnis, für den Toten zu beten, und das Team durfte in einem Extraraum für vier tote Männer und Frauen beten. Sie beteten anhaltend und obwohl sie nicht erleben durften, dass Gott dieses Wunder tat, waren sie sich sicher, dass es bald geschehen würde. Als sie in der TB-Station nachsahen, fanden sie heraus, dass nur noch fünfzehn der vormals siebenunddreißig Patienten dort waren. Viele waren als geheilt nach Hause entlassen worden.

Versammlung am Samstagabend – die Menge wächst auf 55.000

Todd sagte zu der Menge von 55.000 Versammelten, dass er den Abend nicht mit einer Predigt beginnen würde. Sondern Gott würde beweisen, dass Jesus der Herr ist, indem er zehn Taube heilte. Viele taube Menschen kamen schnell zur Bühne, um Heilungsgebet zu empfangen. Das Team betete für sie und in kurzer Zeit waren zehn taube Personen komplett geheilt und viele sprachen zum ersten Mal.

Dann predigte Todd kurz über das Kreuz und die neununddreißig Schläge, die Jesus für unsere Heilung auf sich genommen hatte. Er sagte der anwachsenden Menge, dass die Heilung der Tauben ein Zeichen Gottes war, dass das Evangelium, das er predigte, real ist. Nachdem er sein Zeugnis erzählt hatte, dass er drogenabhängig und Satanist war und ein sündvolles Leben geführt hatte, kamen 267 Menschen nach vorne und nahmen Jesus als ihren Erlöser an.

Danach setzte Todd eine Welle der Heilung für die Neubekehrten und die gesamte Versammlung frei. Sofort manifestierten sich Dämonen und die Betroffenen wurden nach vorne zur Bühne gebracht. Viele wurden geheilt und befreit. Einige der nachgewiesenen Wunder waren:

- Ein Kind, dessen rechter Hoden die Größe einer Faust hatte, wurde sofort geheilt. Der Vater bezeugte, dass er gesehen hatte, wie der Tumor vor seinen Augen schrumpfte – er nahm Jesus sofort als seinen Retter an!
- Das blinde Auge eines achtjährigen Kindes wurde augenblicklich geheilt.
- Ein Kleinkind war in der Lage, sich zum ersten Mal in seinem Leben zu bewegen und zu sitzen!
- Ein Mann, dessen Auge seit acht Jahren erblindet war, wurde geheilt.
- Viele berichteten, dass sie unter der Kraft Gottes von Grauem Star geheilt wurden.
- Drei Menschen, die ein gebrochenes Bein hatten, konnten wieder ohne Schmerzen gehen.

Unter einem offenen Himmel geschehen Wunder

Während der Anbetung erlebten wir eine unfassbare Demonstration der Kraft Gottes! Es war so, als ob die Schriftstellen Joel 2 und Apostelgeschichte 2 vor den Augen einer großen Menge lebendig würden! Die Himmel öffneten sich und die Herrlichkeit Gottes fiel! Im Himmel erschien ein fantastisches Zeichen: Strahlende Farben und himmlisches Licht schimmerten über dem Veranstaltungsort! Hunderte begannen anzubeten und fielen vor Gott auf ihr Angesicht! Bei vielen Menschen manifestierten sich Dämonen, als die Herrlichkeit und Kraft Jesu über die Menge hereinbrach! Die Tür im Himmel blieb für zweiundzwanzig Minuten und verwandelte sich in das Angesicht Jesu und dann in den Löwen von Juda!

Todd predigte kurz zu den vielleicht 45.000 Anwesenden (insgesamt waren somit 140.000 bei den Versammlungen in Uganda). Er predigte über den Heiligen Geist gemäß Matthäus 3,11, Apostelgeschichte 1,5 und Apostelgeschichte 2. Todd sagte, dass Uganda die Kraft Gottes und des Heiligen Geistes bräuchte. Millionen hörten an jedem Abend das Evangelium im Radio. Als Todd fragte, wie viele Menschen geheilt wurden, während sie Radio hörten, meldeten sich Hunderte! Nur Gott weiß, wie viele Radiohörer gerettet wurden. Viele der Anwesenden bezeugten, dass sie über das Radio geheilt wurden. Unter anderem:

- Eine Frau, die seit sieben Jahren an Blutfluss litt.
- Jemand, der hunderte Kilometer entfernt von Malaria geheilt wurde.
- Ein Mann, der ein finanzielles Wunder erlebte.
- Ein blinder Mann, der ebenfall geheilt wurde.

Als nächsten Abend rief Todd die Heilung für Taubheit aus und eine ganze Gehörlosenschule kam auf die Bühne! Insgesamt waren es dreizehn Personen und viele davon waren auch stumm. Als Todd und das Team für sie beteten, wurden zwölf von ihnen geheilt und sieben konnten zum ersten Mal sprechen!

Beim Bekehrungsaufruf rannten 884 Menschen zur Bühne, um Jesus anzunehmen! Todd betete für die Neubekehrten und die Menge, dass sie mit dem Heiligen Geist und Feuer erfüllt würden. Die Kraft Gottes kam auf die Menschen und Zehntausende wurden mit dem Heiligen Geist erfüllt und beteten in neuen Sprachen!

Alle Ehre sei Gott für seine mächtigen Taten und lebensverändernde Kraft!

Bestimmung für 2005

Es folgt ein Auszug von prophetischen Worten für das Jahr 2005, ausgegeben im September 2004

Gold und Silber werden freigesetzt

Am Tag der Versöhnung sprach der Herr zu Charlie Robinson (einem Mitarbeiter von FFM) über Finanzen, die er mit Beginn des Jahres für sein Volk freisetzen werde. In dem Wissen, dass die Wurzel des Wortes *Gold* und *Herrlichkeit* im Hebräischen gleich ist, hatte Charlie jahrelang für die Freisetzung von Gold (Herrlichkeit) im Leib Christi gebetet. Der Herr offenbarte ihm, dass der Herr die Gemeinde mit großem Reichtum segnen werde, damit die große Ernte, die kommen wird, eingebracht werden kann. Hand in Hand mit der Ausgießung von Reichtum und Ernte würde die Herrlichkeit Gottes kommen. Am 24. September

2004, einen Tag vor dem Tag der Versöhnung, spürte Charlie, dass der Herr ihn drängte, kämpferisch für die Freisetzung des Goldes auf der Erde zu beten.

Der Herr sprach zu ihm, dass die Gemeinde nach dem Muster von 2.Chronik 5 vorgehen sollte, damit die Herrlichkeit Gottes in der Gemeinde wiederhergestellt werde – die Herrlichkeit, die zu der großen Seelenernte führen wird. In diesem Kapitel wird geschildert, wie Salomo nach der Fertigstellung des Tempels, das Silber und Gold in die Schatzkammer bringen lässt und die Herrlichkeit des Herrn das Haus Gottes erfüllt. Die Gemeinde heute wird die gleichen Schritte erleben: Vorbereitung, Silber und Gold und dann schließlich die Herrlichkeit Gottes (mit Ernte).

Anmerkung:
Eine starke „Erstlingsfrucht" und prophetische Erfüllung dieses Wortes von Charlie über das Silber und das Gold erfolgte innerhalb weniger Wochen. Während eines Dienstes in Kalifornien, dem „Goldenen Bundesstaat", spendeten die Menschen Gold und Silber bei den Opfersammlungen. In einer Versammlung wurden vierundzwanzig seltene Goldmünzen gezählt und vierzig seltene Silbermünzen. Bei einem anderen Treffen befanden sich kleine Gold- und Silberbarren im Opfer. Umgehend nach diesen Treffen bestätigte der Herr, dass dies die Erstlingsfrüchte des finanziellen Segens waren, den der Herr zur Erfüllung bringen wird. Nach einem dieser Treffen schaltete Charlie den Fernseher ein und das erste, was auf dem Bildschirm erschien, war das Foto einer Münze aus dem Jahre 1881, dem Morgan Silver Dollar, identisch mit einer der Münzen, die sich in der Opfersammlung befanden.

Männerkonferenz

Von Andy Barnes, Pastor der Gemeinde „Living Joy Christian Centre"

22. Oktober 1999
Todds Botschaft am Freitag war für die Männer sehr herausfordernd. Er redete über das königliche und priesterliche Öl und die Salbung. Nahezu jeder Mann lag vor dem Herrn, tat Buße und drückte sein Verlangen nach dem königlichen Öl aus, das eine Folge der priesterlichen Salbung ist. Der Dienst war großartig, jeder erhielt persönliches Gebet und Todd hatte einige prophetische Worte.

Am Samstagmorgen lehrte Todd über das Empfangen und Weitergeben prophetischer Eindrücke und wie man die Gegenwart Gottes erlebt. Am Ende dieses Treffens gab es eine Zeit der praktischen Anwendung, in der man sich gegenseitig mit einem Wort der Erbauung, Ermahnung oder des Trostes ermutigen sollte. Viele weissagten dabei das erste Mal und waren sehr ermutigt.
In den folgenden Tagen hatten wir weitere Versammlungen, die für alle geöffnet waren, und Todd lehrte kraftvoll weiter über Beziehung und intime Nähe zu Gott. Die prophetischen Worte und die Worte der Erkenntnis, die Todd weitergab, waren sehr ermutigend. Einige Menschen wurden angesprochen und geheilt. Wiederum hatten wir eine starke Zeit der Anbetung in den Gottesdiensten und es

herrschte sowohl große Freiheit, Freude und Lobpreis Gottes. Wiederum hatten wir Zeiten der spürbaren, intimen, wundervollen Gegenwart und Herrlichkeit Gottes.

Am Montagabend hörten zwei Mitglieder der Anbetungsgruppe wundervolle zweite Stimmen, die sie beim Singen begleiteten. Es war jedoch niemand sonst da und es schien so, als ob Engel mit ihnen sangen, einfach unbeschreiblich!

Während der Dienstzeit erwies Gott seine Liebe und Kraft auf verschiedene Weise. Eines der Wunder war, dass ein Mädchen Heilung ihrer verkrümmten Wirbelsäule erlebte, sie wurde vollkommen gerade. Schulterprobleme wurden sofort geheilt und Menschen erlebten Befreiung von Depression, Angst und Zorn. Als Todd im April hier war, wurde ein Mann errettet, dessen Frau bereits Christin war. Sie gingen gemeinsam in ihre Gemeinde und er blieb frei von Alkohol und war in seiner Beziehung zum Herrn weiter gewachsen. Jetzt hatten sie ihre drei Söhne mitgebracht, die auch Christen waren und freuten sich über die Tatsache, dass sie nun als gesamte Familie gerettet waren.

Am Dienstagabend kam eine Frau, die wollte, dass Todd für ihre Mutter betet. Sie hatte einen Asthmaanfall und auf dem Weg ins Krankenhaus erlitt sie einen Herzinfarkt. Im Krankenhaus stellten die Ärzte fest, dass sie ein Loch in der Herzklappe hatte und unter Diabetes litt. Für acht Tage lag sie im Koma und erhielt Insulin. Sie sollte, nachdem sie sich erholt hatte, am Herz operiert werden.

Am nächsten Tag rief die Tochter im Krankenhaus an, um sich über den Gesundheitszustand der Mutter zu erkundigen, und ihr wurde gesagt, dass sie nach Hause entlassen worden war. Ihre Mutter sagte ihr, dass die Diabetes nicht mehr nachgewiesen werden könne und der Zustand ihres Herzens sich sehr verbessert habe. Eine Operation sei gefährlicher, als alles so zu belassen. Sie fühlte sich so stark, dass sie einen langen Spaziergang unternahm. Preis den Herrn, sowohl die Mutter als auch die Tochter gaben Gott die Ehre für dieses Wunder.

Seit Todds letztem Besuch im April hat der Herr uns in eine tiefere Gemeinschaft mit Ihm gebracht. Gebet und Fürbitte wurden intensiviert und eine Reihe von Gaben sind freigesetzt worden, um den Herrn anzubeten. Darunter Dinge wie Malen, Dichten oder Tanzen während der Anbetung.

In den Gottesdiensten hatten wir eine starke Erweisung der Gegenwart und Kraft Gottes. Es gab einen starken Ruf und eine Salbung für Fürbitte, mit Flehen im Geist, was am Dienstagabend freigesetzt wurde. Diese Dinge werden eine bleibende Auswirkung auf die Gemeinde und die Gesellschaft haben.

Goldzähne und Evangelisation

Peter T. Chattaway, BC Christian News

1. Mai 1999

Jesus ist nicht nur unser großer Arzt, sondern auch der große Zahnarzt. In den letzten Monaten haben mehrere Dutzend Personen berichtet, dass sie in Gemeinden und Erweckungsversammlungen in British Columbia, Kanada, Goldfüllungen und ähnliche Wunder erlebt haben.

Dorothy McKee erzählt, dass die Menschen nach vorne gerufen wurden, um Gebet zu empfangen dabei hätte sie am 21. März 1999 vier Goldzähne in der Gemeinde „Mission Foursquare Church“ bekommen. „Mein Ehemann hatte die Aufgabe, den Menschen, bevor sie auf die Bühne kamen, in den Mund zu sehen und siehe da, ich hatte sie bereits.“ Überall in der Welt wurde in den vergangenen Monaten und Jahren von Zahnwundern berichtet, meistens aus Argentinien. Das erste Mal, dass in Kanada ein solches Wunder geschehen ist, war am 3. März 1999 in der Gemeinde „Toronto Airport Fellowship“. Innerhalb von einer Woche gab es 300 Menschen, die behaupteten, ein Zahnwunder erlebt zu haben.

Nach ein paar Wochen folgten Gemeinden in den Städten Langley und Mission. Neun Menschen erlebten am 20. März in der Vineyard-Gemeinde Langley im Gottesdienst ein Zahnwunder, sieben weitere erlebten das Gleiche bei einem Gottesdienst mit Todd Bentley in der Mission Foursquare Church. Noch immer folgen Berichte von dort.

Es waren zwischen fünfundvierzig und fünfzig Personen, die über Zahnwunder berichteten, sagte der Pastor der Vineyard-Gemeinde Langley, Jesse Padgett. Davon sind etwa fünfzehn bis zwanzig zu ihrem Zahnarzt gegangen und haben es bestätigen lassen.

Bentley, ein Evangelist aus Abbotsford, sagte, es sei das erste Mal geschehen, dass in seinen Versammlungen Goldzähne auftauchten. Seitdem passiert es in fast jedem Treffen, das ich veranstalte, sagt er und verweist auf seine letzten Reisen nach Mackenzie, Prince George und Portland, Oregon.

Das Phänomen hat verschiedene Formen. Es wurde berichtet, dass Zahnfüllungen sich in Silber, Gold oder Platin verwandelten. Bentley sagte, dass in einigen Füllungen Tauben oder Kreuze eingraviert sind. Diese Veränderung ist jedoch nicht immer bleibend, in einigen Fällen ist das Gold wieder verschwunden, berichtet Jim Anderson, Ältester der Missionsgemeinde.

Außer den Goldzähnen erzählen Gemeindebesucher auch von Goldstaub und Öl auf den Händen. Paula Spurr, eine Musikerin, erzählt, dass ihre Hände bei einem Gottesdienst (God Rock) mit Todd Bentley am 26. März 1999 in der Burnaby Christian Fellowship anfingen zu glänzen.

„Es war als ob Tinkerbell zu Besuch war. Alle Hände hatten einen leichten Schimmer“, sagt sie, „es war lustig, denn nach so etwas hatte ich nicht Ausschau gehalten. Ich brauche keine äußerlichen Phänomene, um etwas zu beweisen, aber es passierte einfach und so war es eine kleine Zugabe.“

Phillip Wiebe, ein Philosophieprofessor der Trinity Western Universität, sagt, dass das Phänomen der Goldzähne nichts Neues ist. Er hat die ersten Berichte über wundersame Goldfüllungen bereits vor fünfunddreißig Jahren aus Kalifornien gehört.

Er bemerkt, dass es schwierig ist, solche Geschichten zu beweisen, weil es immer möglich ist, dass die Empfänger Zahnärzte besuchten, deren Berichte noch nicht überprüft wurden – vorausgesetzt, dass die Berichte erst einmal vollständig vorlagen. „So etwas kommt immer vor und deshalb kann die Forderung eines Beweises in diesen Fällen nicht übernommen werden“, sagt er.

Es gibt Skeptiker, die glauben, dass Zähne auch ohne professionelle Hilfe glänzend werden können. Sie haben bereits Erklärungen angeboten, die Wunder ausschließen. Dr. Serge Vanry, Präsident der Zahnärztekammer, sagt, dass es durch Trinken von säurehaltigen Säften oder übermäßigen Genuss von Kaugummis und anderen Nahrungsmitteln zu solchen Veränderungen kommen kann. Doch er fügt hinzu, dass er in der Verlegenheit sei, nicht viel mehr als Erklärung anbieten zu können. „Ich bin für alles offen", sagte er.

Padgett sagt, dass es unwahrscheinlich sei, dass die Füllungen sich zufällig gold gefärbt hätten. „Nach Aussage anderer Zahnärzte, mit denen ich geredet habe, besteht keine Chance, dass eine Amalgamfüllung ohne professionell poliert zu werden, so glänzen kann wie diese Füllungen", sagt er.

Pastor Dr. John Roddam von der St. David's Anglican Church in Tsawwassen ... warnt vor einer Überbewertung solcher scheinbaren Wunder zu Lasten traditioneller Aufgaben. „Wir müssen sicherstellen, dass diese Dinge dazu führen, dass wir uns nach außen wenden", sagt er, „denn wenn wir zu einem „Segne-Mich-Club" werden, ist das der Tod."

„Was für eine Bedeutung könnten solche Wunder haben? Für jemanden, der so etwas erlebt, ist es, so denke ich, wunderbar und es macht in einer Weise Mut. Es könnte sein, dass er denkt: „Gott liebt mich, er denkt an mich und kümmert sich um mich", sagt Wiebe.

Für jeden anderen, so vermutet er, könnten solche Zeichen ein Anreiz sein, sich wieder neu mit Gott auseinanderzusetzen. Er hinterlässt diese Zeichen hier und da, um zu zeigen, dass er real ist und damit „Zweiflern wie mir etwas entgegengesetzt wird und sie als Folge davon vielleicht glauben."

Ernte, Engel und Heilungen

Von Val Andres, FFM, 2001

Hier ist ein Überblick der Höhepunkte der letzen Woche des Dienstes von Todd Bentley in Prince George und Mackenzie im Norden von British Columbia. In den Gottesdiensten wurden viele Seelen errettet und viele gaben Jesus erneut ihr Leben. Die Wunder waren überwältigend.

Eine Frau wurde von Krebs geheilt und die Ärzte haben das bestätigt. Das taube Ohr eines Mannes öffnete sich und bei anderen wurde das Hörvermögen verbessert, einschließlich einer Frau, die zwei Hörgeräte trug. Aus Mackenzie wurde Todd berichtet, dass eine Frau ohne die Spur von Diabetes sei. Außerdem wurde die verkrümmte Wirbelsäule einer Frau geheilt und es geschahen Heilungen von Rheuma, Nacken- und Knieschäden. Eine Frau berichtete, dass die Durchblutung wiederhergestellt wurde.

Während des ersten Treffens in Prince George bezeugte eine Frau, dass sie ohne Auflegung der Hände durch andere von einer Rückenverletzung geheilt wurde. Am nächsten Tag erhielt sie von ihrer Tochter, die neunzig Kilometer entfernt wohnte, einen Anruf und die Tochter erzählte, dass sie bei der Arbeit ebenfalls von ihren Rückenschmerzen geheilt wurde. Sie fanden heraus, dass beide Heilungen zeitgleich um 11.00 Uhr geschehen waren. Gott ist nicht auf Gebäude begrenzt! Es werden noch viel mehr Menschen geheilt werden, die sich Kilometer entfernt von den Gottesdiensten aufhalten.

Todd und sein Team erinnerten sich an einen Mann, der in Pittsburg geheilt wurde. Er war von der Hüfte an gelähmt und wurde geheilt, während für ihn in Abbotsford gebetet wurde. In den Gottesdiensten in Prince George und Mackenzie manifestierte sich die Herrlichkeit Gottes weiter in spürbarer Weise mit Goldstaub und Öl. Einige bezeugten, dass sie Engel singen hörten.

In Prince George konnte Todd einigen jungen Menschen im Gefängnis dienen. Er gebrauchte Worte der Erkenntnis und sprach prophetisch in ihr Leben. Todd war begeistert darüber, dass er denen dienen konnte, die so lebten wie er einst. Es geschahen nicht nur Heilungen und Wunder körperlicher Art, sondern viele wurden auch emotional geheilt und von dämonischen Mächten befreit.

Todd glaubt, dass die Salbung für Heilung im Oktober in Kanada ein neues Maß erreichen wird. In den vier Wochen, die er im Oktober unterwegs war, schien es, als ob größere Heilungen bezeugt wurden als jemals zuvor. Ein Mann stand aus seinem Rollstuhl auf, bei einem anderen verschwand ein Gewächs am Auge und die Menschen berichteten, sie hätten die Engel in den Gottesdiensten nicht nur gehört, sondern auch gesehen. Der Oktober war wirklich ein Monat der Ernte!

Engel in Albany

Von Todd Bentley

Es folgt der Auszug eines Berichts über einen Engel, der während der Heilungserweckung in Oregon erschien. Diese Erweckung dauerte mehrere Monate und wurde von Tausenden aus ganz Amerika und darüber hinaus besucht. Hunderte wurden errettet, geheilt und befreit. Der Auszug stammt aus „Reise ins Übernatürliche“.[1]

Im Februar 2001 sah ich einen Engel, der ca. 6 Meter groß war. Er reichte bis zur Decke der Versammlungshalle in Albany. Ich nahm zunächst nicht wahr, dass es sich um denselben Engel handelte, der mir bereits in Grant's Pass begegnet war. Der Geist gab mir ein Zeichen, dass diese Engelsbegegnung real war. Eine Frau aus der Versammlung, Muffy Joe Howell (die Tochter von Dale Howell, Pastor in Grant's Pass) sah den Engel ebenfalls und sie erzählte von derselben Vision, die ich gesehen hatte. Sie flüsterte: „Todd, da ist ein riesiger Engel hinter der Kanzel.“ Muffy hatte von Geburt an einen Hüftschaden. Plötzlich schrie sie: „Der Engel hat mich gerade berührt“ und war geheilt. Nun wusste ich wirklich, dass Gott etwas vorhatte.

Dine hörbare Stimme des Heiligen Geistes, die ich zusammen mit der Engelsbegegnung erlebte, wies mich an, mit dem Engel zu reden (bei folgenden Begegnungen hatte ich ebenfalls die hörbare innere Stimme des Heiligen Geistes vernommen). Der Engel hatte einen Schlüssel, wie ein Bürgermeister, der den Schlüssel der Stadt besitzt. Sein Auftrag war es, diesen Schlüssel an die Pastoren weiterzugeben und ihnen Weisheit, Autorität, Offenbarung und Salbung zu übertragen, damit sie Heilung in ihre Gemeinde zurückbringen konnten. Der Engel stand an der Kanzel und setzte die Heilungssalbung frei, während ich für über dreißig Pastoren an diesem Abend betete.

Ich wusste durch den Geist, dass der Name des Engels „Heilungserweckung" war. Es war ein Engel wie der in Johannes 5, der das Wasser im Teich Bethesda bewegte. Dieser Engel war ein prophetisches Zeichen dafür, dass Gott die Vision erfüllen wird, die ich vor fünf Jahren über die Heilungserweckung empfangen hatte. Ich glaube, dass Gott den Engel nach Albany sandte, um mit der Heilungserweckung und regionalen Durchbrüchen zu beginnen. Dieser Engel ist einer von vielen, die ich sah, und die im Himmel darauf warten freigesetzt zu werden, um die endzeitlichen Ereignisse zu erfüllen.

* * * * * * * * *

Wie du gerade gelesen hast, erleben Männer, Frauen und Kinder heute, wie der übernatürliche Bereich in ihre natürliche Welt vordringt. Die Stimme Gottes und Offenbarung vom Himmel sind für jeden Gläubigen. Ich glaube, dass Gott damit begonnen hat, deine Augen zu öffnen, während du dieses Buch gelesen hast, so dass du mehr als je zuvor siehst, wie normal es für Christen ist, eine Erwartung dafür zu haben im unsichtbaren Bereich des Himmels zu leben. Wir können erwarten, regelmäßig Zeichen, Wunder, Kraftwirkungen und Heilungen zu erleben! Ich ermutige dich, die Gebete der vorangegangenen Kapitel oft zu beten und ein Verlangen danach zu haben, alles, was Gott für dich bereit hält, zu empfangen. Dann werden deine Intimität, deine Bestimmung und deine Kraft so wachsen, wie du es von anderen in diesem Buch gelesen hast. Tritt ein in die Realität der übernatürlichen Welt!

Endnote:

1 Todd Bentley, „Journey into the Miraculous", Ladysmith, BC: Sound of Fire Productions, 2003, 142-143.

Bibliografie

Bentley, Todd: „Journey into the Miraculous", Ladysmith, BC: Sound of Fire Productions, 2003.

Center for Evangelical Spirituality: „Historical Profile, Brother Lawrence", im Internet verfügbar.

Davis, Dean R.: „The Heavenly Court Judgement" of Revelation 4-5, Lanham, Maryland: University Press of America, 1992.

Culbertson, Howard: „Missions Slogans an Quotes from Missionaries", im Internet verfügbar.

Jackson, John Paul: „Naturally Supernatural", im Internet verfügbar, Verwendung mit Erlaubnis.

Joyner, Rick: „The Final Quest", Charlotte, NC: Morningstar Publications, Second Edition, 1996.

Hagin, Kenneth: „Reverend Kenneth Hagin", excerpt from the book „I believe in Visions, im Internet verfügbar.

Lawrence, Brother (Nicholas Herman, c. 1605-1691): „The Practice of the Presence of God: The best Rule of Holy Life", Grand Rapids, MI: Christian Classics Ethereal Library, 2001.

Strong, James: "Strong's Exhaustive Concordance of the Bible", Peabody, MA: AMG Publishers, 1986.

Booth, William: „A Vision of the Lost", im Internet verfügbar.

Booth, William (1829-1912): „Is his your life?", im Internet verfügbar.

Branham, William: Website and Forum, "Boy Raised from the Dead", im Internet verfügbar.

Youngblood, R.F.: „Nelson's New Illustrated Bible Dictionary", Revised edition, Nahsville, TN: T. Nelson, in LaserD (CD-Rom), 2002.

Folgende Bücher sind im Aufbruch-Verlag erschienen:

Wolfhard Margies		**€**
Das bin ich (NEU)	48 Seiten,	5,00
Wunder verstehen, Wunder erleben	94 Seiten,	9,95
Ausbrechen	350 Seiten,	14,95
Lust am Herrn	208 Seiten,	8,95
Die einzigartige Gemeinschaft mit dem Heiligen Geist	342 Seiten,	12,95
Überwältigt von der Güte Gottes	49 Seiten,	4,00
Über den Umgang mit einem besiegten Feind	48 Seiten,	4,00
Das Erbe der Erwachsenen	82 Seiten,	5,00
Erkennen, Glauben, Bekennen	463 Seiten,	12,95
Glauben, der Wunder wirkt	112 Seiten,	7,50
Probleme sind (k)ein Segen	33 Seiten,	3,50
Das Kreuz der Gesegneten	98 Seiten,	5,00
Ira Milligan		
Träume deuten, Träume verstehen (NEU)	324 Seiten,	17,95
Ana Méndez		
Den Himmel erschüttern	204 Seiten,	14,95
Mahesh Chavda		
Die Kraft des Blutes Jesu	177 Seiten,	12,95
Jim Goll		
Prophetische Fürbitte,	313 Seiten,	15,50
Gott in tiefer Weise begegnen	150 Seiten,	12,00
Cindy Jacobs		
Frauen – Gottes Auserwählte	330 Seiten,	17,80
Norvel Hayes		
Dein Weg zur Heilung	110 Seiten,	7,95
Und du wirst Visionen haben	103 Seiten,	7,95
Sergio Scataglini		
Das Feuer seiner Heiligkeit	210 Seiten,	12,00
Tommy Tenney und David Cape		
Die Kraft des Dienens	204 Seiten,	12,95